陕西国际商贸学院学术著作出版基金资助出版

陕甘宁地区制造业服务化转向研究

孙英敏 著

天津大学出版社
TIANJIN UNIVERSITY PRESS

图书在版编目（CIP）数据

陕甘宁地区制造业服务化转向研究 / 孙英敏著. --
天津 : 天津大学出版社, 2022.10
陕西国际商贸学院学术著作出版基金资助出版
ISBN 978-7-5618-7327-4

Ⅰ. ①陕… Ⅱ. ①孙… Ⅲ. ①制造工业－服务经济－产业结构升级－研究－西北地区 Ⅳ. ①F426.4

中国版本图书馆CIP数据核字(2022)第185977号

出版发行	天津大学出版社
地　　址	天津市卫津路92号天津大学内（邮编：300072）
电　　话	发行部：022-27403647
网　　址	www.tjupress.com.cn
印　　刷	北京盛通商印快线网络科技有限公司
经　　销	全国各地新华书店
开　　本	185mm×260mm
印　　张	17
字　　数	413千
版　　次	2022年10月第1版
印　　次	2022年10月第1次
定　　价	69.00元

前言

改革开放以来，陕甘宁地区制造业以惊人的速度发展，但其依靠的是廉价的劳动力，而不是依靠高等技术和创新等来发展，导致陕甘宁地区现在的制造业大而不强。研究陕甘宁地区的制造业服务化，可以提高陕甘宁地区制造业服务化的发展效率，建立产业聚集区域，促进制造业供给侧的改革，形成与市场需求相适应、与资源禀赋相匹配的现代制造业服务化的产业结构和区域布局，提高制造业技术装备和信息化水平，提高制造业综合效益，促进陕甘宁地区经济发展。

目前，制造业服务化的动因研究主要集中在理论研究，实证研究相对匮乏，不能深入地阐释制造业服务化的动力机制及影响因素。本书对制造业服务化的动力机制进行了全国层面、行业层面和区域层面的实证分析，填补了制造业服务化论题实证研究的不足。

陕甘宁地区作为老工业基地，近些年来制造业发展面临产业结构不合理、自主创新能力低下、市场体系不完善和核心竞争力不强等诸多问题，推动制造业服务化高质量发展是陕甘宁地区制造业实现动力变革和提质增效的必然举措。

本书的研究对象即陕甘宁地区制造业服务化转向。陕甘宁地区制造业通过服务化转型，增加了产品中知识型服务要素的密集度以及产品种类，实现了范围经济和规模经济，同时降低了价值链各个环节之间的协调成本，提高了利润水平，从而实现了陕甘宁地区制造业服务化转向升级。

本书由孙英敏著，参与编写人员有孔苗苗、曹庆娜、孙梅梅、梁卫平。具体分工如下：孙英敏第 1 章、第 4 章、第 10 章；孙梅梅第 3 章；梁卫平第 2 章；曹庆娜第 5 章；孔苗苗第 6 章、第 7 章、第 8 章、第 9 章。全书最后由孙英敏总纂。

陕西国际商贸学院　孙英敏

2020 年 9 月

目　　录

绪　论

要实现高质量发展,应当有发达的实体经济做支撑,实体经济的重要关注点主要在制造业。尽管中国制造业增加值占全球比重约为 20%,处于领先地位;但就产出效率而言并不高,制造业增加值率仅为 21%,约为发达国家的一半;就人均增加值而言则更低,仅为 3 000 美元,约为发达国家的三分之一。发展实体经济的关键在于制造业,推进供给侧结构性改革,应首先加快制造业产业升级,提升制造业的国际竞争力;其次应当在服务业扩张的同时,提高"含金量",实现服务业发展的提质增效。在贯彻新发展理念和深化供给侧结构性改革的作用下,加之世界经济复苏状况向好,为服务业的发展造就了良好条件, 2017 年中国服务业增加值实际增长 8%,对 GDP 的贡献率为 58.8%,该贡献率已连续三年超过 50%,对经济保持中高速增长意义重大。在促进产业价值链向中高端提升过程中,将高水平服务业全面开放,加大对服务企业"走出去"的指导与服务,充分发挥技术和知识溢出效应,增强资源配置与全球布局能力。在产业发展过程中促进服务业与制造业的深度融合,着眼于制造业升级的需求,通过服务企业在创意、营销、信息方面的优势力量为制造业输入专业化的业务服务,加快推进新旧动能转换。以高水平生活性服务业来提升消费满意度,鼓励更多资本投入大数据、人工智能等领域,充分挖掘消费者潜在需求,通过丰富服务内容、创新服务方式、提高服务质量等方式,充分满足人们对美好生活的需要。

围绕实现制造强国的战略目标, 2015 年中国发布了《中国制造 2025》,为提升制造业发展质量和发展水平做出了战略部署,为中国制造业的升级转型指明了发展道路。《中国制造 2025》指出,要以提高制造业创新能力和基础能力为重点,推进信息技术与制造技术深度融合,推动制造业发展向高端、智能、绿色、服务方向转变,挖掘并培育制造业竞争新优势;要坚持把结构调整作为建设制造强国的重中之重,推动生产型制造向服务型制造转变,涌现了海尔集团、陕鼓集团、中钢集团、长安民生物流、深圳新合程等一批服务化转型成功的先进案例,取得了显著成效。然而从整体来看,中国制造企业在全球竞争和产业分工中依旧处于劣势地位,制造企业主体部分依旧处在价值链低端的劳动密集型部分,产品附加值低,缺乏足够的品牌竞争优势和创新意识,欠缺提供集成服务、定制服务和整体解决方案的能力,与美国等发达国家相比,中国制造企业服务化水平普遍偏低、进展缓慢。这一现象也引起学术界对中国制造业服务化研究的广泛关注,中国制造业企业应向服务化开始转型的观点成为政府、企业、学术各界的共识。党的十八大报告和政府"十三五"规划着重指出,加快现代服务业发展,推动制造业服务化向价值链高端延伸,建立与国际接轨的制造业服务化标准体系,提高服务业国际化水平,促进产业发展专业化,是"十三五"期间中国服务业发展的主要目标。

2017 年,党的十九大报告中强调要培育若干世界级先进制造业集群,推动制造业向全球价值链中高端迈进。与此同时,中国经济正由高速增长阶段向高质量发展阶段转变,推动经济高质量发展成为新时期谋划工作的核心。制造业是国民经济的主体,制造业的高质量发展关系到经济高质量发展的全局,必须摆在更加突出的位置。2018 年底,中央经济工作会议将“推动制造业高质量发展”作为 2019 年七大重点工作任务之首,会议指出要从制造业和服务业的深度融合、增强制造业技术创新能力、推动产业集群发展、加大对中小企业的技术支持等方面切实推进制造业高质量发展。这直接明确了新时代中国制造业发展的历史任务,为当前和今后一个时期中国制造业的发展指明了方向。

0.1 研究背景

20 世纪以来,伴随服务业的迅猛发展,服务贸易成为全球贸易增长的新引擎,服务经济成为全球经济发展的新方向。制造业服务化的命题最早起源于第三次科技革命,第三次科技革命促进了信息服务业和通信服务业的发展,为制造业的服务化转型提供了产业基础。在此背景下,以 IBM、通用电气等为首的欧美发达国家制造业巨头为增强企业的竞争优势,将服务环节重新纳入企业内部,这种升级使得企业用“产品 + 服务”代替单一产品,从而增强自身竞争力,制造业服务化转型因此成为制造业企业重要的竞争手段。伴随新一轮产业革命的到来和全球制造技术装备的持续升级,制造业服务化发展已成为显著趋势,全球制造业发展格局正在重新调整。服务化转型成为各国制造业转型升级、提升竞争优势的重要途径,制造业主要价值增值环节从以产品制造为中心向以产品服务系统为中心转变。

制造业服务化是 21 世纪新的先进制造模式,具备价值链整合、创新增值的特性,是以服务为导向、制造业为基础进行制造业的转型升级和创新发展,是制造业的不断升级而非“去制造化”的衰退甚至消亡,中国制造的服务化悖论并不存在。从国际来看,制造业服务化已成为各国抢占经济制高点、重塑产业价值链的必然选择,德国在 2013 年工业博览会提出“工业 4.0”国家战略,美国则提出“再工业化”和“制造业回归”战略,希望能够通过产业升级和结构转型重塑传统制造业,寻求可支撑和带动未来整体经济继续向前不断发展的高端产业和制造龙头;日本发布了制造业竞争的策略,运用、研究和发布了一系列产业政策,以加强对传统制造业服务化转型的前瞻布局以及区域间、国家间的战略合作。印度等不断崛起的新兴国家也将制造业列为立国之本,希望学习和总结发达国家工业经验,借助新一轮全球制造格局改变和分工调整的机遇,利用本国的成本优势实现工业强国的发展目标。不仅国家如此,制造业服务化也成为国际制造企业的一致行动方向, IBM、罗尔斯 - 罗伊斯、通用电气、卡特彼勒、米其林、苹果等全球著名制造企业纷纷重新审视自身的制造战略定位,完成了自身向服务化方向的转型,并取得了新的竞争优势和发展空间。

进入 21 世纪,“中国制造”闻名全球,制造业行业发展效率低、资源消耗大、产品附加值低、核心竞争力不足的问题日益凸显。此外,中国制造业发展原有的“低成本优势”也随着“人口红利”的消失逐渐丧失,制造业“大而不强”亟待破局。改革开放 40 年来,中国制造业持续快速发展,不仅技术水平和生产能力得到大幅提升,还建成了门类齐全、独立完整的产业体系。2010 年,中国制造业产出占世界的比重为 19.8%,超过美国成为全球制造业第一大国。然而,与世界先进水平相比,中国制造业在发展质量、自主创新能力、产业结构水平、资源利用效率、信息化水平和品牌塑造等方面仍有较大差距,“大而不强”仍然是中国制造业面临的难题。统计数据显示, 2015 年中国工业增加值率为 26.5%,而发达国家一般在 35% 以上,美国、德国等国则超过了 40%。近年来,“中国制造”正日益遭受发达国家纷纷开始的“再工业化”运动和东盟、印度、拉美国家更低的人力成本、资源成本的双重挑战。“人口红利”消失导致企业生产成本上升,制造业外迁严重,中国制造业面临“产业空心化”与“产业低端化”的双重威胁。实现制造业升级转型,成为促进制造业发展的关键。与西方发达经济体服务业发展水平较高不同的是,中国服务业在全球服务链中面临巨大的“瀑布效应”,这使得中国经济转型缺乏内在动力。因此,如何处理制造业与制造业服务化的关系,成为中国产业结构升级转型的关键因素。从世界服务业发展现状层面来看,服务业占全球经济总量的份额约为 70%,其中服务贸易出口量占全球贸易出口总量的比重接近 20%,而中国服务出口份额却不足 9%,与世界平均水平相去甚远。未来要实现“中国制造”向“中国智造”转变的核心就在于加快制造业服务化的发展,大力推进制造业工业化和信息化的深度融合。

0.2 研究目的和意义

近年来,中国产业结构呈现较大的改变,服务业已成为增加就业与拉动经济增长的主要动力,中国经济逐步由“工业”时代迈向“服务业”时代,制造业与服务业融合发展成为一种新的趋势,在企业组织形式、产业链的上下游以及新旧产业形态等方面均表现出深度融合和互动发展,制造业服务化与服务业产业化现象逐渐增多,未来在企业属性特征的界定上将面临全新挑战。推进制造业与服务业融合发展的主要力量包含以下多个方面。

首先,随着近年来一站式服务、一体化平台等的广泛发展,使长期处于价值链“微笑曲线”底端的中国制造业开始积极向产业链两端延伸,以摆脱由于国内劳动力成本上升导致的低利润发展困境,进而提升自身竞争力。例如,依靠装备制造起家的陕西鼓风机(集团)有限公司,通过向用户提供分布式一体化模式的能源系统解决方案和系统服务,逐渐发展成为产业多元化、国际化的智慧绿色能源企业,工业服务已经成为其重要一极。

其次,中国在经济体制改革全面深化过程中,部分国有企业逐步丧失垄断经营权,并开始主动寻求企业转型升级的道路。加入世贸组织以来,国家对各类商品及各类所有制企业的外贸经营权渐渐放开,国际贸易企业加速增加。大型国有贸易类企业依靠自身参与国际市场竞争的贸易优势,不断向产业链上下游拓展。例如,中国最大的粮油食品进出口公司和食品生产商——中粮集团有限公司,从大健康需求出发,践行“从农田到餐桌”的全产业链发展模式;中国机械工业规模最大、覆盖面最广的大型中央企业集团——中国机械工业集团有限公司,从贸易向制造延伸,如今机械装备制造早已超越服务贸易成为该企业排名前两位的产业。

最后,互联网时代,商业模式和价值创造方式不断被重塑,互联网相关服务直面消费者,也赋能制造企业。依托于此，制造业和服务业企业也更加有条件向彼此延伸，相互融合助力，增强对消费终端的服务能力。新兴的现代服务业企业——阿里巴巴集团，通过科技基础设施以及营销平台，一方面给消费者提供更加方便、快捷、高品质的生活服务，另一方面还服务于生产制造者，为他们提供供应链优化、精准营销等服务。

因此，传统意义下制造业与服务业的边界已经变得模糊，单纯形态的制造企业或服务企业很难生存于当前的经济环境中，取而代之的是二者的多元化融合式发展，这种“融合”优化了资源配置，使产业结构更趋合理。

新时期，制造业持续向服务业延伸，服务业不断向制造业渗透，二者的融合发展已成为主流趋势。服务业与制造业关系问题及制造业服务化逐步成为学术界关注的重点和热点，制造业服务化概念产生以来，国内外学者围绕制造业服务化转向的相关理论进行了大量的研究，然而现有可供参考的文献并不多，且多数仅从问题的某一方面切入探讨，缺乏系统的理论机制研究和实证支撑。关于制造业服务化的准确的定义没有统一，从服务要素投入角度来看就是投入服务化，从服务要素产出角度来看就是产出服务化，所以制造业服务化是指在现代信息技术的支撑下，制造业产品服务环节回归制造企业，推动制造业产业形态从产品型制造向服务型制造演变的过程。中国虽是世界制造大国，但却在走向制造强国的道路上艰难前行。过去，中国制造业依靠丰富的能源资源、劳动力资源和市场需求迅速发展起来，形成了比较完善的工业体系。然而，中国制造业大而不强，长期处于价值链的低附加值环节，转型升级的需求十分迫切。因此，深入研究制造业服务化的内涵，运用实际数据进行科学研究，探索不同区域、不同行业制造业服务化的动力机制，有助于发现目前中国制造业服务化发展的短板和瓶颈，以便政府和企业科学有效地推进制造业服务化，促进中国向制造业强国转型，实现经济高质量发展。

本书的研究目的在于丰富制造业服务化转向的理论，为促进陕甘宁地区的制造业服务化转向实现质的飞跃提供理论支撑。本书研究意义主要体现在社会效益和经济效益。

第一，改革开放以来，陕甘宁地区制造业以惊人的速度发展，但其依靠的是廉价的劳动力，而不是依靠高等技术和创新等来发展，导致陕甘宁地区现在的制造业大而不强。国际上的制造业强国纷纷进行了制造业升级，中国 2015 年出现了“互联网 +”这个名词，并提出了《中国制造 2025》，旨在推进中国制造业转型升级，中国经济已经进入新常态。研究陕甘宁地区的制造业服务化，可以提高陕甘宁地区制造业服务化的发展效率，对在新常态发展阶段促进陕甘宁地区的经济发展有极为重要的现实意义。

第二，促进陕甘宁地区制造业服务化的发展，促进陕甘宁地区制造业服务化转向，建立产业聚集区域，促进陕甘宁地区经济发展，提高人民收入；促进制造业供给侧结构性改革，形成与市场需求相适应、与资源禀赋相匹配的现代制造业服务化的产业结构和区域布局，提高制造业技术装备和信息化水平，提高制造业综合效益。

在研究方法上，目前制造业服务化的动因研究主要集中在理论研究，实证研究相对匮乏，少有的实证研究也是以定性研究和案例研究为研究方法，不能深入阐释制造业服务化的动力机制；在研究视角上，现有研究中主要是对微观的企业进行抽样调查研究，缺乏中观和宏观层面的制造业服务化动力机制的实证研究，更缺乏从行业与地区两个维度结合的视角进行实证研究，因此已有研究不能科学揭示中国不同地区制造业服务化的差异化动力机制。基于以上分析的研究方法和研究视角方面的不足，本书对制造业服务化的动力机制进行了全国层面、行业层面和区域层面的实证分析，为填补制造业服务化论题研究的不足做出了努力。

0.3 研究内容

陕甘宁地区作为老工业基地，在改革开放初期，其制造业的高速发展为中国经济发展做出了巨大的贡献。但是近些年，陕甘宁地区制造业发展面临产业结构不合理、自主创新能力低下、市场体系不完善和核心竞争力不强等诸多问题。仅依靠加大要素投入的粗放型增长已经不能从根本上解决这些难题，推动制造业服务化高质量发展是陕甘宁地区制造业实现动力变革和提质增效的必然举措，也是新时期陕甘宁地区推动经济结构和增长方式转变的最佳选择。

自 2009 年开始，美国相继发布了一系列“再工业化”规划的文件，希望通过制造业和服务业的融合，强化重要制造业产品的核心竞争力，抢占制高点，重振制造业。2013 年 4 月，德国提出了“工业 4.0”的国家战略，将实体物理世界和虚拟网络世界融合起来，通过“网络协同”创新生产与服务模式，增强制造业竞争力。此后，以智能制造、云计算和大数据技术等现代信息科技为基础的服务化升级掀起了第四次工业革命的浪潮。当前，中国制造业企业急需解决的问题包括劳动力和原材料成本上升、资源环境压力增加、消费者市场需求多样化，早期粗放式的发展方式难以为继，新一轮科技革命和产业变革，为中国产业结构优化提供了契机。国务院在 2007 年发布的《关于加快发展服务业的若干意见》中就提出要大力发展面向生产的服务业，促进现代制造业与服务业的有机融合和互动发展。之后又陆续出台了许多相关政策推动制造业转型，2015 年出台的《中国制造 2025》是中国制造业未来十年的重要规划，它给出了中国制造强国建设高端化、智能化、绿色化、服务化的总体导向，其中特别指出要通过加快制造与服务的协同发展，促进生产型制造向服务型制造转变。之后各省市都陆续出台了《中国制造 2025》的相关行动方案，结合本地优势产业，制定了促进制造业做大做强的措施。2016 年 7 月，工业和信息化部、国家发展和改革委员会、中国工程院三部门印发了《发展服务型制造专项行动指南》，指出制造业企业要增加服务要素比重，向“制造 + 服务”转型。2017 年，党的十九大报告阐述了制造强国战略，提出要加快发展现代服务业，促进中国产业迈向全球价值链中高端。2018 年底，中央经济工作会议更是提出 2019 年的七大重点工作任务之首是推动先进制造业与现代服务业深度融合，推进制造业高质量发展。一系列文件和顶层设计凸显了制造业服务化的重要性，制造业服务化已经成为增强中国制造业竞争力、推动传统制造业由大变强的必经之路，是中国经济高质量发展的新动能。正是在这样的国内外背景下，研究中国目前的制造业服务化现状和制造业服务化的动力机制，分析阻碍中国制造业服务化转型的原因，合理提出政策建议，成为推动当前中国制造业转型升级的重要课题。

自20世纪90年代以来,随着经济全球化以及信息技术革命和现代管理思想的发展,全球产业结构开始转型,从原来的“工业型经济”逐渐向“服务型经济”转变,具有高附加值的服务业在社会经济中的地位与作用日益明显。制造业服务化是在现代信息技术的支撑下,制造业与服务业相互渗透融合,借助先进的信息技术、融合最新的组织管理理念的新兴的制造趋势,是一种技术、信息、知识密集型的生产发展模式,服务化已成为制造业增加值的主要来源,其发达程度已成为衡量现代社会经济发达程度的重要标志。

本书的研究对象即陕甘宁地区制造业服务化转向。陕甘宁地区制造业通过服务化转型,增加了产品中知识型服务要素的密集度以及产品种类,实现了范围经济和规模经济,同时降低了价值链各个环节之间的协调成本,提高了利润水平,实现了陕甘宁地区制造业服务化转向升级。全书内容包括以下10个章节。

第1章为制造业及制造业服务化相关理论。首先介绍制造业的相关理论,包括制造业的内涵和行业分类,制造业的作用,中国制造业参与全球价值链分工的状况,中国制造业转型的动因,中国制造业转型的路径选择,服务的概念及制造业与服务业的关系。其次介绍制造业服务化的相关理论,包括制造业服务化的概念、产生背景与形成原因,制造业服务化的动因,制造业服务化的演进阶段,制造业服务化转向与产业升级,制造业服务化对产业升级的影响路径,制造业服务化水平的测度。再次介绍制造业服务化的理论基础,包括产业结构演进与优化理论,产业融合理论,劳动价值理论,剩余价值理论,资本循环理论,投入产出理论,比较优势理论,分工理论,价值链理论,交易成本理论。最后介绍制造业服务化的动力机制,包括收益驱动,成本驱动,技术驱动,市场驱动,制度驱动,服务附属阶段、服务深化阶段和服务主体阶段各动力的作用机制。

第2章为制造业服务化转向方式和影响因素。首先分析制造业服务化的转向方式,发现无论从投入端还是从产出端来看都有影响制造业服务化转向的因素,为了提升企业产品的价值或者转变为更持久的发展战略,企业会通过多重方式进行服务化转向。正是因为投入端和产出端的影响因素,所以有投入服务化和产出服务化两种不同的服务化方式,并且从企业内部和企业外部也有各自的影响因素,它们也是层层相关的关系,内部来看企业自身的能力包括管理能力、员工素质等都会对制造业服务化发展产生影响,外部来看行业的政策以及行业的竞争水平也会对制造业服务化水平产生影响。本章分析的是影响制造业服务化转向的因素,研究发现从内部来看企业和行业自身的水平是影响的关键,包括企业的能力水平和行业的盈利能力等,从外部来看包括监管部门的监管政策以及市场外资的投资等,都会对制造业服务化转向产生影响。本章具体内容包括:制造业服务化转向方式可分为投入服务化和产出服务化;制造业服务化的要素演进,从基础要素、驱动要素、制造业服务化的实施条件演进去说明;制造业服务化的影响因素,可分为内部影响因素和外部影响因素。

第3章为陕甘宁地区制造业服务化的发展现状。本章具体内容包括:分别从中国生产性服务业、中国制造业服务化水平、中国制造业发展的现状去解释中国制造业服务化现状;从陕西制造业发展历程、陕西制造业发展现状去说明陕西制造业服务化现状;从甘肃制造业发展历程、甘肃制造业发展现状去说明甘肃制造业服务化现状；从宁夏制造业发展历程、宁夏制造业发展现状去说明宁夏制造业服务化现状。

第 4 章为陕甘宁地区制造业服务化转向存在的问题及原因。从陕甘宁地区制造业服务化发展规模、内部结构、地区差异、对外开放程度，对陕甘宁地区制造业服务化发展概况进行分析，发现 2018 年中国制造业企业 500 强，陕西有 9 家，甘肃有 1 家，宁夏有 1 家，这 11 家企业都是能源、重化工企业。与全国其他地区相比，陕甘宁地区制造业企业存在以下问题：①总产值低，制造业企业主要集中在供应链的上游企业，深加工企业则比较少；②资源优势未能充分发挥，产业结构、行业结构发展不平衡，技术含量低，企业规模偏小；③缺乏有核心竞争力的龙头企业和国际化企业；④产业集中度不高；⑤缺乏大的产业链和产业集群，高技术制造业发展相对缓慢。在前面研究的基础上，研究陕甘宁地区制造业服务化转向发展存在的问题，并对问题的成因进行分析。本章具体内容包括：从影响中国制造业服务化转向的内部因素和外部因素分析中国制造业服务化转向存在的问题及原因；从陕西制造业经济总量偏小、尖端技术人才外流、产业集中度水平低以及制造业结构等方面分析陕西制造业服务化转向存在的问题及原因；从空间布局不合理、工业发展不稳定、技术水平低、制造业资源依赖性大、过度依赖原材料、资本支持不足、新兴行业发展滞后等方面分析甘肃制造业服务化转向存在的问题及原因；从创新能力不强、实体经济水平有待提升、生态环境、工业发展以及服务业带动作用不强等方面分析宁夏制造业服务化转向存在的问题及原因；从对制造业服务化及服务化战略的认识不足、制造业服务化的人才及技术支撑不足、陕甘宁地区产业结构不合理、陕甘宁地区第二工业占主导且重工业占比大、陕甘宁地区 GDP 增长率处于下降趋势、陕甘宁地区工业污染状况以及技术创新能力薄弱等方面分析陕甘宁地区制造业服务化转向存在的问题及原因。

第 5 章为中国制造业服务化国际比较。中、美、日、德制造业服务化国别分布结构比较相似，都是由本国提供的贡献较大，对其制造业服务化贡献较大的国家和地区主要是日本、美国、韩国和欧盟。世界上制造强国的制造业服务化更多是依赖于知识密集型服务部门以及商业服务部门，中国的知识密集型服务业对中国制造业服务化的贡献率远低于制造强国，中国制造业服务化结构面临着转型和升级。相比于美国、日本和德国，参与全球价值链（Global Value Chain，GVC）对中国制造业服务化的影响不大，但是对知识密集型制造业服务化具有一定的影响力度，应该鼓励知识密集型制造业积极融入全球分工体系，其次知识密集型服务业和商业服务业是国外部门影响中国制造业服务化的突破口。本章具体内容包括：中国制造业服务化水平的整体国际比较；中国与制造业强国的制造业服务化水平比较；中国制造业服务化结构的国际比较，分别从国别分布和行业分布去比较；中国制造业服务化影响因子的国际比较；中国制造业服务化水平的国内比较，分为中国制造业服务化水平的整体国内比较和中国各行业制造业各部门服务化水平比较。

第 6 章为陕甘宁地区制造业服务化转向评价体系构建。首先从制造业投入服务化和产出服务化两个方面构建陕甘宁地区制造业服务化水平的测度体系；然后从投入产出表、直接消耗系数、完全消耗系数三个方面构建投入服务化水平和产出服务化水平测度体系。

第7章为陕甘宁地区制造业服务化程度测度。测度结果显示，总体来看，陕甘宁地区制造业服务化尚处于初级阶段，服务化程度普遍偏低，提供服务存在范围大、不精准等不足，未能充分抓住自身优势对其他公司提供外包整体服务。制造业服务化普遍存在规模小、门类多、制造企业内部服务化较为普遍。制造业服务化投入与产出形成高低差距的主要原因就是制造企业内部服务化情况严重。制造业投入服务化方面，投入服务化水平在传统行业较高，劳动密集型行业的投入服务化水平高于资本密集型行业，低技术行业的投入服务化水平高于高技术行业。其主要体现在非金属矿物制品、木材加工品和家具、仪器仪表等传统部门投入服务化水平在历年均处于较高地位，而通用专用设备、通用设备计算机和其他电子设备等高技术、高资本部门投入服务化水平较低。制造业产出服务化方面，制造业服务产出水平不高，制造企业对服务价值的认知尚存在不足。陕甘宁地区大多制造企业仍然处在价值链的低端，尚不具备提供更多高质量服务的能力。

第8章为陕甘宁地区制造业服务化与产业升级的实证研究。从投入服务化（基于行业视角）和产出服务化（基于企业视角）两方面实证分析对产业升级的影响。投入服务化实证结果表明，陕甘宁地区生产性服务业专业化程度低，尚不能满足高端制造企业对高质量生产性服务的需求；陕甘宁地区制造业企业的技术投入水平较低，对制造业企业的生产效率并没有达到应有的效果等。陕甘宁地区制造业企业应加大技术投入力度，加强研发经费投入，重视企业技术创新，以提升企业价值链竞争力。产出服务化实证结果显示，服务化水平与企业的绩效之间存在明显的倒"U"形关系；企业规模与总资产报酬率（Return on Total Assets，ROA）、净资产收益率（Return on Equity，ROE）均显著正相关；员工素质与总资产收益率之间的关系显著为正，资产负债率与表示企业绩效的三个变量均呈现出显著为负的态势。

第9章为陕甘宁地区制造业服务化转向影响因素实证分析。采用灰色关联度分析法分析陕甘宁地区制造业投入服务化转向的影响因素，其中陕甘宁地区制造业投入服务化发展影响因素排在前4位的是服务业服务效率、企业结构、资源占有率、研发与技术创新，这说明服务业服务效率、企业结构、资源占有率、研发与技术创新是影响陕甘宁地区制造业投入服务化的主要因素，其中服务业服务效率影响程度最大；排在后3位的是行业竞争、经济增长、政府管制，这说明行业竞争、经济增长、政府管制是影响陕甘宁地区制造业投入服务化比较次要的因素，其中政府管制影响程度次于其余6个因素。采用影响因素理论分析陕甘宁地区制造业产出服务化转向的影响因素。企业规模与产出服务化水平显著正相关，陕甘宁地区制造业企业规模越大，其服务化水平就会越高，目前陕甘宁地区制造业产出服务化水平还较低，因此可以适当通过扩大企业规模来提高产出服务化水平。陕甘宁地区制造业企业创新能力对于产出服务化水平的影响显著为正，一方面企业研发支出可以带来研究开发和技术服务的产出，另一方面企业研发支出可以为企业提供更好的创新环境，帮助企业通过不同途径实现利润最大化，进一步提升产出服务化水平。陕甘宁地区制造业服务业务的盈利贡献对于产出服务化水平的影响显著为正，即在制造业企业服务化过程中，产出服务化实现规模化和持续化后，不仅帮助企业增加了营业收入，而且反向促进了企业产出服务化水平，可见这是一个良性循环的过程，前提是企业要坚持服务化投入和产出，才能在未来实现产出服务化业务的持续经营和规模效益。

第 10 章为促进陕甘宁地区制造业服务化转向的对策。提出实现陕甘宁地区制造业服务化质的飞跃的对策,结合陕甘宁地区的实际情况,从政府与市场两个方面出发聚集各种策略加大陕甘宁地区制造业服务化投入,建立主导产业,实现从产品型制造企业到服务型制造企业的转变,提升产业链服务环节的增值能力,实现陕甘宁地区制造业服务化的质的飞跃。本章具体内容包括:促进中国制造业服务化转向,应该从加快科学技术创新,产业优化升级,建设环境友好型企业和创新型企业,激励企业增加研发投入,不断提升企业的创新能力、增强品牌意识,实现由生产经营向品牌经营的战略转变,推进先进制造业服务化转向的发展,转变经济发展方式,加快现代服务业的发展,更好地与先进制造业服务化产业衔接等方面着手;促进陕西制造业服务化转向的对策,突出重点,坚持“硬科技”发展高端制造业服务化行业,加快产业转向升级,结合制造业服务化的行业特点发展优势行业,大力发展“三个经济”和制造业服务化集群,促进区域协调发展、多渠道融资,提高经济实力,深化制造服务化企业改革,促进企业创新活力,提高科技水平,加速科技成果转化,提高制造业服务化行业的科技含量,加强组织领导,完善法律法规,强化激励制度,建立健全制造业服务化的高质量人才吸引策略;促进甘肃制造业服务化转向的对策,积极发展高技术产业,推动产业集聚,提升科技创新水平,优化产业结构,引进人才,深化劳动力市场改革,正确引导社会资本流动;促进宁夏制造业服务化转向的对策,改善基础设施,提高产业关联度,发展循环经济、低碳经济,提高创新能力,注重跨区域开展合作开发,以第三产业为突破口完善服务体系,提升服务业的带动作用,发展第二产业附加值高的产业;促进陕甘宁地区制造业服务化转向的对策,树立制造业服务化的产业发展观,推动陕甘宁地区制造业和生产型服务业深度融合,培养制造业服务化人才,培养制造企业自主创新能力,完善相关政策体系,促进制造业服务化的商业模式创新。

总　论

本书所研究的产业部门是西部地区[①]的陕西省、甘肃省、宁夏回族自治区三个省区的制造业，研究陕甘宁地区的制造业服务化转向。制造业是指企业按照市场要求，对制造资源进行加工，转化为可以直接供人使用和利用的工业品与生活消费品的行业。《国民经济行业分类》（GB/T　4754—2017）中制造业行业共有 31 个，具体包括：农副食品加工业；食品制造业；酒、饮料和精制茶制造业；烟草制品业；纺织业；纺织服装、服饰业；皮革、毛皮、羽毛及其制品和制鞋业；木材加工和木、竹、藤、棕、草制品业；家具制造业；造纸和纸制品业；印刷和记录媒介复制业；文教、工美、体育和娱乐用品制造业；石油、煤炭及其他燃料加工业；化学原料和化学制品制造业；医药制造业；化学纤维制造业；橡胶和塑料制品业；非金属矿物制品业；黑色金属冶炼和压延加工业；有色金属冶炼和压延加工业；金属制品业；通用设备制造业；专用设备制造业；汽车制造业；铁路、船舶、航空航天和其他运输设备制造业；电气机械和器材制造业；计算机、通信和其他电子设备制造业；仪器仪表制造业；其他制造业；废弃资源综合利用业；金属制品、机械和设备修理业。

陕西省作为中国西部重要的经济省份，是全国著名的老工业基地，而制造业作为陕西省的工业支柱产业，在促进经济增长等方面发挥着非常重要的作用。在国家实施西部大开发的战略背景下，陕西省制造业迎来了十年快速发展时期，市场占有率及占全省国民经济的比重较之前均有显著增幅，已经形成了具备一定规模和水平且门类齐全的制造业体系，但由于整体工业基础较为薄弱以及不时爆发的全球性经济危机，导致其发展受到了很大的影响，也存在许多问题。2006 年后，制造业得到了国家和陕西省政府的高度重视，连续发布了《装备制造业调整和振兴规划》等多个文件。2016 年 12 月，《陕西省“十三五”名牌战略发展规划（2016—2020 年）》经陕西省质量强省工作推进委员会同意印发，提出将用 5 年时间努力形成一批拥有核心竞争力的陕西品牌和国内外知名品牌，树立“陕西制造”“陕西创造”和“陕西服务”新形象。国家政策的大力支持加上市场需求持续保持增长态势，对于现阶段的陕西省制造业服务化转向来讲是一次难得的发展机遇，必须紧紧抓住这次机会，顺势而为，提升整体竞争力水平。

甘肃省位于中国西部的重要地理位置，是新丝绸之路经济带的一个重要节点，其工业产业和经济的发展对于东西部地区之间的沟通起着重要的作用。从工业产业的发展状况来看，当前甘肃制造业服务化已经具备了较明显的产业优势，其经济结构已初步转变为现代产业结构，但相对来说，甘肃的制造业服务化仍然处于较低的阶段。因此，在新的发展阶段，进一步深入研究如何通过合理推动制造业服务化发展，尤其是制造业服务化转向的发展，实现产业结构的转变和升级，进而实现经济的跨越式发展对甘肃来说是十分必要的。

① 西部地区包括内蒙古自治区、广西壮族自治区、重庆市、四川省、贵州省、云南省、西藏自治区、陕西省、甘肃省、青海省、宁夏回族自治区、新疆维吾尔自治区十二个省、自治区和直辖市。

宁夏回族自治区地处中国西北部，属经济欠发达地区，目前经济增长方式较单一，大多产业技术含量低、可持续性差。2018 年，宁夏实现生产总值 3 705.18 亿元，按可比价格计算，比上年增长 7.0%。其中，第一产业增加值 279.85 亿元，增长 4.0%；第二产业增加值 1 650.26 亿元，增长 6.8%；第三产业增加值 1 775.07 亿元，增长 7.7%。第一产业增加值占地区生产总值的比重为 7.6%，第二产业增加值比重为 44.5%，第三产业增加值比重为 47.9%，比上年提高 1.1 个百分点。按常住人口计算，全区人均生产总值 54 094 元，增长 6.0%。2019 年，宁夏实现生产总值 3 748.48 亿元，比上年增长 6.5%。其中，第一产业增加值 279.93 亿元，增长 3.2%；第二产业增加值 1 584.72 亿元，增长 6.7%；第三产业增加值 1 883.83 亿元，增长 6.8%。第一产业增加值占地区生产总值的比重为 7.5%，第二产业增加值比重为 42.3%，第三产业增加值比重为 50.2%，比上年提高 0.6 个百分点。按常住人口计算，全区人均生产总值 54 217 元，增长 5.5%。可以看出，宁夏 GDP 中第二、三产业对 GDP 贡献较大，第一产业对 GDP 贡献较小。虽然第二、三产业占 GDP 较大，但第二产业发展方式较为粗放，对第三产业发展的带动能力不足，一方面第二产业主要依靠资源开发型的传统基础性产业，另一方面产业发展缺乏新型产业作为依托。这既体现出宁夏地处内陆，整体产业发展落后、需求不足，又体现出宁夏产业结构的矛盾。2014 年，宁夏政府工作报告中指出，在现如今结构性矛盾日益突出的局面下，要果断调整转型，迈出产业优化升级的新步伐，着力提升经济发展的质量和效益。宁夏经济急需转变经济增长方式，释放经济增长潜力，使经济持续健康发展。产业结构高度化与合理化发展正是转变经济增长方式的关键所在。2013 年 9 月和 10 月，中国国家主席习近平在出访哈萨克斯坦等国家期间，提出与中亚和东南亚国家共建“丝绸之路经济带”和“21 世纪海上丝绸之路”的重大倡议。“一带一路”建设，有益于促进沿线各个国家间的经济合作和文化交流，也有利于世界的和平发展。“一带一路”建设，旨在加强世界经济合作、资源高效配置和市场深度融合，助推沿线各国实现经济政策协调统一，从而开展更大范围、高水平、深层次的区域合作，团结共创开放、包容、均衡、普惠的区域经济合作构架。我们要以建设开放宁夏为纲要，扩展合作交流，创造开放平台，优化经济发展环境，把宁夏打造为陆上丝绸之路的战略支点。宁夏既没有边境也没有海岸港口，可是宁夏拥有丰富的煤炭资源、优越的地理位置、优惠的政策等优势。宁夏是中国为数不多的回族民众聚集地区，这里的回族民众与阿拉伯国家有相同的宗教信仰，在经济文化的交流上有天然的亲近感，如今宁夏已经成功举办了首届中阿论坛，为中国与阿拉伯国家的交流搭建了重要的交流平台。宁夏凭借自身的民族文化优势和阿拉伯国家的合作基础，已经成为阿拉伯国家“向东看”，中国内陆地区“向西开放”的桥梁。“一带一路”建设需要产业尤其是制造业作为支撑，要积极升级宁夏现有的能源、化工等优势产业，加快产业结构调整步伐，着力提升产业创新技术与研发水平，促进产业向高价值链过渡，进而优化产业结构。“一带一路”建设对宁夏具有深远的意义，为宁夏开放建设创造了开放空间，加快了开放速度。宁夏应充分利用对阿拉伯国家的民族文化优势，推动宁夏与阿拉伯国家的贸易发展，同时优化自身产业结构以适应阿拉伯国家对产品高质量的需求；并促进更多国内外资源和要素向宁夏聚集，改善宁夏资本、技术、人才等资源要素匮乏的现状，加快宁夏产业结构优化进程，促进宁夏经济发展。

提升陕甘宁地区制造业服务化水平，推动制造业服务化转向。陕甘宁地区制造业服务化仍存在总量规模偏小、基础制造薄弱、资源利用效率不高、两化融合水平较低等突出问题，严重制约了经济持续发展和质量效益提升。制造业服务化的转向有助于提升制造业的知识、技术和文化含量，克服资源要素制约，从而深化制造业分工，降低产业链成本，有效推动该地区制造业服务化升级转型。

推进服务业与制造业良性互动发展，为陕甘宁地区经济发展寻找新动力。经济结构的优化离不开制造业竞争力的增强，制造业竞争力的增强离不开服务业的发展，更离不开制造业与服务业互动发展。纵观经济强国的发展，加快发展服务业尤其是制造业服务化，形成生产性服务业和制造业的良性互动，是经济发展不可逾越的阶段。陕甘宁地区要想实现自身经济的跨越式发展，就要在承接东部产业转移和紧抓“一带一路”历史机遇的基础上重视对制造业服务化的投入，凸显服务业对制造业发展的推动作用，为地区经济发展带来新动力。

第 1 章　制造业及制造业服务化相关理论

1.1　制造业相关理论

1.1.1　制造业的内涵

制造业（Manufacturing Industry）是指对原材料（采掘业的产品和农产品）进行加工或再加工，以及零部件进行装配的工业部门的总称。制造业是国民经济、社会发展和国防建设的物质基础，是国家综合实力的重要标志。制造业是多个产业的集合体，一般是指机械工业时代遵循市场规律，通过制造过程将原料、机器、信息等制造要素转化为可供人们使用或利用的工业品与生活消费品的生产行业的总称。

制造业作为工业不可或缺的重要组成部分，在全球经济发展中发挥着举足轻重的作用。在《经济大辞典·工业经济卷》中对工业的定义为采掘自然物质资源和对原材料进行加工、再加工的社会生产部门。工业是采掘自然物质资源和对工业品原料及农产品原料进行加工的社会生产部门，工业是国民经济的主导部门，为国民经济各部门提供生产工具、技术装备和原材料，为人民提供日用工业品。工业可分为采掘工业和加工工业，又可分为重工业和轻工业。在资本主义国家中，工业也叫制造业，通常是指加工工业。轻工业指主要提供生活消费品和制作手工工具的工业；重工业指为国民经济各部门提供物质技术基础的主要生产资料的工业，可分为传统重工业（属于资本密集型）和现代重工业（属于技术密集型）两类。张培刚把“工业化”定义为“国民经济中一系列重要的生产函数（或生产要素组合方式）连续发生由低级到高级的突破性变化（或变革）的过程”。

本书从狭义的角度将工业化定义为工业（特别是制造业）的发展是一个长期不断变化的过程。制造业是陕甘宁地区工业的产业主体，工业发展模式的形成与调整基本上反映了陕甘宁地区制造业发展模式的调整过程，所以在研究中对“工业”和“制造业”两个术语有时交替使用。制造是把资源转化成产品的过程，包括从原材料采购到制成品生产、销售的全过程，经物理变化或化学变化后成为新的产品，不论是动力机械制造还是手工制作，也不论产品是批发还是零售，均视为制造。制造是人类适应自然、改造自然的基本活动，消耗自然资源是制造业生产的必要条件。制造业是对采掘工业和农业所生产的原材料进行加工或再加工，以及对零部件进行装配的工业部门的总称，即以经过人类劳动生产的产品作为劳动对象的工业。制造业是整个工业体系中一个高投入、高产出的复杂体系。

综合以上分析与众多研究，本书认为制造业是对可利用的制造资源按照市场需求经过加工或再加工以及装配过程，转化为可供人们使用或利用的工业品与消费品的工业部门的总称。制造业整个环节包括产品设计、原料采购、生产制造、仓储运输、订单处理、批发经营和零售。制造业不同行业在一定历史条件下在资源利用方面是相互竞争的,应当考虑从整体上合理配置资源,选择科学合理的发展模式,以提高效率。陕甘宁地区制造业的优势包括高度依托自然资源以及能源消耗大、物质资本投入多的传统重工业领域。

1.1.2 制造业行业分类

在国家统计局国民经济行业分类中,制造业可以归纳为经由物理变化和经由化学变化两种将资源转变为新产品的行业。不管是机械制造还是手工制作,也不论产品是批发还是零售,均视为制造。制造业以在生产中的使用形态划分,可分为离散制造业及流程制造业两种。制造业又可分为传统制造业和现代制造业两种。

传统制造业受经济全球化、信息技术和先进制造技术的影响,其发展模式发生了翻天覆地的变化。现代制造业对企业组织、经营模式、相关技术等方面都有前所未有的高要求。制造企业应充分利用当今先进的制造技术和信息技术等,优化自身的生产方式、企业组织形式、分工协作模式和资源配置方式,与服务业既分工又融合,逐步发展成为高附加值制造企业。

制造业是一个庞大的产业体系,是资本、技术、劳动力充分整合的具有高度专业化和深度分工的广泛产业组群。制造业是国民经济中发展最完善、分工最严密、专业化程度最高的产业组群,是第二产业(工业)乃至国民生产总值中最主要的组成部分。可以说,制造业是国民经济发展的支柱,是国民经济收入的重要来源,世界各国的经济竞争主要是制造技术的竞争。

制造业行业分类按《国民经济行业分类》执行,该标准于 1984 年首次发布,分别于 1994 年和 2002 年进行修订,2011 年又进行了第三次修订。2017 年第四次修订后的《国民经济行业分类》(GB/T 4754—2007)中制造业行业共有 31 个,具体见表 1-1。

表 1-1 《国民经济行业分类》中制造业行业分类

1	农副食品加工业
2	食品制造业
3	酒、饮料和精制茶制造业
4	烟草制品业
5	纺织业
6	纺织服装、服饰业
7	皮革、毛皮、羽毛及其制品和制鞋业
8	木材加工和木、竹、藤、棕、草制品业
9	家具制造业
10	造纸和纸制品业
11	印刷和记录媒介复制业
12	文教、工美、体育和娱乐用品制造业
13	石油、煤炭及其他燃料加工业

续表

14	化学原料和化学制品制造业
15	医药制造业
16	化学纤维制造业
17	橡胶和塑料制品业
18	非金属矿物制品业
19	黑色金属冶炼和压延加工业
20	有色金属冶炼和压延加工业
21	金属制品业
22	通用设备制造业
23	专用设备制造业
24	汽车制造业
25	铁路、船舶、航空航天和其他运输设备制造业
26	电气机械和器材制造业
27	计算机、通信和其他电子设备制造业
28	仪器仪表制造业
29	其他制造业
30	废弃资源综合利用业
31	金属制品、机械和设备修理业

为准确反映高技术产业发展状况，界定高技术产业（制造业）统计范围，健全高技术产业统计体系，依据《中华人民共和国统计法》，参照国际相关分类标准，并以《国民经济行业分类》（GB/T　4754—2017）为基础，制定高技术产业（制造业）分类。高技术产业（制造业）是指国民经济行业中 R&D 投入强度[①] 相对高的制造业行业，包括医药制造，航空、航天器及设备制造，电子及通信设备制造，计算机及办公设备制造，医疗仪器设备及仪器仪表制造，信息化学品制造等六大类。

为分析制造业内部细分行业结构变动状况，韩国学者李贤珠在经济合作与发展组织（OECD）制造业分类基础上，合并了高端技术制造业和中高端技术制造业，把制造业分为高端、中端和低端技术产业三大类。本书借鉴这一分类方法对制造业行业进行分类，具体见表 1-2。

表 1-2　依据技术程度对制造业行业分类

分类	行业
高端技术产业	通用设备制造业、专用设备制造业、交通运输设备制造业、电气机械及器材制造业、通信设备制造业、计算机及其他电子设备制造业、仪器仪表及文化办公机械制造业、化学原料及化学制品制造业、医药制造业、化学纤维制造业

① R&D 投入强度是指 R&D 经费支出与企业主营业务收入之比。R&D（即研究与试验发展）是指为增加知识存量（也包括有关人类、文化和社会的知识）以及设计已有知识的新应用而进行的创造性、系统性工作。

续表

分类	行业
中端技术产业	石油加工和炼焦及核燃料加工业、橡胶和塑料制品制造业、非金属矿物制品业、黑色金属冶炼及压延加工业、有色金属冶炼及压延加工业、金属制品业
低端技术产业	农副食品加工业，食品制造业，饮料制造业，烟草制造业，纺织业，纺织服装、鞋、帽制造业，皮革、毛皮、羽毛（绒）及其制品业，木材加工及木、竹、藤、草制品，文教体育用品制造业，家具制造业，造纸及纸制品业，印刷业和记录媒介复制业

资料来源：作者整理。

1.1.3 制造业的作用

自工业化以来，制造业就成为国家经济发展的重要支柱，且是衡量一个国家或地区综合经济实力和国际竞争力的重要标准，直接体现国家生产力水平；同时也是发展中国家和发达国家最重要的区别元素，工业化和现代化的主导力量，国民经济中发展完善、产品需求量最大的产业。制造业作为农业、工业、服务业的基础行业，不仅是社会各方面发展的物质基础，还是振兴经济和促进现代化进程的着力点。

制造业是经济发展的基石，是一个国家综合国力的表现，是提升国家竞争力的基础，是国民经济、社会发展、技术进步的物质基础和主要动力。20 世纪，制造业为美国、日本、欧洲以及一些发达国家带来了巨大的经济增长，因此一个国家要想实现经济现代化，首先就必须拥有发达的制造业。经济现代化国家的发展历史表明，随着经济的不断发展，越来越多的劳动力会进入第三产业，但制造业仍然是解决就业压力的重要领域，并且制造业是第三产业的发展基石。

全面重视制造业的发展，对于提升工业化水平和提高综合国力有着非同小可的作用。在整个世界经济中，英国、美国、德国、日本等经济发达国家均以制造业作为经济发展的核心支柱。制造业对于中国经济同样居于主导地位。习近平总书记强调要“推动中国制造向中国创造转变、中国速度向中国质量转变、中国产品向中国品牌转变”。这“三个转变”，为推动中国制造业服务化指明了方向。中国制造业从“世界工厂”到制造业大国的转向，目前已处于向高质量提升转变阶段。

在当前中国工业经济发展过程中，向制造强国转变已然成为实体经济发展的必由之路，目前中国的制造业规模变大，成本相对较低，但在技术水平、科技含量、附加值等方面还有待提升，这是目前整个中国制造业和中国企业面临的比较核心的问题。中国要成为制造强国，必须拥有自己的核心技术。在面临巨大就业压力和人口红利已经开始消退的今天，中国更应该大力发展制造业，尤其注重高附加值制造业的发展，在制造业全球化的发展潮流中成为世界制造业中心。制造业不仅能解决大量就业问题，而且也是高新技术发展的直接动力。一个国家想要改造传统技术、更新生产方式、提高生产效率，就必须依靠先进的制造技术。科技的飞速发展和全球化的经济趋势，导致国际社会进行了新一轮的产业结构调整，发达国家的制造业大举向中国转移，中国正在成为世界制造业中心。在中国，制造业是工业的核心，拥有独一无二的重要地位，更是关乎国计民生的支柱产业。党的十六大曾明确提出大力发展制造业的国民经济发展战略。2015 年，国务院印发《中国制造 2025》，提出“三步走”的战略目标，即力争用三个十年的时间，使中国制造业整体达到世界制造强国阵营中等水平。2016 年 6 月，国务院发布《关于深化制造业与互联网融合发展的指导意见》，表示将培育制造业与互联网融合新模式。2016 年 11 月，国务院印发《“十三五”国家战略性新兴产业发展规划》，提出发展智能制造高端品牌、航空产业、卫星及应用产业、轨道交通装备、海洋工程装备和高新材料等产业。2017 年 10 月，十九大报告经济篇指出，应加快建设制造强国，发展高质量产业，培育若干世界级先进制造业集群。十九大之后，各级政府部门均出台了一系列关于推动制造业发展的政策，巩固中国制造业大国地位，争取在新中国成立 100 年时，综合实力进入世界制造强国前列。

1.1.4　中国制造业参与全球价值链分工的状况

1.1.4.1　全球价值链理论

Krugman（1995）最早提出“全球价值链”这一概念，其含义主要为一个国家和地区在参与全球分工贸易中，从事某一个生产阶段的活动而获得相应的利益分配。之后，各国经济学者对全球价值链产生了浓厚的兴趣，并且不断丰富其概念。如 Gereffi（1999）对美国零售业价值链进行了深入研究，在此基础上提出了“全球商品链”概念。全球商品链是指企业通过承担一种商品在生产过程中的某个环节而获得生产效益，这样就形成了产品层面的国际生产合作网络。进入全球商品链的制造业企业可以依靠技术渗透和再创新，提升自身的技术水平和生产效率，在全球贸易体系中沿着 OEM 向 OBM 的路径实现产业升级。之后出现的关于全球价值链的理论中，Feenstra（1998）的“产品内分工”理论以及 Arndt 和 Kierzkowski（2001）的“片段化”理论，都是研究价值链分工的空间地理配置问题。Kaplinsky（2000）对影响产业升级的原因进行了更深入的研究，并且指出：产业升级的关键在于企业在竞争中如何培养独有的竞争优势；只有在全球价值链中拥有获得高收益的能力才能更好地进行产业升级。Pietrobelli 和 Rabellotti（2010）认为，全球价值链对于一个国家或地区来讲，在学习先进知识、技术和提高自主创新方面的作用日益增强。喻春娇和王雪飞（2012）将东亚区域的分工模式概括为在技术能力最强的国家或地区进行产品研发活动，在劳动力成本较低的国家或地区组织生产代工活动，而最终生产的产品大部分出口到东亚区域之外的市场，这部分说明了全球价值链如何影响资源在各国之间的分配，如何推动全球分工体系的建成。

1.1.4.2　中国制造业处于全球价值链的低端

Feenstra 和 Hanson（1995）在对赫克歇尔 - 俄林（H-O）的理论模型进行研究后提出，当前在全球范围内存在生产要素价格不统一的情况，使得发达国家倾向于将本国相对于发展中国家成本较高的劳动密集型产业，通过对外直接投资转移至发展中国家，使本国制造业企业集中资源进行价值链上高端环节的生产，并且在增加了对本国熟练劳动力的相对需求和就业比例的同时，提升了发达国家的技术水平；但是，这导致了发展中国家技术的持续落后。Jung 和 Mercenier（2008）分析了发达国家开展的对外直接投资对其技术升级的影响，并根据技术特征将发达国家企业分为两类：一类是采用高固定成本、低边际成本技术的企业，这类企业适合开展跨国业务，将劳动密集型产业转移到发展中国家，并且通过这种产业转移能够提升国内竞争力，市场的竞争压力也会促使本国企业提高技术和生产效率；另一类是采用低固定成本、高边际成本技术的企业，这类企业适合将发展的重心放在国内，激烈的市场竞争将促使其提高技术和雇佣更熟练的劳动力，对熟练劳动力的市场需求会对技术效率低下的工人产生激励作用，使其不断提高自身业务技能和学习相关知识，从而使高素质劳动力数量增加，进而带动本国的技术升级。近年来，"低端锁定"逐渐成为经济学者关注的热点。"低端锁定"指跨国公司利用全球分工体系，在对发展中国家进行直接投资的同时，对技术等进行限制，以约束发展中国家的技术提升，进而导致发展中国家被控制在全球价值链的低端。针对中国制造业处于全球价值链低端的客观情况，刘志彪和张杰（2009）指出，参与国际贸易的发达国家的跨国公司都从本国利益出发，采取各种手段控制发展中国家企业的技术创新，目的是保持其在全球价值链中的地位。孙林岩（2009）指出，制造业是工业现代化的主要动力和国民经济的重要支撑，目前中国正处于工业化发展的中期，正以每年 20% 左右的速度强劲增长。李钢、金碚和董敏杰（2009）将目前中国制造业的发展状况概括为"二高二低"："二高"指制造业增长速度高和制造业的国际地位不断提高；"二低"指人均制造业增加值低和制造业增加值占全球制造业增加值的比重低。刘志彪（2011）进一步指出，当前中国制造业的情况不容乐观，中国制造业的出口导向型发展模式对发达国家的依赖程度较大，缺乏可持续性；在全球价值链中，后发国家产业受制于发达国家而很难实现产业升级，但是长期来看中国制造业必须找到合适途径进行产业升级。

1.1.5 中国制造业转型的动因

Kaplinsky（2000）认为，企业在全球价值链中获得的收益越高越有益于产业升级，因此构建自身独有的竞争优势是产业升级的关键。杜修立和王维国（2007）在研究改革开放以来中国制造业的技术变革后认为，中国制造业企业技术水平的提升并不明显。这证明中国制造业在总产值达到世界第一的水平时，并没有依赖技术水平的提高，而是通过大量代工类产业增加产值，产值规模的扩大并没有起到显著促进技术水平提高的作用。李小平、卢现祥和朱钟棣（2008）认为，中国出口贸易的主要加工品为原材料等低端要素，因而对技术产业的升级没有相对于其他产业的紧迫感，进而导致出口规模的增长对技术创新的促进作用不大。王瑜梁、张维浚、陈文文（2011）指出，中国制造业正在丧失劳动力优势，原因在于随着中国经济的飞速发展，中国的劳动力成本大幅上升；相比之下，周边一些后发国家的劳动力竞争力逐渐增强，而且这些国家也在积极打开国门，推行引进外资政策，使中国劳动力优势正在逐步减弱。李飒（2013）指出，中国制造业在人民币升值和通货膨胀等不利因素的影响下，以低成本为主要优势的情况正在逐渐恶化；与此同时，后发的东南亚国家依靠低廉的劳动力价格优势吸引了越来越多的跨国公司在其国家投资办厂。崔日明、张婷玉（2013）指出，美国推出的"再工业化"战略将对中国制造业企业产生巨大的不利影响：第一，美国打着召回传统制造业的旗帜，一方面给予本国制造业企业优惠政策，在降低本国制造业企业成本的同时，增强了美国制造业企业的竞争力，另一方面美国媒体鼓吹爱国情结，使中国制造的产品受到一定程度的抵制，进而导致中国制造业产品的出口降低；第二，美国对先进科技的重视以及在本国基础设施方面的巨额投资，将带动上下游制造业产业环节的复兴，进而使中国的出口萎缩。由于印度、缅甸等利用更为低廉的劳动力与中国在国际市场上进行竞争，中国制造业的传统优势正在丧失，即单纯依靠人口红利、资源丰富等客观条件已不再具有竞争力。盛垒、洪娜（2014）认为，美国全面推行的“再工业化”政策将使中国和美国的制造业从相互促进关系转向竞争关系，这将给中国制造业的转型升级带来多重严峻的挑战，因此中国应考虑政策变化，结合中国制造业国情，应对可能的巨大负面影响。胡权（2015）认为，德国提出的领先供应商战略表面上是为了迎合中国制造业的转型，但实际的目的是提高德国装备制造业的竞争力，并且在国际贸易中遏制中国制造业发展的势头。

1.1.6　中国制造业转型的路径选择

1.1.6.1　通过技术创新向全球价值链高端延伸

Jones（2001）认为，生产领域内的技术进步推动产品内分工与扩大贸易，从技术渗透角度出发，中国制造业中劳动密集型代工企业在全球价值链中已经依靠跨国公司的直接投资实现了工艺和部分产品的升级，即产业升级中的第一步和第二步；但是却很难通过技术渗透进行更高层次的升级，原因在于跨国公司对其先进技术和知识的保护。张氓、卓越（2010）通过分析世界银行所公布的数据和对制造业企业的调研结果发现，大部分中国制造业企业受跨国公司的牵制情况严重。中国制造业企业可以借助低劳动力成本优势融入全球价值链，并且能够实现工艺升级、产品升级，但是难以获得进一步产业升级的能力。随着科技的进步，企业能够运用更高层次的科技，在生产流程中使企业在获得更多的产品的同时，也使企业之间的贸易关系更加密切，从而更好地促进产品内分工的发展。因此，生产领域的技术进步大大促进了产品内分工与贸易的发展。Albert 等（2005）认为，发展中国家赶超发达国家的有效途径是提升本国科学技术水平，对此发展中国家可以通过吸引外商直接投资、技术引进和自主研发这三种途径提高科学技术水平。比较通过这三种途径得到的科学技术对中国制造业生产率和贡献率的影响，可以得出结论，通过外商直接投资和技术引进这两种途径得到的科学技术都不能促进有效的技术进步，只有自主研发才能实现持续的技术进步，才能实质性地提高制造业在全球价值链中的地位；尽管自主研发是后发国家技术进步的最有效途径，但后发国家在短时间内提升自主研发能力也是很困难的，因此在短时间内技术引进的方式依然是促进技术进步的重要途径。易先忠等（2007）认为，中国自主创新能力较弱，目前实现技术进步的主要途径是引进和模仿发达国家的先进技术；但是随着中国国力不断提升，在逐渐重视技术创新能力对制造业的贡献之后，技术引进的方式将逐渐被自主创新方式取代，成为促进技术创新能力的主要方式。而当前中国正处于由引进和模仿国外先进技术的阶段向自主创新阶段的过渡时期。

1.1.6.2　优化产业结构

Gereffi 和 Tam（1999）认为，在国际分工格局下，实现产业升级的关键是技术创新。丁焕峰(2006)也指出,产业的升级与发展取决于产业内的技术创新所创造出的高利润和新需求。Humphrey 和 Schmitz(2001)指出,参与全球价值链的国家,其产业升级的过程受全球价值链的影响颇深,并且提出参与全球价值链的国家产业升级的四个步骤,即按照工艺—产品—功能—链条四个步骤进行升级;他们通过对东亚地区产业升级的具体案例进行分析,从实证角度证实了这四个步骤的正确性。在优化产业结构的理论方面,一些学者提出了比较优势理论对产业优化的重要性。林毅夫等(1999)认为,东亚国家尤其是日本和韩国,其经济发展的巨大进步归功于这些国家在发展经济时充分发挥了本国的比较优势,如在劳动力充裕阶段,由于市场的作用劳动力的价格不高,故充分利用劳动力比较优势发展相应产业,不仅能促进经济的增长,而且还能降低失业率。此后,林毅夫等(2002, 2003, 2004)对上述观点进行了进一步思考,并且得出结论,即一个国家或地区在进行产业结构优化时,必须考虑自身的比较优势,并且将比较优势理论作为改革的基本原则。潘悦(2002)认为,产业结构调整与升级的概念不再简单地局限在产业之间,而是指同一产业内部的劳动密集型环节向资本密集型和技术密集型环节的升级转换。金碚(2003)认为,体制因素和优势要素对中国产业国际竞争力的影响非常大。刘佳和陈飞翔(2006)在对此前研究的基础上提出:发展中国家在经济发展的战略布局时应充分考虑本国比较优势对经济的促进作用,构建适合本国国情的要素禀赋结构,将其充分运用在本国产业结构优化的过程中,从而实现本国经济的内生增长。因此,比较优势的发挥是一个国家取得产业竞争优势的必要条件,后发国家只有充分依靠和发挥自己的比较优势才能够建立自己的竞争优势。刘志彪和张杰(2007)指出,在发展中国家利用劳动密集型产业优势承接发达国家的外包业务的同时,发达国家为了保证其在全球贸易中的控制地位和自身利益,倾向于采取各种手段将发展中国家控制在全球价值链的低端。为实现产业的全过程升级,进入全球价值链的高端,应立足于本国市场构建国家价值链;本国企业应该以国内市场为支撑点发展国际业务,进而实现国家价值链的升级。刘晓红(2008)认为,在经历了多年的改革开放之后,中国经济发展在地区间存在不平衡的状况,东部地区经济已经得到了飞速的发展,要素禀赋结构发生了深刻的变化,原有以劳动密集型为优势的产业已经逐渐向资本密集型和技术密集型转移,在这种趋势下东部地区应顺应这种大潮流,抓紧时机进行产业结构升级;而中西部地区的经济发展与东部地区的经济水平还有较大差距。为此,对于东部地区的产业转移,中西部地区应抱着积极主动的态度,扶持对其有利的低端产业。对于比较优势理论对产业结构升级方面的研究,徐朝阳、林毅夫(2010)进行了深入的研究,提出应根据比较优势构建合理的要素禀赋结构,通过对要素禀赋结构的优化达到产业升级的目的。其方法是以一个封闭经济为假设条件,建立 Ramsey 问题模型,并根据内生产业结构理论,得出产业结构与要素禀赋结构有着密切的联系,即产业结构的升级与要素禀赋结构升级正相关。郭炳南和黄太洋(2010)认为,当前国际分工强调的是比较优势的静态特性,各国在比较优势上的差异导致了产业结构的不同,因此提升比较优势成为产业升级的关键,尤其是后发国家需要促进比较优势的跨越式发展才能实现产业升级。黎娟娟(2010)认为,中国虽然通过发展劳动密集型产业使经济有了巨大的发展,但是并没有从实质上缩小与发达国家之间的差距;尽管目前中国的比较优势依然是丰富的劳动力，但是当前的产业结构不能使中国保持既定的经济增长率。中国实现产业升级的唯一有效途径是推动劳动、资本、技术全方位发展。

1.1.7　服务业的概念、制造业与服务业的关系

1.1.7.1　服务业的概念

目前，对服务业的概念在学术界尚无统一明确的界定，但是对服务业的范围有统一的认知，即服务业大体相当于第三产业。将第一产业、第二产业以外的所有经济活动称为第三产业，对第三产业的定义主要是从社会经济活动的角度来界定，而对服务业的定义是从生产或者提供服务的角度来界定。但是，从各国的经济核算体系来看，通常将服务业纳入第三产业核算范围内。服务业的产生和发展与国家的经济发展有着密切的联系，随着经济的发展，社会分工逐渐专业化和细分化，人们的需求从商品扩展到其他领域，如餐饮、娱乐、交通运输、教育等。对服务业范畴的界定与经济发展有着密切的联系。

1985 年中国国民经济核算体系中的服务业包括流通部门，为生产、生活服务的部门，为提高科学文化水平与居民素质服务的部门和为社会购买服务的部门这四个部门。随着改革开放的深化和市场经济体制的建立，1993 年中国国民经济核算体系中将服务业细分为 10 个部门。随着经济进一步发展，2002 年中国国民经济核算体系中将服务业细分为 15 大类。与 1993 年相比，增加了住宿与餐饮、水利、环境和公共设施、公共管理和社会组织、国际组织等。从服务业核算范围的变化可以看到中国近些年来的经济发展和国内、国际旅游的发展带动了住宿和餐饮的壮大，经济对外开放的深化带动了中国在各方面参与到国际合作和活动中，经济发展从量的发展转为对质的重视。

2002 年服务业的核算范畴较 1993 年更细化，更符合中国经济发展的实际。本书对服务业的核算范围采用目前中国国民经济核算体系中服务业的范畴，即服务业的核算范围与第三产业核算范围相同。

服务业的范畴随着社会经济发展而变化，形成了传统服务业和现代服务业。传统服务业是指与人们的日常生活密切相关的各类服务行业，在中国国民经济核算体系中包括交通运输、仓储和邮政业，批发和零售业，住宿和餐饮业。现代服务业主要是指金融、保险、旅游、信息业等服务业。

1.1.7.2　制造业与服务业的关系

制造业与服务业在中国分属第二产业和第三产业，二者是不同的产业范畴。全球化竞争的日趋激烈以及信息技术的发展，推动了制造与服务的融合，制造业已经不再是单纯的只提供产品，而是逐渐向以服务为核心转变。关于制造与服务的关系，国内外也有相关的研究。

Cohen 和 Zysman 认为，制造业是服务业发展的前提和基础，制造业是服务业产出的重要需求部门，而服务业则是制造业的补充，制造业的发展是服务业发展的基础，没有制造业，就没有对服务业的需求。Eswarran 和 Kotwa 等认为，服务业是制造业生产率得以提高的前提和基础，发达的服务业是形成具有较强竞争力的制造业部门的关键所在，尤其是生产性服

务业，例如金融、保险、法律、经济等知识密集的服务对制造业的发展，以及加强企业的核心竞争力具有重要的推动发展作用。邓丽姝认为，服务业和制造业之间是一种复杂的相互作用关系，二者相互依赖、相互影响和相互支持。陈宪和黄建锋等认为，随着信息技术的发展，现在已经很难分清楚制造业与服务业的界限，二者正在不断融合，制造业与服务业的界限逐渐模糊化，许多制造企业也正在提供服务，许多服务业也需要制造业为其提供帮助，二者是互动的关系，如图 1-1 所示。

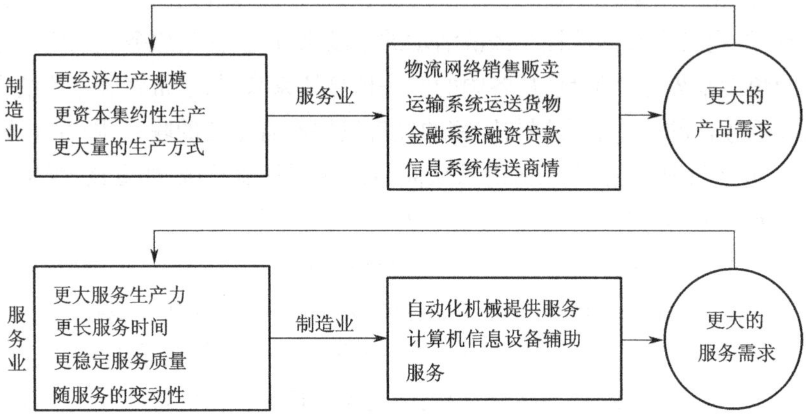

图 1-1　服务业与制造业的互动关系

制造业与服务业的融合，已经成为世界制造业发展的主要趋势，发达国家的服务业在国内生产总值中的比例不断扩大，OECD 等国家的服务业占 GDP 的比重已经达到 70% 以上，制造业服务化是未来企业竞争的关键所在。中国现在已成为世界第二大经济体，制造业能力不断提升，但是中国的制造业大而不强，尤其以珠三角、长三角最为发达，但主要是加工出口的两头经济模式，在微笑曲线中处于价值链的最低端，附加值较低，而处于价值链高端的研发、设计以及销售服务，中国的制造企业并不占优势。当前中国的环境持续恶化，党中央在十八大报告中明确表明要建设美丽中国，而制造业走传统的资源大量消耗的路线对中国制造业而言并不是长久之计，制造业向服务化转变，向产业链的高端转移，发展资源节约型的生产制造业，是中国制造业改革的良好的发展方向。

虽然制造业服务化已经成为热门的概念，但它其实有着严格的内涵和边界，企业需要抓住价值创造和服务创新这两个关键词，注重开发专业化的知识型服务，不能将一般意义上的服务活动与制造业服务化混为一谈。制造业服务化的基础还是产品，企业需要深入挖掘最能体现企业核心竞争力的优势产品，依据产品自身的特性和市场的需求，从产品、业务单元、企业等不同层面广泛搜索、审慎评估服务化运作的机会，并通过严密的战略设计付诸实施。在企业发展中，周围行业或者企业已经开始服务化，而一些行业或者企业在没有充分了解服务化时，就盲目地进行服务化转向是很危险的，不同行业和企业的特点不同、优势不同，其服务化的方式必然有差异，一味地追求服务化而不顾自身的特点和能力，有可能适得其反。制造业发达的国家的企业通过服务创新强化了自身行业竞争力和盈利能力，巩固和发展了其制造强国的地位，而陕甘宁地区制造业水平发展相对落后，与制造业强省相比还有很大的差距。服务通常是促销的手段,而不是价值创造的过程。虽然制造业绩效与服务化水平表现出倒"U"形关系,但并不是说明制造企业提供的服务过多,而是因为没意识到服务的价值,没有能力提供数量更多的服务。陕甘宁地区制造业正处在由大到强的关键时期,制造业服务化是其中的必由之路,提高投入服务化的深度是必然选择。在对投入服务化的增加过程中,企业应该发现自身服务化的优势,针对自身的优势找到切入点,从而更准确地提升服务化的高度,因为不同类型的企业所处价值链的位置也不尽相同,要通过找到自身的切合点,突破原有的产业界限,不断拓展产品价值链长度,提升产品的层次和水平,走具有陕甘宁地区自身特色的投入服务化之路。

陕甘宁地区的服务业是陕甘宁地区制造业的重要组成部分,但是改革开放后一直处于缓慢发展状况,如何借制造业与服务业深度融合发展的机遇发展壮大陕甘宁地区的制造业服务化具有重要的研究意义。

1.2　制造业服务化相关理论

1.2.1　制造业服务化的概念

与传统的制造模式不同,制造业服务化的模式是一种新型制造模式,制造业的主要价值创造环节由制造环节转向服务环节。制造业服务化不是单纯的由制造业转向生产性服务业,而是将具有资源、知识、技术密集型的生产性服务要素投入产业链的各个阶段,如产品研发、加工制造、销售、物流、售后等环节,从而使得产品从低端制造向中高端制造转变。制造业服务化是制造业和服务业的一种融合发展现象,这种现象使得制造业可以通过将服务引入制造产品生产链的各个环节来提升产品的附加值和竞争力,这也是现如今制造业发展和变革的一种重要趋势。制造企业将有形的传统产品和无形的增值服务结合起来,构成新的产品服务系统输出,并不断凸显增值服务在其中的重要地位,以高附加值的增值服务融合作为创收的主要来源,这一新的先进制造模式被称为制造业服务化。

制造业服务化是第三次科技革命的产物,本书考察的制造业服务化是将服务作为一种投入要素,在制造业企业的投入要素中比重逐渐增大,制造业企业从提供产品和提供附属服务的产品到提供产品服务系统,实现制造业从生产环节向价值链两端延伸的动态过程。产品服务系统是指符合顾客个性化需求的广义产品。正如刘继国等(2008)对制造业服务化概念的剖析,制造业服务化是价值链重心由制造向服务的转移,制造业服务化可分为投入服务化和产出服务化。

Vandemerwe 和 Rada(1988)最先提出"制造业服务化"概念,提出发达国家工业企业向服务业逐步转移和过渡的过程,即从为市场购买者提供物品向提供物品与服务转变的全新消费体验。这里的服务包含知识、技术、售后、咨询、人文关怀等不可量化的产品要素。他们认为产品结构的转变实际上是制造业不断被服务化的过程。从产业组织的投入产出角度来看,制造业服务化应当包括投入服务化和产出服务化两部分,投入服务化主要指制造业投入方面，除了传统的土地、资本等要素外，服务投入占比应该越来越多；产出服务化主要指产出不再以单纯的传统制造产品为中心，而是以融合了增值服务的产品服务系统为中心。服务化是制造业企业生产经营模式由为消费者提供单一的物品向提供“产品 - 服务包”转变。服务包的定义包括商品、服务、支持、自助服务和知识。服务是企业产品增值的主要来源，处于领先地位。传统产品与服务的观念被“产品 - 服务包”替代后，将有形的产品同无形的服务结合起来，为客户提供“产品 + 服务”的整体解决方案，不仅有助于企业持续盈利能力的提升，还能让客户更加满意。在此概念的基础上，White 等（1999）提出，服务化是厂商角色由单纯的实物提供者向服务或者实物 + 服务生产者演变的动态过程。在此动态演变过程中，厂商经历了服务型制造、服务加强型制造以及服务导向型制造的必经过程（Mont，2004；周大鹏，2010）。在服务导向型制造过程中，转型中的企业厂商生产的终端产品包括产品、服务、信息、网络等要素，在差异化要素叠加的基础上组成了完备的知识型系统，使最终产品区别于以往市场中的同质产品，研发并培育差异化产品，以持久性抢占并拓宽消费市场，攫取更多市场利润为终极目标。

Marceau 和 Martinez（2002）进一步将“产品 - 服务包”分为三种类型：产品 - 服务整合、产品 - 服务打包、产品 - 服务捆绑。此后，学者们又从制造企业的作用和企业的生产过程两个方面对制造业服务化进行了概括总结。White（1999）认为制造业服务化就是制造企业在动态过程中实现从商品供应商到服务提供者过渡的转变。他还指出，与服务化有关的服务包括产品功能服务和产品扩展服务。产品功能服务是指产品的所有权、产品的维护和服务提供者的最终处理，即服务提供者也提供维护、升级等服务。这种服务方式能够有效地维持供应商和消费者之间的长期关系。与 White 相似，Reiskin 等（2000）认为，现代经济的发展极大地增加了消费者对个性化、人性化产品和服务的需求，企业要想实现经营利益最大化，就必须将生产重心逐渐由以生产产品为主转向以为消费者提供多元化和差异化的服务为主。Szalavetz（2003）表示，制造业服务化具体可以从两个角度理解：一方面，服务的重要性已经超过了企业经营效率的传统决定因素，如科学技术投入、人力资本储备和资本投入；另一方面，与过去企业仅为消费者提供简单的产品维护等售后服务不同的是，现代制造企业不仅在自身生产过程中加大了生产性服务要素的投入，而且还进一步丰富了售后服务的内容，增添了诸如运输、安装和技术支持等活动，这些有差别的无形服务正是制造业服务化的本质内涵。

从产业发展融合角度来看，制造业服务化是一个动态的渐进的循环过程，从开始进行服务化转型到服务化转型进入不同阶段，再到最终完成服务化转型完成一个转型循环，都是制造业服务化的过程，这一过程的目标就是不断推进制造业服务化，实现制造企业碎片化资源的有效整合。

与制造业服务化密切相关的还有生产性服务业、新制造业、服务嵌入型制造等概念。Greenfield（2001）提出“生产性服务业”的概念，指出生产性服务业是一种正在逐渐发展的过渡性产业，将制造业和服务业更有效地连接了起来。在生产性服务业迅猛发展的产业背景之下，Drucker（2017）提出“新制造业”的概念，他认为服务与产品的融合是涉及产业组织、生产过程等的一系列创新活动,会催生出一种新的制造模式,对传统的以单一产品制造为核心的生产模式产生极大的影响。新制造业中,技术研发和创新将产生显著影响。Quinn(2017)则提出“服务嵌入型制造”的概念,他认为服务可以作为“产品”的一部分,嵌入到产品结构当中,从过往单纯的产品生产和销售转向产品服务系统的生产和销售,因服务的融合而创造了更高的产品价值,新的产品服务结构与单一产品结构相比将更具竞争优势。

1.2.2 制造业服务化产生背景与形成原因

制造业服务化的产生最早是由发达国家提出的。从现有文献来看,制造业服务化是在知识型经济社会的形成和全球生产模式分工深化的发展趋势中产生的。OECD 在 1996 年发布的《以知识为基础的经济》报告中指出,各国经济持续发展的动力是由知识和技术驱动的。在长期经济发展下,当传统生产要素如土地、劳动力和原始资本积累的禀赋不再是国家具有比较优势的生产投入时,新兴的生产要素禀赋将逐步替代传统的生产要素。也就是说,新的投入要素将成为塑造产业比较优势的关键性资源(Ohlin,1952;周大鹏,2010)。在第二次科技革命的发展背景下,发达国家如美国、德国和日本均提出“科技振兴”“技术优先”等战略与工业发展指南,强调知识和信息传播的重要性与可持续性,鼓励企业培养学习精神。尤其德国和日本在第二次世界大战之后,将自主学习性和“工匠精神”深深嵌入国内企业和手工艺人的骨髓之中。因此,发达国家掀起了知识和信息学习的浪潮与深远性革命,知识经济在世界大部分国家中改变了产业结构和发展方式。大部分学者认为,在以知识发展为导向的宏观背景下,厂商与厂商之间、厂商与市场之间的边界被逐渐打破,并且发生了新的变化。从产业间关联性来分析,不同行业之间生产层级逐渐变少,上下游之间关系朝着网络化与扁平化方向发展;从厂商微观角度来分析,企业内部的沟通与协调成本逐渐降低,企业部门领导垂直一体化结构朝着更加透明、灵活的方向发展。以上变化总体上有利于企业内部、企业和市场之间的生产经营与沟通朝着高效、集约的方向发展,而知识经济的嵌入激发了产业之间和企业个体的创新性与互联互通的可能性,也起到了产业职位创造功能,如工业设计、精密仪器制造、国防系统维护、审美服务、质量计量标准等产业和职位应运而生。以上兴起产业和职位均涉及三大产业的共同辅助与嵌入,因此打破了三大产业的界限。20 世纪 90 年代初,全球垂直专业化生产愈加打破了产业和企业的生产边界,承接知识经济所带来的生产变革,价值链的碎片化生产缩短了全球各个经济体的地理距离。由发达国家主导的全球价值链生产模式采用“蜘蛛状”的网络状空间布局,更加减少了各国之间的沟通协调成本,加快了全球利益共同体的形成(Baldwin 和 Venables, 2013;夏杰长和倪红福, 2016)在此生产链条中,发达国家往往采取外包将传统的零散加工产业转移到处于技术劣势的发展中国家,集中优势深化跨产业、跨职业类别的知识型产业,制造业服务化、服务型制造业的综合优势得到更加强有力的支持与发展。由于发展中国家知识经济发展的起步较晚,产业部门与社会职业类别较少,因此大多数承接了发达国家的外包产业,跨产业生产经营与发展脚步较慢,服务化与服务型生产的萌芽阶段较晚。

在市场不断成熟、饱和的趋势下,企业要想获得差异化竞争优势,除了要加强自身产品的科技含量外，还应想方设法延伸产业价值链，拓展产品生命周期，为企业创造更大的生存空间。在此过程中，服务创新就成为企业拓展商机的突破口，这一观点得到越来越多成熟行业管理者的认可。

从制造业服务化的形成原因来看，主要分为市场效用满足、利润驱动与产业优势重塑等三大方面。首先，市场效用满足是为了满足消费者对差异化、多元功能性产品的需求。传统的厂商与消费者之间的经济关系表现在厂商生产并提供制成品，满足消费者的需求，即生产与消费链条的开始与结束。然而，随着知识对产品的嵌入，消费者得到厂商所提供的制成品时，开始寻求更多的后续辅助，如产品使用维护指南。如消费者在购买汽车时，需要后续的维修咨询与保养服务功能，而汽车厂商单纯地提供汽车制成品已无法满足消费者长久的诉求。因此，需求驱动打破了传统产业链的结点，促使生产、消费链条的延伸与厂商业务的扩展。顾客需求的变化，从产品导向逐渐转向产品与附加服务或以效用满足为中心，从而对市场经营者具有更加全面与综合的要求。其次，从厂商利润驱动视角来看，消费者对产品与附加服务的需求，延长了整个生产服务的生命周期与价值链条。产品生命周期与价值链条的延长拓展了厂商业务模块，激发了知识与创新要素的学习与培育，在一定程度上提升了企业的规模与产值。而知识要素具有集约性好、收益见效快等特点，相较于土地、机器设备等固定资产要素投入具有附加值高的特点。因此，从企业长远规划和战略实施来看，厂商对于知识与附加服务的关注与投入能够提高自身产业附加值、利润与绩效（Neely, 2008；周艳春，2010）。最后，从企业与产业比较优势重塑的视角来看，企业附加值的提高能够区别于市场其他竞争对手，更能有实力地去扩张辅助自身产业发展的其他附加业务，打造全新的“蓝海市场”。利润与差别化产业能够重塑企业的比较优势，帮助企业更加精准地识别自身优势，实现“基业长青”的终极目标（Kelle, 2012；陈洁雄，2012）。White 等（1999）通过研究以 IBM 和 Xerox 为代表的信息型企业后发现，服务型企业的科技更新换代快，相对于制造企业来说，它们能够快速适应变化多端的市场环境，这就为制造企业发展提供了一个新思路，即是否能够在产品生产销售过程中适当加入服务要素以便更快地应对市场环境频繁的改变，从而提高产品的市场接受度。相反地，Robinson 等（2002）选取化学品行业来考察制造业获取差别化优势的途径，实证分析结果表明，在传统制造行业中，服务化战略是企业将自身产品与其他公司产品区别开来的主要手段。Oliva 等（2003）指出，由于生产性服务活动无形性的属性，造成多数服务活动可见度低、劳动依赖性强的特点，这些特征又使得企业的经营活动很难被其他服务企业模仿，因此成为制造企业创造竞争优势的持续来源。

当企业深入了解分析消费者不同的消费习惯，不断满足消费者多样化的消费诉求时，企业就能生产出更加贴合消费者需求的产品，并且为消费者提供比竞争对手更好的服务，由此企业不仅获得了差别化的竞争优势，还满足了不同消费者的消费偏好，企业产品市场占有率会不断提高，从而增加了企业收益。激烈的竞争促使企业选择服务化战略，增加核心产品中的服务要素。无形的服务贯穿于产品的整个生命周期，可极大地扩展企业的生存空间，为企业提升利润水平提供稳定的发展动力。

1.2.3　制造业服务化的动因

随着对制造业服务化的研究逐步加深，制造业服务化的动因问题受到了学者们的广泛关注。但是，截止到目前，学者们对制造业服务化的动因的研究主要集中在理论分析，实证研究较为匮乏。

1.2.3.1　理论研究

从国外研究文献来看，学者们主要是从产出角度解释服务化产生原因，并且把满足消费者需求多样性、增加利润和获得差异化竞争优势作为服务化的三个主要原因。首先，从满足消费者需求的角度来看，Vandermerwe 和 Rada（1988）指出服务化主要源于顾客需求。Brown（2000）、VanLooy 和 Gewmeletal（2003）指出制造企业通过综合提供产品和服务能更符合顾客期望。其次，从提高利润的角度来看，Wise 和 Baumgartner（1999）发现，在以安装、维护为基础的制造业企业，通过提供相关的基础性支持，所获得的经济收入有可能是新产品销售的 1~2 倍。Slack 等（2004）研究指出，以安装为基础的制造企业或者是以有形产品为核心的服务领域，通常有较高的收入潜力。最后，从差异化竞争的角度来看，Mathieu（2001）提出，可以通过附加服务来吸引顾客，以销售更多的产品。Robinson 等（2002）发现在传统的成本取向制造业中，服务化可以帮助企业获得差异化竞争优势。Oliva（2003）认为，无形服务难以模仿，能成为企业的竞争优势。Gebauer 和 Friedli（2005）认为，产品服务系统能够获得稳定、高边际利润的收入，且通过服务化获得差异化竞争优势。Correa 等（2007）还强调，服务化可以增强顾客忠诚度。除上述三个动因以外，Kindström（2010）提出，服务化模式的影响因素包括新的价值主张、收益机制、价值链、价值网络、竞争战略和目标市场等。但是也存在一些制约制造业服务化的因素，例如 Mathieu（2001）认为制造企业服务化会因为与原有的服务供应商、分销商和顾客竞争而产生竞争成本，企业内部可能会因为威胁到部分人的权威、职责、专有技术以及资源，从而产生政治成本。Reetta（2011）认为，企业文化、组织结构、管理知识和信息的缺乏等因素可能会阻碍服务化。

国内对制造业服务化的动因的研究比国外起步晚，且至今尚未形成完整的研究体系。简兆权等（2011）提出，服务化的动力在于竞争环境与消费环境的改变。何哲等（2008）从边际效益和要素投入入手进行研究，结果显示，服务的增加可以提高研发效率，技术进步和信息化等使交易成本下降，促进了服务化。安筱鹏（2012）指出，服务化的外在动力是产业分工的深化，而内在动力则包括客户需求效用化、产品功能复杂化、生产工业同质化和流通模式可视化及柔性化。曲婉等（2012）认为技术、需求以及宏观经济政策等都会影响服务转型。赵勇等（2012）通过对装备制造业的案例研究，发现服务化的动力包括市场环境、高层管理者和顾客需求。韩江卫（2014）认为服务化转型的三个动力是财务驱动、营销驱动和战略驱动。邵安菊（2014）指出，产业配套设施、硬件环境和人才培养可以推动制造业服务化，而服务化的制约因素有自主创新能力较弱、服务观念滞后、路径依赖性、经营体制僵化和缺乏政府引导。

关于制造业服务化的驱动因素研究，有学者强调消费者需求转变对制造业服务化的推动作用（Brown，2000；VanLooy 和 Gemmeletal，2003）；有学者强调企业竞争力的因素（Szalavetz, 2003);有学者认为获取差异化优势是制造业服务化的重要原因(Robinson 和 Clarke-Hill, 2002; Baines 和 Lightfoot, 2009),其本质也在于市场竞争;有学者发现,制造业产品市场的变化、产业链价值重心的转移和行业自身特性对制造业服务化有重要影响(陈艳莹和叶良柱, 2009);有学者认为制造业服务化的成因有四个,即知识经济、价值链延伸、产业收益和环境保护(周大鹏, 2010);有学者将制造业服务化的原因概括为产业链价值重心转移的变化、产业链的竞争、迎合消费者需求和开创企业蓝海四大原因,并认为根本原因是制造业企业生存环境的变化(简兆权和伍卓深, 2011);有学者认为推动中国制造业服务化的三个因素为获得稳定的高边际收益的收入,获得差异化的竞争优势或通过附加服务销售更多的产品,获得顾客忠诚度(黄群慧和霍景东, 2013);有学者提出制造业服务化的两大动因,即大数据技术的发展和应用以及服务成为创新的重要载体和来源(徐振鑫和莫长炜等, 2016);有学者将传统制造业转型的内在动力归纳为服务创新(刘洋, 2016);有学者认为产业链价值重心转移和竞争关系的促进是制造业服务化的动力(周佳盛, 2017);也有学者强调政府的政策作用,认为强有力的政策保障可推动制造业服务化(孙柏林,2017)。

综上所述,制造业生存环境的变化推动制造业向服务化迈进,具体动因主要包括价值链延伸、市场竞争、服务创新、知识经济、追求收益、环境保护与政策影响等。

1.2.3.2 实证研究

总体来说,制造业服务化动因的研究还比较少,且大都集中于理论研究,实证研究相对匮乏。国外关于制造业服务化动因的实证研究大多是从微观企业的角度进行分析,从宏观或中观视角出发研究的文献较少。Hobo 等(2006)通过分析日本电子行业零售商、制造商和消费者之间存在的双螺旋轨迹模型,发现三者的互动增加了产品利润,促进了制造业服务化。Gunter(2010)发现,欧洲制造业企业的服务化取决于企业的战略选择、产品类型、企业在供应链中的位置。Martin(2012)从欧洲国家的投入产出表入手,发现服务业的管理人员、专业服务人员、技术人员的比重与制造业服务密度成正相关。Lluis(2012)研究发现产品创新、服务创新和流程创新三种类型的创新对技术、市场、竞争者、研发组织、行业特性的依赖程度不同。Leiponen(2012)发现,服务业研发效率与制造业研发效率的差异使得服务业不断通过研发介入到制造业之中,从而促进了两者的融合发展。Gebauer(2013)通过案例分析,指出企业文化在服务化转型中发挥了关键作用,尤其是管理层和员工的服务意识。中国最早研究制造业服务化动因的是刘继国(2008),他首先区分了投入服务化和产出服务化,然后分别从投入和产出的角度进行问卷调查,采用 PLS 结构方程模型进行数据处理,结果表明,投入服务化同时受外部资源、市场、技术和企业内部高层管理者的态度、职工文化水平等因素影响,产出服务化还受到客户价格意识的影响。周大鹏(2010)提出,制造业服务化成因主要有四个即知识经济、价值链延伸、收益驱动以及环境保护,其中知识经济是服务化产生的主要原因。梁光雁等(2011)从外部环境、外部行为者和内部动力三方面构建问卷调查表,运用因子分析法,识别了服务创新的影响因素。綦良群等(2014)以中国装备制造业为例,提出了影响服务化的环境因素和组织因素,并进行了截面回归分析。黄群慧等(2014)运用 1995—2009 年主要制造业国家的投入产出数据进行了实证分析,结果表明,服务业相对生产率、人力资本、创新能力、经济自由度、进出口比重等对服务化有正向作用，而制造业附加值率和投入服务化强度等则在一定程度上抑制了制造业的服务化。有一些学者基于企业层面的大样本微观数据，对企业服务化的动因进行了实证分析，表明服务化与企业自身属性密切相关，如企业规模等（肖挺和黄先明，2018；李强、原毅军和孙佳，2017）；李强（2017）以企业选择服务化与否的虚拟变量作为解释变量，对中国上市公司进行实证研究，结果表明企业层面上成本收入比、企业市场份额、年龄、规模、资本劳动比、所有制是服务化的显著影响因素，而行业层面上服务化企业比例有显著影响，市场竞争强度作用并不明显。邹国伟等（2018）构建多元回归模型实证研究了服务贸易开放对制造业服务化的影响，结果表明服务贸易开放显著提升了制造业服务化水平。朱文兴等（2018）综合已有研究成果确定了制造业服务化水平影响因素的 10 个指标，运用 DEMATEL-ISM 集成的方法，研究因素系统层次结构，明确了制约服务化的因素及其呈现的系统结构关系。

1.2.3.3　评述

从以上的文献回顾可以看出，制造业服务化的相关研究至今尚未形成完整的研究体系，尤其是制造业服务化的动力机制方面的实证研究非常欠缺。

（1）在制造业服务化的内涵方面，国内外学者从不同视角阐述了制造业服务化、服务型制造等基本概念和相应内涵，但是还尚未形成学术界一致认可的表述，所以人们对制造业服务化的认识还有待加深。

（2）在制造业服务化水平的测度方面，学术界并没有形成一套公认的制造业服务化水平的测度体系，现在大多数研究都是以企业为对象进行分析，而从行业角度进行分析的较少。

（3）在制造业服务化的动因方面，现有文献主要从分工理论、价值链理论、企业内部运营、成本与收益等单一角度研究，且大多局限于理论研究，缺乏相应的实证作为支撑；研究方法上，主要以案例分析为主，定量分析较为缺乏；研究视角上，主要从微观企业运行的角度研究，而缺乏从宏观层面上和产业层面上的研究，即使有产业层面的研究也是单一研究某一行业，缺乏总体性和普遍性；制造业服务化内涵上主要集中在产出服务化，难以针对企业内部的问题进行深入探究，所得结论针对性不强，但从产业转型和经济发展的角度来看，投入服务化的研究显得更为重要。

1.2.4　制造业服务化的演进阶段

1.2.4.1　Vandermerwe 和 Rada 等学者的三阶段理论

Vandermerwe 和 Rada 认为服务化是制造业企业由仅提供产品—提供产品与附加服务—提供产品 - 服务包转变的过程，在这种演变过程中经历了三个阶段。第一阶段，制造业企业仅提供产品，是传统企业的经营理念，集中企业的核心能力，为顾客生产高质量的产品，提供给顾客经久耐用的产品，很少关注顾客的服务需求。第二阶段，制造业企业开始提供附加服务而不仅仅提供产品，这些附加的服务是伴随着产品的销售而进行的，如产品的安装、调试、维护、修理等售后服务，这个阶段的服务是伴随着实物产品而存在的，服务是附加物。

第三阶段，制造业企业开始提供产品 - 服务包，服务在这一阶段已经是企业所提供产品的重要组成部分，或者服务是主要部分，这个服务包已经是一种满足顾客需求的完整的解决方案。其演变过程如图 1-2 所示。

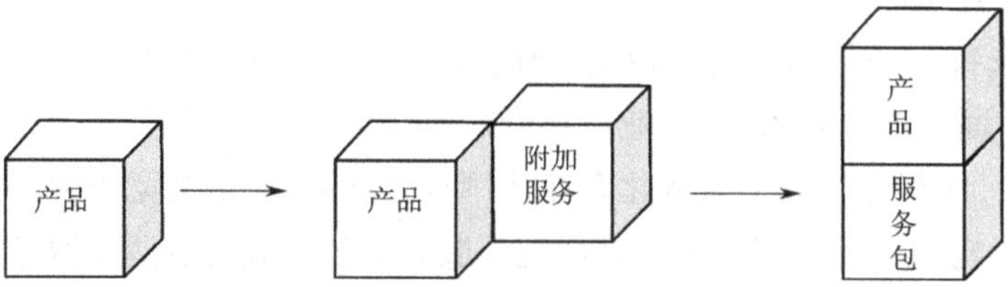

图 1-2 服务化演变的三阶段过程

1.2.4.2 White 等学者的四阶段理论

White 等则提出了服务化的四阶段演化理论。他在 Vandermerwe 和 Rada 对服务化演进定义的基础上扩展提出了"基于产品的服务"概念。他们认为，企业最终为顾客提供的是一种服务，把企业所生产的既有的实物产品作为工具或者平台，向顾客提供与产品相关的服务，企业的生产与服务部门已经形成一个联合的实体，例如销售计算机硬件后提供长期的 IT 服务等。按这样的思路，他们定义服务化的演进阶段如图 1-3 所示，具体包括四个阶段：产品、产品和附加服务、产品 - 服务包、基于产品的服务。该理论前三个阶段与 Vandermerwe 和 Rada 的三阶段理论基本一致，在第四阶段上，White 等认为服务化演进的最终阶段是制造业企业向顾客提供完整的契约服务。

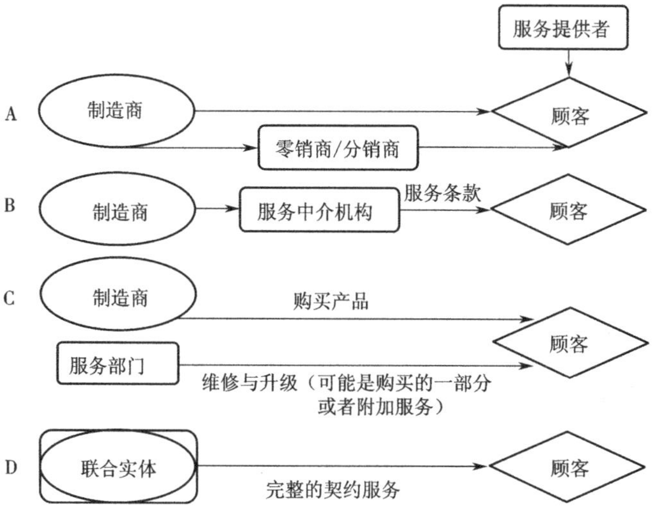

图 1-3 服务化演变的四阶段过程

1.2.4.3 Fishbein 等的产品 – 服务连续区理论

其他比较典型的观点是 Fishbein 等提出的产品 - 服务连续区理论，如图 1-4 所示。他们认为，制造业企业能够以多种方式满足顾客的需求，既可以向顾客直接销售产品，也可以向顾客提供服务，另外还存在一些中间状态。具体来说，产品 - 服务连续区中的交易模式包括销售产品、销售产品及附加服务、资本性租赁（租赁期满承租人获得设备的所有权）、维护性租赁（租赁期满出租人仍然拥有设备的所有权）、租赁及附加服务（租赁期间出租人承担物品维修的责任）、销售功能（买方使用设备、维修产品、培训人员时需向卖方付费）、销售服务（买方仅向卖方提供的服务付费）。这些交易模式反映出制造业企业由仅销售产品向销售产品所提供的功能或服务转变过程中所经历的阶段。

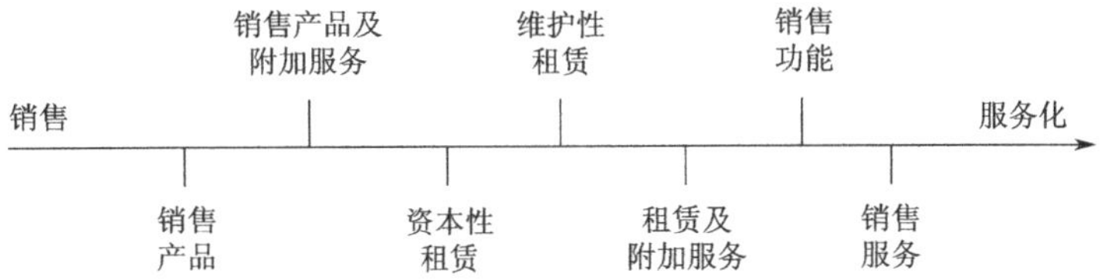

图 1-4　产品 - 服务连续区理论

1.2.4.4　总结

如表 1-3 所示，本书根据以上的观点，将制造业服务化划分为三个阶段。

表 1-3　制造业服务化三个阶段的特征

阶段	服务附属阶段	服务深化阶段	服务主体阶段
主要提供产品	有形产品	产品 + 服务	产品服务系统
产品附加值	低	中	高
产品差异化程度	低	中	高
密集使用的要素	劳动	资本、技术	知识、技术

（1）服务附属阶段，这段时期企业由于技术和服务意识的限制，主要提供产品，被动提供服务，此时密集使用劳动和资本要素，服务处于附属地位，服务的范围主要是前期采购和后期销售。

（2）服务深化阶段，这段时期企业开始向消费者提供产品 + 服务，服务的地位得以提升，制造业企业通过服务投入延伸和重构价值链，提高企业竞争力；企业利润不在于产品一次性交付，而是存在于产品整个生命周期中附加服务的价值；技术进步使服务不仅存在于售后服务或者产品升级，而是开始存在于整个价值链，如工艺开发、供应链管理、产品生命周期管理、商业模式开发等。

（3）服务主体阶段，这段时期服务要素投入已经贯穿产业链所有环节，形成网络型制造，制造业企业、供应商和分包商、企业与顾客等市场各个主体形成网络，互联网、大数据、云计算等信息技术的广泛应用使得制造业企业可以主动发现消费者对产品服务的需求，通过整合制造、服务和其他市场资源，为顾客提供个性化的综合解决方案，此时企业密集使用知识和技术要素，且实现价值链从以产品为重心到以服务为重心的转移。

1.2.5 制造业企业服务化转向与产业升级

服务业可分为生活性服务业和生产性服务业。生活性服务业的分类范围包括:居民和家庭服务,健康服务,养老服务,旅游游览和娱乐服务,体育服务,文化服务,居民零售和互联网销售服务,居民出行服务,住宿餐饮服务,教育培训服务,居民住房服务和其他生活性服务等。生产性服务业的分类范围包括为生产活动提供的研发设计与其他技术服务,货物运输、通用航空生产、仓储和邮政快递服务,信息服务,金融服务,节能与环保服务,生产性租赁服务,商务服务,人力资源管理与职业教育培训服务,批发与贸易经纪代理服务,生产性支持服务。

服务业,尤其是生产性服务业,对制造业产业转向升级具有重要引领和支撑作用。改革开放以来,中国制造业出口虽然在顺应经济全球化中获得了长足发展,但是相较于大多数发达国家和发展中国家经济体,中国制造业在全球价值链分工格局中处于中低端(李坤望,2013)。因此,制造业的转型升级是中国长期的战略目标。从产业升级理论和国际产业发展趋势来看,制造业产业的升级主要依托附加值高的生产要素的投入,如研发创新、信息与高素质人力资本。而大多数技术密集型生产要素的投入大多来源于物流、运输和通信等中间投入的服务要素,对制造业的转型升级具有关键作用。从本质上来看,服务要素作为产业上下游关联的中间投入进入到制造过程,赋予了制造业更多的服务生产要素价值,提升了商品的内涵和价值(黄群慧等,2014;Mathieu 等,2015)。

从微观企业层面来看,制造业企业使用服务作为生产过程的中间投入品,而作为服务中间品的投入的价值增加对制造业企业全要素生产率水平的提高具有促进升级作用(Arnold 等, 2016)。Crozet 和 Milet(2015)研究了 1997—2007 年法国工业企业朝着服务化转型的进程,认为制造业企业参与服务生产与经营活动程度越高,企业的年平均利润和绩效水平越高。Visnjic 等(2014)从企业决策与管理效率角度进行分析,认为制造业企业对服务要素的投资与参与能够取得更高的市场价值和持久行业竞争力。Ying 和 Long(2016)根据中国上市公司数据与世界投入产出数据库(WIOD)研究了服务业开放对中国制造业生产率水平和企业服务化程度的影响,发现服务业的开放对中国上下游制造业和生产性服务业的产业联动具有促进作用,并且对服务要素投资密集的制造业企业能够率先达到产业升级转型的效果。

从贸易开放的角度来看,一国服务业产业的开放能够促进货物贸易的发展,并且能够刺激国内制造业企业的竞争与优胜劣汰。Beverelli 等(2017)采用横截面数据研究了不同国家服务业限制程度与国家制度环境对制造业企业生产效率的影响,得出政治制度质量水平越高的国家,服务贸易限制指数越低;同时,服务贸易限制指数较低的国家和地区,上下游制造业和生产性服务业关联越强,制造业行业生产率水平较高。张艳等(2013)研究了中国服务贸易自由化进程对中国制造业企业生产率的影响,发现服务贸易自由化对中国使用较多服务中间投入的东部地区企业的影响最大。

高拴平(2004)指出,西部地区制造业结构升级有所推进,制造业技术水平缓慢提高,但西部地区制造业总体上技术水平不高,产品竞争力不强,若干支柱产业的地位大幅下降。曹正(2008)认为，推进制造业服务化、大力发展装备制造业、以自主创新推动产业升级等是中国制造业高级化的最重要的战略措施，同时也是突破资源瓶颈的有效办法。冯晓玲等(2011)指出，为了克服产业集群同质性竞争的格局，制造业应通过嵌入高级生产者服务这一途径来实现制造业服务化转型升级。周大鹏(2013)认为，服务中间投入的确对制造业产出具有显著影响，但服务要素投入对不同类型制造业升级的影响程度是不同的。胡查平和汪涛(2016)对 3 家本土制造业企业服务化转型升级的演进路径进行了探索性研究，总结归纳了制造业企业服务化战略转型升级路径的理论模型。令狐克睿和简兆权(2018)从服务生态系统的视角提出制造业服务化升级的路径，制造企业通过社会资源整合和服务化程度升级而呈现三种服务化升级路径。王向进、杨来科和钱志权(2018)从 GVC 的视角得出结论，制造业服务化促进产业结构升级，可显著降低行业碳排放水平，加快要素市场改革。余东华和张维国(2018)指出，推进技术创新、提高资本使用效率是推动制造业转型升级的有效举措。肖挺(2018)指出，制造业的服务化务必要重视推动产业升级换代，淘汰落后产业，避免在中低端制造业盲目进行服务化。刘维刚和倪红福(2018)认为，制造业投入服务化反映了制造业和服务业融合程度，是制造业转型升级的重要推动力。

因此，制造业要提升全球垂直专业化生产地位，需要通过服务作为中间投入来增加产业和产品的增加值，提升技术含量和国际竞争水平。制造企业参与服务要素的投入与生产，能够在一定程度上提高企业的生产率，从而实现企业与产业的进阶发展与升级。

产业升级，又称为产业深化。产业升级的基本内涵是产品本身附加值提升的过程，本质是生产要素的改进、生产(产业)结构的扭转以及全要素生产效率水平的提高。产业升级包括产品质量提升、生产结构升级、产业规模生产效率提升以及产业链整体水平提升的飞跃过程。从微观企业战略发展的视角来看，制造业企业可以通过提升公司内部管理模式，增强技术要素的投入来实现最终产品附加值的提高。从宏观角度来看，产业升级是从产品品质升级到产业结构升级的质变过程。产业结构的转变会进一步触发国家经济结构与经济增长方式的调整，如从劳动密集型与资源密集型的第一、二产业逐步向知识型经济的第三产业转变。产业结构的转变可以促进社会居民福利的发展，为国家打造新时代"软实力"做出强有力的依托，同时也能够进一步扭转一国经济产业增长的路径与产业比较优势的重塑。从经济理论定义来看，Porter(1990)定义了产业升级并提出，当人力资本与技术资源相对于传统劳动力与自然禀赋更为丰富时，国家开始根据更为丰富的资源来重塑产业的比较优势，即集中力量拓展技术和资本密集型的产业。Gereffi 和 Tam(1998)在此基础上，加入全球贸易网络的背景，提出产业和企业升级涵盖组织层面的大范围学习过程，在"干中学"的过程中，市场参与主体通过提升产品与经营管理的竞争力，来提升自身参与全球生产商品线的地位。

从全球经济一体化的视角来看，产业升级强调企业在世界生产链条中的位移过程，其位移的根本原因在于技术的革新与创新能力的变化，更多的是针对传统制造业结构的变化。Gereffi(1999)在连续跟踪并研究东亚纺织产业结构变迁时发现，全球化转变了各国的产业和企业生产经营模式以及生产战略的调整，使得发达国家和发展中国家根据自身经济发展水平与产业比较优势，以不同身份和形式参与到全球价值链(GlobalValue Chain，GVC)生产体系中。产业升级的内涵从传统的产品附加值提升、产业结构调整向全球价值链升级方向延伸，建立和打通了全球买方和卖方交易模式与社会网络体系，最终结果是实现企业和国家主体提升价值、利润与商品技术复杂度的高阶段发展水平（Gereffi，1999）。目前，产业升级相关研究集中在以下几个方面。

（1）企业或厂商内部升级：企业或经济主体内部产业升级表现为企业提供的生产产品和服务由简单到复杂精密，由廉价到质优，以及由小批量生产到大规模定制的发展与转变过程。

（2）企业之间网络联系：这种升级模式往往出现在企业之间沟通往来日益密切之时，企业之间订单由固定标准化向差异化和灵活定制的方向转变。

（3）本国和国外经济体：在全球生产网络背景下，产业升级是一场覆盖全球经济参与者的"革命行动"，它打破了本国与外国原有的生产界限与阶层分布。从进出口贸易视角来看，是从简单的进出口加工组装转向更为规范整合的OEM（Original Equipment Manufacturer）、OBM（Original Brand Manufacture）的自主创新阶段的过渡；

（4）区域之间变革：从区域经济一体化进程分析，产业升级在此过程中跨越了双边区域、多边区域的地理界限，朝着更加全面、发展的大范围区域进行内分工，包括生产端的原材料供应、加工、组装、流通与分配直至最终消费的全产业链流程，使得区域内与区域间生产、消费信息更加对称（Bernard 和 Ravenhill，1995；Gereffi，1995；Gereffi，1999；张其仔，2008）。

产业升级对于发展中国家参与全球经济融合具有重要的战略意义。改革开放40多年以来，中国凭借劳动力人口红利、土地资源要素，促进了中国经济的高速增长与起飞。中国产业优势集中在传统初级加工装配产业，长期以来处于价值链"低端锁定"的状态。对于产业机构调整与传导机制，中国学者提出以下见解。傅元海（2014）认为，当前中国传统制造业产业面临产能过剩、创新动力不足等问题，看似是市场失灵，其实是需要产业政策调整，构建集约、功能型产业政策。戴翔（2016）从市场规模扩张对价值链攀升影响进行了分析，认为城镇化进程阻碍了产业升级，其原因在于城镇化进程在一定程度上扭曲了劳动力市场要素的流动，尤其是劳动力向第二产业流动加重了城镇化负面效果。从经济增长动力与国民经济运行来看，中国现阶段的经济增长动力主要来源于工业部门，传统的工业部门需要通过战略转型升级和战略性新兴产业进行进一步的培育与持续扩张。目前，战略性新兴产业包括节能环保、新一代信息技术、生物高端装备制造、新能源、新材料和新能源汽车等七大产业，以上产业具有资源消耗少、可持续性发展与成长潜力巨大等特点。在工业产业和战略性产业升级的背景下，工业部门才能够为第三产业提供依托和智力支持。从微观企业视角来看，技术创新直接与企业经营绩效水平相挂钩。企业的研发投入与专利保护能够在很大程度上激发企业员工的"自我实现"意识与"自我服务"精神，进一步提升自身创新与服务意识，即将企业转型与自我升级融为一体（李世刚和李晓萍，2016）。根据比较优势和要素禀赋理论，一国的安全性产业结构是尽可能不偏离比较优势的产业结构，国家经济的发展是根据要素禀赋的比较优势来确定经济发展方向，从而极大限度地发挥比较优势，打造国家竞争力。长期以来，中国相较于世界大多发达国家而言，产业禀赋集中在劳动与资金双密集型产业，战略性和高技术产业先发优势不足，而战略性和高技术往往代表着高收益、高质量的回报，朝着优质、低成本产业转型是中国和全球范围国家产业发展的必经之路。然而，结合产业安全理念与经济周期长期发展规律来看，产业结构转型的路径需要依赖传统优势产业的持续发展，通过巩固传统产业，夯实立身之本，作为新兴产业下一步转型升级的坚实依托（张军，2010；夏杰长和倪红福，2016）。

1.2.6 制造业服务化对产业升级的影响路径

制造业服务化是发达国家在 20 世纪下半叶开始掀起的一场具有深远意义的产业革命。众多发达国家的经济重心从制造转向服务，借助第三产业的培育与发展反哺工业根基，实现“工业经济”向“服务型经济”的华丽转身。服务这一生产环节是工业企业与客户信息传递的重要载体，附加服务活动能够促进厂商与消费者达到信息对称的效果。在服务的过程中，厂商与消费者信息互动增强，厂商将消费者诉求与偏好引入企业内部生产与 R&D 过程，形成由企业创造转向企业与客户共同创造的生产模式。私人定制与个性化产品服务融合，服务包或者服务群嵌入生产各个环节，生产价值链从中得以增值和升级。制造业服务化的产业转型路径一般分为三大阶段：第一阶段是知识信息化产业的兴起和发展，市场中的信息与大数据直接反映消费者需求与偏好习惯，因此服务化的起端是以掌握市场信息为核心的争夺，该阶段强调市场驱动。信息科学、计算机技术是服务化投入与转型升级的前提；第二阶段是创新驱动型服务化，在此阶段企业以生产出技术复杂度高、功能多样性与复合集成能力强的产品为目标，强调创新与技术，主导市场的需求导向，培养消费者对高精尖科技产品的探索与需求；第三阶段是服务型制造模式的彻底形成。相较于产品型制造，服务型制造在国内和国际供应链中具有更大的主导权与治理权，掌握着“微笑曲线”的中间高端环节，即品牌技术为企业主要经营业务，也为自身比较有优势的业务。同时，产品与附加服务为次要业务，或者产品与附加服务的有形商品直接外包转移到更具比较优势的经济体（Neely，2008；黄婷婷，2010）。如苹果公司将研发与工美制作保留在美国加州的主公司，将机器设备组装、机器显示屏幕生产、构图染色等工艺流程转移到部分发达国家与发展中国家。产业和企业服务化在不同阶段对于工业企业转型升级具有重要的积极影响。然而，不少学者认为服务化对于产业提升具有选择性时间问题。Makower（2001）认为，制造业服务化需要一个漫长的投入过程才能促进企业日后绩效提升与转型升级。在服务化投入的起步阶段，企业需要投入大量资源与精力，甚至彻底转变以往生产经营的理念和深入地改革以促进服务化进程，这需要大量的资金链与人才智力支撑。企业战略的扭转与改革不是一蹴而就能够实现的，需要重新经过量变积累到质变的飞跃过程。因而，在短期内，企业服务化改革与推进的成本大于收益，并且企业经营者在实施服务化战略时会随时面临不可控的风险与资源重新整合的问题。从服务化战略的选择角度剖析，对于自身经营发展以及盈利较为成熟的制造业企业，参与服务化战略是一种企业转型的优良发展方向。然而，对于自身在市场中竞争实力较弱的企业，过早服务化战略从长期来看不利于企业生产效率的提升与转型升级，并且企业极有可能落入“过早服务化陷阱”，直接表象是企业经营陷入财务与被兼并重组的危机。

因而，不少学者强调企业服务化选择路径需要“在合适的时刻去做最英明的决策”。企业层面的服务化选择类似于国家产业层面的战略转变。如过早去工业化也是发达国家与发展中国家经济体面临的困境。徐振鑫（2016）认为，根据产业发展的一般性规律，产业转型需要在自身发展成熟阶段，并且在国际和国内市场具有一定竞争优势的前提下，开始进行差异化或多元化经营。当企业在与同行业内竞争者比较中，其属于领军企业或者行业龙头企业时，该企业服务化或者其他战略层面的转型在长期内有利于生产效率或自身绩效的进步；若该企业在行业内的经营状况长期处于下游阶段，那么过早进行服务化转型会影响主营业务专业化程度。多种非制造服务的投入会导致企业内部有限资源的分化，直接危及企业生产和经营的根基（Ma，2015）。

1.2.7 制造业服务化水平的测度

制造业服务化起步较晚，因此制造业服务化水平的测度方式和指标选取差异较大，通过文献的梳理发现，学者们对制造业服务化程度的测算主要有两个方向：一个是用微观数据进行测算；另一个是用宏观统计数据进行测算。微观上常用企业服务收入、服务投入以及服务项目的数量和质量三种方法进行测度；宏观上则主要通过投入产出法和生产函数法进行测度。

微观上，一部分学者常用公司的服务业务数量来度量制造企业的服务化水平，例如Neely（2008）汇总了12种不同形式的服务项目，根据全球上市公司分析库（OSIRIS数据库）提供的信息进行比对，用企业提供的服务项目的数量来衡量企业服务化程度；周艳春（2010）也使用这一测量方法对中国上市公司的数据进行了统计分析，测度制造业服务化水平；闵连星等（2015）采用中国上市公司数据，根据企业的经营范围，将涉及服务的制造企业数量占比作为投入服务化程度的衡量指标。还有一部分学者使用“其他业务收入”或“主营业务外收入”作为服务收入，计算其在总收入中的占比作为测量服务化程度的指标，例如Skaggs和Droege（2004）、Fang等（2008）、翁智刚等（2010）、黄慧群等（2013）。此外，还有一些学者通过设置指标体系综合衡量制造企业的服务化程度，例如Homburg等（2002）提出综合服务业务数量、客户数量以及服务重视程度来测度制造业服务化，其中服务业务数量代表服务化导向，客户数量代表服务化项目的宽度，服务重视程度代表服务强度；蔺雷（2007）等利用投入服务资源的数量和服务产出的质量综合判断服务化水平。Guo等（2015）认为，服务增强的规模由产品绩效、服务收入比重、客户绩效、财务绩效四个维度衡量。蔡三发等（2016）应用改进的灰色关联分析法从战略、投入、产出三方面构建指标体系计算制造业服务化水平。

宏观上，最常用的测度方法是投入产出法、生产函数法和生产性服务业产出占制造业产出的比重。其中，投入产出法运用的最为广泛且接受度最高。顾乃华等（2010）、魏作磊等（2012）、崔晶晶（2015）、刘斌等（2015）、许和连等（2017）根据WIOD数据库公布的世界投入产出表和中国国家统计局发布的中国投入产出表，运用投入产出法测算了制造业的直接消耗系数或制造业的完全消耗系数来衡量制造业投入服务化水平。杨祎（2009）提出了通

过柯布 - 道格拉斯生产函数构建制造业服务创新绩效测度模型，为制造业服务化的定量测度提供了新的思路。肖挺（2016）运用生产性服务业产出的比重来衡量制造业产出服务化水平。生产函数法则因与全要素生产率测度之间的区别无法厘清而未受到学术界的广泛认可。生产性服务业产出严格意义上仅能反映“服务业制造化”，无法全面反映制造业服务化，且忽略了投入服务化维度。投入产出法从要素投入的角度考察了制造业中服务业的投入程度，更贴近制造业服务化的内涵，可更好地测度制造业的服务化水平。因此，本书选择用投入产出法来测度制造业的服务化水平。

1.3 制造业服务化的理论基础

1.3.1 产业结构演进与优化理论

在经济学发展史上，产业结构的概念出现于 20 世纪 50 年代中期。它的定义内容十分丰富，但争议也颇多，一般把产业结构界定为产业间关系结构。关于产业结构演进的经典理论有配第 - 克拉克定律、库兹涅茨法则、霍夫曼定理等，其核心内容揭示了产业结构随着经济发展而演进的一般规律，包括经济从第一产业转向第二产业、再转向第三产业，产业结构逐渐由劳动密集型转向资本、技术、知识密集型，强调“产业结构逐渐由低级向高级演进，产业联系逐渐由简单向复杂转化”。在产业结构的演进过程中，出现了以生产性服务业兴起为代表的制造业服务化现象。制造业属于第二产业，服务业属于第三产业，制造业服务化可视为第二产业向第三产业演进过程中的一个特殊表现。产业结构优化是指通过产业的调整，实现产业的协调发展和产业总体发展水平的不断提高，满足社会需求不断增长的过程。当前，学术界也开始把资源、环境的约束纳入产业结构优化的范畴，这里不再详细介绍。产业结构优化一般包括产业结构高度化（高级化）和合理化两层含义。前者是指产业结构从较低水准向高度水准的发展过程，可以用第二、三产业的比重，资金、技术、知识密集型产业的比重以及中间产品与最终产品产业的比重来衡量；后者是指提高产业之间有机联系的聚合质量，即产业之间相互作用所产生的一种不同于各产业能力之和的整体能力，可以用产业之间的关系均衡程度和产业之间的关联作用程度来衡量。

制造业服务化与产业结构优化的关系如下。一方面，制造业服务化促进了产业结构优化，制造业服务化提高了第二、三产业的比重，增加了以生产性服务业为代表的技术、知识产业的数量，产业界限的模糊加强了产业间的前后关联度，以投入产出为纽带的联系更加密切。另一方面，产业结构优化加快了制造业服务化的步伐，市场对产业的影响、政府对产业的调整不断推动产业的协调发展，从而有助于制造业服务化的发展。

综上所述，制造业服务化是产业结构演进的表现，制造业服务化促进了产业结构优化，产业结构优化加快了制造业服务化的步伐。

1.3.2 产业融合理论

产业融合的概念源于“技术融合”现象的研究，随着信息产业、互联网技术的发展，产业融合逐渐向农业、制造业延伸，并开始形成新的经济增长点。一般认为，技术进步与政府放松管制是产业融合的主要动因，当然也有其他因素的推动作用。基于不同的出发点，学者们对产业融合做了不同的诠释。在产业层面，产业融合表现为“两产业之间原有固定边界的逐渐模糊或消融，并在产业之间的边界处进行融合，甚至发展成新的产业形态”。植草益（2001）认为，产业融合就是通过技术创新和放宽限制来降低行业间的壁垒，加强行业企业间的竞争合作关系。厉无畏（2002）认为产业融合是指不同产业或同一产业内的不同行业，通过相互渗透、相互交叉，最终融为一体，逐步形成新产业的动态发展过程。而制造业服务化的一个重要趋势就是制造业与服务业的界限越来越模糊，两者之间的融合趋势越来越明显。产业融合的主要类型包括高科技产业间的交叉融合、传统三大产业之间的延伸融合、传统产业内部的重组融合、高科技产业对传统产业的渗透融合等，显然制造业服务化属于传统三大产业之间的延伸融合，且是第二产业与第三产业的融合。

综上所述，制造业服务化是产业融合的一个重要体现。

1.3.3 劳动价值理论

亚当·斯密和大卫·李嘉图两人提出了劳动价值理论学说，后来卡尔·马克思在其基础上提出了劳动价值理论。马克思认为，劳动创造商品的价值，商品中凝结的社会必要劳动时间在一定程度上决定着商品的价格。随着第三产业尤其是高新技术在国民经济和社会生活中作用的不断强化，劳动所创造的价值不再一味地局限于物质产品，也扩展到了服务领域，使价值具象化。中国的制造业目前基本还处于将劳动生产转化为物质产品阶段，然而知识劳动、管理劳动和服务劳动都更具有价值，其转化的劳动不仅凝结在物质的、有形的商品上，更凝结在无形的财富上。这种财富不仅拥有更高的价值，而且一旦掌握核心便容易重复产生价值且难以被盗取，制造业服务化就是需要通过知识、服务创造劳动从而具有更高的价值。因此，马克思政治经济学的核心理论——劳动价值理论在当代的深化和发展中，将劳动要素中的知识水平升级、服务质量优化、转化效率提高，有利于制造业产业链向服务领域扩展，从而促进制造业向价值链两端延伸。

1.3.4 剩余价值理论

马克思在系统地分析 17 世纪经济学者有关剩余价值的研究后，提出剩余价值是劳动力生产商品时创造的超过本身价值的价值，即劳动者完成必要劳动后继续进行的剩余劳动价值形态。剩余价值可以分为绝对剩余价值和相对剩余价值。基于相对剩余价值理论生产理论，企业拓展高附加值产品，提高产品的服务化融合度，在技术进步和效率提升的情况下，保证企业生产成本普遍低于行业其他竞争者的生产成本，促使提供附加服务优于同类竞争性企业，从而获得更多的效益。马克思在分析相对剩余价值生产中引入了产品创新，企业通过产品创新，增加产品附加价值，推动“产品 + 服务”融合创新发展，在促进制造业服务化发展的同时,也创造出新的需求和市场,从而推进新的投资。

1.3.5 资本循环理论

产业资本是最典型的能生产剩余价值的资本,最能表明资本运动的本质。马克思在《资本论》第二卷—— "资本的流通过程"中所研究的资本就是产业资本。资本循环即为产业资本经历购买、生产和销售三个环节,实现产业资本价值的增值,并回到资本家手中的过程。产业资本的循环是原料购买、产品生产和销售服务的有机统一,也是产品生产与流通的统一。社会主义企业的资本运动,也要经过购买、生产和销售三个环节,必须经历空间并存与时间继起的耦合。这就要求制造业企业利用科学管理方法,在保持资本良性循环的同时,加速制造业企业资本循环,缩短流通时间,减少流通费用,就势必将部分不必要的生产环节外包,或以此为契机利用自身优势对其他制造业企业提供"产品 - 服务包",结合外界优势搞好产、购、销的衔接,提升资本在循环过程中的增加值。

1.3.6 投入产出理论

投入产出分析理论是由美国经济学家华西里·列昂惕夫于 1936 年在《美国经济制度中投入产出的数量关系》中提出,其中投入是指生产过程中消耗和使用的各种资源、要素;产出是指生产活动创造的社会成果(包括商品及劳务)。投入产出理论通过棋盘式平衡表,分析研究经济运行过程中各行业间的投入情况与产出结果的联系,是经济系统分析广泛运用的分析工具。伴随技术革命的深化,不断涌现出新业态、新产业、新技术,三大产业快速融合,逐渐打破产业之间的壁垒,服务业不断投入物质资源,而物质产品的产出形态日益呈现多元化趋势。当前,经济高质量发展突出表现为投入产出视角下的质量与效益之间的提升,而随着制造业与服务业加快融合,制造业与服务业之间的相互关联性呈现增强的态势,从投入产出视角能有效测度制造业与服务业融合发展水平,为提升制造业服务化水平奠定了重要的理论基础。

1.3.7 比较优势理论

比较优势是指国家之间、产品之间或要素之间在特征差异上表现出来的优势和有利条件。比较优势理论起源于西方古典经济学家对国际贸易理论的探索,经过大卫·李嘉图、亚当·斯密、伊·菲·赫克歇尔、戈特哈德·贝蒂·俄林等人的发展,实现了从静态到动态、从外生优势到内生优势的深入拓展。长期以来,中国制造业只要依靠低成本竞争战略就可以获取价格竞争优势,但随着产业链各环节利润空间的压缩,价格竞争空间日益缩小,企业逐渐意识到单靠价格竞争无法长久延续这种比较优势,创造被全行业和顾客都视为独特的产品和服务,通过差异化战略发展才能获得持久的比较优势,但相对于产品差异化,服务差异化更难被模仿,可作为比较优势的持续来源。

1.3.8 分工理论

制造业和服务业的产生都是源于分工理论，最早亚当·斯密在《国富论》中提出了劳动分工，由于各国之间生产条件不同，生产各类产品的效率不同，各国通过分工和交换，可以最大化资源利用效率，大大提高劳动生产率。之后，李嘉图进一步发展了斯密的绝对成本理论，提出了相对成本理论；后经过赫克歇尔、俄林、萨缪尔森等人的发展，分工理论日趋完善，成为国际分工的最基本理论。在此基础上，劳动分工产生了制造业和服务业的分离，目前产业分工格局已经发展为以现代工艺为基础的分工，它不仅表现为产业之间的垂直型分工，还表现为同一产业、同一产品不同环节之间的水平型分工。

随着经济全球化的发展，全球国际分工实现了要素在全球范围的优化配置，形成了发达国家和发展中国家不同的产业体系。但是，在粗放的经济发展方式下，中国产业结构层次低、产品复杂度较低、产品附加值不高、配套产业不完善，使得中国在国际贸易中处于不利地位，单纯依靠劳动力和资本的产业结构已经不再适合中国经济发展的需求，中国还应该顺应当前时代潮流，积极发展生产性服务业，实现制造业转型。

1.3.9 价值链理论

随着产业内分工不断地向纵深发展，传统的产业内部一个企业进行所有生产环节，逐步分解为不同类型的生产活动在不同企业进行，这些企业相互构成上下游关系，也就是产业链。根据产业链理论的观点，企业或产业的升级可以分为四种类型，即工艺、产品、功能和链条四个层次的升级。工艺升级表现为产品制造工艺的改进；产品升级表现为产品附加值更高；功能升级是指企业或产业从加工制造延伸到自主设计研发、营销等；链条升级是指从一个领域延伸到新的领域。迈克尔·波特最早在《竞争优势》中提出价值链的概念，他认为，企业的生产过程包括基本活动（包括生产、营销等）和支持性活动（包括人力资源、原料供应、技术等）两部分，这些活动构成了价值链。将企业价值链扩展到产业链，施振荣提出了“微笑曲线”，价值链上的加工组装位于产业链附加值曲线的最底端，利润相对薄弱，企业如果要获得更多的附加值，就必须向两端延伸——要么向上游端的原材料、科研延伸，要么向下游的销售、营销网络延伸。总体而言，越向两端走，企业获得的附加值就越多。制造业企业增加服务要素投入，可以降低生产成本，控制生产流程，实现工艺升级，提供产品服务包，增加产品附加值，实现产品和功能升级，甚至实现产业链升级。目前，中国作为制造业大国，主要负责加工组装，附加值低，迫切需要向价值链两端——设计研发和销售延伸，制造业服务化为实现这个目标提供了可能性。

根据价值链理论，制造业服务化有三种方式：一是价值链延伸，制造企业根据自身条件和市场环境制定服务化战略，增加价值链上下游的投入，如设计研发、营销等，企业自身提供服务要素，实现价值链向上游或者下游的延伸；二是价值链渗透，随着生产性服务业的发展，尤其是互联网、大数据、工业云等技术的应用打破了产业界限和区域界限，使得服务要素的获取成本极大下降，服务深入到产业链的各个环节，如金融服务业为初创期的制造业企业提供了融资渠道和资金保障，研发机构为技术密集型制造业企业提供了先进的知识、技术，互联网为制造业企业提供了新型的销售方式——电子商务和新的生产方式——个性化定制等,服务投入有助于提高生产效率、缩短产品上市时间、提高生产灵活性,使生产可以更好更快地应对不确定的市场环境;三是价值链重构,价值链的延伸和生产性服务业在价值链中的渗透,当交易费用大幅下降时,企业不会自己提供服务,而更倾向于由专业化的企业提供所需的服务,也就是服务外包,这使得企业会对原有价值链进行分解和重构,企业从以加工组装为中心向以生产性服务为中心转移,企业创造的产品附加值大幅上升,达到制造业服务化的最高阶段。

1.3.10　交易成本理论

交易成本概念最早由罗纳德·科斯提出,现在交易成本包括所有为促成交易达成而产生的时间和货币成本,包括搜寻成本、议价成本、决策成本、监督成本等。将交易成本用于分析企业机制时,企业的内部成本主要由生产和交易成本构成,生产成本存在规模经济,但是交易成本却是规模不经济,当生产成本与交易成本之和最小时达到企业最优规模。企业选择服务的提供方式也是按照这一原则进行的。交易成本也是制造业服务化的理论基础之一,正是当今信息技术的发展,使得区域之间、国家之间的交易成本大大降低。当生产性服务业严重落后时,企业获得服务要素的交易成本很高,此时企业服务化动力不足;在服务附属阶段,制造企业的服务需求增加,服务业的发展降低了服务外包的成本,此时企业倾向于服务外包;在服务深化阶段,部分类型的服务外包次数急剧上升,技术与产品的结合程度非常高,知识的专用性大幅提高,交易成本上升,当这些服务外包的成本大于企业自身提供的成本时,企业会倾向于自身提供服务。因此,交易成本是影响制造业服务化的重要因素。

1.4　制造业服务化的动力机制

制造业服务化是当前时代潮流和发展趋势,推动制造业服务化的动力既来源于制造业企业本身,也来源于制造业企业所处行业环境和经济社会发展。所谓制造业服务化的动力,是指直接促使制造业企业在资本、劳动、能源、知识、服务等生产要素中不断增加服务要素投入,以提高生产效率、增加产品附加值、增强企业竞争力的因素。本书所研究的制造业服务化主要是制造业的投入服务化,因此本书将制造业服务化的动力来源分为内部动力和外部动力。内部动力是指制造企业决策时选择增加服务要素投入的直接原因,包括收益驱动、成本驱动和技术驱动。外部动力是指由于外部(行业和整个经济环境、社会环境等)作用使得制造企业增加服务投入的动力,包括市场驱动和制度驱动。

1.4.1　收益驱动

制造业企业在生产过程中选择增加服务要素的投入,其最直接的原因在于服务要素带来的收益增加。服务要素可以通过提高生产和管理效率、增加产品附加值来吸引制造业服务化转型,但是因为市场风险和知识储备等限制,盲目的服务化转型可能使制造企业陷入

"服务化困境",使得制造企业推行服务化战略难度增加。

首先,服务化促进了生产和管理效率的提高。服务要素的投入,可以提高企业管理和企业生产效率。在价值链上游,如人力培训可以提高工作人员的管理水平,使企业组织结构更为合理,物流服务的投入可以提高物流和供应链管理效率,与专业研发机构合作可以提高设计和研发效率。在价值链中游,产品服务系统表现出成本弱增性(即指销售、安装、维护产品所需的专业知识较为复杂时,制造企业提供一套产品+服务组合的成本,小于不同企业提供这些产品+服务的成本之和),因此制造企业拓展业务领域、实行纵向一体化,有助于实现范围经济,且当制造企业的知识资产价值越大时,产品服务系统的成本弱增性越明显,企业核心竞争力也越强。随着互联网的大规模普及,信息技术对制造企业的研发、生产、营销、运输、维修都产生了深刻影响,客户对产品的服务化需求急剧增加,制造业服务化能获得更多的范围经济。除了可以提高生产效率,服务要素投入还能获取财务收益,保证现金流的稳定性,提高股东价值。在价值链下游,服务要素投入可以形成更新的销售模式、更完善的销售网络和客户资源网络,使得销售管理效率大大提升。

其次,服务化实现了产品附加值的上升。从价值链的角度来看,加工组装处于微笑曲线的中间位置,附加值最低,而设计研发、营销等位于价值链两端,附加值较高,制造业服务化可以通过价值链延伸和价值链重构来提升产品附加值。客户消费需求不断升级,需求的多样性和个性化要求企业从提供单纯的产品向提供产品+服务转变,如针对制造业企业的一体化安装、远程诊断、实时维修和供应链管理,针对消费者动态化个性体验、电子商务平台、高效的物流运输等都可以优化客户体验,更好地满足消费者需求,促使企业向价值链下游延伸,通过新的商业模式实现产品的增值。

再次,产生"服务化困境"。在服务附属阶段,服务投入较低,制造业服务化的风险较小,但随着制造业的服务化程度加深,服务要素收益对制造业转型产生吸引力的同时,也可能使制造业陷入"服务化困境"。服务要素的投入可能给企业带来许多挑战,如服务化升级可能会大幅提高企业的经营成本,同时企业内部人员和部门会发生重大变革、企业文化冲突、管理知识不足等问题,会使得企业潜在风险增大。只有当企业的技术能力、知识储备、资源分配、企业文化都和服务要素匹配时才能发挥协同作用,提高制造业企业效率,达到增加产品附加值的目的。所以,服务要素的最终投入不仅受服务要素的附加值的推动,也取决于制造业企业的组织管理和知识储备。

1.4.2 成本驱动

制造业服务化向价值链两端延伸和渗透的成本包括服务要素成本和交易成本,制造业服务化的成本驱动来自生产过程中实际产生的服务成本下降和服务要素的市场交易成本下降。

首先,服务业发展促使服务要素成本下降。当前服务业的发展大大降低了服务要素的成本。在经济发展初期,不同区域服务业发展差异较大,经济发达地区的工业体系较为完善,对服务种类和水平要求较高,因此这些区域服务业发展也更为完善,而经济落后地区的服务业发展也较为落后，服务要素的获取也非常难。随着经济发展、技术进步、服务贸易的发展，以及政府政策放松，使得制造企业所需的服务供给增加，尤其是互联网、大数据、工业云等技术的应用，使得服务要素的获取成本极大下降，成本降低成为制造业服务化的驱动力量。

其次，服务的市场交易成本与服务要素获取方式的选择。服务化处于不同阶段，服务的获取方式会有所不同，服务要素的获取方式取决于服务需求和服务获取成本。在服务附属阶段，生产性服务业相对落后时期，传统制造业企业自身进行全部环节的生产以降低成本，且为降低外部不确定性，采购、研发、招聘等服务环节也都由企业自身组织。不过，随着服务需求的上升、服务贸易的发展、市场制度的放松，企业更容易获取优质服务，服务化战略的成本和风险随之降低，服务化程度逐渐加深。例如，制造企业与更加专业的猎头公司合作可以降低成本、提升效率；物流业的发展使得制造企业采购和外销的交通成本和送达时间大幅降低。但是，当服务化到达服务主体阶段，企业继续采用服务外包的形式获取服务要素，交易成本会随着交易次数和资产专用性的上升而上升，当企业自身提供服务的交易成本小于外包获得服务的交易成本时，企业会自己提供服务要素，这时企业在价值链和产业链中的位置向两端延伸，产品服务化程度高，当产品差异化进一步增强，形成企业独有的销售渠道资源和品牌效应时，企业销售过程中的交易成本也会进一步下降。

1.4.3 技术驱动

制造业服务化的实质是服务要素与制造业原有生产要素以不同方式组合，提高要素组合效率，促进技术进步的过程，因此技术进步是制造业服务化转型的根本原因。

首先，技术进步引起了服务需求上升。工艺和产品相关的技术进步会增加制造企业和消费者对服务的需求，促使产业链向两端延伸。科学技术的日新月异，促使新工艺和新技术被用于生产，产品科技含量和智能水平不断提高，产品结构越加复杂，零配件精细程度加深，产品安装精密度提高，这些使得产品生命周期的各个环节对于服务的需求大幅度上升，促使制造业企业不仅要提供产品，还要提供与之配套的服务。

其次，技术进步为服务化提供了实现途径。互联网、云计算、大数据等信息技术的创新使得服务化手段和途径多种多样，有助于实现制造业服务化。在产业链上游，能源管理智能化和供应链管理智能化可以提高企业采购效率和要素组合效率，节省管理费用；信息技术的应用，如计算机辅助设计、计算机辅助工艺规划和产品数据库管理等，有助于大规模定制的实现，可以提高企业研发效率；大型企业使用网络教育可以节省人力资本和培训费用等。在产业链中游，传感技术、计算机技术、软件技术、通信技术不断融入制造业的生产中，逐步实现生产智能化、设备智能化、产品生命周期管理、远程故障诊断等，并形成管理流程的再造，形成更优的产品设计、原料采购、加工控制、质量管理等各个环节的系统集成，极大地提高生产效率。在产业链下游，充分利用信息技术可以创新商业模式，如电子商务和大规模定制，构建信息化的客户关系管理以及价值管理等；充分发掘客户潜在消费需求，根据大数据和云计算服务创新生产方式，如产品数字化、个性化定制等。

再次，技术进步加速了知识溢出。制造业服务化转型不仅需要显性知识，如专利、管理制度、管理手册等，还需要技术诀窍、经验、思维模式等隐性知识的储备。工业互联网、大数据、工业云和行业共性技术平台降低了企业之间的沟通成本，促进了隐性知识在服务业企业与制造业企业之间以及制造业企业之间的传播和储备，使得制造企业和生产性服务企业之间合作更加高效、密切。

再其次，服务信息反馈对技术的反向促进作用。服务信息反馈可以促进产业链上各个环节的创新活动。创新活动来源于生产环节，也来源于价值链上的其他环节，其中供应和消费是创新活动的重要来源。服务是生产者和消费者信息传递的载体，通过服务的信息反馈，根据消费者偏好改进产品工艺，改善设计研发，可以极大地增加创新的实用性。在大数据的应用下，消费环节提供的数据包括诸多的市场信息，对供应链管理和制定生产计划都有非常好的借鉴意义。

最后，技术对服务的替代效应。服务化转型的早期，技术进步可能会对服务要素产生替代作用，而服务业发展不完善，金融和法律环境不完善，制造业企业和服务业企业的交易成本较高等，使得外部获取服务要素的成本和市场风险较高，对制造企业的资本运作能力、管理者能力等要求非常高，服务化转型的机会成本过高导致企业更多的依赖劳动力投入和设备更新等方式来提高生产效率，而放弃服务化战略。

1.4.4 市场驱动

随着市场经济的发展，市场化改革逐步推进，市场化程度加深，行业竞争也随之加剧，因此制造业企业的战略定位和发展方向改革成为制造业企业可持续发展的重中之重。“福特车”的标准化生产极大地提高了劳动生产率，这使得通过自主研发或者抄袭模仿工艺技术来提高产品质量、压缩成本、提高利润的竞争手段成为行业竞争的主要手段。同质化生产已经不能满足当前的时代需求，市场竞争也应该寻求差异化的方式，服务化为制造业可持续发展和产业升级提供了可能。

首先，服务化带来了产品差异化优势。标准化生产方式和快速的技术进步带来的生产效率提高和生产规模扩张，导致的直接后果是同质产品的供给过剩。而中国市场化改革的推进使得许多低效率国有企业被民营企业和外资企业淘汰，市场竞争加剧。服务本身具有高度异质性，时间、地点、服务人员、服务对象都可能影响服务的质量，单纯的产品和技术容易被复制和模仿，但是附加服务的产品和产品服务系统是难以被复制和模仿的，因此服务化战略可以提高产品差异化。产品差异化降低了同类产品之间的替代性，使得企业可以更好地满足顾客多样化和个性化的需求，提高市场占有率。同时，产品差异化提升了客户体验，并逐步增强客户忠诚度，最终形成品牌效应，这是相对单纯产品来说更稳定和长期的利润来源。在此基础上形成的竞争优势能使企业逐步形成品牌效应，成为企业重要的无形资产。因此，市场竞争是推动制造业服务化的重要动力。

其次，服务化在产业链竞争中的优势。服务化转型增强了企业与产业链上下游企业的讨价还价能力。根据波特理论，产品差异化程度和资产专用性程度越高，产品替代能力越小，企业的讨价还价能力也就越强；同时，如果制造企业实行了部分后向一体化或者前向一体化，可以对生产性服务业企业造成一定的威胁，并在讨价还价中处于有利地位。因此，服务化不仅可以增强企业相对产业链上同一环节的其他企业的竞争力，还可以增强相对产业链上下游企业的讨价还价能力，使企业竞争力得到大幅上升。

1.4.5　制度驱动

制度可以分为两类，一类是正式约束，如政府文件或规定；另一类是非正式约束，如社会规范、道德约束等，制度对服务化的作用是不可忽视的。

首先，政府对制造业服务化转型的作用。制造业服务化是实现制造强国的重要途径，因此政府部门会积极出台优惠政策，推动制造企业实施服务化战略，宽松的政府政策和适时引导可以很大限度地影响产业转型。在政府的倡导下，服务业的发展可以降低交易成本，为制造业服务化打造基础和平台。政府对制造业服务化产生影响的政府措施包括税收、补贴、研发投入和各类服务平台构建。例如，支持互联网企业的发展可以为其他制造业企业提供更好的信息交流和公开平台，降低信息成本；鼓励性的财政补贴和税收政策可以促使企业增加研发投入，提高关键技术的研发能力。总之，政府政策与制度越完善，越有利于制造业的服务化。

其次，其他制度对制造业服务化转型的作用。市场机制的完善程度对服务化转型具有重要作用，在制造业行业内，完善的市场机制和公平的竞争环境可以防止企业恶性竞争，而服务业的完善，尤其是金融环境、法律环境的逐步规范可以保障企业权利，降低服务化转型的市场风险。除此之外，人力资本积累和社会意识转变也会影响制造业服务化的进程。制造企业实施服务化战略可能会影响企业利益集团之间的冲突，企业文化、组织结构等也可能与服务化产生冲突。随着服务化转型成功的企业数量增加，逐渐形成品牌效应和示范效应，这时其他制造企业可能会认识到服务投入的重要性，制造业服务化战略可能得到更多人的认可和推崇，实行服务化战略的阻力就会减小。因此，制造业服务化的进程受企业组织内部、行业环境、社会意识和政府等多重主体的影响。

1.4.6　各阶段的动力机制

首先，服务附属阶段各动力的作用机制。在服务附属阶段，服务收益是推动制造业服务化的最直接吸引力，它促使制造业企业开始在企业内部增加服务要素的投入，具体表现为销售人员培训、销售网络资本投入等价值链下游的服务投入增加。由于市场化改革，企业准入门槛降低，大量民营企业和外资企业涌入，各种类型的服务需求增加，专业性更强的生产性服务业逐步分离出来，而生产性服务业的逐步成熟可以使服务成本降低，制造业企业获取服务的市场交易成本下降，服务化水平进一步上升。同时，科学技术的发展使产品复杂度增加，制造企业对服务要素的需求增加，促进制造业服务化。但是，这个时期由于服务业发展不完善，劳动力投入和设备更新可能会替代服务的投入，技术进步对服务化进程的影响取决于技术服务需求和技术对服务投入替代性的大小。

其次,服务深化阶段各动力的作用机制。随着市场化改革的深入,服务化带来的竞争优势更加凸显了其优势所在,而互联网、大数据等计算机技术的快速发展,为制造业服务化提供了实现途径,智能化生产、大规模定制、电子商务等新兴生产模式和商业模式在制造业企业间逐渐普及,服务投入不再局限于产业链下游,服务化转型开始扩展到制造业企业的各个生产环节,制造业服务化进入服务深化阶段。部分龙头企业因为融资能力、管理决策水平和风险控制能力较强,可能率先进行服务化转型并形成品牌效应,实现差异化竞争优势。行业内其他企业在龙头企业的示范带头作用下开始尝试服务化转型,但是此时服务化转型会受到行业竞争强度、服务成本、企业知识储备和组织管理、法律和金融市场风险的制约,使部分企业陷入“服务化困境”。

再次,服务主体阶段各动力的作用机制。政府政策引导和市场逐步完善降低了企业转型的外部风险,技术进步带来的知识溢出帮助制造业企业积累了专业性人才和服务化相关的隐性知识,同时服务带来的技术创新成为企业价值的源泉,企业通过整合制造、服务和其他市场资源,运用大数据、云计算、行业共性技术平台等形成制造业企业之间、供应商和分包商之间、企业与顾客之间等的交流网络,为客户提供更好的产品服务系统,使服务成为独立业务和品牌,并转变为企业的价值和利润来源。

1.5 本章小结

在梳理相关文献的基础上,首先明确了制造业服务化的定义和内涵以及发展各阶段的特征;然后简要概括和描述了制造业服务化的理论基础,包括分工理论、价值链理论和交易成本理论,并以这些理论为基础深入分析了服务的收益、成本、技术进步、市场竞争、制度等对制造业服务化的作用机制;最后总结了在制造业服务化的进程中各个阶段的主要动力,为下文的实证分析打下了较好的理论基础。

1.6 参考文献

[1] VANDERMERWE S, RADA J. Servitization of business: adding value by adding services[J].European management journal,1988,6(4):314-324.

[2] WHITE A. L, STOUGHTON M, FENG L. Servicizing: the quiet transition to extended product responsibility[R].Boston:Tellus Institute,1999.

[3] MARCEAU J, MARTINEZ C. Selling solutions: product-service packages as links between new and old economies[C].Paper to be presented at the DRUID Summer Conference on “Industrial Dynamics of the New and Economy-who is enbracing whom?”, Copenhagen/Elsinore,2002

[4] SZALAVETZ A.Tertiarization of manufacturing industry in the new economy: experiences in Hungarian companies [Z]. Hungarian Academy of Sciences Working Papers,2003,134.

[5] KRUGMAN R, VENABLES A. Globalization and the inequality of nations[J]. Quarterly journal of economics, 1995, 110(4): 857-880.

[6] GEREFFI G. International trade and industrial upgrading in the apparel commodity chains[J]. Journal of international economics, 1999(48): 37-70.

[7] KAPLINSKY R. Spreading the gains from globalisation: what can be learned from value chain analysis? [J].Journal of development studies, 2000, 37(2): 117-146.

[8] FEENSTRA R C.Integration of trade and disintegration of production in the global economy[J].The journal of economic perspectives, 1998, 12: 31 -50.

[9] ARNDT S W, KIERZKOWSKI H. Fragmentation: new production patterns in the world economy[M]. London: Oxford University Press, 2001.

[10] ROBINSON T, CLARKEV HILL C. M, CLARKSON R. Differentiation through service: a perspective from the commodity chemicals sector [J]. The service industries journal, 2002, 22(3): 149-166.

[11] VAN LOOY B, GEMMEL P, VAN DIERDONCK R. Services management: an integrated approach [M]. Harlow: Pearson Education Limited, 2003.

[12] REISKIN E D, WHITE A L, JOHNSON J K, et al.Servicizing the chemical supply chain[J].Journal of industrial ecology, 2000, 3(2): 19-31.

[13] FISHBEIN B K, MCGARRY L S, DILLON P S.Leasing: a step toward producer responsibllity[M].New York: INFORM, 2000.

[14] MAKOWER J.The clean revolution: technologies from the leading edge[D].Presented at the Global Business Network Worlding Meeting, 2001.

[15] PAPPAS N, SHEEHAN P. The new manufacturing: linkages between production and service activities[J].Working for the future, 1998(3): 127.

[16] BERGER S, LESTER R K. Made by Hong Kong[M]. New York: Oxford University Press, 1997.

[17] BROWN S W. The move to solutions providers[J]. Marketing management, 2000, 9(1): 10-11.

[18] WISE R, BAUMGARTNER P.Go downstream: the new profit imperative in manufacturing[J].Harvard business review, 1999(9): 133-141.

[19] SLACK N, LEWIS M, BATES H.The two world of operations management research and practice: can they meet, should they meet? [J].International journal of operations and production management, 2004, 24(4): 372-387.

[20] MATHIEU V.Service strategies within the manufacturing sector: benefits, costs and partnership[J].International journal of service industry management, 2001, 12(5): 451-475.

[21] OLIVA R, KALLENBERG R.Managing the transition from products to services[J]. International journal of service industry management, 2003, 14(2): 1-10.

[22] GEBAUER H，FRIEDLI T.Behavioural implications of the transition process from products to services[J].Journal of business & industrial marketing,2005,20(2):70-80.

[23] GEBAUER H，FLEISCH E.An investigation of the relationship between behavioural processes，motivation，investments in the service business and service revenue[J]. Industrial marketing management,2007(36):337-348.

[24] CORREA H L，ELLRAM L M，SCAVARDA A et al. An operations management view of the services and goods offering mix[J].International journal of operations and production management,2007,27(5):444 -463.

[25] KINDSTRÖM D.Towards a service-based business model：key aspects for future competitive advantages[J].European management journal，2010,28:479-490.

[26] REETTA E K. Servitization of manufacturing companies-framework for analyzing servitization capabilities[D].Derpartment of Information and Service Economy Aalto University School of Economics,2011.

[27] SKAGGS B C，DROEGE S.The performance effects of service diversification by manufacturing firms [J].Journal of managerial issues,2004,16(9):1-12.

[28] FANG E, PALMATIER R W. Effect of service transition strategies on firm value[J].Journal of marketing,2008,72(5):1-14.

[29] HOMBURG C，HOYER W D，FASSNACHT M. Service orientation of a retailer’s business strategy：dimensions，antecedents，and performance outcomes[J]. Journal of marketing,2002,66(4):86-101.

[30] GUO A F，LI Y K，ZUO Z，et al.Influence of organizational elements on manufacturing firms service-enhancement：an empirical study based on Chinese IGT industry[J].Technology in society,2015,43:183-190.

[31] 张志元. 东北地区制造业发展模式转型研究 [D]. 长春:吉林大学,2011.

[32] 宋洋. 广东省制造业空间布局的演变研究 [D]. 长春:吉林大学,2019.

[33] 杨蕙馨,孙孟子,杨振一. 中国制造业服务化转型升级路径研究与展望 [J]. 经济管理,2020(1):58-68.

[34] 李唯. 四川省制造业服务化水平提升研究 [D]. 成都:四川师范大学,2019.

[35] 郑婷婷. 我国中部地区制造业转型升级能力研究 [D]. 南昌:江西财经大学,2019.

[36] 戚亮. 安徽制造业转型升级路径的探讨 [D]. 沈阳:沈阳师范大学,2018.

[37] 王舟. 制造业产业升级的影响因素及实证研究 [D]. 西安:西安理工大学,2017.

[38] 罗军. 服务化发展与制造业全球价值链地位:影响机制与门槛效应 [J]. 当代财经,2018,11:100-110

[39] 喻春娇,王雪飞. 东亚生产网络分工提高了我国制造业的出口竞争力吗? [J]. 国际贸易问题,2012(5):53-63.

[40] 丁永建. 面向全球产业价值链的中国制造业升级 [M]. 北京:科学出版社,2010.

[41] 许佩文. 中国制造业的转型升级研究:基于全球价值链视角 [D]. 长春:吉林大学,2016.
[42] 张杰,刘志彪. 全球化背景下国家价值链的构建与中国企业升级 [J]. 经济管理, 2009(2):21-25.
[43] 孙林岩. 中国制造业发展战略管理研究 [M]. 北京:清华大学出版社,2009.
[44] 朱高峰. 全球化时代的中国制造 [M]. 北京:社会科学文献出版社,2003.
[45] 郭克莎,贺俊. 走向世界的中国制造业:中国制造业发展与世界制造业中心问题研究 [M]. 北京:经济管理出版社,2007.
[46] 刘振华. 产品内分工条件下中国制造业对美贸易研究 [D]. 天津:南开大学,2009.
[47] 李钢,金碚,董敏杰. 中国制造业发展现状的基本判断 [J]. 经济研究参考, 2009(7):46-49.
[48] 刘志彪. 重构国家价值链:转变中国制造业发展方式的思考 [J]. 世界经济与政治论坛, 2011(4):1-14.
[49] 杜修立,王维国. 中国出口贸易的技术结构及其变迁: 1980—2003[J]. 经济研究, 2007(7):137-151.
[50] 崔日明,张婷玉. 美国"再工业化"战略与中国制造业转型研究 [J]. 经济社会体制比较,2013(11):24-29.
[51] 张平. 全球价值链分工与中国制造业成长 [D]. 沈阳:辽宁大学,2013.
[52] 张咏华. 中国制造业在国际垂直专业化分工体系中的地位:基于增加值角度的分析 [D]. 天津:南开大学,2013.
[53] 李小平,卢现祥,朱钟棣. 国际贸易、技术进步和中国工业行业的生产率增长 [J]. 经济学(季刊),2008(2):549-564.
[54] 林毅夫,李永军. 比较优势、竞争优势与发展中国家的经济发展 [J]. 管理世界, 2003(7):21-28.
[55] 何哲,孙林岩,贺竹磬,等. 服务型制造的兴起及其与传统供应链体系的差异 [J]. 软科学,2008,22(4):77-81.
[56] 周大鹏. 制造业服务化研究:成因、机理与效应 [D]. 上海:上海社会科学院,2010.
[57] 简兆权,伍卓深. 制造业服务化的路径选择研究:基于微笑曲线理论的观点 [J]. 科学学与科学技术管理,2011, 32(12):137-143.
[58] 安筱鹏. 制造业服务化路线图:机理、模式与选择 [M]. 北京:商务印书馆,2012.
[59] 曲婉,穆荣平,李铭禄. 基于服务创新的制造企业服务转型影响因素 [J]. 科研管理, 2012,33(10):64-70.
[60] 赵勇,齐讴歌,曹林. 装备制造业服务化过程及其保障因素:基于陕鼓集团的案例研究 [J]. 科学学与科学技术管理,2012,33(12):108-117.
[61] 韩江卫. 制造业服务化研究回顾与未来展望 [J]. 特区经济,2014(11):221-224.
[62] 邵安菊. 上海装备制造企业服务化转型的路径与对策研究 [J]. 经济体制改革, 2014(4):110-114.

[63] 刘继国. 制造业企业投入服务化战略的影响因素及其绩效：理论框架与实证研究 [J]. 管理学报，2008(2)：237-242.

[64] 刘继国，赵一婷. 制造业企业产出服务化战略的影响因素及其绩效：理论框架与实证研究 [J]. 上海管理科学，2008(6)：42-46.

[65] 梁光雁，徐明. 现代制造业服务创新的动力影响因素及其实证分析 [J]. 特区经济，2011(2)：287-289.

[66] 綦良群，赵少华，蔡渊渊. 装备制造业服务化过程及影响因素研究：基于我国内地 30 个省市截面数据的实证研究 [J]. 科技进步与对策，2014(14)：47-53.

[67] 黄群慧，霍景东. 全球制造业服务化水平及其影响因素：基于国际投入产出数据的实证分析 [J]. 经济管理，2014(1)：1-11.

[68] 李强，原毅军，孙佳. 制造企业服务化的驱动因素 [J]. 经济与管理研究，2017(12)：55-62.

[69] 邹国伟，纪祥裕，胡晓丹，等. 服务贸易开放能否带来制造业服务化水平的提升？[J]. 产业经济研究，2018(6)：62-74.

[70] 朱文兴，谢明珠，吴立珺. 制造业服务化的影响因素及驱动路径研究 [J]. 江西理工大学学报，2018(6)：44-50.

[71] 陈茜. 我国制造业服务化的动力机制研究 [D]. 长沙：湖南大学，2019.

[72] 周艳春. 制造企业服务化战略实施及其对绩效的影响研究 [D]. 西安：西北大学，2010.

[73] 闵连星，刘人怀，王建琼. 中国制造企业服务化现状与特点分析 [J]. 科技管理研究，2015，35(12)：106-110.

[74] 翁智刚，汪海燕，王萍. 服务扩展对公司价值影响研究 [J]. 财贸经济，2010(2)：117-123.

[75] 黄群慧，霍景东. 中国制造业服务化的现状与问题：国际比较视角 [J]. 学习与探索，2013(8)：90-96.

[76] 蔺雷，吴贵生. 我国制造企业服务增强差异化机制的实证研究 [J]. 管理世界，2007(6)：103-113.

[77] 蔡三发，李珊珊. 基于灰色关联分析的制造业服务化水平评估体系研究 [J]. 工业工程与管理，2016(6)：1-9.

[78] 顾乃华，夏杰长. 对外贸易与制造业投入服务化的经济效应：基于 2007 年投入产出表的实证研究 [J]. 社会科学研究，2010(5)：17-21.

[79] 魏作磊，李丹芝. 中国制造业服务化的发展特点：基于中美日德英法的投入产出分析 [J]. 工业技术经济，2012(7)：24-28.

[80] 崔晶晶. 中、印、美制造业服务化水平测度与比较：基于 WIOD 数据的经验研究 [D]. 北京：对外经济贸易大学，2015.

[81] 刘斌，魏倩，吕越，等. 制造业服务化与价值链升级 [J]. 经济研究，2016，51(3)：151-162.

[82] 许和连，成丽红，孙天阳. 制造业投入服务化对企业出口国内增加值的提升效应：基于中国制造业微观企业的经验研究 [J]. 中国工业经济，2017（10）：62-80.
[83] 杨祎. 制造业服务创新绩效的测度及应用研究 [D]. 大连：大连理工大学，2009.

第2章　制造业服务化转向方式和影响因素

制造业服务化就是传统生产型企业由以生产物品为主向以生产物品加服务的模式转变,企业的中心出现了动态的转移,不再单纯以生产物品为核心,而是转向了具有提供服务为业务的先进制造模式。这种模式在制造中包含服务,在服务中进行制造,两者相互交融,不断深度融合,是一种协同发展的新产业形态。制造业服务化具有两层含义。一是内部服务的效率对制造业企业竞争力来说日益重要,已超过传统的决定因素,诸如企业技术质量、人力资源质量、运作效率、资产数量。这些内部服务不仅包括产品和过程开发、设计、后勤、扩展训练、岗前培训以及价值链管理,还包括组织开发和协调、人力资源管理、会计、法律及金融服务。简单地说,竞争力不仅来源于传统制造活动的效率,也来源于内部服务的有效组织和提供,并且其重要性和复杂性逐渐提高。二是与物品相关的外部服务对顾客来说复杂性和重要性日益提高。物品-服务包不仅包括维护和修理,还包括购买融资、运输、安装、系统集成和技术支持。作为产出无形成分的服务,提高了物品的价值和销量。对于消费者而言,如果制造业企业只卖产品,那么消费者就只购买产品;如果制造业企业有了售后服务,那么消费者一般就需要购买产品和售后服务,因此不同的售后服务可能在销售价格上略有差异;如果制造业企业还提供了高级服务,消费者就会购买以产品为中心的服务,并且会根据产品使用和服务提供的情况支付费用。这样一来,企业就从简单地制造产品、销售产品,转化为“制造+售后服务+高级服务”,这是对制造业服务化的进一步理解。

当前服务业与制造业的融合趋势是全球发展的新趋势,是经济社会发展的必然结果,世界先进制造业企业提供的服务类型逐渐向多元化发展,它们的产业价值链也逐渐由以前的以产品为中心向以服务提供为中心转变,它们不仅关注产品的质量问题,更加关注产品的售后等服务问题,现代制造业服务化的水平与地区经济的发展程度呈正向相关,发达国家制造业服务化的水平高,而处在工业化进程中的国家,制造业服务化水平就差很多。

2.1　制造业服务化转向方式

目前,制造业服务化的过程主要包括两方面:一是投入服务化,二是产出服务化。从微笑曲线来看,低端制造业集中在微笑曲线中间的部分,也就是效益最低的部分,向两边延伸,提升制造业产品的价值,就是制造业服务化所需要的发展模式。可见,制造业服务化的路线有两条:一条是微笑曲线左侧的投入服务化,通过在产品研发过程中加入服务要素实现投入服务化;另一条是微笑曲线右侧的产出服务化,或称业务服务化,指服务产品在制造业的全部产出中占据越来越重要的地位,通过产出对产品加入服务要素包,实现产出服务化。

2.1.1 投入服务化

服务化在很大程度上受顾客需求的驱动。随着经济的发展，大部分顾客不再满足于物品本身，而是需要更多的服务，需要与物品相伴随的服务。把提供物重新界定为物品 - 服务包，符合顾客的期望，有助于满足顾客的需求。这样，传统的主要通过核心业务活动满足顾客需求的做法不再适用，企业的着眼点越来越多地放在建立和维持与顾客的关系上。此处，一个明显的趋势就是企业通过服务活动向分销链延伸。企业不再仅仅关注分销商和其他中间商，它们日益关注最终的使用者，积极寻找机会了解自身存在的问题，通过提供服务来提高信誉、创造需求。其中，投入服务化在制造业的全部投入中占据越来越重要的地位。

传统的制造业生产活动主要依靠能源、原材料等生产要素的投入，随着社会的发展以及科技的进步，生产中所需的服务资源，包括工业设计、研发设计及市场营销等方面的服务要素在制造业的投入占比越来越大，服务要素在生产中的地位越来越重要。随着生产的信息化、社会化、专业化的趋势不断增强，生产向信息化发展，与信息的产生、传递和处理有关的服务型生产资料的需求增长速度有可能超过实物生产资料。而生产的社会化、专业化分工和协作，必然使企业内外经济联系大大加强，从原料、能源、半成品到成品，从研究开发、协调生产进度、产品销售到售后服务、信息反馈，越来越多的企业在生产上存在纵向和横向联系，其相互依赖程度日益加深。这就会导致对商业、金融、银行、保险、海运、空运、陆运，以及广告、咨询、情报、检验、设备租赁维修等服务型生产资料的需求量迅速上升。这意味着，服务要素成为制造业企业越来越重要的生产要素。因此，在制造业发展过程中，服务要素成为产品设计研发及制造业升级过程中非常重要的一环。

制造业企业集中于主营业务的生产，由专业的服务企业来提供物流配送、设备维修、金融服务等服务环节，提高各种资源的利用效率，可以节约生产成本。生产性服务业在企业生产过程中扮演统合、协调等功能，能够降低制造业企业因分工深化带来的交易成本。如制造业运输服务化有利于降低出口交货的时间成本，信息服务化有利于降低信息运输成本，金融服务化则有利于降低融资成本等。推进制造业投入服务化能够将资源专注于高知识和技术密集型产品的生产，降低企业边际成本，优化资源配置，提高企业生产率。而且制造业企业在服务化中分享了企业的技术资源、管理资源、品牌资源、渠道资源、客户资源等知识资产，可以节约生产成本和交易成本，这是企业范围经济形成和来源的基础。制造业投入服务化增强了企业内部各部门之间的运营协调，有利于加强企业间的生产联系，促进企业边际成本的降低和生产率的提升，提高企业的成本加成率。

制造业企业虽然是重要的创新主体，但很难完全依靠自身能力来完成全部的创新活动。而服务中介机构具有高知识密集度、高互动性、高技术度等特性，是创新系统中的节点和重要媒介。一方面，制造业投入服务化促进了企业向依靠技术、人才和管理等要素的转变。制造业投入服务化意味着企业间的服务型生产活动贯穿于生产各环节，提供包括研发设计、人力资源、法律、金融等服务。通过服务中间投入，这些服务创新要素不断融入制造业企业，有助于企业提高技术水平，改进生产效率。另一方面，制造业投入服务化有利于促进具有创新理念的新产品、新服务的发展，而且服务产品创新带来的生产效率提升能够降低企业边际成本。制造业投入服务化通过成本效应和技术创新效应影响企业效率的理论机制如图 2-1 所示。

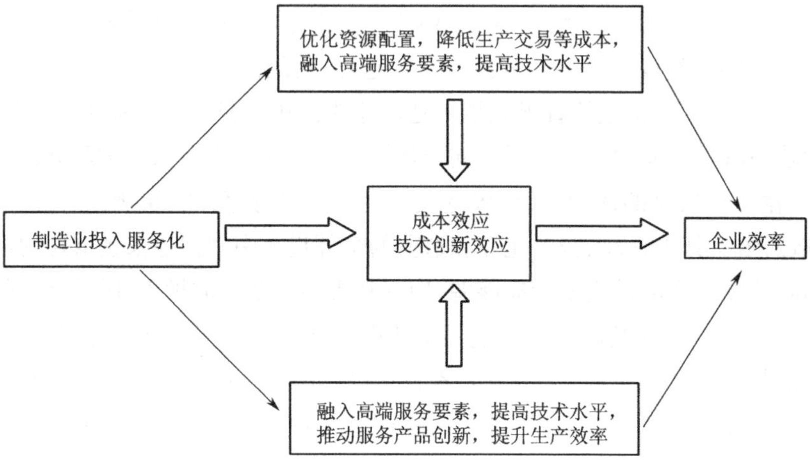

图 2-1 制造业投入服务化通过成本效应和技术创新效应影响企业效率的理论机制

2.1.2 产出服务化

产出服务化是指在制造业全部产出中,服务产品的比重不断增加的现象。随着信息技术的发展和企业对"顾客满意"重要性认识的加深,越来越多的制造业企业不再仅仅关注实物产品的生产,而是关注实物产品的整个生命周期,包括市场调查、实物产品开发或改进、生产制造、销售、售后服务以及实物产品的报废、解体或回收。服务环节在制造业价值链中的作用越来越大,许多传统的制造业企业甚至专注于战略管理、研究开发、市场营销等活动,放弃或者外包制造活动。制造业企业正在转变为某种意义上的服务企业,产出服务化成为制造业的发展趋势之一。

制造企业产出的产品同时附带服务,也就是服务包,产品附带服务为一个整体,也就是说卖出的不仅是产品还有服务,如在卖出产品的时候,附带保修、维护等服务,当卖出的产品或者消费者有任何问题或者顾虑时,可以向厂商反馈,从而厂商因为附带的服务将获得越来越多的收入。所以,当服务产业越来越重要时,制造业在产出端就需要对产品进行服务化的包装,不再仅仅是卖产品,更是卖一个产品 + 服务的包。具体操作上,如通过个性化定制和在线支持服务,根据客户的需求满足客户个性化体验,实施个性化制造,在线支持服务,利用现代信息技术提供在线服务。若制造企业生产的大型装备售价较高,下游企业难以承受其价格,可以采用贷款和融资租赁的方式,实现全生命周期管理来拓展上下游产业链,实行研发、生产、维护、回收等全过程的管理。还可以通过产品和服务的整合推动服务化发展,如制造企业除销售产品外,还负责设备安装,确保设备能够正常运转,企业以价值链延伸和再造为重点,为客户提供一体化安装及全套解决方案;企业还可以联合有资质的总承包企业发展市场调研、产品设计、工程施工、工程控制等业务。

产出服务化程度高低可以从两个方面体现出来:一是制造企业所提供的服务产品种类

的多少;二是服务产品营业收入占企业营业收入的比重。企业所提供的服务产品种类越多,服务产品营业收入所占比重越大,则其产出服务化程度越高。麦肯锡全球研究所的调查显示,目前服务业务收入已占世界 500 强中的制造企业总收入的 25%,其中 19% 的制造企业服务业务收入超过总收入的 50%。根据对主要国家制造业上市公司的分析,美国、德国等服务型制造企业的比例已超过 50%,而中国不到 1%。显然,中国制造业服务化尚处于起步阶段,“中国制造”面临挑战和机遇。全球制造业中服务业所占比重见表 2-1。

表 2-1　全球制造业中服务业所占比重

全球工业	服务业所占全部销售额的份额	
	平均值	最高的 10% 企业
汽车制造业	42%	大于 50%
电子信息业	23%	大于 50%
生物医药业	21%	大于 50%
国防航空业	47%	大于 50%
所有制造业公司	27%	大于 50%

数据来源:万得数据。

当前,制造业服务化是中国制造业在国际市场上形成核心竞争力的关键,是全球价值链当中的主要增值点,也是国际产业竞争的焦点。面对全球制造业向服务化转变的重要趋势,迫切需要树立推动中国制造业服务化的观念和思维引领,找准制造业服务化切入点,将价值链由以制造为中心向以服务为中心转变,并作为指导产业发展的重要原则,成为战略任务的重要组成部分。

从现有研究成果来看,测算制造企业的产出服务化程度主要采用以下两类方法:一是经营范围分析法,即剖析上市制造企业的经营范围,以其为客户提供服务业务的种类和数量来衡量企业的产出服务化程度;二是以制造企业报表中的服务业务收入占营业总收入的比重来衡量企业的产出服务化程度。企业总产出中的服务性收入比重上升是产出服务化的核心内涵。

2.2　制造业服务化的要素演进

制造业服务化是制造业企业转型升级的必由之路,分析制造业服务化的影响因素,明确其内在影响机理,确定系统层次结构模型,有利于制造业企业管理人员掌握制造业服务化各影响因素之间的层次结构和相互作用关系,探索制造业转型升级的驱动路径,实现制造业企业服务化高效转型升级。而在制造业服务化的演进路径上,存在两次明显的跃升过程:一次是由产品层面的服务化模式(产品延伸服务化和产品增强服务化)跃升至主导产品服务化,另一次则是由主导产品服务化及业务单元服务化跃升至核心能力服务化,每次跃升都伴随着相应的要素演进。需要说明的是,此处所说的要素并非一般意义上的经济要素或者服务要素，而是对于制造业服务化而言必须引起高度重视的相关重要因素，可以从以下三方面来进行说明。

2.2.1 基础要素

基础要素是与制造业服务化活动自身紧密相关的要素，主要涉及服务内容、组织变革和风险三方面。

一是服务内容。随着制造业服务化的演进，所涉及的服务层次不断提高、范围不断扩大，并且呈现多元化和分散化的趋势。在以产品层面上的服务化模式为主的阶段，服务活动的内容相对单一，主要是对产品功能的延伸或强化。从主导产品服务化阶段开始，服务活动的内容开始变得丰富，甚至开始超出产品本身的功能范畴，如罗·罗公司"全面维护计划"中的发动机租赁、发动机健康状况监控、可靠性改进、技术档案管理等就是如此。在业务单元服务化和核心能力服务化阶段，服务活动的内容明显变得多元和分散，很多高附加值的服务化活动远远超出了最初的主导产品所涉及的范畴，陕鼓的能源互联岛、远景能源的能源互联网、IBM 的生物信息数据库等均是如此。

二是组织变革。实施服务化战略的制造企业需要对原有的组织形式进行变革，如成立新部门、优化人力资源、掌握新知识等。产品延伸服务化和产品增强服务化对组织变革的要求相对较低，制造企业仅需要针对服务化活动的需要适当增加部门、改进流程、投入资金即可。进入到主导产品服务化阶段后，组织变革就会明显加剧，表现为制造企业需要针对服务化运作的需要对机构和部门设置、管理流程、资源配置、组织学习等进行大幅度的调整。当制造业服务化进一步演进到核心能力服务化阶段后，组织变革就不仅发生在制造企业内部，更需要制造企业跨越组织边界，重新梳理、整合及设计与其他主体之间的关系，形成适合大范围、分散化和多元化服务模式的组织间关系。

三是风险。服务化本身就是制造企业的一种商业模式创新，制造业服务化的内容涉及制造企业新的价值主张、新的组织方式、新的核心能力、交易标的所有权界定、新的营收模式和定价模式等一系列问题，因此制造企业的服务化转型存在诸多不确定性，将要面对技术、管理、市场、组织、财务等方方面面的风险。一般来说，产品延伸服务化和产品增强服务化阶段主要面对技术风险及服务化运作失败造成的财务风险，风险水平相对较低。一旦跃升到主导产品服务化和核心能力服务化等高级阶段后，制造企业还将面临企业运作复杂化而形成的管理风险、大范围的内外部组织变革而造成的组织风险，以及顾客能否接受服务创新的市场风险等，总体的风险水平迅速攀升。

2.2.2 驱动要素

驱动要素是外部环境对制造业服务化活动的反应，其作用是满足基础要素的要求而加速对制造业服务化的演进过程。驱动要素的范畴已经超越了制造企业自身的极限，必须借助价值共创才能获得，主要涉及资源和能力、参与者以及网络效应三方面。

一是资源和能力。与纯粹的制造活动相比，制造企业创造服务化价值需要新的资源和能力，这是与原来的产品主导逻辑所不同的资源和能力。在产品延伸服务化和产品增强服务化阶段，由于所需的资源和能力与产品制造活动关系密切，制造企业可以在相当程度上通过自身的努力发展相应的资源和能力。然而，制造业服务化越向高级模式演进，就越需要更多新的资源和能力以满足服务活动日益多元化和分散化的要求。在核心能力服务化阶段，所需要的资源和能力已经与产品制造相关的资源和能力相去甚远，顺利获得这些资源和能力成为制造业服务化顺利实施的基础。

二是参与者。为了最大限度地获取支持制造业服务化演进所需的资源和能力，制造企业一般需要借助其他主体提供异质性的资源和能力，共同创造服务化价值，虽然制造企业也会在此过程中不断发展自身的资源和能力。产品延伸服务化和产品增强服务化阶段由于所需的服务化资源和能力相对单一，需要参与价值共创的其他主体类型和数量也相对较少。但是从主导产品服务化阶段开始，所需的合作主体不论是类型还是数量都会达到较高的水平，有时合作主体在地理上的分布广泛性也会迅速提高。

三是网络效应。外部合作主体逐步加入制造业服务化的价值创造过程中，制造企业与其他主体之间的合作关系也会从简单变得复杂，从而形成价值共创网络，依靠网络效应满足服务活动对资源和能力的需要、平抑服务化活动的风险。前述典型案例已经直观地反映出，产品层面的制造业服务化模式中制造企业开始与其他主体形成合作关系，从主导产品服务化模式开始制造企业与其他主体之间形成正式的价值共创网络，并且随着业务单元服务化与核心能力服务化模式的依次出现，价值共创网络的密集性不断提高，网络效应对制造业服务化演进的促进作用越来越显著。

2.2.3　实施条件要素

制造企业实施服务化战略需要具备一系列特定的支撑条件，而且在制造业服务化模式从初级向高级演进的过程中，对所需支撑条件的要求也将越来越苛刻。同样需要指出的是，这里所说的支撑条件不是开展服务活动所依赖的人、财、物等广义上的条件，而是对制造业服务化具有深刻影响的特殊条件，如果说一般意义上的人、财、物等条件属于制造业服务化的保健因素，那么这里所说的特殊条件则类似于激励因素。制造业服务化演进的支撑条件有些来自制造企业内部，有些需要制造企业和其他主体共同创造，还有些需要社会以基础设施的形式提供，归纳起来主要包括如下几类条件。

一是特色优势产品。制造企业顺利实施服务化战略的基本依托是具备在行业内定位准确、核心竞争力突出的优势产品。特色优势产品在市场上有着强大的影响力和忠实的顾客群体，制造企业在这样的产品的基础上附加一些增值服务功能或者延伸服务功能，或者基于产品（核心技术）进一步拓展多元化的服务内容，相对来说更容易得到客户的信任和接受，还易于吸引其他主体的支持并结成价值共创网络，同时竞争对手也不容易与企业就服务化内容形成直接的竞争，相应的服务化战略成功的概率也会比较大一些。

二是顾客基础资源。服务活动的一大特点是通常离不开顾客的参与，拥有一定规模（最好是较大的规模）的基础顾客资源，为服务化活动创造了先天的顾客群体，是制造企业顺利开展服务活动的重要条件。顾客基础资源和客户网络规模越大,服务活动带给每个客户的价值就越高、对顾客的锁定能力也越强,制造企业进一步开发更加多元化的服务内容的条件就越充分。当然,顾客基础资源的规模大小与企业原有的优势特色产品的市场影响力密不可分。

三是变革管理能力。制造业服务化对于制造企业意味着程度不同、范围不同的组织变革,虽然产品延伸服务化和产品增强服务化带来的组织变革相对较为温和,但其他服务化模式则往往伴随着深刻而剧烈的组织变革。具备较强组织变革管理能力的制造企业,更便于拓展服务内容,应对服务化带来的风险,整合外部的资源和能力,以及与其他主体共同组建和运行价值共创网络,这是制造业服务化战略获得成功的重要保证。

四是信息化网络。在制造业服务化的演进过程中,以互联网、物联网、云计算等全新信息技术为代表的信息化网络是不可或缺的重要基础设施,是收集、存储、传输、处理数据资源和提供服务价值的关键支撑,在价值服务化共创网络连接中起着骨干作用。即便是产品延伸服务化、产品增强服务化等较为初级的服务化模式也离不开互联网提供的接入服务,而在主导产品服务化、核心能力服务化等较高级的服务化模式中,信息化网络的作用就更加突出。信息化网络不是制造企业能够独自创造的条件,需要社会提供相应的基础设施,而制造企业(及其他价值共创主体)在此基础上还可以进一步有针对性地进行开发和建设。

五是大数据能力。工业大数据的运用对制造业服务化具有极强的促进作用,在很大程度上可以说,工业大数据的运用已经成为当前激励制造企业实施服务化运作的最重要的驱动力之一。对于大多数企业而言,大数据的应用已经成为最不可或缺的条件。事实上,制造业服务化越发展,大数据在其中的作用就越突出。由于很多制造企业在其经营历史中积累了丰富的数据,从而为企业实施服务化战略创造了良好的条件和先天的优势。相反,在当今条件下,不具备数据优势的制造企业如果实施服务化战略,则必须克服大数据方面的障碍。对于大多数制造企业而言,除需要企业主动积累数据资源,提升数据管理和处理能力外,还需要社会基础设施和价值共创主体共同提供大数据能力。

2.3 制造业服务化的影响因素

结合以上对制造业服务化及其要素演进的了解,会发现影响制造业服务化的因素众多,而综合这些对于制造业服务化而言必须引起高度重视的相关重要因素,即基础要素、驱动要素和实施条件要素,可以把影响制造业服务化的因素归纳为内部影响因素和外部影响因素来进行分析说明。

2.3.1 内部影响因素

一是企业管理者的认知因素。企业管理者的认知因素应该属于前文对于制造业服务化的实施条件要素中提到的变革管理能力的重要组成部分。管理者的认知过程会影响扩展服务业务的管理动机。管理者的风险规避意识使其更愿意将资源投向风险较小的有形产品,而非充满不确定性的扩展服务业务中。传统的制造业经营模式导致制造业的管理者对生产本身的自信非常充分,而对生产链条的上下游业务比较排斥,由于企业传统的业务范围和核心竞争力与服务化过程中提供高度特定性和高关联性的客户关系距离较大,企业认为这类投资自己不熟悉,因此该领域不确定性就较大,将来不仅要面对类似管理与客户及合作伙伴关系这样的长期风险,还要面对由此带来的成本和盈利能力可能会受到影响的风险,而且服务多样化还可能会增加企业内部组织和控制的成本,而管理者多数对扩展服务业务的经济潜力和服务质量的估计不乐观。因此,作为风险厌恶者的传统制造业管理者会将资源从服务中转移出来,重点分配给产品业务。

二是企业的管理水平。企业的策略是直接决定企业未来发展的重要因素,管理能力的高低决定着企业能否进行正确的决策和有效地落实服务化的各项措施,另外,是否能够正确收集到关于服务化和产业效率的反馈也是企业管理层的管理水平的体现。具体来说,首先是企业的知识管理因素。制造企业长期专注于产品制造,对于服务方面的知识及资源整合能力都掌握不足。而当前,随着社会的不断发展,消费者对于服务的要求也越来越高,服务业务的内容已经越来越复杂,专业性也越来越高,企业要从服务中获取价值就要具有足够的知识储备来面对并了解客户,如果在不具备足够的硬件与软件条件的前提下盲目开展制造业的服务化,投入服务后其服务解决方案不能满足客户需求或过于依赖客户都会导致服务化困局,从而适得其反,这也是影响制造业服务化转变的一个重要因素。其次是企业的技术管理水平。任何一个效率非常高的制造企业,必然具有先进的技术管理水平,因为企业的技术管理水平是影响企业效率的主要因素之一,没有技术管理水平做支撑,制造业服务化甚至制造业本身都不可能得到发展。

三是企业的组织因素。组织结构、组织文化、人力资源管理以及组织流程是影响服务化战略的组织因素的主要内容。首先,是建立独立的服务导向的业务模块,还是将相关的服务与原有的业务单元相结合,这个选择就是关于制造企业组织结构的关键环节。其次,组织文化会影响服务导向水平,这里的组织文化包括组织中群体和个人的价值、规范、社会行为以及态度等。它涉及两个概念,分别是企业价值与员工行为。其中,企业价值是指制造企业当中服务的价值;员工行为是指制造企业中工作人员的服务导向程度,即公司鼓励所有员工要以客户为中心,并通过将服务化行为真正落实在行动中的创造服务化氛围。中国的企业,组织文化部分常常会更多地强调人性化,中庸思想比较普遍。这种思想主张奖赏为重,惩罚为辅,更多地注重从实际情况出发,进行灵活应变。但实际上,很多企业对中庸思想的理解与认识是有误解的,中立不是中庸思想,这一错误认识长期对企业的文化氛围和创新发展造成较大的消极影响。因此,企业的所有管理人员,必须尽快纠正这一错误认识,应该打破常规,积极地进行创新,有意识地消除中庸思想对中国制造企业组织文化的负面影响。组织文化中另一个重要的内容是人力资源管理,这部分涉及人员招聘、人员考核及补偿、人员培训等。人员考核及补偿包括奖励原则及衡量标准。人力资源管理的服务导向要求制造企业从人员招聘开始就要注意选择那些具有面对面沟通能力的、服务能力更强的员工,选择那些能够对企业的服务条款迅速理解并能有效落实的员工。在人员培训过程中,要更多地为员工提供能够与客户交流的相关培训,服务绩效应该作为员工考核及补偿的最重要因素,尽可能采取有效的服务导向的奖励系统及衡量标准。就目前来说,大多数制造企业人力资源管理的观念还比较落后,有很多企业更注重"管",这种管理观念常常会忽视员工的个人发展需求,因此其激励效应较差。这部分影响制造企业服务化战略是通过企业是否选择了合适的员工,是否进行了合理的培训,激励政策是否得当,能不能激励员工的工作积极性,能否使员工对企业产生认同感等具体的环节体现的。关于组织流程部分,其是指企业的一套约定俗成的为了完成某项任务而形成的标准化的做事过程与方法。这里提到的流程是指服务导向的组织流程,它会更多注重产品及服务开发管理的相关流程。中国多数制造企业的组织流程建设比较简单传统,通常没有过多设计的意识,对细节把握不严格,多数仅依照基本要求对相关的流程进行标准化的操作。制造企业在融合产品和服务开发时,有几种有效的产品服务战略可以进行选择,其中包括系统的产品设计和直观的服务设计、系统的产品设计、系统的服务设计和集成设计等三种。其中大多数企业长期选择的是第一种战略,企业的核心能力是产品的开发和制造,服务部分的开发是为了保证产品功能更好地实现。第二种战略需要开发一系列产品和一系列服务,这也是为了最终加强产品的功能。第三种战略是出于对客户需求的满足,从产品和服务双向进行融合开发。制造企业组织流程的演进过程可以通过以上三个产品服务战略得到体现,很难说哪个流程是更优的,只能说不同阶段的企业会根据各自的实际情况来选择不同的组织流程,而不同的组织流程,其服务化战略的服务导向水平也会不同,因此对企业的服务化发展影响程度也就不同。由此可见,组织因素中提到的组织文化、组织结构、组织流程及人力资源管理等因素对制造企业的服务化发展都会产生重要的影响,如图 2-2 所示。

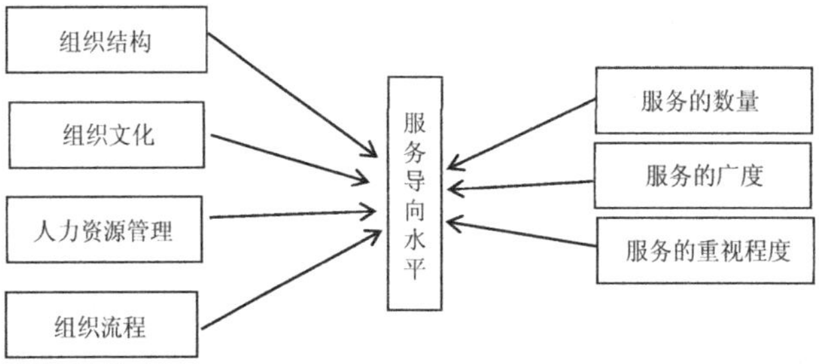

图 2-2 组织因素对制造业服务化导向水平的影响关系图

四是企业的竞争成本及竞争强度因素。服务行业具有劳动依赖度高、可见度低及很难被模仿等特点,这也是其具备竞争优势的原因。如果能够比竞争对手为客户提供更好的体验,就必然会增加企业的竞争优势,进而由于企业美誉度的提升而推动原有的制造业发展,使企业的有形商品更具吸引力,从而进一步把企业与竞争对手的距离拉大。可见,竞争是可以推动企业采取服务化战略的。但需要强调的是,服务化战略的实施过程中必然会产生竞争成本及政治成本等。

首先,服务领域对制造企业来说是一个全新的竞争领域。这一领域本身存在各种现存的竞争者和潜在的竞争者。制造业企业要在这一新的竞争环境中生存与发展,并分得一杯羹,就必须要有办法建立自己的竞争优势,要达到这一目的,竞争成本就必然产生。此外,对于进入新领域的制造业企业来说,能否取得相对较低的资源价格也是影响其服务化战略实施的重要因素。这里的资源价格包括劳动力资源的价格及各种其他生产要素的价格,任何一种价格的变化都会影响到服务化的结果。另外,在许多制造业与服务业并存的企业中,不同的业务模式之间必然会产生冲突,增加了服务业务后,其发展与变化就必然会给其他业务带来影响,当然这种影响可能是负向的也可能是正向的,挑战与机遇并存。当正向的影响起作用的时候,原有的传统业务会与服务化战略相得益彰,互相成就,互相促进。但当负向的影响起作用的时候,原有的传统业务就会反对服务化战略,这种情况下,服务化也会进一步拖累制造业,造成恶性循环。可见,研究实施服务化的过程就像是一个政治过程,也会因此产生政治成本。也就是说,实施服务化战略的过程中会有冲突,而解决这种冲突产生的成本就是企业必须面对的政治成本。

其次,除竞争成本外,还有竞争强度。这里的竞争强度不但涉及产品领域的竞争强度也涉及服务领域的竞争强度。如果市场的竞争环境很强,那么对相关企业的要求就会更高。如需要企业更为敏感地发现客户的需求变化,这类服务与单纯地提供产品相比较,可以更加深入地走进客户并进一步满足客户的需求。此外,服务化战略的实施还可以加强企业与客户之间的关系,可以在一定程度上减少客户对竞争性营销活动的反应,特别是当竞争性营销活动较为激烈的时候,当竞争对手可能会破坏企业现有的客户关系时,那些服务导向水平相对较高的企业常常会因为其服务化战略而使客户的忠诚度提升。特别是在相对竞争强度不大的区域,高度竞争的市场会带给企业更大的压力,使其发挥更大的服务潜力把产品与竞争对手相区别,通过差异化优势占领更大的市场份额。这种通过实施服务化战略而取得的优势比常规的通过产品或者价格竞争获取的差异化优势更为长久与有效。可见,服务能够帮助企业保持竞争对手难以模仿的具有持续性的竞争优势,市场的竞争强度可以影响企业服务化战略的服务导向水平。

五是员工的劳动贡献程度。员工水平对企业能否落实服务化的各项措施并得到预设的结果非常重要,制造业水平取决于劳动力的贡献,制造业服务化在一定程度上取决于参与制造业的劳动者在行业中的单位产出贡献程度,劳动力投入占单位产出的比重越大,劳动生产率越高,制造业服务化就越强,即劳动贡献程度越高,制造业投入服务化程度越高。若以利润总额与平均用工人数之比作为员工劳动贡献率的衡量指标,那么陕甘宁地区的制造业员工劳动贡献率见表 2-2。

表 2-2　陕甘宁地区制造业员工劳动贡献率　　单位:亿元 / 万人

省份	2014	2015	2016	2017
陕西	6.35	5.74	6.30	7.97
甘肃	2.04	1.29	-2.90	7.68
宁夏	3.09	1.52	2.57	5.36
陕甘宁平均	3.83	2.85	2.985	7.00

数据来源:历年中国工业统计年鉴。

从表 2-2 数据可见，除 2016 年因甘肃制造业亏损造成员工贡献率为负外，2014—2017 年陕甘宁地区制造业员工劳动贡献率基本呈现上升趋势，这有利于对员工素质有更高依赖的服务化的发展。

六是企业资源因素。任何企业要在本行业形成核心竞争力就必须具有强大的企业资源。企业资源包括技术资源、人力资源、社会资源等。综合能力强、自身资源足够丰富的企业可以借助较少甚至不借助社会资源实现服务化转型。社会资源丰富的企业可以逐步转型为平台型企业。对于综合能力强、社会资源也足够丰富的企业，可以构建以企业为核心的平台生态圈，与生态圈合作伙伴一起为顾客提供系统的综合解决方案。就陕甘宁地区来说，不管是技术资源、人力资源或者社会资源整体上还是偏弱，特别是技术资源和人力资源方面。因此，陕甘宁地区要发展制造业服务化，就必须重视这三方面资源的积累与提升。以固定资产为例，固定资产的程度能够在一定程度上衡量企业服务化水平，企业资产雄厚，自然能为产业结构转型和服务化进程提供相应的物质保证。同时，固定资产代表了企业为延续生产投入要素量的大小，服务要素也将随着整体要素投入而提升。对那些规模相对较小的企业来说，在其本身各项资源欠缺的情况下，还要在维持原有制造业基础业务的前提下再进行服务化转向，则需要单独投入财力、人力与精力，这显然会更困难。因此，固定资产在资源配置过程中所占比率越大，制造业投入服务化水平越高。陕甘宁地区制造业固定资产在总资产中所占比率见表 2-3。

表 2-3 陕甘宁地区制造业固定资产在总资产中所占比率 单位：%

省份	2014	2015	2016	2017
陕西	0.32	0.33	0.34	0.40
甘肃	0.35	0.35	0.37	0.36
宁夏	0.35	0.32	0.35	0.34
陕甘宁平均	0.34	0.33	0.35	0.37

数据来源：历年中国工业统计年鉴。

从表 2-3 数据可见，2014—2017 年，虽然陕甘宁地区平均制造业固定资产在总资产中所占比重有增加，但甘肃和宁夏有不稳定的现象，陕西情况比较乐观，可以预见，陕西制造业服务化受此影响应会优于甘肃和宁夏。

七是风险因素。大多数管理者面对风险的第一意识是规避，一般情况下他们更愿意将企业资源投入风险似乎更小的有形项目上，服务产品的不确定性是多数企业家的困扰。如果要在制造业的基础上扩大服务业务，那么将要面对两种风险：一种是内部风险，企业习惯于传统业务，对于服务领域的陌生以及对于如何发展服务业务使其更好地为制造业服务没有明确的方向与直接的经验等，会使企业的投入意愿大打折扣；另一种是外部风险，企业的客户不一定愿意与供应商分享其业务流程的相关信息，这很容易理解，毕竟信息流失对客户是很大风险的。而且，企业投入不熟悉的领域中会增加企业的风险，不管是企业内部管理还是企业外部环境，都会让客户产生一定的担忧。另外，由于服务化过程中可能会形成服务形式的多样化，那么企业内部组织和控制成本就会因此而增加。特别是一些服务业务的扩展可能会涉及全新的运营资源，面对全新的领域，公司能否应对也具有很强的不确定性。实际上，隔行如隔山，一般情况下制造业生产者往往会把服务化产品可能遇到的不确定性看得比现实情况严重得多，所以他们一般不愿意把产品的使用成本内部化，特别是在其还不能够掌握消费者以及对消费者的相关行为不能加以有效影响的时候。此外，影响制造企业进行服务化的障碍还包括，制造企业销售物品获得短期利润，而提供服务的利润短期内一般看不到，而获得中长期利润要转变为现金流就又会产生不确定性。总结来看，要么是制造企业可能难以相信在其产品中加入服务要素会带来足够的经济利益，要么可能企业也相信提供相关服务会获得较大的收益，但是可能会担心提供的这类服务会超出其能力范围，这些担心都会影响制造业服务化的发展。

八是服务的相关性。服务的相关性是指服务化过程中企业所提供的服务与产品的一致性，反映的是服务与产品的关联程度。某些服务与其核心产品的关系较一般的服务更为紧密，相关性较强的服务有助于产品的销售，因此通过开发高相关性的服务企业可以向市场释放出积极的信号。高相关性的服务可以缓解市场对于企业丧失战略重心的忧虑，向外界透露出企业仍在致力于主营业务，并借此保持其核心竞争力的态度。服务与核心商品相关性越高，企业就越有可能让客户以及市场对自身保持强烈的战略认同，可以提高顾客对产品的满意度，提高企业的商誉，从而进一步促进制造业服务化更好的发展。而且，越是在制造业领域取得较大成功的企业，其服务的相关性越强，其服务化的效率就越高。这主要是因为，已经取得成功的企业其企业形象良好，客户满意度较高，商誉的价值在企业服务化的过程中被体现出来。当然，商誉带来的相关服务的正向效应如果初期没有得到良好的使用及保护，一旦失误，其带来的负向效应也会成倍增加，因此制造业服务化的过程必须严肃且专业地被对待，玩票的态度万万不可取。

2.3.2　外部影响因素

一是价值链各环节的关系。对服务的需求提升要追溯到技术进步、分工深化和管理方式的变革等方面。这几方面的变革导致了服务的中间需求大大增加，如商品的生产环节与流通环节提升效率的需求，对与消费有关的相关信息的搜集及加工需求等。这种种需求是技术进步、分工深化和管理方式的变革基础上扩展的需求，而同时服务的种种需求被满足又会带动服务业的发展，从而进一步推动工业生产组织结构的变革及分工的深化。如在此发展过程中，一些服务环节达到一定规模后可以随着服务业效率的提高在专业化的基础上从原有的体系中分离出来形成独立的业务部分，特别是关于策划、信息处理、业务咨询、金融投资、法律合规、会计业务、产品及服务设计、广告部门及物流部分等对专业化要求较高的新服务，通过这个过程使得制造业的整体价值链得以扩展。经过这个发展过程后，传统的一个产品从产品研发和设计到售后服务等整个价值链活动都由一个企业进行经营的模式被打破，制造企业会根据自身的资源与长处，选择符合自身利益的某一个环节进行生产，从而更容易赢得对应市场的竞争优势。也会有某些制造企业因为不断发展的制造业价值链带来的巨大市场需求而积极主动地在原有业务基础上开发出新的业务，从而给企业带来新的利润增长点。

整体来说，价值链的延伸会带来新的机会，会推动制造业服务化的进程，但如果价值链各环节之间的关系处理不得当，也会对服务化的进展产生消极影响。这个问题的产生是因为各环节天然存在既互相依存又互相竞争的特性，利益冲突可能出现，顾客对服务化产品接受程度的不同也会导致不同环节成本与收益的不平衡等。首先，在众多的影响中，处于价值链不同环节的各企业之间的利益冲突是服务化进程的最关键障碍。如零售商，服务化常常会降低零售商的物品销售数量，其利益受到损害，自然在推动过程中就会不积极。其次，有愿意租赁物品的顾客，也有更想购买物品的顾客，也有因为不了解产品背后的成本等因素而对服务化产品排斥的顾客，如何能使不同的顾客都能够接受企业的服务化产品就成了企业发展服务化进程中必须面对的新问题。

二是政策因素。政策因素对行业和企业都具有很大的影响，当国家政策支持或者扶持某一个行业的时候，行业就有可能获取更多的资源，行业发展的相关成本也会因此大大降低，从而提升行业的产出与投入比。当然，从这个角度来说，国有企业获得国家支持的机会会更多，其这方面的资源能力也会更强，但是从目前中国或者陕甘宁地区的国有企业结构来说，因为其生产的效能较低，对政策因素的利用不足，有些时候政策因素可能还会导致产业效率的下降。此外，赋税的程度对制造业服务化具有负向影响作用，如在税收改革之前，制造业销售产品被收以增值税，而提供服务所获得的收入则被收以营业税，这对制造企业服务化进程会产生一定的影响。另外，制造业实施服务化意味着传统制造企业价值链向两端延伸，需要更多的人力资本、研发设计、信息技术、营销管理、售后维护等优质服务要素的投入。因此，雄厚的资金支持成为制造企业能否实施或更好实施服务化的首要条件。此外，服务化通常周期长、风险大，需要大量的资金投入之后才能显现效果，服务化进程中如果无法提供充足的资金支持，服务化效果可能无法得到保障，甚至服务化转型可能会失败。政府对企业进行无偿性的资金帮助，通常是希望能以此帮助企业合理投资、加快技术改革和理性扩张规模等。政府补贴最直接的影响是增强企业现金流的充裕程度，进而能更多地进行针对性投资。政府补贴也可以作为一种积极的信号，使得企业更容易在金融市场上获得外部融资。因此，对于获得政府补贴的制造企业，一方面可以扩大服务化所需的资金支持，其服务化战略的发展布局在规模和类别上都不会因资金不足而被束缚，进而有利于企业绩效的提升；另一方面更有能力引入前沿设备，促进服务化内容的创新和实现，而且对市场调研和人力资本的投资力度也能提高，从而保证制造业服务化发展方向更准确，以维持企业绩效的平稳上升。因此，在其他条件一定的情况下，政府补贴在制造业服务化进程中对企业绩效的影响具有正向调节作用。

三是外商投资因素。长久以来的经验说明，外商投资水平在很大程度上会有利于中国技术水平的提高，特别是在中国技术水平比较落后的情况下，外商投资会进一步带动产业效率的提升。虽然也发生过由于外商对市场不熟悉、技术运用不到位而导致行业效率下降的情况，其对于不同产业的效率如何，还有待研究考证。但是综合各行业来看，整体上外商投资是有利于中国经济技术发展的。表 2-4 的数据显示,2014—2017 年,陕甘宁地区的制造业外商资本基本呈现上升趋势,而其中甘肃虽增速较快但基数最小,陕西的情况基本稳定增长,可以预见,陕西服务化发展收益程度将较高。

表 2-4　陕甘宁地区制造业外商资本　　单位:亿元

省份	2014	2015	2016	2017
陕西	111.27	290.08	339.21	342.76
甘肃	9.25	6.24	6.54	9.28
宁夏	24.75	21.9	23.12	22.49
总资本	145.27	318.22	368.87	374.53

数据来源:历年中国工业统计年鉴。

四是市场竞争程度。一般认为行业竞争力直接影响行业的生产效率,当行业的竞争力非常高时,企业为了自身发展,行业内的资源会被充分调动,从而影响产业效率。如果企业面对行业竞争力的变化无动于衷,不采取任何措施和策略,那么企业必然会被行业和消费者淘汰。行业的竞争力影响着企业的行为和决策,从而影响企业效率。而制造业产品的附加值能够提高购买者的购买欲望,制造业相关企业若能将更多元的服务化附加值融入产品附加值中,将有助于提高企业的行业竞争力,这也是市场倒逼企业的现实要求,企业要谋求长久健康发展,就必须结合服务化因素。也就是说,是制造业的市场竞争程度加剧催生了制造业的服务化发展,制造业的市场竞争力度越大,制造业的投入服务化程度也将越高。行业的竞争水平也直接影响企业的服务化水平,当行业内竞争激烈,消费者的差异化偏好让行业内的企业想要更加了解消费者的偏好时,服务化便是企业的选择,它们选择服务化也就是通过投入相关的调查或市场研究来获取消费者偏好,从而使自己的商品更为畅销。除此之外,行业整体创新水平也会影响企业的服务化水平,当行业内的创新水平很高时,为了使企业不被市场淘汰,企业必然要选择服务化来提升自身的创新水平。若以规模以上企业数量来代表市场竞争程度的话,则从表 2-5 可见 2014—2017 年陕甘宁地区制造业的市场竞争程度。

表 2-5　陕甘宁地区制造业规模以上企业数量　　单位:个

省份	2014	2015	2016	2017
陕西	5 081	5 413	5 862	6 271
甘肃	2 091	2 148	2 105	1 905
宁夏	1 170	1 245	1 174	1 223
总数	8 342	8 806	9 141	9 399

表 2-5 显示,陕甘宁地区制造业规模以上企业数量整体上呈现上升趋势,其中主要是陕西的规模以上企业数量增长较快,可见陕甘宁地区制造业服务化的发展受此影响将得到良好发展。

五是市场盈利能力。市场盈利水平对制造业服务化导向具有明显的影响作用,大多数情况下,某地区的市场增长率如果比较高,那么其区域内的制造企业实施服务化战略的效果就会更加显著一些,其整体上的服务化导向水平就会更高。如果处于这一地区的细分市场能在一定时期内大量增加产品和服务的有效投入,就可以通过积极地提高服务导向水平来最终留住客户市场、留住利润,也就是说要尽可能充分地抓住那些市场增长率比较高的细分市场,从而获得竞争优势。当然,这种情况并不是不会改变的,尽管制造业盈利能力可以说在客观上为制造业的服务化发展创造了条件,但在某种程度上又会因为这些原因产生服务化陷阱,最终导致制造企业的服务化水平反而降低,从而影响企业的服务化发展进程。总结起来就是,制造业行业盈利能力的提升,可能会导致投入服务化水平先提升后降低。

从表 2-6 可见, 2014—2017 年,陕甘宁地区制造业的平均利润总额并不稳定,其中甘肃和宁夏长期利润较低,特别是甘肃在 2016 年还出现了亏损,只有陕西整体上看基本处于上升的趋势,这就给该地区制造业服务化的发展带来了困难。

表 2-6 陕甘宁地区制造业利润总额

单位:亿元

省份	2014	2015	2016	2017
陕西	777.67	803.71	787.94	5 105.56
甘肃	90.51	59.78	−123.73	2 441.71
宁夏	70.2	35.28	58.63	7 513
陕甘宁平均	312.79	299.59	240.95	5 020.09

数据来源:历年中国工业统计年鉴。

六是客户敏感度及偏好因素。首先,价格敏感度体现客户对于价格的态度,是指大多数客户集中于购买价格更低的产品的程度。成本是价格的基础,如果制造企业要实施服务化战略,那必定会增加很多环节的成本,在付出成本的基础上提供相关的服务后,企业当然会通过提高产品价格最终实现收益。假如客户的价格敏感度比较低,那么制造企业实施服务化战略就可以因为服务而获取更多收益,从而促进该企业的服务化导向水平的提升。假如相反,客户的价格敏感度比较高,那么制造企业就必须采用比较低的价格策略来尽可能争取客户的支持,对企业来说,服务化带来的利润就较少。可见,企业必须对其主体客户的价格敏感度进行严格的分析,只有这样才能决定如何进行合理的服务化发展。其次,对于制造企业来说,客户偏好也是影响其服务化发展的重要因素之一,客户偏好是客户选择的变化。如关于外包产品维修服务或者仅需对产品进行维护优化方面。中国很多大型制造企业的客户通常是中小型企业,对于如何运作产品,这些企业的选择是不同的,有一部分企业会选择将维修服务等外包,也有一部分企业会在产品出现问题的时候联系原来的安装维修人员,面对不同的客户群体企业应该有不同的选择,而这些也都需要以大量的客户信息分析为基础。总之,必须对客户偏好是如何影响企业服务化战略的进行具体的分析,企业在详尽分析并得到可靠的结果后,才能针对不同客户群体实施不同服务导向水平的服务化战略。

七是工业互联网的发展程度。随着互联网技术的发展,服务业的边际不断扩展,在“互联网 +”风风火火的趋势之下,万物互联成为趋势,互联网把产品与服务,把制造者与消费者紧紧地连接在了一起,利用互联网人与相关的各种资源被联系在了一起,各种生产要素也被联系在了一起。而这些联系对于解决本来可能存在的信息不对称、资源流通不畅、要素调剂不及时等诸多问题至关重要,买者与卖者被连接在了一起,信息的拥有者与信息的需求者也被连接在了一起。互联网帮助制造企业通过更加便捷的沟通、磋商与交流,把传统的制造产业通过新的平台、新的技术、新的方式,以一种新的面貌催生出新的生命,将海量的客户连接在一起,为制造业服务化提供诸多的方便和有效的发展方案,争取到了新的发展机遇。

制造业的优势是利用先进的制作工艺生产出标准化的产品并提供给用户使用,满足客户对制造产品质高价廉的需求,它是以生产为中心的。在此前提下,虽然制造业能够生产出良好的产品,但是在服务化和用户体验上却并不擅长。而当前,现代工艺不断发展,消费者的需求水平也在提高,对产品的要求也越发挑剔,良好的用户体验成了很多制造企业的难题。在这方面,制造企业如果仅仅利用传统渠道效果将难以达成,但如果借助互联网平台和渠道,其效果将会大大增强。

传统的制造业企业生产产品之后多采用供应线下商城销售,这种渠道整体因为中间环节的不可控而导致利润率不高,互联网的发展,可以逐渐在销售方面将一些经营方式转化为网络化的方式,产品的店铺可以直接与用户进行交流,从而有效地解决用户的实际需求,速度与质量都将更高。物流方面,可以利用现代的物流系统和相对应的售后服务进行资源的有效整合。制造业服务化进程中,一些制造企业在互联网平台建立品牌专卖店,开辟互联网窗口,利用互联网方式解决产品销路,更好地为用户服务,解决用户服务化趋势的便利。此外,利用互联网推动制造业服务化还能够有效降低运营成本,提升企业运营效率,提高产品和服务整体的水平和质量。

总之,第四次工业革命的重要基石就是工业互联网,工业互联网为中国传统制造业的转型升级、转型升级过程中新兴产业的发展壮大、推动各产业融合发展都提供了历史性的机遇。在中国,制造业的发展要依靠质量和效益的快速转变,这需要依赖工业互联网,通过它构建起一个全产业链、全要素、全价值链、全面连接的新的制造和服务融合体系,进一步推动制造业向服务化、高效化和生态化发展。陕甘宁地区制造业要得到快速高效发展,也必须以工业互联网的发展为前提。

八是知识产权因素。知识产权的竞争已经是当前企业竞争的关键部分,特别是制造业必须以创新驱动发展,知识产权更是其重要的竞争性资源,企业的利润在很大程度上依靠知识产权带来的优势。因此,在制造业的服务化转型升级过程中,必须理解知识产权的作用,明确知识产权对制造业服务化的影响。知识产权的资本属性和商品属性体现在知识产权创造、知识产权保护、知识产权运用及知识产权管理等方面。它对制造业“上下游一体化”服务化转型升级的驱动力来源包括以下几个方面。首先,利润驱动力之一是知识产权的创造。其资本属性与商品属性也在这个环节体现出来。在此过程中,不管是科研人员还是推广人员,这些人力资本的投入所创造出来的利润随着产品的成熟将会越来越大,还表现为各种技术资本投入创造的利润，包括专利带来的垄断利润等。其次，利润驱动力还有知识产权运用和保护。如资本投入生产和销售领域后，通过对生产条件的垄断和市场条件的垄断而获取的相应利润。在此服务化转型过程中，知识产权的运用就是发挥其资本属性，从而创造出高额利润。同时，在发明专利、设计专利、品牌、服务专利等知识产权的运用过程中，专利本身会受到法律的保护，这就更加增强了其垄断的属性，从而也会给制造业带来比较高的租金利润；另外，利润驱动力还有知识产权管理。对知识产权进行的经营活动是这一利润驱动力的来源，通过管理能够最大化地发挥知识产权的经济效益和社会效益，从本质上也体现了知识产权的资本属性及商品属性。

2.4 本章小结

本节首先介绍了投入服务化和产出服务化这两种制造业服务化的方式，分别对其内涵进行了详细的说明，并进一步通过简单分析说明，不管是投入端还是产出端，企业为了提升产品的整体价值，抑或是为了使服务化转变为更持久的发展战略，都会通过投入服务化和产出服务化多重并举的方式来进行服务化的推进，即微笑曲线的两端都不可缺少。然后详细介绍了制造业服务化的演进，重点是要素演进，从基础要素、驱动要素及实施条件要素几个方面介绍了制造业服务化演进过程中各种要素的变化过程。基础要素方面包括服务内容、组织变革和风险；驱动要素方面主要包括参与者和网络效应及资源和能力；实施条件要素方面包括顾客基础资源、特色优势产品、信息化网络、变革管理能力及大数据能力等。并在此基础上进行了影响制造业服务化因素的分析。影响制造业服务化的因素有内部因素和外部因素，它们之间不是割裂的关系，而是层层相关的。从内部因素来看，企业管理者的认知因素、企业的管理水平、企业的组织因素、企业的竞争成本及竞争强度因素、员工的劳动贡献程度、风险因素、企业服务的相关性及企业资源因素等都会对制造业服务化发展产生影响。从外部因素来看，价值链各环节的关系、政策因素、外商投资因素、市场竞争程度和市场盈利能力、客户敏感度及偏好因素、互联网的发展程度及知识产权因素等都会对服务化水平产生影响。内外部影响因素是在投入服务化和产出服务化的过程中互相作用，通过层层的关系影响制造企业的服务化水平。进一步详细总结制造业服务化的影响因素可以归纳为以下几点。首先，制造业服务化的各种影响因素之间存在不同的作用力。制造业服务化的各种影响因素的方向与强度不一致，这也导致各种要素之间有比较明显的层次结构。有些因素具有比较强的单向性，这些因素会对制造业服务化的其他因素起到一定的制约作用；信息技术与人力资本等中间投入对制造业具有明显的影响，而且在制造业服务化创新方面具有一定的“桥梁”作用；这些中间投入最终会具体转化为企业制造业服务化的关键能力，且这些能力会最终影响制造业的服务化水平和服务业的盈利结果。其次，制造业服务化的驱动路径是多样的。这些驱动路径是由不同的驱动因素决定的，会在发展过程中通过增加制造业生产中的人力资本投入和信息技术投入来达到改善价值链的“微笑曲线”结构，并且呈现出向价值链上游的设计和研发领域扩展和下游的终端市场延伸的不同路径。其中价值链上游的服务化主要体现在技术服务水平的提升和研发创新体系的完善等方面；价值链的下游服务化主要通过整合顾客和合作商资源来体现，包括改善客户关系结构，拓宽营销渠道，构建基于价值网的客户关系体系等，最终实现由产品销售转型升级为提供服务和成套的解决方案。最后，驱动制造业服务化转型升级的原动力是创新。结合制造业服务化的影响因素系统的层次结构可以看出，信息技术投入和人力资本投入对企业的创新能力、技术服务水平和客户关系有较大影响，还会直接影响制造业服务化的程度和后期服务业务的盈利结果。

2.5 参考文献

[1] 宁夏科技创新“十三五”发展规划 [EB/OL].[2016-11-24].http//www.stdaily.com.

[2] 2019 年宁夏回族自治区政府工作报告 [EB/OL].[2019-02-03].http//www.nx.gov.cn.

[3] 宁夏生态保护与建设“十三五”规划 [EB/OL].[2016-11-15]http//www.huanbao.bjx.com.cn.

[4] 李喆. 构筑良好的创新系统推动欠发达地区实现创新驱动发展 [J]. 中国党政干部论坛，2018(10)：58-60.

[5] 李霞. 宁夏经济高质量发展的现实困境及路径选择 [J]. 宁夏党校学报，2019，21(3)：125-128.

[6] 杜娇阳. 陕西省制造业竞争力研究 [D]. 西安：西安科技大学，2019.

[7] 马静，赵润良. 互联网 + 背景下宁夏装备制造业转型升级路径研究 [J]. 现代制造技术与装备，2017(9)：176-177.

[8] 伊然. 甘肃省出台《中国制造 2025 甘肃行动纲要》[J]. 工程机械，2016，47(3)：61.

[9] 杨娜. 基于智能制造的甘肃省产业转型路径探索：以传统制造业为例 [J]. 中国商论，2020(16)：154-155.

[10] 王军. 促进陕西产业结构优化升级研究 [J]. 技术与创新管理，2012，33(5)：540-542.

[11] 朱婷. 新常态下甘肃制造业结构变动与生产率增长研究 [D]. 兰州：西北师范大学，2017.

[12] 宁岗. 陕西产业结构分析及优化调整研究 [D]. 西安：西北大学，2008.

[13] 马敬让. 陕西省制造业产业竞争力评价及发展对策研究 [D]. 西安：西安建筑科技大学，2010.

[14] 何莉.“一带一路”背景下甘肃服务业对外开放对产业结构升级的影响 [D]. 兰州：兰州交通大学，2017.

[15] 杜文胜. 甘肃省产业结构调整与升级 [D]. 兰州：兰州大学，2006.

第 3 章 陕甘宁地区制造业服务化的发展现状

3.1 中国制造业服务化转向的发展现状

伴随着全球服务经济的兴起，高资源消耗量、低产业附加值的传统生产制造模式已经无法适应长期经济发展的需要，中国发布的《中国制造 2025》强调，要加快制造业和服务业的协同发展，推动生产型制造向服务型制造转变，抓住科技革命和产业变革的机遇期，把中国建设成为引领世界制造业的制造强国。

3.1.1 中国生产性服务业增加值总量及结构现状

制造业的高质量发展离不开生产性服务业的参与，作为制造业的中间投入，生产性服务要素的大量加入，不仅可以增加产品本身的附加值，还可以提高整个制造行业的生产效率和市场竞争力。因此，能否提升制造业服务化水平在一定程度上取决于生产性服务业的市场化水平这一关键因素。从图 3-1 可以看出，中国经济总量规模扩大迅速，第三产业和生产性服务业发展规模也呈现出不断扩大的趋势，2004—2016 年的 13 年间，生产性服务业增加值从 35 774.4 亿元上升到 221 444.3 亿元，在国民经济中所占比重由 22.10% 增至 29.78%，占第三产业增加值的比重由 53.68% 增至 57.76%。整体来说，生产性服务业始终处于不断增速的状态，但相较于第三产业，其增速较缓，仍处于较低水平。

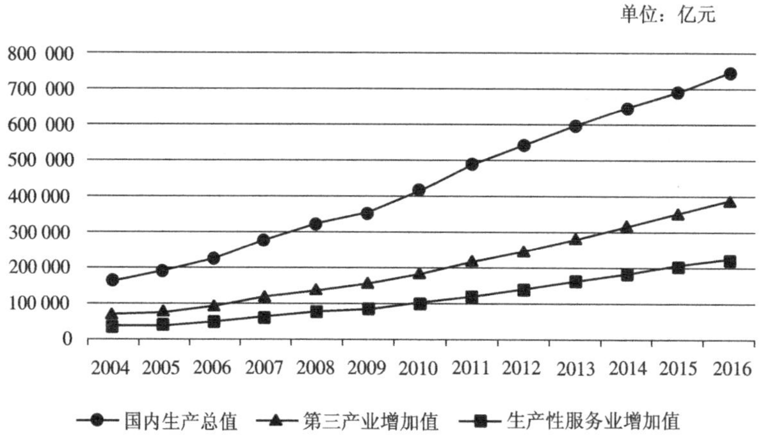

图 3-1 2004—2016 年中国生产性服务业发展情况

资料来源：根据《中国统计年鉴》(2005—2017)计算整理得出。

表 3-1 为中国生产性服务业增加值内部结构，从中国各生产性服务业增加值占比情况来看，批发和零售业占比最大，科学研究和技术服务业占比最小。从升降趋势来看，降幅最大的是交通运输、仓储和邮政业，2016 年占生产性服务业增加值的 14.93%，比 2004 年下降了 11.08 个百分点；其次是批发和零售业以及信息传输、软件和信息技术服务业，2016 年分别占生产性服务业增加值的 32.19% 和 9.89% 分别比 2004 年下降了 2.62 和 1.95 个百分点，降幅较小。而反观中国金融业的增长趋势明显，其占比由 2004 年的 15.07% 升至 2016 年的 27.60%，增幅为 12.53 个百分点，并有逐渐扩大的趋势，这可能与金融市场体系的多元化发展以及人们生活方式和思维方式的转变而导致的对投资消费需求的变化有关；租赁和商务服务业、科学研究和技术服务业增幅较小，变化不大。

表 3-1　中国生产性服务业增加值内部结构(单位:%)

年份	批发和零售业	交通运输、仓储和邮政业	信息传输、软件和信息技术服务业	金融业	租赁和商务服务业	科学研究和技术服务业
2004	34.81	26.01	11.84	15.07	7.34	4.92
2005	33.49	26.82	11.80	15.61	7.21	5.07
2006	32.60	26.30	11.23	17.89	6.91	5.08
2007	31.60	24.80	10.05	22.33	6.32	4.90
2008	34.97	21.85	10.50	19.85	7.49	5.33
2009	35.11	20.26	9.89	21.52	7.50	5.72
2010	36.42	19.49	9.05	21.37	7.93	5.74
2011	37.14	19.18	8.36	21.33	8.04	5.95
2012	35.24	16.80	8.44	24.88	7.95	6.68
2013	34.83	16.12	8.50	25.49	8.25	6.81
2014	34.48	15.74	8.80	25.77	8.44	6.77
2015	32.49	14.97	9.11	28.41	8.40	6.62
2016	32.19	14.93	9.89	27.60	8.80	6.59

资料来源：根据《中国统计年鉴》(2005—2017)计算整理得出。

由表 3-2 可知，从整体情况来看，中国生产性服务业内部结构中，批发和零售业以及交通运输占比较大，仓储和邮政业占比逐年下降，而除金融业近年来发展较快、占比明显增大外，信息传输、软件和信息技术服务业以及科学研究和技术服务业等现代生产性服务业占比相对较小，甚至信息传输、软件和信息技术服务业有小幅下降趋势。批发和零售业占生产性服务业比重，2004—2016 年维持在 31% 以上，占国内生产总值比重从 2010 年的 8.7% 稳步上升到 2019 年的 9.7%；金融业占生产性服务业比重从 2004 年开始持续增加，从 2004 年的 15.07% 增加到 2016 年的 27.60%，占国内生产总值比重从 2010 年的 6.2% 稳步上升到 2019 年的 7.7%；仓储和邮政业占生产性服务业比重从 2004 年的 26.01% 减少到 2016 年的 14.93%，占国内生产总值比重也是逐年下降，从 2010 的 4.6% 下降到 2019 年的 4.3%。从技术水平划分的占比情况中可以看出，低技术生产性服务业的主导作用逐步减弱，中高技术生产性服务业的作用逐步扩大，整体占比有所增加，这与金融业的迅速兴起有着不可分割的联系，也可能是由于科学技术的进步以及中国制造业服务化进程的不断加深所导致的。

表 3-2　2010—2019 年分行业增加值构成占国内生产总值比重单位(%)

指标	2019	2018	2017	2016	2015	2014	2013	2012	2011	2010
分行业增加值构成 - 批发和零售业增加值	9.7	9.7	9.8	9.9	9.8	9.8	9.5	9.3	9.0	8.7
分行业增加值构成 - 交通运输、仓储和邮政业增加值	4.3	4.4	4.5	4.4	4.4	4.4	4.4	4.4	4.5	4.6
分行业增加值构成 - 住宿和餐饮业增加值		1.8	1.8	1.8	1.8	1.7	1.7	1.8	1.8	1.9
分行业增加值构成 - 金融业增加值		7.7	7.8	8.0	8.2	7.3	7.0	6.5	6.3	6.2

资料来源：2019 年《中国统计年鉴》。

3.1.2　中国制造业服务化水平现状

制造业服务化的总体发展水平可以用完全消耗系数来衡量。本书将制造业分为 13 个行业，服务业分为 6 个部门，并依据 2014 年世界投入产出表计算出中国各制造行业对服务业的完全消耗系数，见表 3-3。

表 3-3　2014 年中国各制造行业对服务业的完全消耗系数

行业	批发和零售业	交通运输、仓储和邮政业	信息传输、软件和信息技术服务业	金融业	租赁和商务服务业	科学研究和技术服务业	总计
食品、饮料和烟草制造业	0.067	0.340	0.080	0.139	0.088	0.104	0.817
纺织、服装和皮革产品制造业	0.032	0.133	0.035	0.036	0.054	0.043	0.334
木材加工和木、竹、藤、棕、草制造业	0.013	0.066	0.019	0.013	0.019	0.012	0.141
造纸和纸制品业	0.079	0.114	0.134	0.074	0.125	0.028	0.555
焦炭和精炼石油品制造业	0.073	0.976	0.072	0.050	0.116	0.067	1.354
橡胶和塑料品制造业	0.029	0.134	0.049	0.021	0.035	0.031	0.299
其他非金属矿物品制造业	0.015	0.086	0.026	0.013	0.017	0.023	0.181
金属和金属品制造业	0.090	0.524	0.163	0.063	0.146	0.138	1.124
家具和其他制造业	0.009	0.031	0.012	0.017	0.016	0.008	0.093
化学和化学品制造业	0.078	0.409	0.139	0.068	0.121	0.173	0.989
机械设备制造业	0.098	0.491	0.225	0.056	0.128	0.135	1.134
运输设备制造业	0.068	0.722	0.072	0.044	0.128	0.047	1.080
计算机、电子产品和光学产品制造业	0.089	0.266	0.478	0.055	0.136	0.159	1.183
总计	0.740	4.293	1.504	0.649	1.129	0.968	9.284

资料来源：根据 2014 年世界投入产出表计算整理得出。

从中国的 13 个制造行业来看,焦炭和精炼石油品制造业对服务业的完全消耗系数最大,为 1.354,其对交通运输、仓储和邮政业的完全消耗系数达到了 0.976,对其余 5 类服务业的完全消耗系数也较大,不小于 0.05;其次是计算机、电子产品和光学产品制造业,其对服务业的完全消耗系数为 1.183,该行业对 6 类服务业的完全消耗系数都较大,都超过 0.05;机械设备制造业、金属和金属品制造业、运输设备制造业、化学和化学品制造业、食品饮料和烟草制造业这 5 类制造行业的完全消耗系数较大,分别为 1.134、1.124、1.080、0.989、0.817,处于 0.8~1.2;完全消耗系数最小的是家具和其他制造业,其完全消耗系数不超过 0.1;其余 5 类制造行业即木材加工和木竹藤棕草制造业、其他非金属矿物品制造业、橡胶和塑料品制造业、纺织服装和皮革产品制造业、造纸和纸制品业,它们的完全消耗系数相对较小,处于 0.1~0.6。可以看出,在这 13 类制造行业中,中高技术制造业的完全消耗系数都处于较高水平,其中系数最小的化学和化学品制造业对服务业也有 0.989 的完全消耗。在低技术制造业中,大多数制造行业的完全消耗水平系数较低,而焦炭和精炼石油品制造业、金属和金属品制造业的完全消耗系数却高达 1.1 以上,足以与完全消耗系数最大的行业相媲美。以上分析表明,中国低技术制造业的服务化水平在整体的制造业服务化进程中仍占有较为重要的地位,但其各行业的服务化水平有较大差异;反之,中国中高技术制造业的服务化水平明显高于低技术制造业的服务化水平,其服务化程度整体上均处于较高水平。从投入的中间服务要素来看,制造业在整体上对于交通运输、仓储和邮政业的完全消耗系数最大,高达 4.293;而后对于信息传输、软件和信息技术服务业以及租赁和商务服务业的完全消耗系数分别居于第二位和第三位,分别为 1.504 和 1.129;对于另外三类服务业的完全消耗系数相对较小,均不超过 1。由此可见,制造行业对服务业的完全消耗差距较大,主要集中在对低技术服务业的消耗上,尤其是对交通运输、仓储和邮政业这一服务部门的消耗较为突出。

3.1.3　中国制造业发展的现状

自改革开放以来,得益于人口与资源红利的双重优势,众多发达国家的制造企业纷纷将制造中心转移至中国,制造业的大发展成为拉动中国经济增长的动力之一。然而,随着中国建立在资源禀赋和比较成本基础上的优势逐步消失,依靠自然优势带来的经济增长并不是长期稳定发展之计,因此中国致力于从制造大国到制造强国的转变。在 2004—2016 年,中国制造业增加值从 51 748.5 亿元增长至 214 289.3 亿元。2017 年,中国规模以上制造企业数量为 350 430 个,主营业务收入达 1 019 598 亿元,其中技术密集型制造企业占制造企业总数的 39.49%;规模以上制造企业的利润总额为 66 368 亿元,占中国规模以上工业企业利润总额的 88.59%,其中技术密集型制造企业利润额占制造企业利润总额的 51.73%,机械设备制造企业的利润额居于首位,可见高技术、高附加值产品的利润率相对较高,技术创新是制造企业持续稳定发展的可靠路径。2018 年,规模以上工业中,农副食品加工业增加值比上年增长 5.9%,纺织业增长 1.0%,化学原料和化学制品制造业增长 3.6%,非金属矿物制品业增长 4.6%,黑色金属冶炼和压延加工业增长 7.0%,通用设备制造业增长 7.2%,专用设备制造业增长 10.9%,汽车制造业增长 4.9%,电气机械和器材制造业增长 7.3%,计算机、通信和其他电子设备制造业增长 13.1%，电力、热力生产和供应业增长 9.6%。2018 年，规模以上工业企业利润 66 351 亿元，制造业 56 964 亿元，增长 8.7%。2019 年，规模以上工业中，农副食品加工业增加值比上年增长 1.9%，纺织业增长 1.3%，化学原料和化学制品制造业增长 4.7%，非金属矿物制品业增长 8.9%，黑色金属冶炼和压延加工业增长 9.9%，通用设备制造业增长 4.3%，专用设备制造业增长 6.9%，汽车制造业增长 1.8%，电气机械和器材制造业增长 10.7%，计算机、通信和其他电子设备制造业增长 9.3%，电力、热力生产和供应业增长 6.5%。2019 年，规模以上工业企业利润 61 996 亿元，制造业 51 904 亿元，下降 5.2%。

在制造业结构方面，中国对技术密集型制造业越来越重视，所占比重呈现出逐年增长趋势，尤其是计算机、电子产品和光学产品这一类制造企业的产值在其中占有较大比例，中国制造业产业结构中高新技术特征表现十分突出。从科技创新来看，2011—2018 年高技术产业研究与试验发展经费支出（万元）分别是 14 409 133、17 338 101、20 343 380、22 742 749、26 266 585、29 157 462、31 825 668、35 591 155；2016 年中国高技术制造业的 R&D 经费支出相比于上一年的增长幅度超过 10%，2017 年中国高技术制造业增加值增长了 13.4%，说明中国对于技术创新能力的重视程度不断加强，中国制造业正逐步由技术引进模式向自主创新模式转变。

3.1.4 小结

随着中国对第三产业的逐步重视，制造业服务化成为制造业的一种新型发展模式，制造业的生产过程中投入了越来越多的生产性服务要素，而制造业各行业的固有特征决定了嵌入其生产过程中的服务要素的差异。中高技术制造业在产品生产的各个环节都具备更强的专业性，需要更多高技术的中间服务要素的投入，该类制造业对信息传输、软件和信息技术服务业等高技术生产性服务业有着较强的依赖性；同样，在低技术制造业的产品生产过程中，需要的则是运输仓储、批发零售等基础性中间服务要素的投入。中国中高技术制造业对服务要素的引入利用程度明显高于低技术制造业。从中国制造业的服务化发展来看，整体水平呈现上升趋势，生产过程中对于基础性中间服务要素的投入相较于高技术中间服务要素的投入具有明显优势，即中国制造业的低技术服务化程度更高，其中高技术制造业的高技术服务化程度有所提高，低技术制造业则仍以低技术服务化为主。因此，尽管中国制造业的服务化程度在不断加深，对于技术创新的重视程度也不断提高，但是由于中国生产性服务业与制造业内部传统结构的制约等原因，与发达国家相比，中国制造业对服务要素的引入利用程度偏低且由低技术服务化主导，中国制造业服务化的整体水平还有待提高。从制造业出口来看，中国制造业服务化的发展和制造产品出口贸易之间显露出极其相似的增长态势，制造产品出口额占中国货物贸易出口总额的 95% 以上，中国货物出口贸易几乎表现为制造业的出口贸易。根据中国制造业出口结构的分析发现，中国制造产品出口额在不断增长，但近几年的增速有所放缓，这可能与中国制造业出口结构的转型有关。中国制造产品中低技术制造产品和中高技术制造产品的规模分布较为平均，而纵观中国制造产品的出口情况，其整体上表现出产业链较短、附加值较低的特征。因而，中国制造业出口的主导商品虽然已逐步从低技术制造产品转向高技术制造产品，但是低技术含量、低附加值类制造产品仍占有很大的出口优势，出口结构改善较为缓慢，长期内的优化需要有支柱性产业和产品做支撑。

3.2　陕西制造业服务化发展现状

《中国制造 2025》提出要加快制造业服务化转型，并提出产业振兴规划。制造业服务化已成为当前制造业转型升级的重要趋势。陕甘宁地区作为中国老工业基地，制造业是地区经济发展的引擎和支柱，陕甘宁地区振兴离不开制造业的转型升级，而制造业服务化应成为陕甘宁地区制造业转向发展的方向。本章将对陕甘宁三地区制造业发展现状、面临的困境以及目前的制造业服务化发展现状进行分析。

3.2.1　陕西省制造业发展历程

陕西省是西部地区经济发展的强省，是新中国成立后"一五""二五"规划和"三线建设"时期国家重点投资建设的工业基地，尤其是关中地区是目前陕西和西北地区规模最大的制造业基地、综合工业中心。

新中国成立初期"一五""二五"规划及三年调整时期（1953—1965 年），陕西省制造业高点起步，高水平地奠定了陕西省制造业的现代基础。这段时期建设的很多军工项目，都是苏联帮助设计，并提供成套技术和关键设备，总体上接近当时国际先进水平。这一时期新建的民用制造业项目，有些也从苏联和东欧引进了先进技术，因而在国内处于领先地位。

在"三线建设"时期，陕西省制造业形成相对较完整的体系。以军工为主的制造业继续作为重点，进行大规模建设。航空、航天、电子等高科技产业形成规模，成为国家重要科研生产基地；制造业的八大门类全面发展，形成互相配套的科研生产体系。改革开放以来，陕西制造业在调整改造中得到提高，国家和政府支持使得陕西省制造业迎来了发展的新时期。

作为著名的老工业基地，制造业在陕西省的工业产值中占有重要的地位和作用，并且具有一定的比较优势。据统计，早在"二五"时期，陕西省的制造业总产值在全省工业总产值中的比重由 9.5% 上升到 36.8%，并开始跃居为全省第一支柱产业。根据 2007 年《陕西省国民经济和社会发展统计公报》，制造业 1 273.83 亿元，增长 39.3%，拉动规模以上工业增长 8.1 个百分点；有色冶金工业 619.58 亿元，增长 31.9%，拉动规模以上工业增长 3.4 个百分点；其他支柱产业中食品工业增长 37.5%，通信设备、计算机及其他电子设备制造业增长 5.3%，医药制造业增长 14.5%，非金属矿物制品业增长 45.8%，纺织服装工业增长 11.8%。2008 年 1—7 月，陕西制造业完成工业总产值逼近 1 000 亿元大关，同比增长近 30%；利润增幅超过 1/3，成为仅次于能源化工业的实力强、潜力大、贡献突出的支柱产业。以上数据充分体现出陕西省制造业在陕西省经济发展中的主导地位和作用。自国家实施西部大开发战略以来，陕西省制造业迎来重大发展机遇。国家和陕西省政府先后出台了多项政策性文件，支持鼓励陕西省制造业的发展。2006 年 6 月，国务院在西安召开了全国振兴制造业会议，会后陕西省迅速出台《关于加快振兴装备制造业，建设国家制造业基地的意见》和《陕西装备制造业“十一五”发展规划》。2006 年 11 月,陕西省政府在西安召开全省振兴制造业工作会议,贯彻国务院《关于加快振兴装备制造业的若干意见》和振兴制造业工作会议精神,落实《陕西装备制造业“十一五”发展规划》。2006 年 12 月,国务院原则通过了《西部大开发“十一五”规划》,确定发展陕西省西安、宝鸡为国家制造业基地和国家级制造业研发基地。2007 年,陕西省出台了《陕西省制造业发展专项资金管理暂行办法》,帮扶制造业的发展。

2007 年 9 月,陕西省政府办公厅印发了经省政府同意的《陕西省振兴装备制造业领导小组 2007 年工作要点》,确定了全省制造业 10 大产业集群、40 个重点项目、20 个企业集团重点发展目标、15 个重点工程研究中心和企业技术中心。2008 年的《陕西省政府工作报告》也明文指出,扶持骨干企业扩大规模和提升技术装备水平,加速提高产业集中度,充分发挥大型龙头企业的骨干、带动和辐射作用。2008 年 10 月,陕西省成立陕西省装备制造业协会,旨在促进制造业之间的相互交流,共同进步。这些政策和措施的出台,都是为了更快更好地促进陕西省制造业的发展。与此同时,中国发展中西部的战略正在有条不紊地进行中,西部的基础设施和生态环境也在不断改善中。我们可以说,制造业尤其是以制造业为基础的工业在陕西省迎来了发展良机,并已经开始初见成效。2009 年 9 月 18 日,由陕西省科技厅主办,陕西省制造业信息化科技工程办公室、陕西省制造业信息化工程技术研究中心与 e-works 中国制造业信息化门户网承办的“2009 中国制造业信息化深化应用(西安)论坛”,在西安隆重举行,150 名企业信息化主管参加了本次活动。为了帮助企业解决国际金融危机的冲击,按照陕西省委省政府“保增长、抓优势、调结构、上水平”的总体部署,陕西省又出台了《促进全省装备制造业调整振兴 2010 年工作方案》,帮助企业快速复苏和发展。

从 20 世纪 70 年代到 2017 年,陕西作为老工业基地,其制造业在新中国成立以来二十多年的优良基础上,不同发展时期突出了不同的特点,但一直占据着陕西工业发展的中流砥柱地位。经过多年发展,陕西省制造业已经在陕西经济发展中占据主导地位,这些年来结构一直不断优化,总量持续增长,在全国也具有一定的地位。陕西省制造业的发展大概可以总结为以下三个阶段。第一阶段为改革开放前二十年奠定基础的阶段。这一阶段,陕西省工业消费品和轻工业迅速发展,基础工业得到重视,打下了工业结构演变中“轻工业”和“基础工业”根基。第二阶段为 2001—2010 年集中发展优势产业的阶段。这一阶段,为了响应西部大开发的号召,陕西省制造业发展加速,集中发展优势产业,能源化工行业发展迅猛。第三阶段为 2011 年以来新兴产业快速发展阶段。这一阶段,陕西省制造业发展的主线是促使结构优化转型,重点发展高端制造业以及高新技术产业,这是为了适应国家新常态和高质量的发展要求。2018 年,陕西省规模以上工业中,高技术制造业增加值增长 11.7%,占规模以上工业增加值的比重为 13.9%;装备制造业增加值增长 8.1%,占规模以上工业增加值的比重为 32.9%。2018 年,规模以上工业企业利润 66 351 亿元,制造业 56 964 亿元,增长 8.7%。

工业发达国家的工业结构演变一般遵循“农业—轻工业—基础工业—重工业—高新技术产业”的发展规律,而陕西在工业化初期迈过了轻工业和基础工业建设阶段,直接从农业大省迈入以军工装备为主的重加工业,轻工消费品和基础工业品长期短缺。十一届三中全会后,陕西抓住改革开放机遇,对工业结构重新组合,为陕西省制造业持续稳定发展打造了一个门类齐全、基础牢固的根基。

1981 年 11 月，五届全国人大四次会议通过的《政府工作报告》指出在今后相当长的时期内必须把着重发展消费工业放到重要地位，陕西省提出《关于发展工业消费品生产的决定》，集中力量发展纺织、电视机、收音机、洗衣机、乳制品、自行车等 15 类重点消费产品，这段时期轻工业保持了快速发展。

改革开放以前，陕西原材料工业和加工工业比例失调，机械工业得到大力发展，而采掘和原材料等基础工业是短板，能源、冶金、化学、建材等产业有待发展。因此，改革开放后，陕西工业进行了基础工业的"补课"。1990 年陕西省《关于进一步调整工业产品结构的实施方案》出台，提出纺织、机械、能源、电子、烟草、食品、轻工、冶金、建材和医药等民生工业重点要做好结构调整工作，陕西工业消费品和轻工业得到进一步重视，能源工业受到重视，以冶金为代表的原材料工业快速发展。

进入 21 世纪，国有企业改革趋于平稳，中国加入 WTO，改革开放在世纪之交进入了一个全新的阶段。2000 年 3 月，九届全国人大三次会议明确启动西部大开发，国家加大对西部地区投资力度，加快经济建设步伐。陕西省利用本身的资源优势和装备技术能力，抓紧机会确立了八大传统支柱产业，拉动和提升陕西经济发展，更加夯实了陕西的产业基础，而且重工业化趋势凸显，重工业占比从 2000 年的 64.9% 增长至 2010 年的 81.1%，2012—2018 年重工业占比分别是 92.55%、92.29%、91.33%、90.79%、90.27%、89.74%、89.69%；重工业化占比比较大的趋势与改革开放之前的情况有着本质的区别，这次结构调整的趋势是顺应社会发展，适应市场变化的必然选择。

首先，经济总量快速增长，制造业规模不断扩大。"十一五""十二五"时期，陕西抢抓西部大开发、四万亿投资等发展红利，陕西省制造业工业总产值不断增长，2000 年起工业总产值涨势明显，2006 年突破 5 000 亿元，到 2010 年达到 12 421.8 亿元，是 2000 年的 7.2 倍；固定资产投资额在 2004—2010 年连年增加，到 2010 年达到 1 528.94 亿元，是 2000 年的 14 倍（见图 3-2），2018 年陕西省制造业固定资产投资同比增长 8.6%，比 2017 年增长 9.5%，为陕西省制造业的发展提供了丰厚的资金，有效促进了制造业新增企业个数、扩大了企业规模，制造业发展后劲增强。

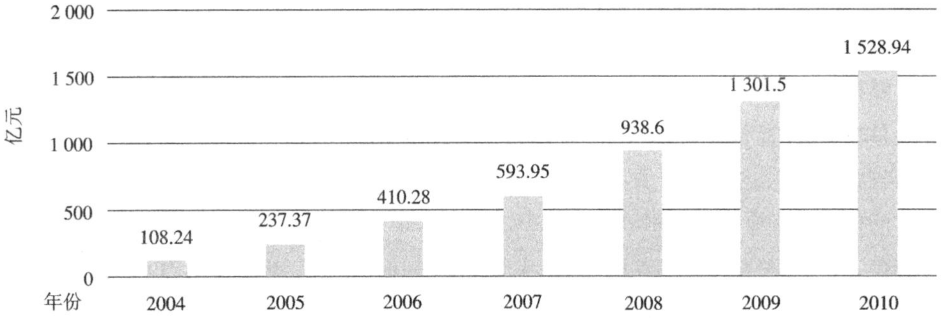

图 3-2　陕西省制造业 2004—2010 年固定资产投资额

其次，制造业就业人员快速变动。2009—2018 年，陕西省制造业企业从业人员从 261.4

万人增长至 167.4 万人，制造业私企增加人数比较多，从 2009 年的 47 万人增加到 2018 年的 56.7 万人（见表 3-4）。

表 3-4 2008 年—2018 年陕西省制造业就业人数（万人）

年份	就业总人数	第一产业就业人员	第二产业就业人员	第三产业就业人员	制造业就业人员	制造业国有企业就业人员	制造业私企就业人员
2008	2 039	909	420	710			
2009	2 094	876.1	492.5	725.4	261.4	34	47
2010	2 073.6	855.5	560.8	657.2	293	32.9	65.6
2011	2 059	824.2	585.3	649.5	301.1	32.4	66.4
2012	2 060.8	796.5	297.8	457.6	166	31.7	72
2013	2 058	779	322.4	475.2	162.3	21.5	45.5
2014	2 067.4	782.6	335	527.7	165.5	22.9	49.2
2015	2 071.4	789	334.7	614.7	168.4	21.4	51.1
2016	2 072.8	791.3	338.1	653.9	170.7	21.1	54.4
2017	2 071.7	789.7	346.5	697.9	178.8	20	62.5
2018	2 071.2	788.2	329.7	786.4	167.4	16.5	56.7

再次，支柱产业增长迅猛，主导产品涨势强劲。2009 年，陕西省八大工业主导行业企业单位数占全省的比重为 92.5%，比 2004 年增加近 2 000 个，上升 4.7 个百分点；工业总产值占全省的比重为 97.7%，达到 8 274 亿元，比 2004 增加 5 912.02 亿元，特色产业发展进程加快。2010 年，陕西省八大工业主导行业企业单位数占全省的比重为 92.3%，工业总产值占全省的比重为 97.8%，达到 111 998 440 万元。2012 年，陕西省八大工业主导行业企业单位数占全省的比重为 93.7%，工业总产值占全省的比重为 97.4%，达到 169 264 870 万元。2013 年，陕西省八大工业主导行业企业单位数占全省的比重为 93.6%，工业总产值占全省的比重为 97.1%，达到 189 824 746 万元。2014 年，陕西省八大工业主导行业企业单位数占全省的比重为 92.6%，工业总产值占全省的比重为 96.7%，达到 200 158 820 万元。2015 年以后，在原有的工业基础上，陕西逐步形成了以新型能源化工、先进装备制造、有色冶金、食品、医药、航空航天器制造等为主体的比较完整的工业体系，制造业已成为陕西省国民经济持续健康发展的重要推动力。

陕西是中国的能源大省，近年来随着经济的快速增长，煤、油、气等资源不断被探明、开发。陕西省含煤面积 5.7 万平方千米，约占其国土面积的 27.7%，主要分布在榆林、延安、铜川、咸阳、渭南、宝鸡等 6 市。陕西省煤炭资源主要集中于陕北、渭北，以低灰、低硫磷、高发热量为特色。陕西省有神东、陕北、黄陇大型煤炭基地，陕北、彬长煤电基地，陕北煤化工基地；陕西省石油资源主要分布在陕北地区的榆林、延安两个地区的定边、靖边、横山、子洲、延川、延长、延安、子长、甘泉、安塞、吴起、志丹、富县等 13 个县市境内。陕西省天然气资源主要分布在陕北地区的榆林、延安两市，陕北拥有目前中国陆上最大的整装气田，榆林地区的气田面积 2 000 多平方千米;陕南拥有汉江、丹江等水力资源,陕北地区有瑶镇、李家梁、采兔沟等水库,每年可提供工业用水 2 亿多立方米;关中彬长和麟北矿区有石头河等水库,年供水量 2 亿立方米,已经建成了安康和石泉两座电站,并不断进行梯级水电开发。陕西省的电力以火电为主,有渭河发电厂、宝鸡第二发电厂、蒲城发电厂和韩城发电厂等大电厂。陕西省大部分地区属于风能资源 1 级区,陕北定边西部到靖边东部沿长城一带风力资源丰富,长城沿线风速在 3 米 / 秒。陕西省太阳能资源总储量约为 2.71 × 106 亿千瓦·时,主要分布在陕北长城沿线和渭北东部地区,适合建设大型光伏并网电站。陕西省生物质能资源总量约折合 3 829 万吨标准煤,常年可利用总量约折合 2 071 万吨标准煤,从地域分布来看,农作物秸秆、城市垃圾主要分布在关中地区;林业废弃物、木本油料能源林主要分布在陕南地区;果木枝条、薯类作物主要分布在陕北地区。陕西地跨黄河、长江两大流域,水能资源较为丰富,水能资源经济可开发量在 650 万千瓦以上。

2009 年,陕西能源化工产业实现生产总值 3 750.8 亿元,占全省规模以上工业总产值的 45% 以上,煤炭、天然气、石油等能源产品储量居国内前列, 2010—2018 年陕西能源生产总量分别是 31 845.63 万吨标准煤、36 500.59 万吨标准煤、41 168.40 万吨标准煤、44 431.03 万吨标准煤、46 981.85 万吨标准煤、48 491.24 万吨标准煤、46 544.99 万吨标准煤、51 542.05 万吨标准煤、56 391.63 万吨标准煤;2018 年,陕西原煤、石油、天然气的产量占全国的比重分别是 16.9%、18.6%、27.7%,陕西已成为中国唯一经国家批准的能源化工基地,而陕西能源化工行业的快速发展为“西气东输”“西电东送”做出了重要贡献。以能源化工为主的陕北经济成为全省经济发展的新亮点,随着西部大开发和国家能源重化工基地的建设,陕北充分发挥资源优势,依托能源化工等优势产业,实现了经济的跨越式发展。

2011 年 7 月 3 日,为贯彻落实国务院《关于加快培育和发展战略性新兴产业的决定》精神,陕西省政府印发《关于加快培育和发展战略性新兴产业的意见》,把握世界新科技革命和产业革命的历史机遇,抢占新一轮科技和经济发展制高点,发挥科技资源和产业优势,加快培育和发展战略性新兴产业,推进产业结构优化升级,提高产业核心竞争力。2012 年十八大以来,党中央对宏观经济定调,发展方式发生转变,由外延式发展转变为内涵式发展,中国经济进入新常态时期,陕西省积极推进经济转型升级。为了加快调整结构转型,陕西省全力打造新的支柱产业,进一步加快形成新的经济增长点,促使新旧动能转换,努力降低陕西省制造业对能源化工型行业的依赖。近两年,陕西省装备以及高新技术制造业等能耗低、产业链长的行业带动经济增长作用凸显,2016 年,医药制造业产值占比 4.13%,计算机、通信和其他电子设备制造业产值占比 4.6%,均比 2009 年提高 1~2 个百分点,表明其发展势头稳定,在一定程度上缓解了高耗能产业转型升级过程中面临经济下滑的压力。

3.2.2　陕西省制造业现状

陕西省作为西部大开发的重点省份,有着优越的地理条件、方便的交通,在国家西部大开发的号召下,也投入大量财力建设完善了基础设施。同时,陕西省资源众多,具有显著优势,尤其是拥有十分丰富的矿产资源,其中 130 种矿产已被探测, 91 种已探明储量, 64 种保有资源储量居全国前十位，9 种矿产的已探明储量更是居全国首位。陕西作为教育强省，人力资源丰富，拥有大量专业人才，在信息技术、尖端设备等多种高科技领域有着丰硕的研究成果。根据 2016 年相关数据统计得知，陕西省内高校众多，普通高校就有 81 所；师资力量雄厚，专任教师 6.61 万人；在校学生 107.63 万人，2016 年为社会输送的毕业学生就有 32.13 万人。除此之外，陕西省还拥有众多科研教育部门，其中包括 10 多所军事院校、各类企业的博士后及硕博科研流动站有上百个，还有上千个各类科研院所。作为西北地区的金融中心，陕西省西安市聚集了大量包括银行、证券、保险和信托业在内的金融机构，具备相对强大的资本水平，并建立起了多种金融机构并存，相互支持、分工协作、密切配合的全方位金融体系。综上所述要素，都在一定程度上从不同方面为陕西省制造业的发展奠定了坚实的基础。

近年来，全球经济迎来了复苏期中最大范围的增长，国内经济呈现缓中趋稳、稳中向好态势，经济结构继续优化。陕西省制造业坚持省委省政府提出的“稳能源、促化工、兴电子、强制造、扩新兴、优传统”思路推动制造业发展，供给侧结构性改革继续深化，贯彻落实《〈中国制造 2025〉陕西实施意见》，加速推进陕西省制造业提质增效和转型升级，陕西省制造业保持总体平稳、稳中有进的发展态势，经济总量和生产效益稳步提高，行业体系进一步完善，总体发展取得了较大进展。

根据陕西省 2012—2018 年统计年鉴数据整理得出，陕西省制造业目前的发展状况如下。

从表 3-5 可以看出，2012—2018 年陕西省规模以上工业企业近 7 年的整体经济发展状况及趋势，具体如下。

表 3-5　2012—2018 年陕西省规模以上工业企业主要经济指标（单位：亿元）

年份	企业单位数（个）	工业总产值	资产总计	主营业务收入	利润总额
2012	4 284	16 926.49	20 591.16	16 328.25	2 057.22
2013	4 489	18 982.47	22 443.11	17 763.00	1 973.32
2014	5 017	20 015.88	24 371.44	18 622.14	1 846.98
2015	5 350	20 333.98	26 393.17	18 823.01	1 412.41
2016	5 799	21 837.61	28 939.56	20 110.64	1 550.02
2017	6 208	23 825.18	30 642.94	22 090.99	2 238.04
2018	6 426	25 192.36	32 432.48	23 060.35	2 436.27

从工业企业的个数来看，从 2012 年的 4 284 个至 2018 年的 6 426 个，呈逐年增长态势，也就说明陕西省制造业企业从数量上来说是在不断增加的，近 7 年的时间，增长率达到了 50%（见图 3-2）。

从工业企业的资产规模来看，2012 年的 20 591.16 亿元增长至 2018 年的 32 432.48 亿元，整体上呈逐年增长的态势，近 7 年累计增长达到了 57.5%（见图 3-4）。

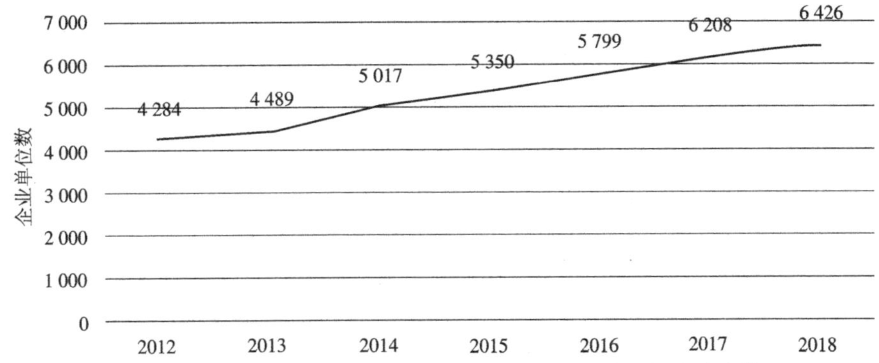

图 3-3　2012—2018 年陕西省规模以上工业企业单位数变动趋势图

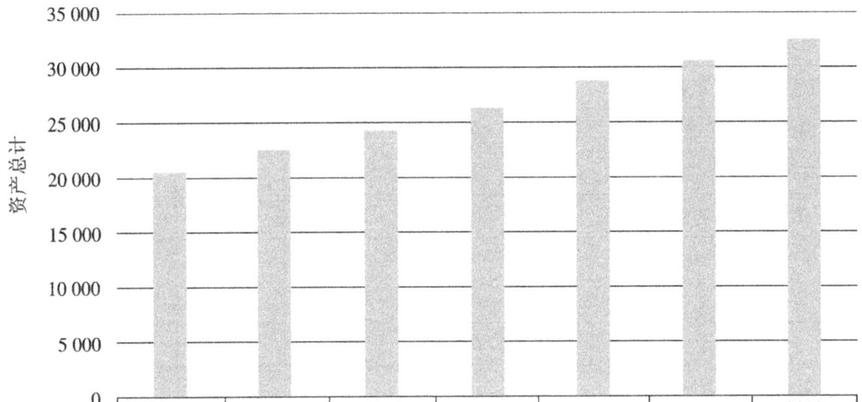

	2012	2013	2014	2015	2016	2017	2018
汇总	20 591.16	22 443.11	24 371.44	26 393.17	28 939.56	30 642.94	32 432.48

图 3-4　2012—2018 年陕西省规模以上工业企业资产变动趋势图(单位:亿元)

从工业企业的收入及利润来看，2012—2018 年规模以上工业企业收入不断增长,从 2012 年的 16 328.25 亿元增长至 2018 年的 23 060.35 亿元,近 7 年累计增长率达到了 41.2%;而规模以上工业企业利润整体上呈逐年增长的趋势,近 7 年利润累计增长率达到了 18.4%,远远低于收入增长率,因此这就需要我们进一步分析其中的原因(见图 3-5)。

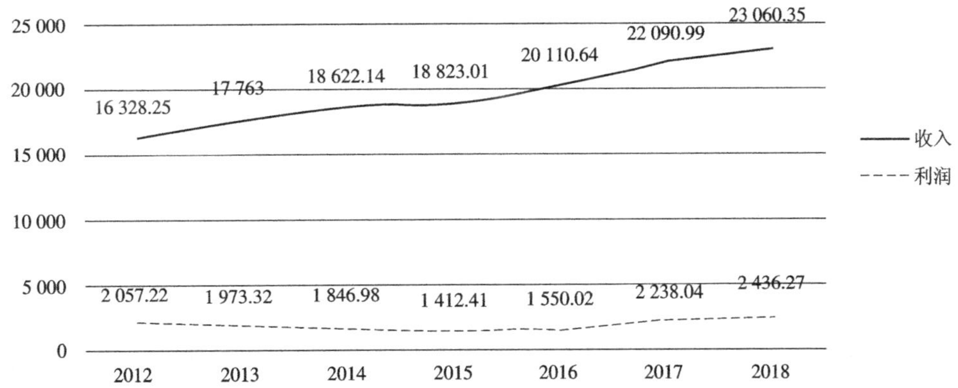

图 3-5　2012—2018 年陕西省规模以上工业企业收入及利润变动趋势图(单位:亿元)

从陕西省规模以上工业企业分行业主要经济指标增长率图表(表3-6和图3-6)中可以看出,从各行业的企业个数累计增长率来看,2012—2018年的7年间,废弃资源综合利用业的企业个数累计增长率最多,达到了6.75%,文教、工美、体育和娱乐用品制造业累计增长率为2.9%,皮革、毛皮、羽毛及其制品和制鞋业累计增长率为2.33%,家具制造业累计增长率为2.22%,木材加工和木、竹、藤、棕、草制品业累计增长率为1.71%,纺织服装、服饰业累计增长率为1.68%,印刷和记录媒介复制业累计增长率为1.57%。

表3-6 2012-2018年陕西省规模以上工业企业分行业主要经济指标增长率(%)

行业划分	企业个数增长率	工业总产值增长率	资产累计增长率	利润累计增长率	平均用工人数增长率
总计	0.50	0.49	0.58	0.18	-0.11
煤炭开采和洗选业	0.05	0.41	0.59	0.38	-0.15
石油和天然气开采业	0.00	-0.11	0.30	-0.51	-0.02
黑色金属矿采选业	0.04	1.29	0.66	0.83	-0.18
有色金属矿采选业	-0.17	1.12	2.72	0.44	0.12
非金属矿采选业	0.85	3.72	1.61	1.42	0.36
开采专业及辅助性活动	0.68	1.56	-0.01	-0.79	0.12
农副食品加工业	0.76	1.07	1.26	0.52	0.14
食品制造业	0.72	0.91	1.15	0.74	0.30
酒、饮料和精制茶制造业	1.39	0.94	0.96	0.57	0.36
烟草制品业	0.00	0.11	0.53	-0.74	-0.16
纺织业	0.00	0.71	0.64	0.77	-0.42
纺织服装、服饰业	1.68	1.16	0.88	0.62	0.25
皮革、毛皮、羽毛及其制品和制鞋业	2.33	5.82	2.02	6.34	1.62
木材加工和木、竹、藤、棕、草制品业	1.71	0.92	0.49	1.15	0.60
家具制造业	2.22	3.42	3.61	2.42	1.01
造纸及纸制品业	0.45	0.46	0.40	-0.35	-0.47
印刷和记录媒介复制业	1.57	1.91	0.95	0.51	0.16
文教、工美、体育和娱乐用品制造业	2.90	10.57	3.92	2.30	2.68
石油、煤炭及其他燃料加工业	0.01	-0.06	0.88	-0.52	0.12
化学原料及化学制品制造业	0.31	1.60	1.72	11.87	-0.14
医药制造业	0.20	1.13	1.73	0.88	0.05
化学纤维制造业	-0.17	0.44	0.96	-0.16	-0.07
橡胶和塑料制品业	0.65	0.67	1.19	-0.06	-0.13
非金属矿物制品业	0.60	1.00	1.03	0.88	0.03
黑色金属冶炼和压延加工业	-0.48	-0.05	-0.22	4.89	-0.44
有色金属冶炼和压延加工业	0.31	0.11	0.01	-0.19	-0.20
金属制品业	1.03	0.91	-0.08	2.18	-0.27

续表

行业划分	企业个数增长率	工业总产值增长率	资产累计增长率	利润累计增长率	平均用工人数增长率
通用设备制造业	0.40	0.16	0.20	−0.44	−0.27
专用设备制造业	0.53	0.46	0.49	−0.38	−0.12
汽车制造业	0.63	1.06	0.81	2.73	−0.13
铁路、船舶、航空航天和其他运输设备制造业	0.36	−0.28	−0.60	0.07	−0.70
电气机械和器材制造业	0.73	1.13	0.81	2.48	−0.05
计算机、通信和其他电子设备制造业	0.59	2.18	1.98	14.33	−0.01
仪器仪表制造业	0.63	−0.07	−0.33	0.79	−0.58
其他制造业	0.82	0.05	0.59	−0.32	0.30
废弃资源综合利用业	6.75	7.83	10.49	10.93	10.01
金属制品、机械和设备修理业	0.14	0.21	0.46	−0.61	−0.70
电力、热力生产和供应业	0.85	0.14	0.42	0.35	0.03
燃气生产和供应业	0.94	1.80	1.06	0.75	0.73
水的生产和供应业	0.89	1.64	2.49	−0.37	0.37

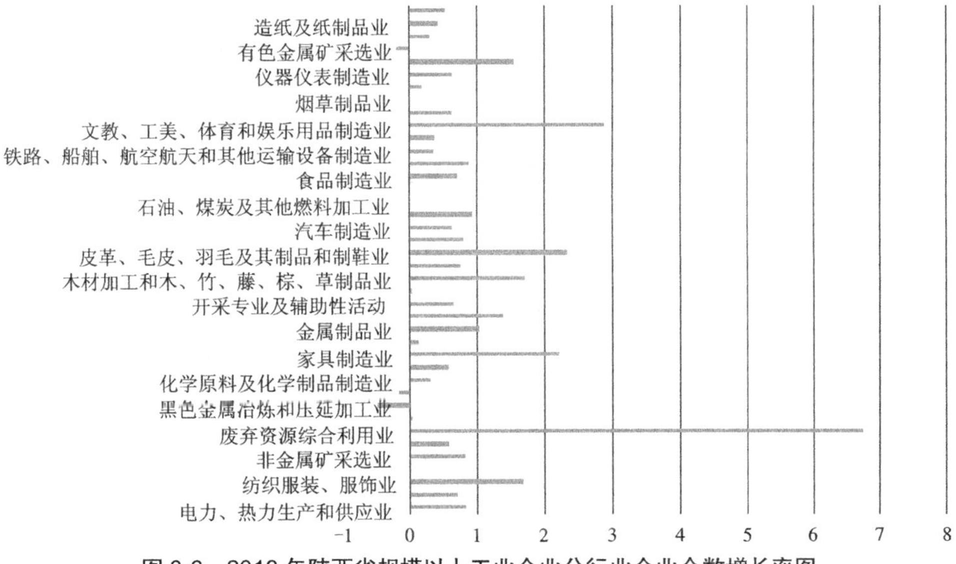

图 3-6　2018 年陕西省规模以上工业企业分行业企业个数增长率图

从陕西省规模以上工业企业分行业主要经济指标增长率图表（表 3-6 和图 3-7）中可以看出，从各行业的工业总产值增长率来看，2012—2018 年的 7 年间，工业总产值增长率最高的行业是文教、工美、体育和娱乐用品制造业，达到了 10.57%，皮革、毛皮、羽毛及其制品和制鞋业为 5.82%，废弃资源综合利用业为 7.83%，非金属矿采选业为 3.72%，家具制造业为 3.42%，计算机、通信和其他电子设备制造业为 2.18%。

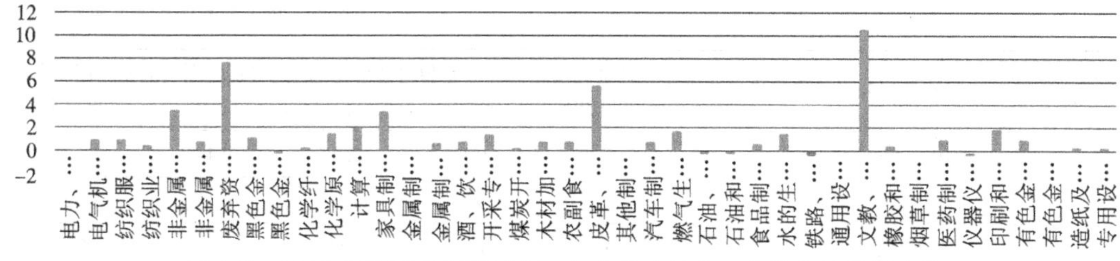

图 3-7　2018 年陕西省规模以上工业企业分行业工业总产值增长率图

从陕西省规模以上工业企业分行业主要经济指标增长率图表（表 3-2 和图 3-7）中可以看出，从各行业的资产规模增长率来看，2012—2018 年的 7 年间，资产规模增长率最高的行业是废弃资源综合利用业为 10.49%，文教、工美、体育和娱乐用品制造业增长率为 3.92%，家具制造业为 3.61%，有色金属矿采选业为 2.72%，水的生产和供应业为 2.49%，皮革、毛皮、羽毛及其制品和制鞋业为 2.02%。

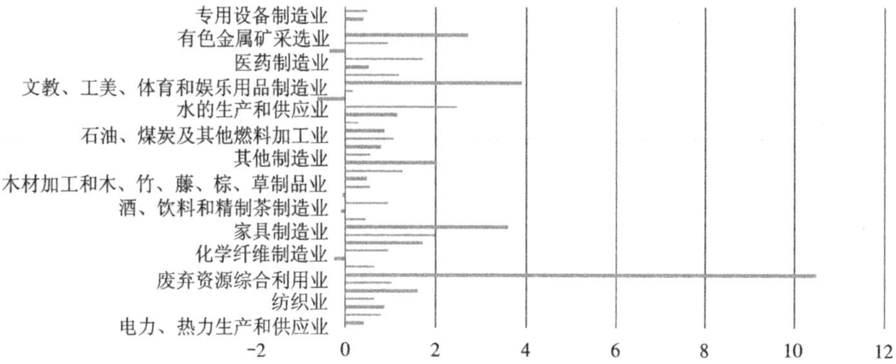

图 3-8　2018 年陕西省规模以上工业企业分行业资产增长率图

从陕西省规模以上工业企业分行业主要经济指标增长率图表（表 3-6 和图 3-9）中可以看出，从各行业的利润增长率来看，2012—2018 年的 7 年间，累计利润增长率最高的行业是计算机、通信和其他电子设备制造业为 14.33%，化学原料及化学制品制造业增长率为 11.87%，废弃资源综合利用业增长率为 10.93%，皮革、毛皮、羽毛及其制品和制鞋业增长率为 6.34%，黑色金属冶炼和压延加工业增长率为 4.89% 等，说明这些行业的发展前景和盈利能力均表现不错，但是同时我们也看到了还有一些行业的利润增长率为负增长，如金属制品、机械和设备修理业为 -0.61%，烟草制品业为 -0.74%，开采专业及辅助性活动为 -0.79%，因此要针对这些行业具体情况具体分析。

从陕西省规模以上工业企业分行业主要经济指标增长率图表（表 3-6 和图 3-10）中可以看出，从各行业的平均用工人数来看，2012—2018 年近 7 年间，废弃资源综合利用业的增长率为 10.01%，文教、工美、体育和娱乐用品制造业为 2.68%，皮革、毛皮、羽毛及其制品和制鞋业为 1.62%，家具制造业为 1.01%，同时我们也看到了有些行业的从业人数的增长率为负数，如铁路、船舶、航空航天和其他运输设备制造业为 -0.7%，金属制品、机械和设备修理业为 -0.7%，造纸及纸制品业为 -0.47%，这就需要我们具体情况具体分析，有些是因为行业技术、人工智能、大数据的影响，有些则是生态环保等因素的影响导致行业发展前景不佳等。

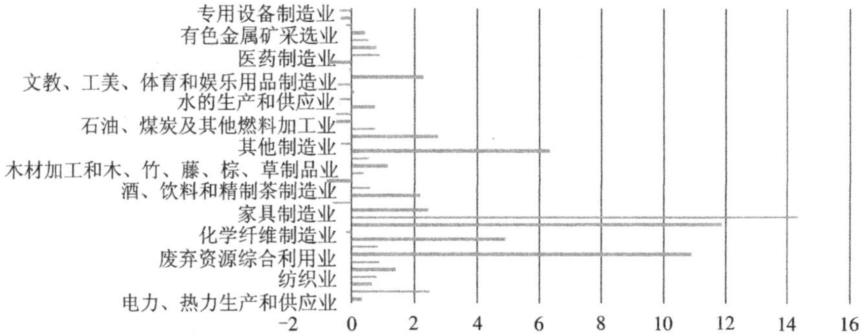

图 3-9　2018 年陕西省规模以上工业企业分行业利润增长率图

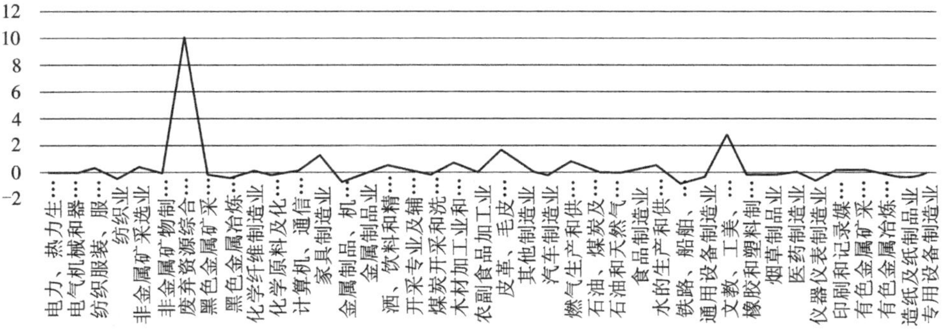

图 3-10　2018 年陕西省规模以上工业企业分行业平均用工人数增长率图

近些年,陕西省政府为了促进制造业发展采取的措施如下。

政府出台多项政策大力发展制造业。2015 年,国家出台《中国制造 2025》,强调建设制造强国的关键是要调整结构,大力发展先进制造业,对传统产业进行技术改造。陕西省随之出台《〈中国制造 2025〉陕西实施意见》,将科技创新、智能制造、工业强基、品牌建设、绿色制造、军民融合、技术改造等方向作为主要任务和重大工程。2016 年以来,陕西省以供给侧结构性改革为主线,抓紧落实“三去一降一补”主要任务,按照“稳能化、兴电子、强制造、促新兴、优传统”的总体思路,着力激发市场活力,制造业企业主动寻求创新动力,谋划转型发展,为陕西省制造业发展提供充足动力。2017 年 6 月 3 日,陕西省委常委、西安市委书记王永康提出“硬科技在西安”的愿景, 10 月 18 日提出“打造硬科技之都”,短短 4 个多月时间,陕西就将硬科技从概念落实为理念,再升级为发展信念。在扬起硬科技大旗的同时,也拿出了硬实力来积极促进硬科技产业的发展,全面推动硬科技产业发展。硬科技是诞生于西安的概念,硬科技对西安乃至整个陕西省而言不仅是一张城市的新名片,更是追赶超越的新跑道,换道超车的新机遇。

建设制造强省。大力发展先进制造业。近年来,陕西工业紧紧围绕以习近平新时代中国特色社会主义思想为指导,以新发展理念为根本遵循,紧扣高质量发展要求,围绕追赶超越战略目标,一手抓好传统产业改造提升,一手抓好新兴产业培育两条主线,努力实现“创新驱动、智能制造、融合发展、集群打造”四个方面重点突破,加快推进制造强省建设。陕西把发展先进制造业作为工作的重中之重,全面落实陕西省各项高质量发展战略部署,大力实施“陕西 2025”，不断延伸拓宽产业链，提升绿色化、智能化水平，各项工作取得显著成效。

完善组织与体制机制，先进制造业发展成效显著。自 2016 年发布“陕西 2025”开始，陕西先后出台了重大科技创新、智能制造等 8 大工程实施方案，节能与新能源汽车、集成电路等 14 个重点产业领域行动计划，完成了先进制造业发展的顶层设计，制定发布了 32 条产业链实施方案，明确每条重点产业链发展的重点产品、项目和承载园区，精准发力，不断增强产业链强度和韧性；组建了 7 支产业发展基金，为产业发展提供融资支持。2018 年，陕西工业战略性新兴产业增加值增长 10.1%，高于制造业 1.6 个百分点；高技术制造业增加值增长 14.2%，高于制造业 5.7 个百分点。2019 年 1—6 月，陕西省工业战略性新兴产业增加值增长 7.6%，高技术制造业增加值增长 13.1%，分别较全省规模以上工业增速快 4.3 和 9.8 个百分点。

培育新支柱产业，推动新旧动能转换。陕西省不断加大工作力度，强化政策支持，着力培育汽车、高端装备制造、新一代信息技术、新材料、医药和现代化工等六大新的支柱产业，推动新旧动能有序转换，现代产业体系初具雏形。2018 年，陕西省规模以上制造业完成增加值 4 879 亿元，增速达到 8.5%，汽车及新能源汽车产业蓬勃发展上，西安吉利、比亚迪二期等整车项目持续推进，300 余户专用车及零部件配套企业聚集发展，全省整车建成产能 80 万辆，在建产能 126.5 万辆，新一代信息技术产业链加快完善。2019 年上半年，新一代信息技术产业增加值同比增长 15.5%，较上年提高 7.4%；现代化工产业取得积极进展，建成大型煤制烯烃项目 5 个，年产能 380 万吨，居全国第一；建成煤制油项目 10 个，年产能 355 万吨，产能和技术均居全国前列；煤制甲醇产能达到 1 267 万吨 / 年，产量全国领先；高端装备产业提质增效，陕鼓 8 万等级大型空分装置研制成功并示范应用，宝鸡石油机械厂 1.2 万米特深井石油钻机创世界第一，中大机械研制的多用途摊铺机创造五项世界第一，成功应用于港珠澳大桥等重点工程，高档数控机床、增材制造等领域保持全国领先地位。2019 年 1—8 月，陕西省装备制造业增加值同比增长 7.7%，新材料产业特色突出，钛材加工能力全国第一、世界第二，钼金属深加工能力世界第三、亚洲第一，西部新锆高品质钛锆材项目建成投产，陕西成为核电堆芯组件材料及器件的唯一供应地。

不断提高发展质量，推进制造强省建设。陕西省以供给侧结构性改革为主线，不断提高工业发展质量，努力实现质量变革、效率变革、动力变革。2018 年，陕西工业全员劳动生产率达到 37.9 万元 / 人，较全国平均水平高出约 12 万元。陕西省制造业创新体系建设取得积极进展。引导产学研用共同建设制造业创新中心，合力开展技术攻关，国家增材制造创新中心建设进展顺利，省级制造业创新中心成功挂牌 5 家、筹建 7 家。

制造业企业提质增效实现新突破。陕西省推荐 38 家企业获得国家级智能制造试点示范称号，认定省级试点示范企业 40 家，国家专项支持智能制造项目 24 个。

绿色制造提升新层次，企业创新管理步入新阶段。“陕鼓模式”3 次写入陕西省政府工作报告，并在全国示范推广；3 户企业被认定为国家级服务型制造业示范企业，10 个项目获批国家制造业与互联网融合试点示范，2 个服务平台等被认定为国家级服务型制造示范平台。

3.3　甘肃制造业服务化发展现状

3.3.1　甘肃制造业发展历程

理论的研究与各国经济发展的实践均表明,一国或一地区经济发展水平的高低,取决于其产业发展的水平,而产业发展的水平又体现在其产业结构的不断演进优化,具体表现为产业结构横向演进的合理化及产业结构纵向演进的高级化。就甘肃制造业发展历程来看,总体上基本符合上述演进规律,但由于其具体发展的阶段和方式的特殊性,导致其在结构上长期呈现出不平衡状态。甘肃省作为西北地区的老工业基地,自新中国成立以来,其制造业发展的历程大致经历了如下四个阶段。

第一阶段, 20世纪50年代初至60年代中期。"一五"时期,国家决定集中力量优先发展以能源、原材料、机械工业等基础工业为主的重工业。随着大规模工业建设的展开,国家依据生产力布局理论和甘肃及西北地区的资源禀赋,以兰州为中心在甘肃省内兴建了一批重化工项目,甘肃省也因此从传统落后的农业省份一跃成为现代工业省份。"二五"至"三五"时期,随着"三线建设"的实施,国家又陆续在甘肃省内建设了一批在当时技术先进的大中型制造业企业和重化工企业,从而使甘肃省形成了重工业优先发展的产业格局。在这一阶段,国家在甘肃省的三次大规模的工业化建设和资金投入,不仅极大地提高了甘肃省工业化水平,也奠定了甘肃省重化工业的基础。

第二阶段, 20世纪60年代末至80年代初。该阶段是甘肃省制造业的辉煌时期,尤其是石油化工、有色金属冶炼、机械制造、军工、毛纺织等行业发展迅速,企业不断增加,生产规模不断扩大,重化工业和制造业在全国享有盛誉。

第三阶段,改革开放至20世纪90年代中期。随着国家优先发展沿海经济的区域非均衡战略的实施,对西部地区特别是甘肃省的投入大幅下降,导致甘肃省制造业增长速度放缓,逐渐落后于东、中部较为发达的工业省份。

第四阶段, 20世纪90年代中期至今。在国家实施区域统筹协调发展战略以及支持西部发展的优惠政策支持下,特别是西部大开发战略实施以来,甘肃省工业产业得到了长足发展。然而,与东部发达省份相比,甘肃省制造业发展明显滞后。1996—2006年中国东部地区制造业产值比重由63.27%增加79.40%,而同期西部制造业产值比重则由12.53%下降到6.94%,甘肃则由1.2%下降到0.27%(王文利、李保知,2009)。

3.3.2　甘肃制造业发展现状

从"一五"时期到现在,经过60余年的时间,甘肃省制造业的发展虽几经波折,但总体上仍获得了一定程度的发展。制造业作为甘肃省工业产业的重要组成部分,甘肃作为国家老工业基地之一,工业在其经济发展中的地位不言而喻。在国家发展初期的统一布局中,甘肃工业形成了以重化工业为主导的传统工业体系。甘肃工业企业为甘肃省的经济发展做出了巨大的贡献,根据甘肃省的统计年鉴的数据分析可得以下结论。

从表 3-7 可以看出，甘肃 2010—2018 年工业增加值呈不断增长趋势，2018 年增加最多，工业增加值 8 980.8 亿元，较 2017 年增长了 4.6%。先从登记注册类型来看，国有企业整体上呈增长趋势，2018 年较 2017 年增长了 11.1%；外商及港澳台商投资企业整体上呈增长趋势，2018 年较 2017 年增长了 21.1%，增速较快；股份制企业同样也呈增长趋势，2018 年较 2017 年增加了 2.9%；而集体企业、其他企业分别有不同程度的下降趋势，其中集体企业下降幅度较大，2018 较 2017 年下降了 22.4%。再从企业规模来看，中型企业的增长速度较快，大型企业从绝对数上占据优势，而小型企业和微型企业则有不同程度的下降，微型企业下降幅度较大。最后从轻重工业来看，轻工业整体上呈下降趋势，重工业逐年增长，2018 年增幅最大，可见制造业是甘肃工业体系中最重要的组成部分，甘肃的经济发展离不开制造业的持续发展。

表 3-7　甘肃规模以上工业企业工业增加值（单位：亿元）

项目	2010	2015	2017	2018	2018 年比 2017 年增长（%）
工业增加值	1 376.3	1 662.0	1 603.7	8 980.8	4.6
国有及国有控股	1 098.6	1 216.1	1 251.8	7 510.8	5.0
按登记注册类型分					
国有企业	319.1	472.6	386.4	4 675.0	11.1
集体企业	27.3	13.1	9.8	-209.5	-22.4
股份制企业	968.4	1 142.5	1 164.6	4 541.8	2.9
外商及港澳台商投资企业	29.1	28.4	41.0	906.9	21.1
其他企业	25.4	4.5	1.8	-6.3	-4.4
按企业规模分					
大型企业	805.2	1 090.3	1 147.9	6 887.6	5.0
中型企业	251.1	183.6	161.4	2 291.3	13.2
小型企业	320.0	371.6	273.1	-682.7	-3.5
微型企业		16.6	21.3	-140.8	-7.6
按轻重工业分					
轻工业	194.0	319.8	260.0	-728.0	-3.8
重工业	1 182.3	1 342.2	1 343.7	9 674.8	6.2
工业增加值指数	116.6	106.8	98.3	10 380.5	104.6

为了能更好地反映甘肃省制造业不同行业的发展状况，本书对甘肃省制造业分行业的企业单位个数、工业总产值、平均用工人数、资产总计、利润总额等五个方面进行了具体分析，从中得到了甘肃省制造业分行业的具体发展状况。

以 2018 年为例，根据 2018 年甘肃省统计数据，非金属矿物制品业的企业个数最多为 33 个，电力、热力生产和供应业的企业个数为 27，有色金属冶炼和压延加工业的企业个数为

23 个，化学原料及化学制品制造业的企业个数为 19 个，通用设备制造业的企业个数为 15 个（见图 3-11）。从这一数据可以说明，非金属矿物制品业，电力、热力生产和供应业，有色金属冶炼和压延加工业，化学原料及化学制品制造业，通用设备制造业等行业在甘肃省经济发展中占据较大比重，是省内重点制造业行业。

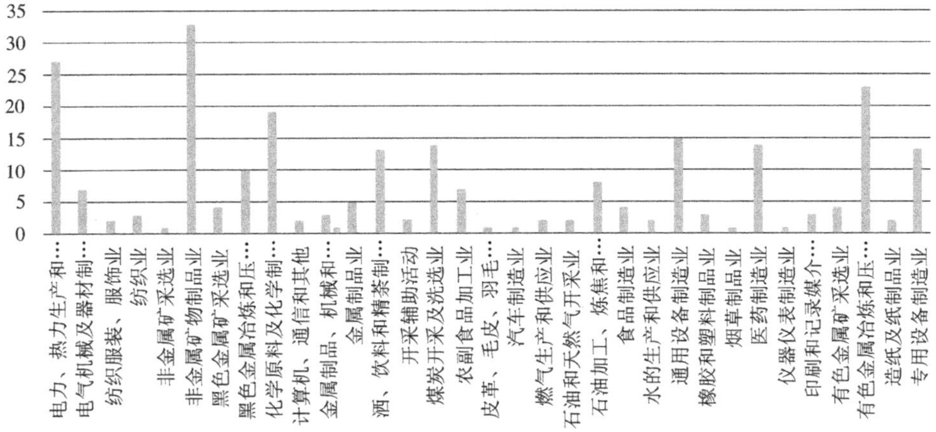

图 3-11　2018 年甘肃省分行业规模以上工业企业单位个数

从 2018 年甘肃省分行业规模以上工业企业工业总产值来看（见图 3-12），有色金属冶炼和压延加工业的工业总产值最高为 14 856 693 万元，石油加工、炼焦和核燃料加工业为 9 258 181.8 万元，电力、热力生产和供应业为 6 383 857.13 万元，黑色金属冶炼和压延加工业为 4 199 563.23 万元，石油和天然气开采业为 2 795 205 万元，非金属矿物制品业为 2 083 123.95 万元，煤炭开采及洗选业为 2 010 381.92 万元，烟草制品业为 1 539 436.5 万元，从这个行业类型来看，说明甘肃省制造业发展中重工业发展较快，工业生产总值较高，是甘肃省的重要制造业。

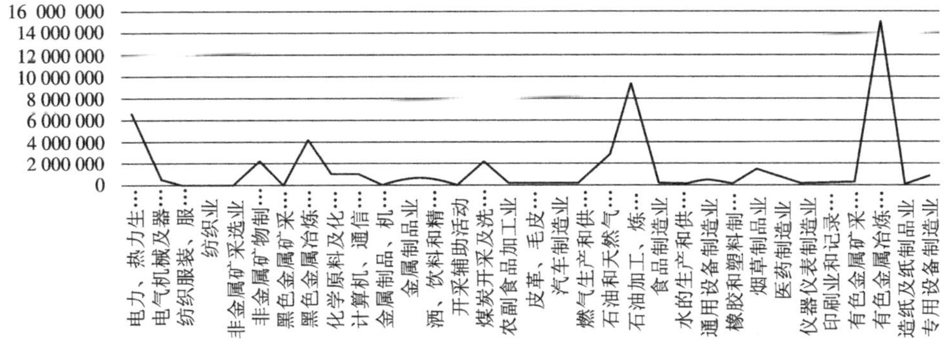

图 3-12　2018 年甘肃省分行业规模以上工业企业工业总产值（单位：万元）

从 2018 年甘肃省分行业规模以上工业企业平均用工人数来看（见图 3-13），有色金属冶炼和压延加工业的用工人数最多为 69 328 人，煤炭开采及洗选业为 51 475 人，电力、热力生产和供应业为 55 885 人，黑色金属冶炼和压延加工业为 44 071 人，石油加工、炼焦和核燃料加工业为 26 470 人，非金属矿物制品业为 16 410 人，石油和天然气开采业为 13 992 人。

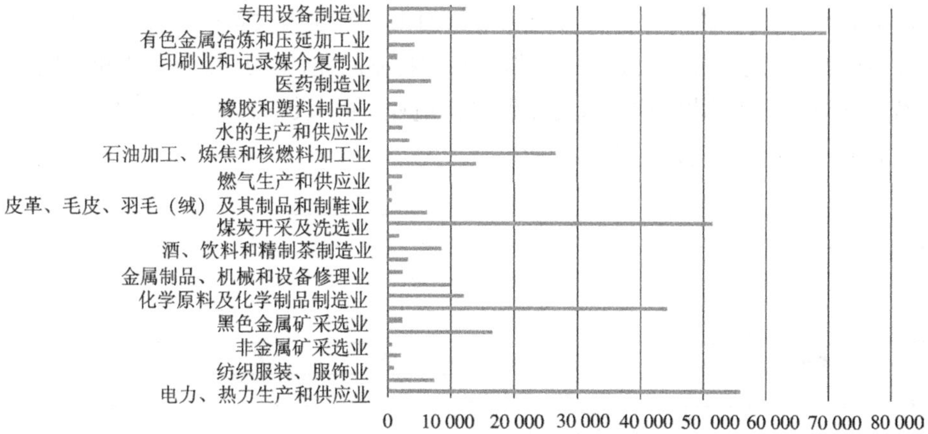

图 3-13　2018 年甘肃省分行业规模以上工业企业平均用工人数

从 2018 年甘肃省分行业规模以上工业企业资产总额来看（见图 3-14），有色金属冶炼和压延加工业为 23 238 625 万元，黑色金属冶炼和压延加工业为 12 627 405.1 万元，电力、热力生产和供应业为 10 840 322 万元，石油和天然气开采业为 7 593 716.9 万元，煤炭开采及洗选业为 4 315 860.9 万元，石油加工、炼焦和核燃料加工业为 4 230 150 万元等，其他行业的资产总额均小于这几个行业。这同样说明，甘肃省的制造业主要集中在有色金属、电力、热力、石油开采等这几个重工业中。（见图 3-14）

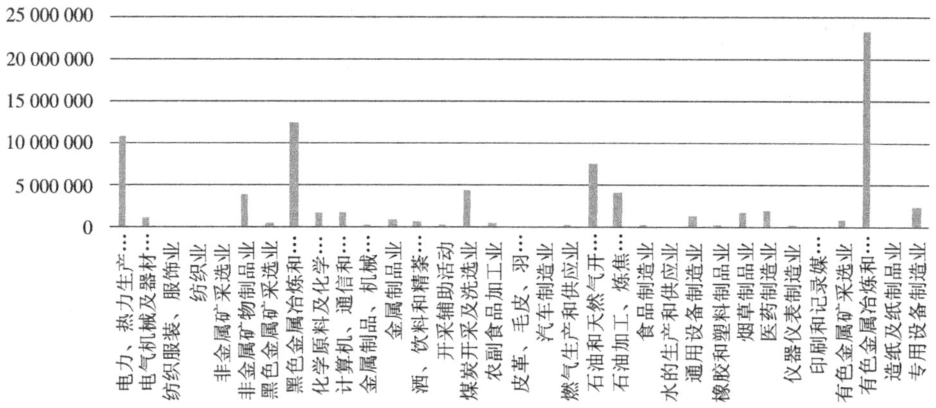

图 3-14　2018 年甘肃省分行业规模以上工业企业资产总额（单位：万元）

从 2018 年甘肃省分行业规模以上工业企业利润总额来看（见图 3-15），石油和天然气开采业为 710 731.1 万元，非金属矿物制品业为 652 552.3 万元，煤炭开采及洗选业为 242 826.5 万元，医药制造业为 217 840.9 万元，有色金属冶炼和压延加工业为 210 139.1 万元，同时我们也看到有些行业的利润总额为负数，如专用设备制造业为 −152 448.3 万元，电力、热力生产和供应业为 −158 671 万元。

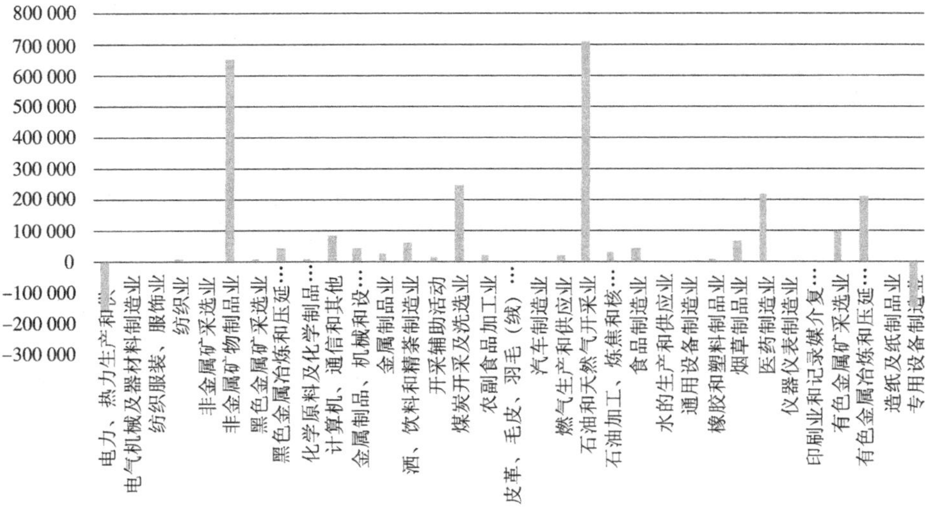

图 3-15 2018 年甘肃省分行业规模以上工业企业利润总额（单位：万元）

综上所述，可以看出，甘肃省的发展主要是依赖于省内自然资源，充分体现了该省在国有及控股企业主导下，以重工业为主，轻工业薄弱的发展特点。近年来，甘肃省内制造业的相关指标明显下降，除了国内整体的经济下行压力之外，更多的是企业自身的问题导致的。甘肃制造业转型面临许多困难和问题：一是粗放的增长模式没有有效的转变，制造业中有大量的传统产业，资源型企业多，高耗能企业多，其中以石化为主的原材料企业占到了七成以上，相对而言省内缺少新兴企业、深加工企业、高新技术企业，这样的产业结构导致了企业的产品结构单一、链条过短、智能和数字化水平低下，使得企业的普遍竞争力低下，产能过剩问题严重；二是大型国企相对保守，盈利能力不高，非国有企业、中小企业的经济比重低，远远落后于发达省份，在全国排名中，长期居于倒数地位；三是企业缺少关键技术和高端装备，生产的产品没有科技含量，附加值不高，从而不被市场所认可。

随着“国家工业 4.0”“中国制造 2025”的提出，国家对制造业的重视程度不断加强。与此同时，甘肃省推出了《“十三五”工业转型升级规划》和《〈中国制造 2025〉甘肃行动纲要》《中小企业“专精特”发展方案》等，为今后一个时期的省内制造业转型升级奠定了基础，指明了发展方向。

3.4 宁夏制造业服务化发展现状

宁夏回族自治区在自治区党委、政府的坚强领导下，全区上下以习近平新时代中国特色社会主义思想为指导，坚决落实党中央、国务院的各项决策部署，坚持稳中求进工作总基调，坚定践行新发展理念，以供给侧结构性改革为主线，坚决打好“三大攻坚战”，大力实施“三大战略”，着力推动经济高质量发展，科学统筹稳增长、促改革、调结构、惠民生、防风险各项工作，全区经济运行保持了总体平稳、稳中有进的发展态势，产业结构优化升级，新兴动能加快成长，质量效益持续提升，民生福祉不断增进，生态环境质量稳步提高，高质量发展起步良好,全面建成小康社会迈出新的步伐。

3.4.1 宁夏制造业发展历程

宁夏装备制造业历经 50 余年的发展,逐步实现了从无到有、从小到大、从单一企业发展到初具规模的产业集群的提升转变,基本形成了数控机床、煤矿机械、自动化仪表、轴承、电工电器、起重运输机械、新能源装备、能源化工装备、农业机械、专用汽车、环保设备等门类比较齐全的装备制造业体系。

据 2018 年统计数据显示,宁夏全年全区实现生产总值 3 705.18 亿元,按可比价格计算,比 2017 年增长 7.0%(见图 3-16)。其中,第一产业增加值 279.85 亿元,增长 4.0%;第二产业增加值 1 650.26 亿元,增长 6.8%;第三产业增加值 1 775.07 亿元,增长 7.7%。第一产业增加值占地区生产总值的比重为 7.6%,第二产业增加值所占比重为 44.5%,第三产业增加值所占比重为 47.9%,比 2017 年提高 1.1 个百分点(见图 3-17)。按常住人口计算,全区人均生产总值为 54 094 元,增长 6.0%。

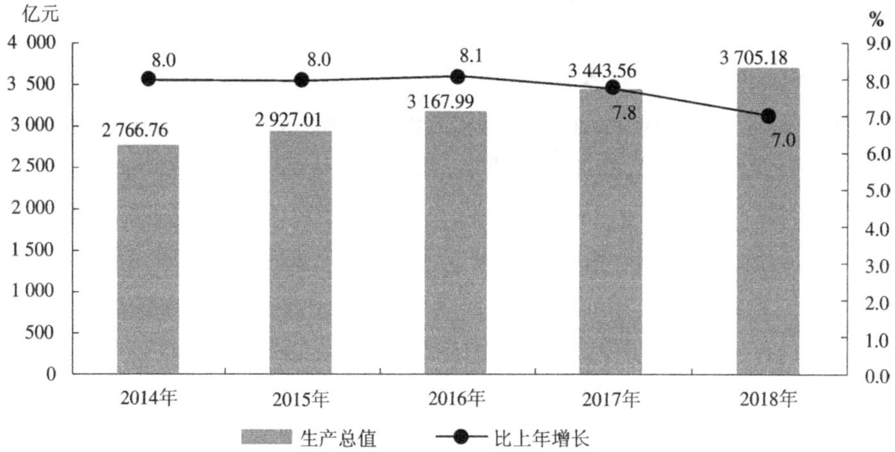

图 3-16 2014—2018 年宁夏全区生产总值及其增长速度

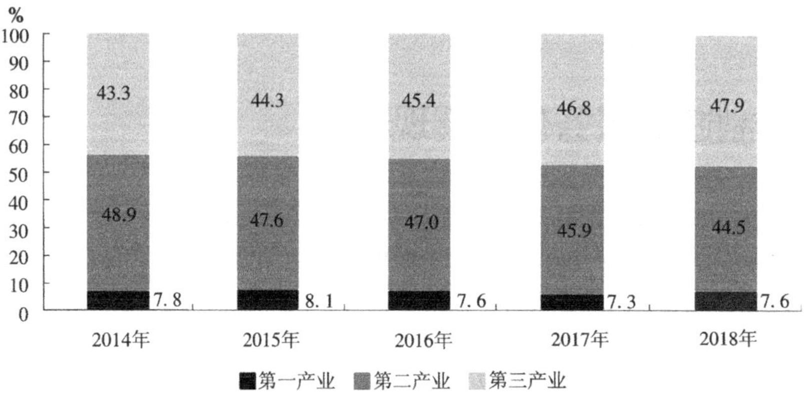

图 3-17 2014-2018 年宁夏全区三次产业增加值占地区生产总值比重

从工业发展规模来看,2018 年宁夏全区全部工业增加值为 1 124.50 亿元,比 2017 年增长8.1%，规模以上工业增加值增长8.3%（见图3-18）。在规模以上工业分轻重工业来看，轻工业下降12.0%，重工业增长11.4%；分经济类型来看，国有控股企业增长11.1%，股份制企业增长7.3%，国有企业增长21.4%，外商及港澳台商投资企业下降3.8%，私营企业增长4.6%，非公有制工业增长5.5%；分门类来看，采矿业增长7.1%，制造业增长5.6%，电力、热力、燃气及水的生产和供应业增长15.7%。

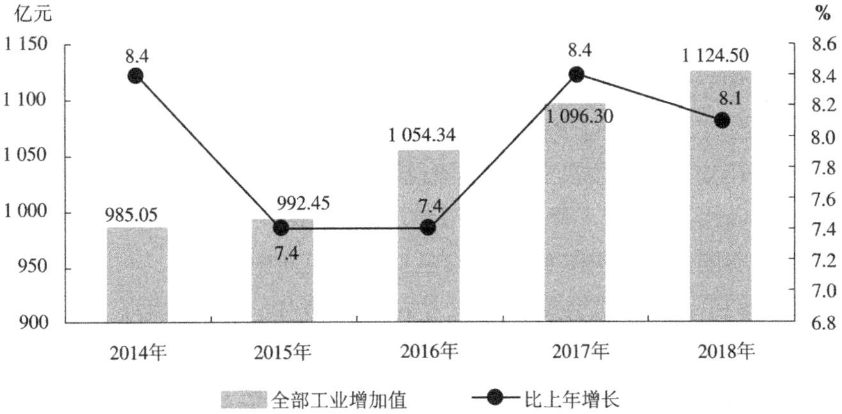

图3-18 2014—2018年宁夏全区全部工业增加值及其增长速度

2018年宁夏全区规模以上工业中，电力行业增加值增长17.2%、化工行业增长18.1%、冶金行业增长19.6%、有色金属行业增长1.5%、轻纺行业下降8.7%、机械行业增长2.7%、建材行业下降15.8%、医药行业下降38.5%、其他行业增长1.1%，工业产品销售率为97.6%。

2018年末宁夏全区发电装机容量4 714.8万千瓦，比2017年末增长12.6%。其中，火电装机容量2 844.7万千瓦，增长10.1%；水电装机容量42.6万千瓦，与上年持平；风电装机容量1 011.1万千瓦，增长7.4%；太阳能发电装机容量816.4万千瓦，增长31.6%。2018年全年全区规模以上工业企业实现利润174.2亿元，比上年增长16.0%。分经济类型来看，国有控股企业实现利润63.2亿元，增长2.2倍；股份制企业111.7亿元，增11.2%；外商及港澳台商投资企业56.2亿元，增长23.3%。分门类来看，采矿业实现利润31.8亿元，下降26.7%；制造业83.9亿元，增长8.8%；电力、热力、燃气及水的生产和供应业58.5亿元，增长97.4%。

从宁夏制造业的发展历程可以看出，近年来其制造业不管是从数量还是从质量上均取得了快速增长和发展，其装备制造企业所生产的设备，如机械自动化设备、变压器、大型车控设备、刮板输送机等一系列设备的生产制造在全国范围内处于比较领先的水平，同时在技术方面和质量方面具有较大的优势。因此，该区域的装备制造业目前在市场上的占有率还是比较高的，其生产的设备被越来越多的大型企业所使用，发展前景也越来越好。

3.4.2 宁夏制造业发展现状

近年来，随着中国计算机技术的快速发展，在互联网和物联网支撑的大数据背景下，制造业的智能化、绿色化以及发达国家核心制造业“回流”常态化已成为全球产业发展的必然趋势，中国制造业改革迫在眉睫。《中国制造2025》行动规划明确指出，未来10年国家将大力发展制造业的方向和重点，这些重点领域涉及的大部分产业正好是宁夏装备制造业的发展优势。宁夏将以《中国制造2025》为契机，做好顶层设计，合理产业布局，以供给侧结构性改革为重点，不断调整当前的经济结构，助推宁夏制造业快速发展。

2016年12月26日，宁夏回族自治区政府召开的《中国制造2025宁夏行动纲要》新闻发布会围绕“加快构建新型制造业体系”这一主题，形成改革引领、开放合作、创新驱动三大动力，实现由资源依赖型经济向创新驱动型经济转变，由低成本竞争向质量效益竞争转变，由高能耗、高污染的粗放发展向绿色集约发展转变，由生产型制造向服务型制造转变。

2016年，宁夏制造业规模占全区工业的58.6%，但存在质量效益偏低、创新能力不强、发展方式粗放等问题。《中国制造2025宁夏行动纲要》对接国家制造强国发展战略，立足宁夏制造业基础，提出重点培育发展新一代信息技术、先进装备制造、新材料、现代煤化工、现代纺织、特色食品及用品、生物工程、节能环保八大优势战略产业，构建创新驱动、高端引领、结构优化、特色鲜明的产业结构体系，推动全区制造业迈向中高端。

《中国制造2025宁夏行动纲要》提出，力争到2020年，全区规模以上制造业增加值达到900亿元，年均增速保持在9.5%以上，建成国家级重点实验室2个以上、国家级工程技术研究中心3个以上、制造业创新中心1个以上，规模以上制造业增加值增长率比2015年提高2个百分点，宽带普及率达到75%，规模以上制造企业数字化研发设计工具普及率达到62%，重点行业能耗、物耗、污染物排放完成总量控制目标；力争到2025年，规模以上制造业增加值达到1 300亿元，制造业整体迈进国内制造业中等水平省区行列。

3.5 陕甘宁三省区制造业服务化发展综合对比

3.5.1 陕甘宁三省区制造业产业结构对比

陕甘宁地区由于经济基础、资源禀赋等因素的制约，制造业产业发展以低端初级加工业特别是资源型产业为主，高新技术产业发展相对滞后。根据陕甘宁地区2008—2018年高新技术产业固定资产投入占制造业固定资产投入比例变化趋势可以看出，虽然近年来陕甘宁三省区对高新技术产业的投入不断加大，但整体支持力度仍不足。对比2008—2018年数据，陕甘宁地区对高新技术制造业的投入力度要远低于全国水平，年均投入占比仅为7.32%，其中2011和2012年陕甘宁地区高新技术产业固定资产投入占制造业固定资产投入比例与全国水平相差5%，此后有较快的增长，到2014年固定资产投入相对值首次超过全国水平。与高新技术产业发展滞后、政府重视度不足相对应的是陕甘宁地区高新技术行业发展效率也偏低。从2008—2018年陕甘宁地区高新技术产业利润占行业利润份额可以看出陕甘宁地区高新技术产业利润占制造业利润比例极低。以陕甘宁三省区中经济发展水平较高的陕西省为例，其高新技术产业利润所占份额最高不足14%，最低仅为5.18%，远远低于全国水平；宁夏在个别年份还有负值出现。此外，还可以看到陕甘宁地区高新技术产业利润占行业利润份额变化幅度偏大，波动明显。

此外,陕甘宁地区主导制造产业的供给能力主要集中在价值链低端的原材料开采加工领域,地区制造企业进入的产业多是传统资源行业,产品附加值低,环境代价大。而中东部地区制造企业则多集中于资本密集型和技术密集型产业。同时,由于体制机制不完善,经济增长方式粗放,部分行业盲目投资,低水平扩张问题严峻,焦炭、铜冶炼等高耗能、高污染的行业生产能力还出现了不同程度的产能过剩现象。若不改变这种过度依赖资源和人力等初级生产要素的粗放式经济增长方式,不仅会造成资源的过度开发和环境的严重污染,还会造成制造业的停滞不前甚至是落后。因此,提高制造业的科技水平含量及延长产业链、增加产品附加值,已成为陕甘宁地区亟待解决的问题。

3.5.2　陕甘宁三省区制造业服务化发展现状

从制造业整体发展状况来看,陕甘宁地区内部经济差异性较大。从制造业增加值绝对量角度来看,陕西省制造业增加值绝对量最高,宁夏制造业增加值绝对量最小,陕西制造业增加值比宁夏制造业增加值平均多 6 倍, 2003 年多 14 倍。此外,陕西与其他两省区制造业增加值之间的差距有不断加大的趋势。陕甘宁三省区制造业具有产业结构高度化不够、低度化问题突出、地区制造业主导产业重合性高的特点。究其原因,这可能是由于陕甘宁三省区在地理区位和资源禀赋上具有较大的共通性。从比较优势来看,陕甘宁地区石油、有色金属等资源丰富,因此制造业发展多以技术含量低的资源原始开采和加工行业以及资金密集型行业为主,产业纵向深加工力度不足,产业结构呈现出明显的低度化特点。2010 年和 2015 年,以黑色金属冶炼和压延加工业,有色金属冶炼和压延加工业,石油加工、炼焦及核燃料加工业和化学原料及化学制品制造业为代表的资源开采、加工型行业产值占制造业总产值的比重在 50% 以上,其中甘肃四行业产值占比超过 60%,陕甘宁地区制造业产业结构低度化问题非常突出。

通过上述分析可以发现,近年来陕甘宁地区制造业服务化虽发展迅速,但也存在着不容忽视的问题,主要表现为产业结构低度化问题突出、高度化不足、增长不稳定、波动明显,传统制造行业发展效率低、高新技术产业重视力度不足,行业发展滞后、地区产业重合度高但内部差距大且呈不断扩大趋势。

3.5.3　总结

综上所述,陕甘宁三省区从各省区的自身发展状况来看,都取得了一定的成绩,但是由于三省区的地理位置,导致其在制造业服务化转向发展过程中仍存在一些共性问题:

(1)作为干旱缺水地区,在陕甘宁地区制造业服务化转向发展过程中能源化工这种高耗水的产业面临的最大制约就是水资源问题。虽然黄河流经这一地区,但是水利部和黄河水利委员会对沿黄河各地用水指标有严格限制,分给陕甘宁地区的用水指标已经满足不了这里的发展需求,各地为了发展能源化工不得不大量超采地下水,陕北神木县原来有 300 多个泉眼,现在只剩不到 50 个。专家指出,再过几年陕北地区就再没有可以开发利用的水源,只剩下向黄河取水了。每年陕西能分到的黄河用水指标是 37 亿立方米,不过这个指标已经

“缩水”。以前这37亿立方米仅仅是指从黄河干流的取水量，现在则是指从黄河干流、渭河、泾河、黑河等黄河水系取水的总量。因此，在陕甘宁地区制造业服务化转向发展的过程中，首先三省区要联合争取调水指标，保证经济发展用水资源。

（2）制约陕甘宁地区制造业服务化转向发展的另一个问题是交通。陕甘宁地区作为国家能源基地和资源深加工基地，其市场主要在环渤海等东部地区，但是目前仅有青银高速、青兰高速、太中铁路和神华运煤专线，远不能满足未来需求。要使陕甘宁地区融入环渤海经济圈、直通沿海，需要打通三条干线：一是银川经榆林、朔州至北京的高铁和高速公路；二是兰州经固原、庆阳、延安至青岛的铁路；三是兰州经平凉、彬长、铜川至日照的铁路。但是，另一个尴尬的现实就是，陕甘宁内部、陕甘宁与大关中之间交通仍然不通畅。在这一点上，庆阳感受尤为深刻。由于交通不畅，不仅制约了当地优势资源的开发，也制约了庆阳与周边城市的交流合作，使得这一地区成为能源金三角上的“死角”。现在庆阳规划投资1 100多亿元，以打通连接周边大中城市的大通道，实现与西安的“两小时经济圈”。

（3）陕甘宁地区制造业服务化转向过程中面临的远不止这些问题，还有在这个生态脆弱地区如何减缓水土流失、生态环境退化等问题。如果因为发展经济，而彻底破坏这一地区的生态环境，关中-天水经济区的生态屏障将会消失，进而不可避免地影响到布局在这里的装备制造业基地和战略性新兴产业基地。

3.6 参考文献

[1] 王如忠，郭澄澄. 生产性服务业对制造业的引领作用研究：基于北京、天津、上海三个直辖市的比较分析 [J]. 上海经济，2018（6）：16-29.

[2] 周大鹏. 制造业服务化对产业转型升级的影响 [J]. 世界经济研究，2013（9）：17-22.

[3] 贺俊，吕铁. 从产业结构到现代产业体系：继承、批判与拓展 [J]. 中国人民大学学报，2015，29（2）：9-47.

[4] 陈丽娴，沈鸿. 制造业服务化如何影响企业绩效和要素结构：基于上市公司数据的PSM-DID实证分析 [J]. 中国工业经济，2017（5）：64-77

[5] 王丹，郭美娜. 上海制造业服务化的类型、特征及绩效的实证研究 [J]. 上海经济研究，2016（5）：94-103.

[6] 肖挺.“服务化”能否为中国制造业带来绩效红利 [J]. 财贸 经济，2018，39（3）：138-153.

[7] 李靖华，马亚亚，黄秋波. 我国制造企业“服务化困境”的实证分析 [J]. 科学学与科学技术管理，2015（6）：36-45.

[8] 杨志波. 制造型企业服务化绩效：商业模式和文化障碍的 中介调节作用研究 [J]. 科技进步与对策，2018（1）：103-109.

[9] 刘华军，张耀，孙亚男. 中国区域发展的空间网络结构及其影响因素：基于2000—2013年省际地区发展与民生指数 [J]. 经济评论，2015（5）：59-69.

[10] 毕斗斗，方远平，John Bryson，等. 中国生产性服务业发 展水平的时空差异及其影响因

素：基于省域的空间计量分析 [J]. 经济地理，2015(8)：104-113.
[11] 周晔. 先进制造业与服务业的融合发展及其启示 [J]. 开发研究，2010(6)：118-121.
[12] 綦良群，赵龙双. 基于产品价值链的生产性服务业与装备制造业的融合研究 [J]. 工业技术经济，2013(12)：118：124.
[13] 刘川. 产业转型中服务业与先进制造业融合度研究：基于珠三角地区的实证分析 [J]. 江西社会科学，2014(5)：59：65.
[14] 陈永新，吴小平. 广义虚拟经济视角下制造业跨越式发展内涵研究 [J]. 广义虚拟经济研究，2014(4)：75：83.
[15] 綦良群，蔡渊渊，王成东.GVC 下中国装备制造业与生产性服务业融合影响因素研究 [J]. 科技进步与对策，2017，34(14)：92：97.
[16] 綦良群，张庆楠. 我国装备制造业与生产性服务业网式融合影响因素研究 [J]. 科技进步与对策，2018，35(13)：64：71.
[17] 高智，鲁志国. 产业融合对装备制造业创新效率的影响：基于装备制造业与高技术服务业融合发展的视角 [J]. 当代经济研究，2019(8)：71-81，
[18] 朱慧，周根贵，任国岩. 制造业与物流业的空间共同集聚研究：以中部六省为例 [J]. 经济地理，2015(11)：117-124.
[19] 张艺，陈凯华，朱桂龙. 中国科学院产学研合作网络特征与影响 [J]. 科学学研究，2016，34(3)：404-417.
[20] 代碧波，孙东生，姚凤阁. 我国制造业技术创新效率的变动及其影响因素：基于 2001—2008 年 29 个行业的面板数据分析 [J]. 情报杂志，2012，31(3)：185-191.
[21] 余典范，张亚军. 制造驱动还是服务驱动？：基于中国产业关联效应的实证研究 [J]. 财经研究，2015，41(6)：19-31.
[22] 张捷，陈田. 产业融合对制造业绩效影响的实证研究：制造业与服务业双向融合的视角 [J]. 产经评论，2016，7(2)：17-26.
[23] 唐晓华，张欣钰. 制造业与生产性服务业联动发展行业差异性分析 [J]. 经济与管理研究，2016，37(7)：83-93
[24] 简兆权，刘晓彦，李雷. 制造业服务化组织设计研究述评与展望 [J]. 经济管理，2017，39(8)：194-208.
[25] 高星，彭频. 江西省制造业与服务业的互动关系研究：基于 11 个市面板数据的实证分析 [J]. 江西理工大学学报，2016，37(2)：56-60.
[26] 李强，原毅军，孙佳. 制造企业服务化的驱动因素 [J]. 经济与管理研究，2017，38(12)：55-62.
[27] 肖挺，黄先明. 制造企业服务化现状的影响因素检验 [J]. 科研管理，2018，39(2)：108-116.
[28] 杨水利，梁永康. 制造企业服务化转型影响因素扎根研究 [J]. 科技进步与对策，2016(8)：101-105.

第 4 章 陕甘宁地区制造业服务化转向存在的问题及原因

2009 年以来,多项指标表明陕甘宁地区制造业服务化发展呈稳中增长态势,其中 2015 年发展较为缓慢, 2016 年则迎来了一波小增长。目前,陕甘宁地区制造业主导行业仍以能源化工型行业为主。虽然近年来陕甘宁地区制造业整体发展态势良好,但与全国或其他省份发展水平相比,还存在较大差距,发展中存在的诸多问题也制约了陕西省地区制造业服务化的可持续发展。陕甘宁地区制造业服务化转向面临结构性调整成效不高、技术创新动力不足、资源环境透支过度、国有企业比重过高、民营经济发展相对缓慢、区域竞争能力不强等问题。

4.1 中国制造业服务化转向存在的问题及原因

现代以来,制造业服务化一直是决定一国强盛与否的关键因素。从美国、德国、日本等发达国家的强国之路来看,制造业服务化是一国经济发展的基础,其雄厚的规模、优化的产业结构、具有较强的创新能力,并且形成的国际性的产业链是支撑发达国家强盛的重要基础。至于个别发展中国家摆脱了贫穷甚至实现了赶超发达国家的成就,也是通过大力发展制造业特别是实现制造业服务化转向来实现的。在全球价值链中,制造业服务化转向的主流方向是高附加值、高技术含量、高层次的"三高"标准。但是,中国在全球价值链中处于低附加值、低技术含量以及低层次。这种现状不利于中国经济的稳定发展和可持续发展,由此决定了中国制造业服务化必须尽快完成转向。

4.1.1 影响中国制造业服务化转向的内部因素

首先是产业结构不合理,体现在以下几个方面。

第一,现有体制下的产业组织不合理。一方面,长期形成的国有经济体制导致国有企业管理和考核体制不利于创新技术的研发,其对政府给予的优惠和扶持的过度依赖,导致研发和设计能力弱;另一方面,国家的科技攻关项目与企业合作较少,科研成果未能真正被企业所用,还存在大学和科研院所牵头的科研项目较多,企业牵头的科研项目较少的现象。现有的市场经济体制不健全,普遍存在小企业融资难和知识产权保护不力等问题;而且在一些行业存在地方政府保护过度的现象,往往导致产能过剩,这些都是产业组织不合理的原因。

第二,产业组织发展未重视市场经济的作用。一方面,部分重要资源未能由市场定价,而政府定价导致资源的稀缺性和外部性被忽略,造成相关制造业企业没有创新的激励;另一方面,行政审批过程形成很多政策"机会",导致企业重视与政府间的寻租行为而轻视自主知识研发带来的效益。

第三,共性技术平台缺失。目前,在大多数制造业企业缺少自主技术研发能力的情况下,许多企业都依靠直接购买整机和设备提高生产能力。很多行业中企业的研发能力不足表现明显,若能供给共性技术平台,为企业技术改造升级和创新提供支撑,将会大大减小其研发障碍。

2009 年以来,全国工业发展情况如下：2009 年第二产业增加值为 154 762.2 亿元，2018 年第二产业增加值为 469 574.6 亿元，10 年间第二产业增加值增加了 314 812.4 亿元；2009 年实现工业收入为 138 095.5 亿元，2018 年实现工业收入为 305 160.2 亿元，10 年间工业收入增加了 167 064.7 亿元；2009 年工业增加值为 6 367.90 亿元,2015 年工业增加值最低只有 2 649.90 亿元，2016 年工业增加值增加到 11 371.40 亿元，2017 年工业增加值为 30 450.50 亿元，2018 年为 26 832.00 亿元，10 年间工业增加值增加了 20 464.1 亿元;工业总收入占 GDP 比重,2009 年为 39.62%,2010 年为 40.07%,之后一直处于下降趋势,2018 年工业总收入占 GDP 比重为 33.90%;工业增加值占 GDP 比重，2019 年为 1.83%，2015 年最低只有 0.39%,2018 年为 2.98%,10 年间工业增加值占 GDP 比重增加了 1.15%; 2009 年工业收入增长速度为 4.83%，2015 年工业收入增长速度只有 1.13%，2018 年工业收入增长速度为 9.64%,10 年间工业收入增长速度增加了 4.81%。(见表 4-1)

表 4-1　全国工业发展对地区 GDP 及第二产业的贡献

年份	2009	2010	2011	2012	2013	2014	2015	2016	2017	2018
GDP(亿元)	348 518	412 120	487 940	538 580	592 963	641 281	685 993	740 061	820 754	900 310
第二产业增加值(亿元)	154 762	182 059	216 120	244 852	277 979	308 083	346 178	383 374	425 912	469 575
工业(亿元)	138 096	165 126	195 143	208 906	222 338	233 856	236 506	247 878	278 328	305 160
工业增加值(亿元)	6 368	27 031	30 016	13 763	13 432	11 519	2 650	11 371	30 451	26 832
GDP 增长速度(%)	9.17	18.25	18.40	10.38	10.10	8.15	6.97	7.88	10.90	9.69
工业总收入占 GDP 比重(%)	39.62	40.07	39.99	38.79	37.50	36.47	34.48	33.49	33.91	33.90
工业增加值占第二产业增加值比重(%)	4.11	14.85	13.89	5.62	4.83	3.74	0.77	2.97	7.15	5.71
工业增加值占 GDP 比重(%)	1.83	6.56	6.15	2.56	2.27	1.80	0.39	1.54	3.71	2.98
工业收入增长速度(%)	4.83	19.57	18.18	7.05	6.43	5.18	1.13	4.81	12.28	9.64

数据来源:2010 年—2019 年《中国统计年鉴》。

2019 年,全国全部工业增加值 317 109 亿元,比上年增长 5.7%,规模以上工业增加值增长 5.7%。在规模以上工业中,分经济类型来看,国有控股企业增加值增长 4.8%,股份制企业增长 6.8%,外商及港澳台商投资企业增长 2.0%,私营企业增长 7.7%;分门类来看,采矿业增长 5.0%,制造业增长 6.0%,电力、热力、燃气及水的生产和供应业增长 7.0%。2019 年,全年规模以上工业中,农副食品加工业增加值比上年增长 1.9%,纺织业增长 1.3%,化学原料和化学制品制造业增长 4.7%,非金属矿物制品业增长 8.9%,黑色金属冶炼和压延加工业增长 9.9%,通用设备制造业增长 4.3%,专用设备制造业增长 6.9%,汽车制造业增长 1.8%,电气机械和器材制造业增长 10.7%,计算机、通信和其他电子设备制造业增长 9.3%,电力、热力生产和供应业增长 6.5%。(见表 4-2)

表 4-2　2015—2019 年全国全部工业增加值及其增长速度

年份	工业增加值(亿元)	比上年增长(%)
2015	234 969	5.7
2016	245 406	5.7
2017	275 119	6.2
2018	301 089	6.1
2019	317 109	5.7

其次是劳动生产率低及劳动力成本上升。从不同要素密集度产业的发展特点角度分析,劳动密集型产业在中国制成品出口中起着主要的带动和支撑作用,而且新兴劳动密集型产业是近年来中国制造业中增长速度最快、吸纳劳动力最强、投资回报率较高的主要产业,其发展速度已经超过传统劳动密集型产业的发展速度。但是从总体来看,劳动密集型产业的增加值呈逐年下降的趋势。

第一,劳动生产率低下。中国制造业中劳动密集型产业与发达国家制造业之间存在显著的生产率差异,或者说中国劳动密集型产业的生产率与成为世界劳动密集型制造业分中心的要求还存在一定差距。劳动力资源既是中国制造业特别是劳动密集型产业快速发展的基本优势,但也是中国制造业特别是劳动密集型产业生产率提升缓慢的制约因素。根据国家统计局《2011 年我国农民工调查监测报告》,在 2011 年制造业的从业人员中农民工数量为 9 100 万人,占全部农民工总量的 36%,其中 77% 的农民工是初中及以下文化程度;而发达国家制造业的从业人员大多数是高中文化程度。由于这些因素,中国制造业的劳动者文化水平不高,进而导致很多先进的设备利用率不高,劳动生产率低。

第二,劳动力成本增加。美国波士顿咨询集团在 2011 年发表的《美国生产复兴——为何制造业将返回美国》的报告指出,中国劳动力平均成本占美国劳动力平均成本的比例从 2005 年的 22% 上升到 2010 年的 31%。这说明中国劳动力成本与美国劳动力成本的差距正在缩小,中国劳动力成本增加了,正在失去优势。大量的低成本劳动力使整个代工型制造业蓬勃发展,这是导致中国制造业快速发展的一个重要原因。但是在新形势下,中国制造业的劳动力成本正在不断攀升,潜在的劳动力供给不足也逐渐显现。随着这些问题的不断加深,中国制造业主要以低成本代工为特征的加工制造业已经受到了冲击,并且在国际竞争的大环境下，已经不再具有竞争优势。面对这种困境，中国制造业必须尽快进行转型以实现价值最大化。从工业增加值角度来看中国制造业的份额减少情况，虽然从总量上来看，中国制造业的工业增加值呈逐年增长的趋势，但是从同比增长的情况来看，中国制造业的增长速度自 2010 年有了显著增长以后，依然未能控制住增长速度下滑的趋势。此外，近年来由于人口老龄化速度加快、人口红利的减少和劳动力人口增长速度减缓等因素，导致各地陆续出现“用工荒”现象。这不仅显示结构性劳动力短缺，而且也标志着中国人力成本优势减弱和劳动密集型产业危机的到来，消除二元经济结构的“刘易斯拐点”即将出现。伴随着劳动力数量的减少，劳动力的成本及工资水平将总体上涨。而且劳动者作为生产要素的一种，将使中国大部分制造业产业面临生产要素成本上升从而导致总成本上升的压力。

再次是制造业企业创新能力偏低。主要体现在以下几方面。

第一，原始创新能力薄弱。根据世界银行统计，代表产业创新能力的指标即研究与试验发展（R&D）强度，2009 年 OECD 国家 R&D 占 GDP 的比重为 2.5%，其中美国和日本分别为 2.9% 和 3.36%，而中国仅为 1.7%，不及世界的平均水平 2.21%。尽管 2012 年中国的 R&D/GDP 上升为 1.97%，但是仍低于创新型国家至少为 2% 的要求。直到 2013 年，中国共投入研究与试验发展（R&D）经费 11 846.6 亿元，比上年增加 1 548.2 亿元，增长 15%，研究与试验发展（R&D）经费投入强度（与国内生产总值之比）为 2.08%，比上年的 1.98% 提高 0.1 个百分点；2014 年，中国共投入研究与试验发展（R&D）经费 13 015.6 亿元，比上年增加 1 169.0 亿元，增长 9.9%，研究与试验发展（R&D）经费投入强度为 2.05%；2015 年，中国投入研究与试验发展（R&D）经费 14 169.9 亿元，比上年增加 1 154.3 亿元，增长 8.9%，研究与试验发展（R&D）经费投入强度为 2.07%；2016 年，中国共投入研究与试验发展（R&D）经费 15 676.7 亿元，比上年增加 1 506.9 亿元，增长 10.6%，增速较上年提高 1.7 个百分点，研究与试验发展（R&D）经费投入强度为 2.11%；2017 年，中国共投入研究与试验发展（R&D）经费 17 606.1 亿元，比上年增加 1 929.4 亿元，增长 12.3%，增速较上年提高 1.7 个百分点，研究与试验发展（R&D）经费投入强度为 2.13%；2018 年，中国共投入研究与试验发展（R&D）经费 19 677.9 亿元，比上年增加 2 071.8 亿元，增长 11.8%；研究与试验发展（R&D）经费投入强度为 2.19%，具体数据见表 4-3；然而在一些高技术领域，中国与发达国家 R&D/GDP 指标之间的差距依旧很明显。导致这种局面的原因主要是一般情况下，没有政府的补贴或其他资助，制造业企业进行技术研发的投入和积累风险是很高的，经营管理的各方面都需要大规模的改革，这对习惯于既定的加工装配模式的制造业企业来说需要很大勇气。但是随着中国开放的力度加大，面对日益激烈的竞争环境，中国制造业企业如果不进行大刀阔斧的改革就会丧失优势，逐渐被淘汰出局。因此，进行改革的重点应在于自主创新能力的积累和自身品牌的建设。

表 4-3　2015—2019 年研究与试验发展（R&D）经费支出及其增长速度

年份	R&D 经费支出（亿元）	比上年增长（%）
2015	14 170	8.9

续表

年份	R&D 经费支出(亿元)	比上年增长(%)
2016	15 677	10.6
2017	17 606	12.3
2018	19 678	11.8
2019	21 737	10.5

资料来源:《中华人民共和国 2019 年国民经济和社会发展统计公报》。

许多中国制造业企业由于缺乏自主的生产技术,在产品设计、很多关键零部件的生产和工艺装备上都无法独立完成,而必须借助于国外的品牌和技术,这导致中国制造业很容易陷入代工或做“OEM”定牌生产的僵局。数据显示,中国核心技术的对外依存度达到 50% 以上。尤其是中国加入世界贸易组织(WTO)后,外国企业加大了对中国直接投资的力度,使中国制造业企业进入了快速增长阶段。

第二,引进技术的再创新能力有待提高。中国制造业在总体上存在重技术引进、轻消化吸收再创新的能力。对于引进的技术,很少投入要素去进行吸收和研发,而只是拿来主义,出现问题还需要付费请对方的技术专家来解决。这样未免得不偿失,并且还一直处于受制于人的局面。而亚洲的其他发达国家,如日本和韩国在引入技术的再创新投入比例为 1∶8(中国长期以来一直停滞在 1∶0.06 左右)。中国制造业企业在整体上表现为自主研发能力薄弱,在很大程度上依赖于跨国公司的代工业务获益,几乎所有工业行业的核心技术都掌握在跨国公司手中,只能用其提供的技术而未能掌握其中要领,一直处于被控制的局面。如 2010 年中国汽车产量和销量分别达到 1 826.47 万辆和 1 806.19 万辆,稳居全球产销量第一。但是,如果将进口发动机等关键部件和引进核心技术的高昂成本考虑进去之后,实际上摊薄了营业收入。从实际获益来看,产销量第一的位置并没有多大的含金量。中国信息技术产业的产量虽然位居全球前列,但是芯片技术、操作系统等都掌握在国外企业手中。虽然中国已经是全球最大的空调生产国(空调产量在 2010 年突破 1 亿台),但是压缩机和制冷剂等核心技术仍依赖发达国家的支持。

第三,未能实现产学研的有效对接。一直以来,中国制造业企业的创新能力普遍薄弱。究其原因,主要是产学研未能做到有效地协同创新。长期以来,中国的企业、高校、科研机构之间管理独立且合作意识淡薄,大部分科研技术创新活动独立开展,产学研协同创新活动很少,产、学、研脱节严重,大量的科技创新资源成果没有得到有效利用。如高校和研究机构拥有丰富的科研资源和科研成果,但是很多都停留在学术研究成果阶段,而并没有实现市场化;企业作为市场的主体,对市场的需求有最直接的判断,但是科技创新能力薄弱,往往独立进行自主知识创新的企业很少。因此,实现产学研的有效对接及协同创新,使技术、人才、资金和信息等资源实现很好的对接,对中国制造业企业创新能力的提高具有重要的作用。

最后是环境与能源的制约。随着中国制造业在规模上不断发展壮大,许多问题也逐渐暴露出来。一方面,一直以来中国的大多数制造业企业具有明显的粗放型和外延式特点,只注重产出而忽略对环境污染问题的治理,时至今日,以资源消耗高、环境污染重的发展模式已经难以为继,但是长期形成的生产模式并不能在短时期内改变;另一方面,国际上许多国家对环境保护极为重视,不断推出国际性的环保法令,使中国许多制造企业疲于应对这些内外的双重压力。

第一,中国制造业的能源消耗严重。从生产产值方面来看,2010 年中国的国内生产总值达到世界总产值的 7.5%,但在世界能源消耗的占比达到 19.6%;从增加值方面来看,2010 年中国制造业的增加值约占中国国内生产总值的 32.6%,但在全国能源消耗的占比达到 58.0%;尤其是钢铁、建材等工业部门的单位产品消耗与国际生产水平相比高达 10%~20%。由此可见,中国制造业的高产值是以高能源消耗为支撑的。

第二,中国制造业的生产以高污染为代价。据《中国统计年鉴 2012》的统计,中国制造业所造成的环境污染程度已经很严重,2011 年中国制造业消耗的能源占全国能源消耗的 66.14%;制造业废水排放量占全国废水排放总量的 35.02%;还有其他方面的破坏性影响,如空气污染、土壤重金属污染等。其主要原因:一是中国制造业聚集了大量污染密集型行业,作为世界上最大的钢铁、水泥、煤炭生产国,中国在发展制造业的同时也付出了巨大的代价;二是部分中国制造业企业的设备陈旧,效率不高,缺少处理废料污染物的设备,这种粗放式发展的模式导致制造业产能低下,特别是以高污染、高消耗来维持高产量;三是中国制造业企业的能源动力来源大多为煤炭,由此导致了环境的严重污染,环境污染存在外部性是环境问题的根源所在,进而导致市场失灵和政府失灵,使环境成本内部化是清除市场和政府失灵的根本措施,如果有相关政策约束企业,使企业在生产过程中将环境污染问题考虑进去,才能大大减少环境污染。

4.1.2 影响中国制造业服务化转向的外部因素

随着 2008 年全球金融危机的影响范围和深度的不断扩大,许多国家的经济发展都受到了沉重的打击,进而纷纷采取振兴制造业的政策来刺激实体经济的发展,如美国的“再工业化”战略、德国的“工业 4.0”战略、日本的“再兴战略”、韩国的“新增动力战略”、法国的“新工业法国”和英国的“英国制造业 2050”。发达国家通过利用已有的先进生产技术和进一步优化产业结构,使本国制造业的发展带动经济增长和促进就业,力求在新的国际竞争中保持领先地位。另外,发展中国家也力求在经济发展进程中促进国力的提升,因此都在利用本国的比较优势积极地参与国际分工体系。

首先是发达国家再次重视制造业的发展。

第一,美国的“再工业化”。第三次工业革命取得了领先的技术突破,然而美国在这场工业革命中仍然处于领先地位。美国领先的研发技术基地、跨国公司布局、金融服务优势和技术产业化经验,使其站在第三次工业革命的制高点,能够重新掌控全球分工体系。美国的“再工业化”不是简单的再工业化,而是在一次性工业化的基础上,以生物、信息、新能源、纳米技术等高新技术为基础,推动传统经济部门产业升级的更高层次工业化,开发新领域,创造新的经济增长点。其“再工业化”战略明确指出,要优先支持高新技术清洁能源产业,振兴汽车产业,发展生物工程产业,支持智能电网和节能改造,培育纳米技术等新兴产业。

第二，德国的“工业 4.0”战略。外部竞争与内部合作是德国制造业的主题，几乎贯穿于德国制造业的整个发展历史。德国“工业 4.0”战略是指德国为振兴制造业而提出的双重战略：一是供应商战略，即建立全球领先的供应商，即在德国现有的强大的设备制造业基础上，为其他国家的制造企业提供技术解决方案的目标；二是整合德国制造企业的市场战略，包括中小制造企业在内，通过产业集群的工作加入财团，提升德国制造业的竞争力。这两大主导战略立足于德国现有优势，有助于德国形成内部相互促进、整体健康竞争，进一步提升国际竞争力，提高在全球价值链中的地位。

其次是出口需求不足与贸易摩擦加剧。一直以来，中国制造业对外贸易依存度较高，在 2006 年高达 67%，即使在 2012 年降为 47%，但仍处于较高水平。自 2008 年全球金融危机以来，全球的进出口贸易和对外直接投资大幅减少，欧美等主要发达国家的经济增长明显放缓。在这种形势下，一方面，发达国家消费者的购买力大幅下降，并且在未来很长一段时间内无法恢复，从而减少了对中国制造业产品的订单需求；另一方面，发达国家贸易保护主义抬头，利用直接或间接的贸易壁垒来削减从中国的进口。所以，在新形势下，为保持中国经济和出口的稳定增长，中国制造业必须通过转型降低对出口贸易的依赖。随着中国与发展中国家和新兴市场国家贸易联系的加深，彼此之间的贸易摩擦也在加剧。分析中国进出口情况可以看出，受 2008 年全球金融危机的影响，中国进出口总额呈逐年下降趋势，并于 2008—2011 年增长率下降为负值，随后即便中国扩大对外直接投资，但是依然未能达到 2006 年进出口增长水平。

再次是新兴市场国家的挑战。随着中国人口红利的消失和劳动力成本的上升，中国制造业相对于周边新兴市场国家的比较优势正在逐步丧失。通过对制鞋业的工资水平变化比较发现，在 2007 年中国只是略高于周边国家；但是到 2012 年已是越南和印尼的 2 倍，是印度和孟加拉国的 3 倍，是柬埔寨的 4 倍。目前，越南已经取代中国成为耐克最大的全球制造基地，阿迪达斯的直属工厂也从中国退出，而进军东南亚。与此同时，中国劳动力在美国、日本、欧洲等国家的竞争力也在降低，市场份额逐渐下降，流失的份额主要被周边国家替代。从制造业实际利用外商直接投资金额指标可以看出，外商正在减少对中国的直接投资，甚至正在撤出已有投资。外商直接投资指外国投资者在中国境内通过设立外商投资企业、合伙企业、与中方投资者共同进行石油资源的合作勘探开发以及设立外国公司分支机构等方式进行投资。外国投资者可以用现金、实物、技术等投资，还可以用从外商投资企业获得的利润进行再投资。

在国际上，中国制造业中以劳动密集型为主的产业面临着来自其他新兴市场国家的挑战，在这些产业的劳动力成本优势与其他新兴市场国家相比已不复存在。如越南等其他发展中国家也期望通过以低成本劳动力的优势加入全球价值链中，进而推动本国整体经济水平的提高。当前，新兴市场国家的劳动力与中国劳动力相比，成本更加低廉，对中国承接国际上劳动密集型产业的转移产生了很大威胁。同时“金砖四国”中的其他三国都拥有丰富的自然资源，如巴西拥有世界上最高的铁、铜、镍、锰、铝土矿的蕴藏量；俄罗斯地大物博，能源丰富。除此之外，这些国家都拥有独特的自身优势，如印度拥有庞大的高素质人才队伍和药业市场;俄罗斯的地理位置优势和巴西廉价且丰富的劳动力等。这些都对中国制造业形成了较大的竞争压力,它们越来越成为发达国家产业投资和转移的重要对象。

4.1.3　小结

本节对中国制造业的转型升级的动因方面进行了分析。从内部因素方面来看,中国存在产业结构不合理、劳动生产率低和劳动力成本高、中国制造业企业创新能力低和环境与能源约束等问题;从外部因素方面来看,发达国家对制造业的再次重视,中国对外贸易出口需求不足与贸易摩擦加剧,新兴市场国家经济的迅速发展都对中国制造业的发展构成了严峻的挑战。

中国制造业服务化水平相对于发达国家和发展中国家都比较低,其原因有以下几个方面。

第一,中国制造业在世界价值链中长期处于低端的地位,这也使得中国制造业服务化的水平很低。中国制造一直是借助廉价劳动力的特点发展加工贸易,获得了一些利润。虽然制造业发展起来了,但仍然存在资本不足,且缺乏核心的自主创新能力的瓶颈问题,大多数企业都倾向于以低级要素为导向,由此造成技术水平长期相对落后的局面。而制造业服务化需要的正是自主品牌、核心技术、高端人才等无形资产的支持。从这个角度来看,中国制造业服务化水平并不高。

第二,以往的研究说明,中国出口导向高的制造行业和发展服务化存在着负相关的关系,不倾向于通过制造业服务化的方式来促进其增加值提高。所以,可以得出一个结论,由于出口企业在制造业企业中所占比重较高,只要不转变"出口导向"的经济增长模式,制造业服务化程度也不会有很大提高。

第三,虽然中国政府也认识到了制造业服务化的战略意义和发展空间,但在中国经济还是存在阻止"制造业服务化"发展的因素,如服务业的供地较少、金融支持不足、税率偏高、重复计税等。一直以来,中国的制造业在国民经济中所占比重都很大,服务业发展起步晚且一直没有得到重视,政策长期扶持第一、二产业,对第三产业关注较少,导致服务业无法准确地满足制造企业的需求。

4.2　陕西制造业服务化转向存在的问题及原因

通过研究陕西制造业服务化发展现状,发现近年来陕西省制造业整体发展态势良好,但与全国或其他省份发展水平相比,还存在较大差距,发展中存在的诸多问题也制约了陕西省制造业的可持续发展,具体问题如下。

4.2.1　陕西省制造业经济总量偏小

以 2018 年经济数据为例,陕西省制造业工业销售产值为 241 789 186 万元,虽在西部六省中排首位,但与中国制造业强省江苏省差距非常大,在全国排名第 17 位,仅占全国制造业总销售产值的 1.5%,处于中偏下游位置;与接壤的其他 8 个省份相比,排第 5 位,居于首位的是河南省,河南省工业销售产值是陕西省的 4.5 倍。

4.2.2 陕西省制造业尖端技术人才外流

截至 2018 年底,陕西省有 146.78 万人从事制造业行业,其中工程技术人员和科学研究人员分别占到全省工程技术人员和科学研究人员的 29.6% 和 68.86%;国有企业中从事制造业的专业技术人员为 42 194 人,占全省国有企业总专业技术人员的 27.9%。2018 年,陕西省规模以上制造业企业 R&D 人员为 63 657 人,占全省规模以上工业企业 R&D 总人员的 89.87%。显而易见,制造业属于人力资源密集型产业,对制造业的发展来说培养与利用人才至关重要,而陕西省作为教育科研大省,具有明显的人力资源优势。虽然陕西省具有明显的人力资源优势,但由于省内制造业企业多为国有企业和军工企业,对人才的管理缺乏一定的激励机制,无论是在制度还是在思想上都已经过时,因此近年来陕西省每年都有几千名专业人才流入沿海开放城市。如果还不采取措施整改,未来陕西省制造业势必会面临尖端人才紧缺的问题。

4.2.3 陕西省制造业产业集中度水平较低

一个产业,若其集中度过低,会导致企业之间无法进行信息交流、成果分享,也会使行业内部生产重复的产品,出现产业结构同构、资源严重浪费等问题。本书以利润总额为标准,计算了陕西省制造业的区位熵指数,以此来说明产业集中度水平,见表 4-4。区位熵指数等于 1 时,说明该产业在该地区的专业化生产水平与全国平均水平一致;大于 1 时,说明集中度水平要高于全国平均水平,区位熵指数越大,说明该地区该产业的集群度越高;反之小于 1 时,说明集中度水平要低于全国平均水平,区位熵指数越小,则说明该地区该产业的集群度越低。

表 4-4 陕西省制造业各行业区位熵指数

行业	区位熵指数
农副食品加工业	1.14
食品制造业	1.28
酒、饮料和精制茶制造业	1.87
烟草制品业	0.56
纺织业	0.67
纺织服装、服饰业	0.20
皮革、毛皮、羽毛及其制品和制鞋业	0.11
木材加工和木、竹、藤、棕、草制品业	0.25
家具制造业	0.34
造纸及纸制品业	0.69
印刷和记录媒介复制业	0.67

续表

行业	区位熵指数
文教、工美、体育和娱乐用品制造业	0.10
石油加工、炼焦及核燃料加工业	1.02
化学原料及化学制品制造业	0.64
医药制造业	1.10
化学纤维制造业	0.22
橡胶和塑料制品业	0.68
非金属矿物制品业	0.98
黑色金属冶炼和压延加工业	0.40
有色金属冶炼和压延加工业	2.43
金属制品业	0.30
通用设备制造业	0.51
专用设备制造业	0.85
汽车制造业	0.23
铁路、船舶、航空航天和其他运输设备制造业	1.08
电气机械和器材制造业	0.37
计算机、通信和其他电子设备制造业	1.02
仪器仪表制造业	0.62
其他制造业	0.82
废弃资源综合利用业	0.18
金属制品、机械和设备修理业	0.23
整体制造业	0.74

由表 4-4 可知，陕西省制造业整体区位熵指数小于 1，其中产业集中度水平优于全国平均水平的行业仅有 7 个，其余 24 个行业的专业化生产水平均低于该产业在全国的平均水平，说明陕西省制造业不仅整体生产集中度水平较全国平均水平低，而且大部分行业也都存在着集群度低下的问题。其中，集群度最高的行业是有色金属冶炼和压延加工业，其区位熵指数最大；集群度最低的行业则是皮革、毛皮、羽毛及其制品和制鞋业。

改革开放 40 年来，作为“中国制造”的重要力量，陕西省制造业取得了长足发展。近年来，陕西省规模以上制造业增加值增速一直高于规模以上工业增加值，对规模以上工业发展壮大的拉动作用显著；科技成果丰富，科研力量不断增强，科研投入逐年增加，高新技术行业发展势头强劲；政府也出台了多项政策支持发展制造业。多项指标表明，陕西省制造业发展呈稳中有增态势，其中 2015 年发展较为缓慢， 2016 年则迎来了一波小增长，目前陕西省制造业主导行业仍以能源化工型行业为主。虽然近年来陕西省制造业整体发展态势良好，但与全国或其他省份发展水平相比，还存在较大差距，发展中存在的诸多问题也制约了陕西省制造业的可持续发展。

4.2.4 陕西省制造业结构仍需优化转型

上一个十年能源化工行业的高速发展形成了严重的资源依赖，煤炭、水泥、焦化、造纸、电石、钢铁等多个行业都面临产能过剩，这些行业处在国家重点监测的六大高耗能行业之列，产业链较短、资源消耗大，从长远来看不仅会影响陕西的经济效益和经济结构优化，而且随着国家绿色发展的不断推进，面临的压力也将越来越大。从目前发展现状来看，虽然近两年陕西装备制造业和高新技术制造业保持稳定发展势头，在一定程度上缓解了高耗能产业转型升级过程中面临下行压力的局面，但是陕西省制造业中有色、非金、能源化工的主导地位仍无法被取代。面对坚定不移的改革形势以及资源和环境外部约束不断加大，生产要素成本不断上升，如何加快脚步促进产业结构进一步优化升级，由“黑”转“绿”，实现到先进制造业的转型是新时期陕西省制造业必须面对的问题，也是巨大的挑战。

首先是工业发展不稳定，总体处于上升趋势。自 2009 年以来，陕西工业发展不稳定。2009 年第二产业增加值为 4 236.42 亿元，2018 年为 12 157.48 亿元，10 年间第二产业增加值增加了 7 921.06 亿元；2009 年实现工业收入 3 501.25 亿元，2018 年实现工业收入 9 634.80 亿元，10 年间工业收入增加 6 133.55 亿元；2009 年工业增加值为 207.30 亿元，2015 年工业增加值负增长为 -648.77 亿元，2018 年工业增加值为 943.01 亿元，10 年间工业增加值增加了 735.71 亿元；工业总收入占 GDP 比重，2009 年为 42.86%，2010 年为 45.03%，2011 年为 46.82%，2012 年为 47.37%，之后一直处于下降趋势，2018 年为 39.42%；工业增加值占 GDP 比重，2009 年为 1.7%，2015 年为 -3.6%，2018 年为 3.18%，10 年间工业增加值占 GDP 比重增加了 1.48%：2009 年工业收入增长速度为 6.29%，2015 年工业收入增长速度负增长为 -8.12%，2018 年工业收入增长速度为 10.85%，10 年间工业收入增长速度增加了 4.56%。（见表 4-5）

表 4-5 陕西省工业发展对地区 GDP 及第二产业的贡献

年份	2009	2010	2011	2012	2013	2014	2015	2016	201	2018
GDP（亿元）	8 169.80	10 123.48	12 512.3	14 453.68	16 045.21	17 689.94	18 021.86	19 399.59	21 898.81	24 438.32
第二产业增加值（亿元）	4 236.42	5 446.10	6 935.59	8 073.87	8 911.64	9 577.24	9 082.13	9 490.72	10 882.88	12 157.48
工业（亿元）	3 501.25	4 558.97	5 857.92	6 847.41	7 507.34	7 993.39	7 344.62	7 598.00	8 691.79	9 634.80
工业增加值（亿元）	207.30	1 057.72	1 298.95	989.49	659.93	486.05	-648.77	253.38	1 093.79	943.01
GDP 增长速度（%）	19.24	23.91	23.60	15.52	11.01	10.25	1.88	7.64	12.88	11.60
工业总收入占 GDP 比重（%）	42.86	45.03	46.82	47.37	46.79	45.19	40.75	39.17	39.69	39.42

续表

年份	2009	2010	2011	2012	2013	2014	2015	2016	201	2018
工业增加值占第二产业增加值比重（%）	4.89	19.42	18.73	12.26	7.41	5.08	-7.14	2.67	10.05	7.76
工业增加值占 GDP 比重（%）	2.54	10.45	10.38	6.85	4.11	2.75	-3.60	1.31	4.99	3.86
工业收入增长速度（%）	6.29	30.21	28.49	16.89	9.64	6.47	-8.12	3.45	14.40	10.85

资料来源：2010—2019 年《陕西统计年鉴》和《中国统计年鉴》。

2019 年陕西全年全部工业增加值 9 609.7 亿元，比上年增长 5.1%。其中，规模以上工业增加值增长 5.2%。2019 年全年规模以上工业中，采矿业增加值比上年增长 5.2%，制造业增长 4.7%，电力、热力、燃气及水的生产和供应业增长 9.5%；能源工业增加值增长 5.9%，非能源工业增长 4.7%；六大高耗能行业增加值增长 4.8%；高技术制造业增加值增长 11.1%。2019 年陕西全年规模以上工业营业收入 24 526.8 亿元，比上年增长 3.6%；利润 2 167.0 亿元，下降 11.7%。（见表 4-6）

表 4-6　2015—2019 年陕西全部工业增加值及其增长速度

年份	工业增加值（亿元）	比上年增长（%）
2015	7344.62	5.9
2016	7598.00	6.8
2017	8691.79	8.1
2018	9088.10	8.5
2019	9609.70	5.1

其次是陕西工业生产增长乏力。2019 年，受需求不足、新动能较弱、煤矿安全事故等多重因素的影响，全省规模以上工业低位开局，与上年相比，工业生产增长乏力。进入下半年，在煤矿恢复生产的有力带动下，规模以上工业增速振荡回升。全年完成规模以上工业总产值同比增长 5.4%，增速较去年同期回落 8.6 个百分点；实现增加值同比增长 5.2%，同比回落 4 个百分点，低于全国增速 0.5 个百分点（见图 4-1）。

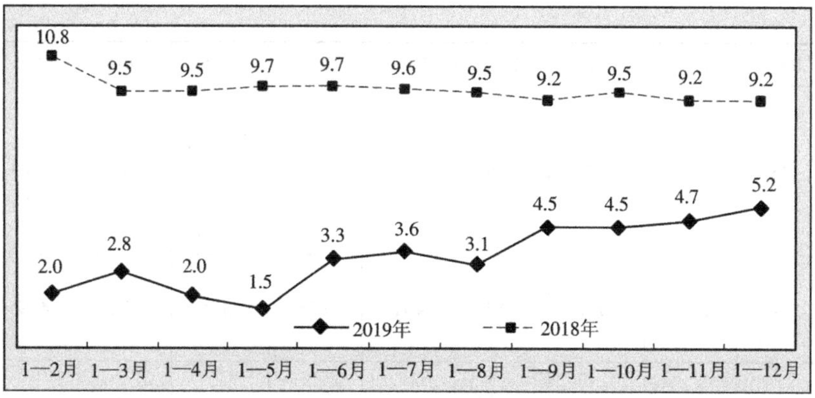

图 4-1 2018—2019 年全省规模以上工业增加值累计增速对比（%）

第一，多数行业保持增长。2019 年，全省规模以上工业总体保持平稳向好的增长态势，40 个大类行业中有 30 个行业增加值同比保持增长，增长面为 75%，较 2018 年下降 17.5 个百分点，其中 14 个行业增速较上年加快。从三大门类来看，采矿业增加值同比增长 5.2%，较 2018 年回落 6.3 个百分点；制造业增长 4.7%，较 2018 年回落 3.8 个百分点；电力、热力、燃气及水的生产和供应业增长 9.5%，较 2018 年加快 7.8 个百分点。

第二，能源工业由负转正。受煤矿安全事故停产整顿的影响，2019 年前 5 个月，能源工业持续负增长。随着停产煤矿复工生产，煤炭产量稳步回升，能源工业由负转正，增速稳中有升。2019 年，全省能源工业增加值同比增长 5.9%，增速较 2018 年同期回落 4.5 个百分点。从主要行业来看，煤炭开采和洗选业增加值同比增长 8%，较 2018 年同期回落 4.3 个百分点；石油和天然气开采业增长 3.7%，较 2018 年回落 8.2 个百分点；石油、煤炭及其他燃料加工业增长 2.2%，较 2018 年回落 6.9 个百分点；电力、热力生产和供应业增长 8.3%，较 2018 年加快 7.1 个百分点。（见图 4-2）

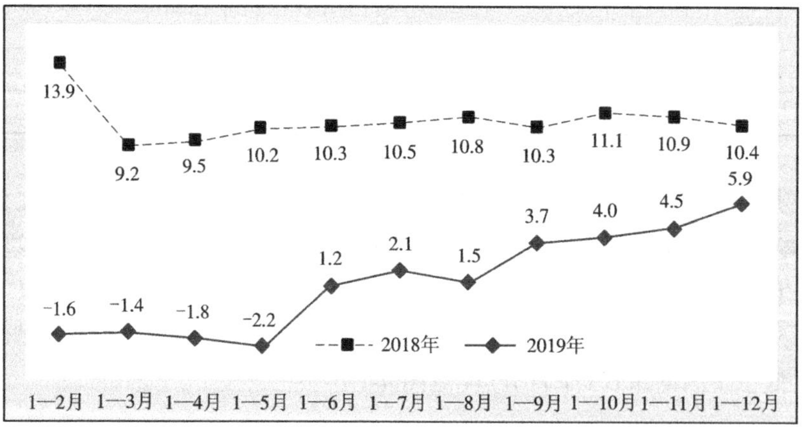

图 4-2 2018—2019 年全省能源工业增加值累计增速对比（%）

第三，非能源工业增速放缓。2019 年以来，非能源工业总体保持平稳，受新建投产企业少、新增项目拉动乏力、市场需求不足等因素的影响，增速较年初有所回落。2019 年，全省非能源工业增加值同比增长 4.7%，增速较 2018 年同期回落 3.4 个百分点。在回落较快的行业中，农副食品加工业下降 3.3%，回落 13.9 个百分点；酒、饮料和精制茶制造业增长 9.5%，回落 3.3 个百分点；医药制造业下降 0.6%，回落 8.1 个百分点；橡胶和塑料制品业下降 23.6%，回落 25.1 个百分点；金属制品业增长 7.6%，回落 5.8 个百分点；电气机械和器材制造业增长 6.2%，回落 12 个百分点；汽车制造业增长 3.9%，回落 5.6 个百分点；计算机、通信和其他电子设备制造业增长 18%，回落 2.2 个百分点。在增速加快的行业中，有色金属冶炼和压延加工业增长 4.7%，加快 2 个百分点；非金属矿物制品业增长 3.6%，加快 1.4 个百分点。（见图 4-3）

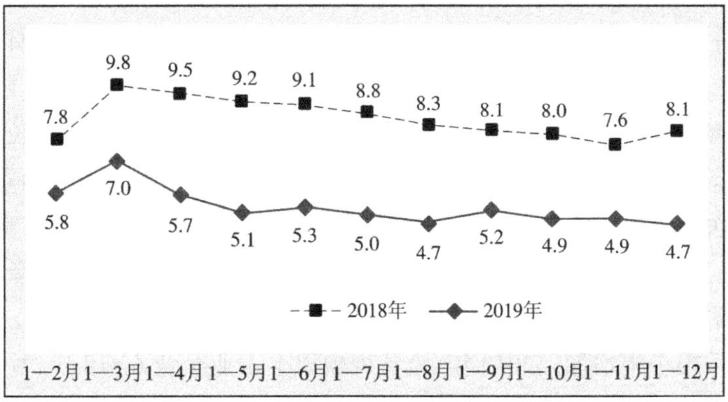

图 4-3　2018—2019 年全省非能源工业增加值累计增速对比（%）

第四，大中型企业增长放缓。2019 年，全省大中型工业总产值累计增长 5.7%，增速较 2018 年同期回落 6 个百分点，高于全省规模以上工业总产值增速 0.3 个百分点，总体保持平稳。长庆油田分公司、陕西龙门钢铁（集团）有限责任公司、中国石油天然气股份有限公司长庆石化分公司、陕西中烟工业有限责任公司、宝鸡吉利汽车部件有限公司等产值排名靠前的企业增速回落较快，对规模以上工业经济产生较大影响。

第五，部分重点产品产量增速回落。2019 年，全省部分重点工业产品产量增速出现回落。在能源产品中，原煤增长 1.8%，增速较 2018 年同期回落 11.6 个百分点；天然原油增长 0.7%，回落 0.2 个百分点；原油加工量下降 1.2%，回落 2.8 个百分点；天然气增长 6.5%，加快 0.5 个百分点；发电量增长 14.2%，加快 14.8 个百分点。在非能源产品中，卷烟下降 1.9%；化肥下降 4.5%；金属切削机床下降 15.6%；汽车下降 12%，回落 13.1 个百分点；新能源汽车下降 26.3%，回落 102.6 个百分点；光缆下降 22.5%，回落 44.6 个百分点。

再次是陕西工业企业效益下降。2019 年，全省规模以上工业企业完成营业收入同比增长 3.6%，增速较 2018 年同期回落 8.6 个百分点；实现利润总额同比下降 11.7%，较 2018 年同期回落 28.8 个百分点。

第一，营业收入增速较快回落。2019 年，在全省 40 个大类行业中，有 32 个行业营业收入同比增速较 2018 年同期回落。能源工业实现营业收入同比增长 1.4%，增速较 2018 年同期回落 15 个百分点，低于全省规模以上工业营业收入增速 2.2 个百分点。其中，煤炭开采和洗选业同比下降 2.6%,增速较 2018 年同期回落 15.3 个百分点;石油和天然气开采业同比下降 1.4%,较 2018 年回落 24.9 个百分点;石油、煤炭及其他燃料加工业同比增长 3.2%,增速回落 24.5 个百分点;电力、热力生产和供应业增长 9.2%,增速加快 5.3 个百分点。非能源工业实现营业收同比增长 4.7%,增速较 2018 同期回落 15 个百分点。其中,农副食品加工业同比增长 4.6%,增速较 2018 年同期回落 5.5 个百分点;非金属矿物制品业同比增长 7%,较 2018 年回落 6.7 个百分点;汽车制造业同比增长 3.4%,较 2018 年回落 5.4 个百分点;化学原料和化学制品制造业同比下降 3%,较 2018 年回落 11.2 个百分点。

第二,利润降幅持续扩大。2019 年,在全省 40 个大类行业中,有 30 个行业利润总额同比增速较 2018 年同期回落。能源工业实现利润总额同比下降 10.9%,增速较 2018 年同期回落 37.2 个百分点。其中,煤炭开采和洗选业同比下降 14.1%,增速回落 24.5 个百分点;石油和天然气开采业同比下降 3.6%,增速回落 102.4 个百分点;石油、煤炭及其他燃料加工业同比下降 35%,增速回落 91.8 个百分点;电力、热力生产和供应业同比增长 20.8%,增速回落 4.8 个百分点。非能源工业实现利润总额同比下降 12.7%,增速较 2018 同期回落 20.2 个百分点。其中,医药制造业同比增长 2.1%,回落 7.5 个百分点;计算机、通信和其他电子设备制造业同比下降 29.2%,回落 34.7 个百分点;烟草制品业同比下降 40.7%,降幅较 2018 年同期扩大 33.9 个百分点。

第三,企业亏损小幅增加。2019 年,全省规模以上工业企业 6 818 户,亏损企业 876 户,较 2018 年增加 79 户,亏损面 12.8%,增加 0.2 个百分点。亏损企业亏损额 168.3 亿元,同比减少 10.4%。其中,亏损较多的企业主要集中在煤炭开采和洗选业、化学原料和化学制品制造业和专用设备制造业等行业。

4.2.5 陕西省工业运行中呈现的特点

2019 年,面对复杂多变的内外环境,全省工业经济顶住压力,逆势奋进迎难而上,省委省政府科学引导、精准施策,坚持稳中求进的工作总基调,经过全省人民共同努力,圆满完成既定目标。总体来看,全年工业运行呈现以下几个特点。

第一,能源工业先抑后扬,仍是影响全省增速的重要原因。受神木"1 · 12"安全事故的影响, 2019 年上半年,能源工业增加值增速较同期下降 10 个百分点左右。进入下半年,全省煤炭放量生产,能源工业由负转正,增加值增速由最低点下降 2.2% 转正至全年增长 5.9%,对工业经济形成有力支撑,全年拉动全省规模以上工业增加值增长 2.6 个百分点。从各月情况来看,能源工业增速多数时期低于规模以上工业增速,对全省工业增长形成较大影响。

第二,非能源工业贡献减弱,制造业拉动减少。2019 年,非能源工业增加值同比增长 4.7%,较 2018 年同期回落 3.4 个百分点,拉动全省规模以上工业增长 2.6 个百分点,低于 2018 年全年 1.7 个百分点。从主要行业的贡献情况来看,有色金属矿采选业,农副食品加工业,烟草制品业,黑色金属冶炼和压延加工业,计算机、通信和其他电子设备制造业等重点行业较年初均有所下降,对全省规模以上工业增长产生不利影响。总体来看,非能源工业生产较为稳定，受下半年高基数的影响，增速较年初小幅回落。

第三，受新增企业较少的影响，制造业的作用逐步减弱。2018 年全年制造业增加值同比增长 4.7%，增速较 2018 年同期回落 3.8 个百分点，拉动规模以上工业增长 2.8 个百分点，回落 1.9 个百分点。其中，影响最大的是装备制造业和消费品制造业，拉动率分别回落 0.4 和 0.8 个百分点。

第四，高技术行业增长放缓、占比提高。2019 年以来，高技术行业在一季度达到高点后，增速逐月回落。2019 年，高技术行业增加值增长 11.1%，较 2018 年同期回落 3.1 个百分点，高于全省规模以上工业增加值增速 5.9 个百分点；高技术行业占比不断提高，增加值占全省规模以上工业增加值的比重为 10.8%，较 2018 年同期提高 1.1 个百分点。（见图 4-4）

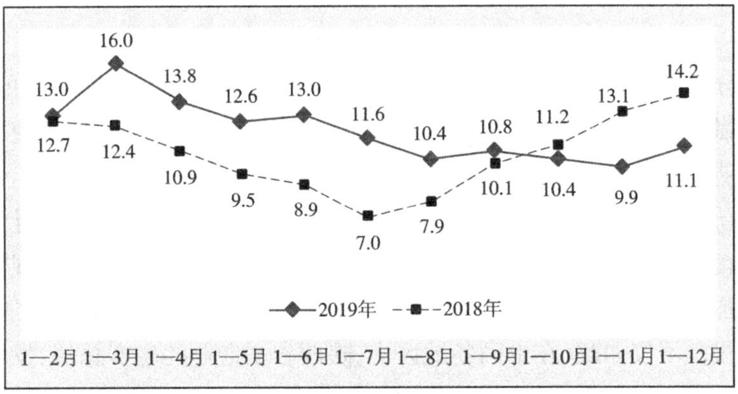

图 4-4 2018—2019 年高技术行业增加值增速对比（%）

第五，节能降耗成效显著。2019 年，高耗能行业占全省规模以上工业的比重为 25.6%，较 2018 年同期下降 0.9 个百分点，增加值同比增长 4.8%，低于规模以上工业增加值增速 0.4 个百分点。全省工业用电量同比增长 5.4%，增速较 2018 年同期加快 1.5 个百分点。高耗能行业中，化学原料和化学制品制造业和有色金属冶炼和压延加工业用电量增速分别低于全省工业用电增速 5.4 和 13.1 个百分点，节能降耗成效显著。

4.2.6 影响陕西省工业发展的原因

2019 年，在经济下行压力持续加大的不利局面下，全省上下克难攻坚，工业经济企稳回升。从长远来看，陕西工业要向高质量发展，还存在以下几方面制约因素。

第一，坚持供给侧结构性改革为主线，着力于调结构、补短板，但陕西省长期依赖能源工业增长的局面难以在短时间内根本改变。可谓“能源强则工业强，能源弱则工业弱”。能源工业增加值占全省规模以上工业的比重由 2019 年初最低的 47.4% 一路增长至全年的 48.5%，较 2018 年同期提高 0.3 个百分点，拉动全省规模以上工业增长 2.6 个百分点，较 2018 年同期降低 2.3 个百分点。

第二，停产企业成为影响工业增长的重要因素。2019 年 12 月，全省规模以上工业停产、半停产及减产企业合计 2 214 户，较上月增加 88 户，占规模以上工业企业总数的 32.5%，合计下拉规模以上工业产值增速15.2个百分点。其中,停产企业700户,增加21户,下拉3.4个百分点;半停产企业808户,增加97户,下拉7.4个百分点;减产企业706户,减少30户,下拉4.4个百分点。停产范围广,停产时间长,影响企业数量多,这些因素综合叠加,是影响全省工业增长的一个重要因素。

第三,新建企业带动作用有限。受近几年投资增长低迷影响,规模以上工业新建企业数目偏少。2019年规模以上工业新进入库179户企业,较2018年同期减少61户,合计完成工业总产值320.08亿元,拉动全省增长1.2个百分点。新建企业户均产值1.79亿元,其中超过均值的新建企业仅有21户。总体来看,新增企业规模偏小,对规模以上工业增长带动有限。

4.2.7 小结

由前面的分析可知,陕西省制造业和制造业服务化发展虽然取得了一定的成果,对陕西省的经济发展做出了较大的贡献,但还是存在着一些问题。第一,轻、重工业两者发展不平衡。陕西省制造业重工业的产值是轻工业产值的5倍左右,两者比例失衡。以重工业偏向的产业结构是陕西省产业结构优化和社会经济发展中最要紧的问题之一,导致其产业结构和就业结构失衡。第二,陕西省的工业经济效益差。近十五年陕西省工业规模以上工业企业总产值呈现加速发展的趋势,然而利润总额却增加不多,后者仅占前者增加值的10%,并且增加速度缓慢。不仅如此,在中国各地区中,陕西省制造业的生产总值、发展速度等仍处于中下游水平,落后于全国平均发展水平。第三,制造业各个细分产业的发展不平衡。在八大工业支柱产业产值中,以传统的能源行业为主,而电子、计算机等新兴、高技术含量、高附加值的行业发展缓慢。第四,以国家所有制为主的制造业所有制结构不利于市场经济的发展。国有经济在制造业发展中处于主导地位,在市场经济逐步发展的形势下,这严重限制了陕西省制造业的多样化发展和适应能力。第五,制造业从业人员中高端人才稀缺,并且人才流失现象严重,不能为制造业的发展提供雄厚的人力资源支持。这是陕西省制造业长期面临技术落后、研发能力薄弱、创新能力低下的重要原因之一。第六,制造业服务化水平低下,不能满足当前制造业产业结构优化升级的需求。

4.3 甘肃制造业服务化转向存在的问题及原因

4.3.1 空间布局结构、产业结构不合理

由于甘肃省制造业体系主要是根据国家宏观战略的实施建立起来的,而不是根据自身的产业基础来建立的。因此,制造业空间布局较为分散,就其空间布局的现状来看,基本上是沿陇海线和兰新线一字摆开,主要集中在兰州、天水、白银、酒泉、金昌、嘉峪关等六市,主要分布在天水、兰州与白银以及金昌和嘉峪关等空间距离较远的少数几个城市,且被周边经济落后的广大农村分割、包围。同时,各制造业集聚区内的企业产业关联度较低,未形成相

关的配套产业体系。制造业空间分布结构的不合理致使经济空间发展水平反差强烈，起伏较大，最终导致各类要素资源逐渐远离制造业体系，使得制造业资源配置和开发的集聚效益及规模效益受到严重制约。

甘肃省产业结构处于“二三一”的状态，产业结构层次不高，处于工业化初期阶段；国有企业在第二产业中的比重很大，重工业和原材料工业在第二产业中的比例明显偏高的第二产业总体结构，导致了工业布局城乡偏置，束缚了非公有经济的发展；第二产业在地域上的分布存在较大差异，资源丰富的地区第二产业发达，资源和交通条件差的地区第二产业发展水平很低，第二产业生产力布局疏密差异，非公有经济发展和制度创新落后，城市化水平比较低。

4.3.2　甘肃工业发展不稳定

自 2009 年以来，甘肃省工业发展不稳定。2009 年第二产业增加值为 1 527.24 亿元，2018 年为 2 794.67 亿元，10 年间第二产业增加值增加了 1 267.43 亿元；2009 年实现工业收入 1 203.70 亿元，2018 年实现工业收入 1 948.96 亿元，10 年间工业收入增加 745.26 亿元；2009 年工业增加值为 −17.96 亿元，2010 年工业增加值从负值快速增加到 399.17 亿元，之后几年连续下降，2015 年工业增加值负增长到 −485.10 亿元，经过两年恢复发展，2017 年工业增加值为 5.91 亿元，2018 年工业增加值增加到 185.52 亿元，总之 10 年间工业增加值增加了 203.46 亿元；工业总收入占 GDP 比重，2009 年为 35.53%，2010 年为 38.90%，2011 年为 38.32%，之后一直处于下降趋势，2017 年和 2018 年都是 23.64%；工业增加值占 GDP 比重，2019 年为 −0.53%，2015 年为 −7.14%，2018 年为 2.25%，总之 10 年间工业增加值占 GDP 比重增加了 2.78%；工业收入增长速度 2019 年为 −1.47%，2015 年为 −21.43%，2018 年为 10.52%，总之 10 年间工业收入增长速度增加了 11.99%。（见表 4-7）

表 4-7　甘肃省工业发展对地区 GDP 及第二产业的贡献

年份	2009	2010	2011	2012	2013	2014	2015	2016	2017	2018
GDP（亿元）	3 387.56	4 120.75	5 020.37	5 650.20	6 268.01	6 836.82	6 790.32	7 200.37	7 459.90	8 246.07
第二产业增加值（亿元）	1 527.24	1 984.97	2 377.83	2 600.09	2 821.04	2 926.45	2 494.77	2 515.5	2 561.79	2 794.67
工业收入（亿元）	1 203.70	1 602.87	1 923.95	2 070.24	2 225.22	2 263.20	1 778.10	1 757.53	1 763.44	1 948.96
工业增加值（亿元）	−17.96	399.17	321.08	146.29	154.98	37.98	−485.10	−20.57	5.91	185.52
GDP 增长速度（%）	6.66	21.64	21.83	12.55	10.93	9.07	−0.68	6.04	3.60	10.54
工业总收入占 GDP 比重（%）	35.53	38.90	38.32	36.64	35.50	33.10	26.19	24.41	23.64	23.64
工业增加值占第二产业增加值比重（%）	−1.18	20.11	13.50	5.63	5.49	1.30	−19.44	−0.82	0.23	6.64

续表

年份	2009	2010	2011	2012	2013	2014	2015	2016	2017	2018
工业增加值占GDP比重(%)	-0.53	9.69	6.40	2.59	2.47	0.56	-7.14	-0.29	0.08	2.25
工业收入增长速度(%)	-1.47	33.16	20.03	7.60	7.49	1.71	-21.43	-1.16	0.34	10.52

数据来源:2010—2019年《甘肃统计年鉴》和《中国统计年鉴》。

4.3.3 技术水平落后,制造业资源依赖性大

由于甘肃省制造业企业多是20世纪五六十年代建设起来的,工艺设备陈旧,生产组织管理模式落后,加之企业负担沉重,导致整个制造业不仅自主创新能力和技术水平长期处于落后状态,而且单位产出能耗和其他资源的消耗明显高于全国平均水平,投入产出比却低于全国平均水平。同时,由于其现有的制造业多以初级产品加工为主,忽视了相关配套产业的培育与发展,致使产业链条短,产品附加值低,产业竞争力较弱。另外,由于甘肃省科技创新投入不足,制造业中技术密集型产业特别是高新技术产业的规模无法获得有效发展。据《中国高技术产业统计年鉴2005》的统计数据显示,2004年甘肃省高新技术产业增加值占全国比重仅为0.2%,远低于中、东部发达省份,位居全国倒数第五。而根据甘肃省工业行业普查资料,甘肃省重工业尤其是制造业的主要生产设备中,处于全国落后水平的占24.4%,处于国内一般水平的占58.2%,达到国内先进水平的仅占11.47%,而达到国际先进水平的仅占0.91%。此外,甘肃省制造业多以石油化工、金属冶炼等资源依赖型行业为主,2001—2010年甘肃省资源依赖型产业的产值占工业总产值的比重一直在75%以上。

2010年规模以上工业企业工业增加值是1 376.3亿元,2015年规模以上工业企业工业增加值是1 662.0亿元,2016年规模以上工业企业工业增加值是1 565.4亿元,2017年规模以上工业企业工业增加值是1 603.7亿元。甘肃省七大支柱工业是石化工业、有色工业、电力工业、冶金工业、机械工业、食品工业、煤炭工业,其总体工业增加值2010年为1 261.03亿元,2015年是1 447.10亿元,2015年是1 345.46亿元,2016年是1 404.36亿元;2010年实现利润总额是201.07亿元,占全省比重86.78%,2015年实现利润总额-151.15亿元,2016年实现利润总额25.27亿元,占全省比重34.77%,2017年实现利润总额141.94亿元,占全省比重58.05%;2010年实现工业销售产值4 374.87亿元,占全省比重92.87%,2015年实现工业销售产值6094.03亿元,占全省比重87.78%,2016年实现工业销售产值5 654.59亿元,占全省比重86.63%,2017年实现工业销售产值5 280.10亿元,占全省比重87.44%;甘肃省制造业多以石油化工、金属冶炼等资源依赖型行业为主,从表4-8可以看出,2010—2017年甘肃省七大支柱产业等资源依赖型产业的产值占工业总产值的比重一直在80%以上,单位数量、从业人员、工业总产值、工业增加值、利润总额、工业销售值等指标都占全省的比重很大。

表 4-8　2010—2017 年甘肃省七大支柱产业占全省比重(%)

指标	2010	2011	2012	2013	2014	2015	2016	2017
单位数量	77.11	77.68	73.72	72.14	70.59	69.60	70.31	61.99
就业人员	84.64	84.32	82.40	80.46	81.64	81.43	81.54	82.00
工业总产值	92.75	98.52	90.67	88.91	88.05	87.01	86.21	87.06
工业增加值	91.62	92.90	90.23	87.50	87.98	87.07	85.95	87.57
年末资产总计	90.86	90.88	89.65	89.33	88.71	88.02	87.97	86.55
负债合计	91.77	92.09	91.18	90.75	90.19	90.18	90.40	88.51
利润总额	86.78	87.43	87.36	78.91	77.31		34.77	58.05
利税总额	92.68	92.83	92.38	88.10	89.67	81.40	87.55	83.36
工业销售产值	92.87	92.99	90.75	87.82	88.52	87.78	86.63	87.44

4.3.4　甘肃省制造业过度依赖原材料工业，资本支持不足，新兴行业发展滞后

一般而言，制造业的发展需要强大的资本和技术支持。改革开放 40 年以来，东部地区的珠三角和长三角的制造业不仅发展迅速，而且产业集聚程度不断提高。这一方面得力于外部资本和技术的大量涌入，另一方面其制造业行业大多为深加工行业。而甘肃省不仅未能获得外部资本与技术的有力支持，而且其制造业大多为金属冶炼、石油化工、金属制品制造等基础性行业，资源依赖性强，且在空间上难以形成集聚，这在一定程度上抑制了制造业的集聚发展。此外，从甘肃省制造业的战略型新兴产业的发展来看，虽然已开始重视和大力发展装备制造、农副食品加工、生物医药等产业，但尚处初级发展阶段，其在企业数量、平均规模等方面尚未形成产业集聚。

装备制造、石油化工、有色冶金、特色农产品加工等行业在甘肃省经济中占有重要的地位。根据制造业行业的分类标准，装备制造业的分类方法经过不断演变，主要有三种分类方法：六分法、七分法[①]、八分法。相比七分法八分法中加入了武器装备制造业；六分类法中不包括金属制品业。由于《甘肃统计年鉴》从 2000 年开始未统计武器装备制造业，因此本书中使用七分类法。表 4-9 中所示甘肃省重点制造业分为四类，其 2014 年占甘肃省制造业总产值的比重为 91.77%，其中有色冶金行业占比最高，为 46.6%；其次是石油化工行业，占比为 25.87%；再次是装备制造业，占比为 10.75%，特色农产品加工工业的发展速度最快，从 2001 年的 4.59% 增长到 2010 年的 11.33%，到 2014 年这一占比为 8.55%。甘肃省特色农产品加工工业的发展得益于特殊的地理、气候环境因素，已建成优质林果、设施蔬菜、马铃薯、中药材、现代制种和酿酒原料等特色产业基地。2014 年，甘肃省中药材产量 99.37 万吨，同比增长 14.66%。

① 七分法中包含金属制品业，通用设备制造业，专用设备制造业，交通运输设备制造业，电气机械及器材制造业，通信设备、计算机及其他电子设备制造业和仪器仪表及文化办公机械制造业等七大类中的 63 类。

表 4-9 甘肃省重点制造业分类

分类	行业
装备制造业	金属制品业，通用设备制造业，专用设备制造业，交通运输设备制造业，电气机械及器材制造业，通信设备，计算机及其他电子设备制造业，仪器仪表及文化办公用机械制造业
石油化工行业	石油加工、炼焦及核燃料加工业，化学原料及化学制品制造业，医药制造业，化学纤维制造业，橡胶和塑料制品业
有色冶金行业	非金属矿物制品业、黑色金属冶炼及压延加工业、有色金属冶炼及压延加工业、金属制品业
特色农产品加工工业	农副食品加工业、食品制造业

资料来源：作者整理。

2010—2017 年，甘肃省七大支柱工业结构发生了一些的变化。首先从单位数来说，有色工业、机械工业和煤炭工业单位数持续下降，有色工业从 2010 年有 116 家到 2017 年只剩下了 83 家，机械工业从 2010 年的 300 家到 2017 年只剩下 227 家，煤炭工业从 2010 年有 87 家到 2017 年只剩下了 33 家，短短 7 年减少了 54 家，这主要是因为有色工业和煤炭工业是重污染行业，且煤炭资源是不可再生资源，环保意识的增强，替代品的出现是导致这两个行业单位锐减的原因；食品工业的单位数量比较稳定，2010 年有 414 家，2017 年有 415 家，中间有所波动；电力工业的单位数量一开始从 2010 的 237 家下降，2017 年增加到 290 家。只有机械工业和食品工业的单位数是持续上升，电力工业先下降后上升，其他的工业单位数持续下降。从就业人数来看，只有电力行业人数从 2010 年的 7.33 万人增加到 2017 年的 8.06 万人，其他工业就业人数持续下降。从工业增加值来看，石化工业、有色工业、电力工业和食品工业持续上升，冶金工业、机械工业和煤炭工业持续下降。从利润总额来看只有食品工业持续增加。从工业销售产值来看，只有有色工业、电力工业和食品工业持续增加。（见表 4-10）

表 4-10 2010—2017 年甘肃省七大支柱工业主要指标

行业	2010	2011	2012	2013	2014	2015	2016	2017
单位数（个）	1 543	1 065	1 279	1 437	1 476	1 495	1 480	1 324
石化工业	248	181	208	226	240	235	239	215
有色工业	116	87	104	115	122	119	107	83
电力工业	237	138	163	193	232	242	269	290
冶金工业	141	103	135	133	113	111	82	61
机械工业	300	189	205	241	238	250	260	227
食品工业	414	297	385	440	466	485	479	415
煤炭工业	87	70	79	89	65	53	44	33
就业人员（万人）	60.45	50.46	52.31	49.70	52.79	50.09	47.74	44.15
石化工业	14.22	11.23	11.24	10.84	10.48	10.00	9.25	8.29
有色工业	9.47	9.32	9.39	9.70	9.27	9.22	8.53	7.94

续表

行业	2010	2011	2012	2013	2014	2015	2016	2017
电力工业	7.33	5.69	5.88	5.94	8.62	7.99	8.12	8.06
冶金工业	6.31	5.39	5.68	5.48	5.00	4.21	3.83	3.71
机械工业	7.77	6.63	6.21	6.25	5.98	5.85	5.87	5.57
食品工业	7.22	6.02	6.12	6.23	6.00	5.78	5.49	4.84
煤炭工业	8.14	6.17	7.79	5.26	7.44	7.04	6.65	5.75
工业增加值（亿元）	1 261.03	1 656.33	1 742.74	1 789.70	1 821.10	1 447.10	1 345.46	1 404.36
石化工业	416.42	560.08	559.90	543.30	639.89	506.64	528.20	588.72
有色工业	188.79	265.93	316.14	330.20	301.08	223.96	194.90	200.99
电力工业	155.38	214.69	167.52	178.80	205.34	221.31	206.40	222.51
冶金工业	141.83	210.70	191.25	193.30	163.96	73.66	29.00	69.29
机械工业	120.45	107.83	123.92	147.50	146.53	96.36	87.20	64.72
食品工业	140.76	171.32	217.50	246.10	255.07	242.42	214.56	186.42
煤炭工业	97.40	125.78	166.51	150.50	109.20	82.78	85.20	71.72
年末资产总计（亿元）	5 914.27	6 966.08	8 198.94	9 310.82	10 067.34	10 490.42	10 788.19	10 656.62
石化工业	1 153.75	1 307.19	1 530.75	1 644.82	1 725.16	1 529.98	1 559.02	1 585.04
有色工业	1 304.61	1 611.04	1 997.91	2 284.22	2 318.42	2 706.42	2 679.76	2 607.78
电力工业	1 406.15	1 596.94	1 774.02	2 047.99	2 378.45	2 609.42	2 824.36	3 010.97
冶金工业	876.53	1 202.28	1 364.65	1 563.52	1 642.38	1 371.29	1 336.82	1 347.10
机械工业	422.00	431.23	493.78	596.99	731.53	812.55	935.03	847.90
食品工业	459.14	437.03	593.38	682.80	754.07	831.42	854.58	741.89
煤炭工业	292.09	380.37	444.45	490.47	517.33	629.34	598.62	515.94
负债合计（亿元）	3 730.53	4 520.10	5 199.08	6 068.26	6 498.37	7 025.64	7 300.99	7 116.54
石化工业	623.47	679.57	819.80	949.28	978.42	869.39	896.71	853.19
有色工业	776.93	1 014.46	1 187.08	1 474.51	1 488.21	1 885.77	1 846.62	1 749.42
电力工业	1 085.08	1 232.27	1 332.55	1 546.28	1 756.98	1 938.27	2 137.66	2 266.88
冶金工业	558.11	867.72	996.94	1 077.78	1 135.58	996.66	1 011.98	1 028.19
机械工业	257.63	255.33	289.48	359.09	446.16	529.47	625.48	567.49
食品工业	246.02	230.58	295.70	353.05	361.61	419.38	410.84	377.72
煤炭工业	183.29	240.17	277.54	308.27	331.41	386.70	371.70	273.65
利润总额（亿元）	201.07	234.39	249.16	237.11	188.00	−151.15	25.27	141.94
石化工业	76.62	68.78	127.30	136.39	113.26	−4.03	8.35	43.59
有色工业	48.71	68.05	31.75	14.57	1.47	−61.80	−4.12	53.60
电力工业	1.02	0.04	12.35	31.15	20.24	−5.93	−27.45	−7.26

续表

行业	2010	2011	2012	2013	2014	2015	2016	2017
冶金工业	19.69	26.31	6.42	−7.81	−9.45	−110.43	13.95	-1.90
机械工业	14.11	18.85	16.54	11.48	15.64	12.23	12.37	-0.93
食品工业	21.40	22.00	31.91	36.44	43.68	32.48	34.30	26.88
煤炭工业	19.53	30.36	22.90	14.88	3.16	−13.67	−12.13	27.96
利税总额（亿元）	562.32	654.31	706.09	677.00	714.08	369.47	510.29	694.60
石化工业	253.38	283.21	363.08	358.65	380.73	284.58	269.24	344.87
有色工业	73.85	98.97	66.49	38.46	43.90	−23.43	30.67	115.14
电力工业	20.51	29.81	47.26	64.42	53.63	15.25	−7.97	6.98
冶金工业	43.08	54.90	27.06	9.41	17.94	−92.01	40.79	22.38
机械工业	31.21	32.79	26.74	20.22	24.81	21.04	23.78	3.19
食品工业	98.81	95.13	122.92	143.87	164.53	159.38	148.15	144.73
煤炭工业	41.48	59.50	52.54	41.97	28.54	4.66	5.63	57.32
工业销售产值（亿元）	4 374.87	5 483.02	5 949.77	6 660.96	6 980.52	6 094.03	5 654.59	5 280.10
石化工业	1 439.23	1 959.09	1 969.96	1 936.77	1 930.05	1 540.48	1 454.83	1 329.30
有色工业	857.43	1 026.45	1 178.52	1 324.03	1 497.54	1 537.34	1 617.47	1 679.85
电力工业	508.02	619.99	732.80	806.12	776.39	737.19	685.45	765.96
冶金工业	616.00	854.87	815.67	1 024.48	1 144.96	772.44	377.53	390.08
机械工业	408.76	356.93	414.05	569.82	552.85	480.69	487.63	357.27
食品工业	373.41	440.03	587.42	698.25	771.12	782.17	782.06	537.46
煤炭工业	172.01	225.66	251.35	301.48	307.61	243.72	249.62	220.17

4.4 宁夏制造业服务化转向存在的问题及原因

宁夏经济起步较晚、发展较慢，但在西部大开发后，经济发展势头良好，产业结构失衡得到了一定改善。凭借地理、气候和资源优势，第一产业一直是宁夏的优势产业，1995—2014年宁夏第一产业产值从35.41亿元增长到216.92亿元，2018年达到279.85亿元。第一产业产值虽然有所提高，但对GDP的贡献率由20%降到7.8%，2018年只有7.6%。第二产业基础薄弱，起步较晚，产业类型以高污染、高耗能的重工业和能源行业为主。1995—2014年第二产业的产值从74.67亿元增长到1 352.75亿元，2018年达到1 650.26亿元，对CDP的贡献率由42%增长到48.9%，随后几年稍微下降，2018年降到44.5%。第三产业一直是宁夏重点发展的产业，但产业规模和产业比重提升较慢，其增速逐年下降，总量偏小。传统服务业占第三产业比重较高，生产性服务业和现代服务业增速较慢。1995—2014年第三产业产值从65.1亿元增长到1 197.09亿元，2018年达到1 775.07亿元，对CDP的贡献率一直稳定增长,由 37% 增长到 43.3%,2018 年增长到 47.9%。

4.4.1　创新能力不强

一是宁夏研发投入不足。研发投入是企业创新的必要条件。宁夏多数企业对创新不够重视,尚未形成研发投入持续增长的机制。企业偏向于扩大生产规模以获取短线利润,对企业的长远发展缺少谋划。宁夏规模以上工业企业中,有科研平台的企业不足 20%。2016 年,宁夏 R&D 经费为 29.9 亿元, R&D 投入强度为 0.95%,而北京市 R&D 投入强度高达 5.96%; 2017 年,宁夏 R&D 经费为 38.9 亿元, R&D 投入强度为 1.13%,而北京市 R&D 投入强度为 5.64%。

二是创新人才短缺。目前,宁夏科技人才不足,人才总体质量相对偏低,高层次人才匮乏,宁夏高层次人才仅占人才总量的 0.28%。学科技术带头人和领军人才奇缺,严重影响宁夏科技创新能力的提升。

4.4.2　实体经济水平有待提升

制造业是实体经济的主体,是推动经济发展、改善人民生活的根本所在。以宁夏装备制造业为例,截至 2018 年底,宁夏共有规模以上装备制造企业 157 家,形成了以数控机床、铸件铸造、仪器仪表、矿山机械、电工电气、高端轴承、新能源装备为主的产业结构,培育了共享集团、吴忠仪表、小巨人机床、西北轴承和天地奔牛等一批骨干企业。但是,发展壮大宁夏装备制造业,还面临以下现实困境:一是技术装备水平低,目前宁夏装备制造企业生产设备自动化水平低,数控化率仅为 35%,与全国平均水平还有较大差距;二是产业协作配套能力差,目前宁夏装备制造业尚未形成专业化分工、社会化配套的服务体系,仅有的几个成套设备制造,大部分核心技术和关键零部件要在国外或区外配套;三是行业质量效益急需提高,宁夏装备制造业生产效率较低、核心竞争力不强、缺少高端产品,目前宁夏装备制造业工业增加值率仅为 22.5%,低于全国平均水平 4.5 个百分点,国家级企业技术中心只有 7 家,自治区级企业技术中心 21 家。

4.4.3　生态环境保护任务依然艰巨

宁夏生态保护与建设的总体形势良好,但经济建设与生态保护的矛盾逐步凸显,环境承载能力仍然较低,生态脆弱的瓶颈依然存在。宁夏南部水土流失、中部土地沙化和草地退化、沿黄湿地水体污染、引黄灌区土壤污染和次生盐渍化等生态问题,依然是制约宁夏制造业高速发展的重要因素。一是水土流失依然严重。宁夏水土流失面积达 1.96 万平方千米。尚有 250 万亩陡坡耕地和严重沙化耕地,水土流失和风沙危害严重,是重要的风沙源区和入黄泥沙策源地。二是草原保护形势依然严峻。宁夏 3 665 万亩天然草原中, 90% 以上存在着不同程度的退化,其中重度退化面积 1 346 万亩、沙化面积 1 177 万亩。同时,由于社会经济发展,征用占用草原日益增加,草原保护和持续利用形势严峻。三是水资源严重短缺。宁夏降水稀少,多年降水量约为 250 毫米,人均占有水量 197 立方米,仅为全国平均值的 1/12。

城镇化、工业化的快速发展对水资源的需求加大,使宁夏今后水资源供需矛盾更加凸显。四是森林生态功能较低。宁夏森林资源总量不足、质量不高,整体生态功能较弱。宁夏森林覆盖率低于全国平均水平,人均森林面积只有全国人均森林面积的 62%,人均森林蓄积量仅为全国人均森林蓄积量的 9.3%。

4.4.4 宁夏工业发展不稳定

宁夏第二产业基础薄弱、起步较晚,产业类型以高污染、高耗能的重工业和能源行业为主,第二产业发展中轻重工业比例失调,高污染、高能耗产业转型困难。2009—2018 年第二产业的产值从 662.32 亿元增长到 1 650.26 亿元,工业增加值占 GDP 的比重从 2.23% 下降到 0.76%;宁夏的第二产业占 GDP 比重相对较低,表明宁夏工业产业生产能力相对不足,尤其是装备制造业发展水平不高,生产规模小,技术水平有待提高。(见表 4-11)

表 4-11 宁夏工业发展对地区 GDP 及第二产业的贡献

年份	2009	2010	2011	2012	2013	2014	2015	2016	2017	2018
GDP(亿元)	1 353.31	1 689.65	2 102.21	2 341.29	2 565.06	2 752.10	2 911.77	3 168.59	3 443.56	3 705.18
第二产业增加值(亿元)	662.32	827.91	1 056.15	1 159.37	1 264.96	1 341.24	1 379.60	1 488.44	1 580.57	1 650.26
工业收入(亿元)	520.38	643.05	816.79	878.63	944.50	973.53	979.72	1 054.34	1 096.30	1 124.50
工业增加值(亿元)	30.24	122.67	173.74	61.84	65.87	29.03	6.19	74.62	41.96	28.20
GDP 增长速度(%)	23.20	24.85	24.42	11.37	9.56	7.29	5.80	8.82	8.68	7.60
工业总收入占 GDP 比重(%)	38.45	38.06	38.85	37.53	36.82	35.37	33.65	33.27	31.84	30.35
工业增加值占第二产业增加值比重(%)	4.57	14.82	16.45	5.33	5.21	2.16	0.45	5.01	2.65	1.71
工业增加值占 GDP 比重(%)	2.23	7.26	8.26	2.64	2.57	1.05	0.21	2.35	1.22	0.76
工业收入增长速度(%)	6.17	23.57	27.02	7.57	7.50	3.07	0.64	7.62	3.98	2.57

数据来源:2010—2019 年《宁夏统计年鉴》和《中国统计年鉴》。

2012 年宁夏重工业总产值为 4 215.529 3 亿元,而轻工业的产值仅为 358.09 亿元,轻重工业的比例为 13.26 : 86.74;2018 年宁夏重工业总产值为 9 550.447 3 亿元,轻重工业的比例为 9.61 : 90.39。宁夏重工业主要以采掘和原材料作为支撑,科技水平偏低,产品的附加值低,企业的经济效益虽然比较高,但是这种依托能源的发展模式严重制约了宁夏经济的可持续发展。

2019 年宁夏全年全部工业增加值为 1 270.02 亿元，比 2018 年增长 7.4%，规模以上工业增加值增长 7.6%。在规模以上工业中，分轻重工业来看，轻工业增加值下降 5.1%，重工业增长 9.0%；分经济类型来看，国有控股企业增加值增长 7.6%，股份制企业增长 10.1%，国有企业增长 8.5%，外商及港澳台商投资企业下降 26.1%，私营企业增长 15.2%，非公有制工业增长 7.6%；分门类来看，采矿业增加值下降 1.4%，制造业增长 9.9%，电力、热力、燃气及水的生产和供应业增长 7.2%。

2019 年宁夏全年规模以上工业中，电力行业增加值增长 6.1%，化工行业增长 17.8%，冶金行业增长 4.7%，有色行业增长 0.9%，轻纺行业下降 4.6%，机械行业增长 17.4%，建材行业增长 4.0%，医药行业下降 11.5%，其他行业增长 12.8%，工业产品销售率为 98.0%。

2019 年末宁夏发电装机容量 5 295.9 万千瓦，比 2018 年末增长 12.3%。其中，火电装机容量 3 219.1 万千瓦，增长 13.2%；水电装机容量 42.6 万千瓦，与 2018 年持平；风电装机容量 1 116.1 万千瓦，增长 10.4%；太阳能发电装机容量 918.1 万千瓦，增长 12.5%。

2019 年宁夏全年规模以上工业企业实现利润 218.1 亿元，比 2018 年增长 10.0%。分经济类型来看，国有控股企业实现利润 74.0 亿元，增长 17.9%；股份制企业 172.2 亿元，增长 29.3%；外商及港澳台商投资企业 42.3 亿元，下降 25.8%。分门类来看，采矿业实现利润 31.3 亿元，下降 2.1%；制造业 126.8 亿元，增长 16.6%；电力、热力、燃气及水的生产和供应业 60.0 亿元，增长 4.1%。

4.4.5　服务业的带动作用不高

第三产业一直是宁夏重点发展的产业，但产业规模和产业比重提升较慢，其增速逐年下降，总量偏小，传统服务业占第三产业比重较高，生产性服务业和现代服务业增速较慢。2000—2018 年第三产业产值从 127.56 亿元增长到 1 775.07 亿元，贡献率由 43.2% 增长到 47.9%。

宁夏的第三产业以附加值比较低的批发零售业和住宿餐饮业为主，排在第二位的是交通运输、仓储和邮政业，这些都属于传统的简单服务业，技术含量低，竞争力弱，对经济的带动作用不强。

第二产业劳动力需求增长缓慢，增长比率逐年下降。宁夏第二产业发展近些年倾向于资本密集型、技术密集型产业。光伏产业、煤炭机械加工、中药回药研发、先进材料制造等产业受到政府的大力支持，再加上原有的能源型工业基础，宁夏的第二产业发展呈现出明显的资本深化的特性。第二产业资本深化必然对劳动力使用带来排斥，如果按照目前的产业发展趋势来看，第二产业并不能创造大量农村转移劳动力的工作岗位。

4.5 陕甘宁地区制造业服务化转向存在的问题及原因

4.5.1 对制造业服务化及服务化战略的认识不够

中国制造业提供的服务种类比较齐全,与国际发展趋势基本一致。根据中国机械工业联合会2009年的调查,中国制造企业开展比较多的业务类型主要是研究、开发、试验等专业化技术服务,检测、维修以及零部件定制等服务,工程总承包、交钥匙工程、整体解决方案,第三方物流、供应链管理优化,同时也提供会展培训、电子商务、咨询服务等,其中研发设计和试验是最为主要的服务,在80个有效样本企业中占到45家,与国际发展趋势基本一致。近几年来,陕甘宁地区制造业企业开始逐渐重视制造业服务化的发展,在装备制造以及电子信息领域涌现出了大量的制造业服务化的企业。但是,这些企业对专业化分工合作的意识淡薄,对生产性服务的需求仍以传统服务为主,缺乏专业的现代服务,对制造业服务化发展的思路不够清晰,力度也不够。此外,由于陕甘宁地区制造业服务化起步比较晚,一些政府部门对制造业服务化认识不够清晰,把服务型制造业和生产性服务业同等看待,对制造业服务化仍缺乏完善的政策支持,许多生产性服务企业财税优惠力度不足。

目前,尽管陕甘宁地区许多制造企业也提供服务业务,如绝大部分企业都提供产品售后维修服务,但是大部分企业仅把售后维修服务作为产品促销的手段,几乎是免费或低价提供。根据中国机械工业联合会的调查,制造企业服务收入占销售收入的比重平均为3%左右。企业对于制造业服务化的认识还处在起步阶段,对于制造业服务化转型的战略意义缺乏充分的认识,对服务化转型过程中的新格局、新的商业模式还有畏难情绪。制造业服务化需要品牌、技术、人才、渠道、客户等各种无形资产和知识资产的支持,但是中国制造业的核心能力不足。以品牌为例,在2010年世界最佳品牌百强中,美国拥有51个、欧洲拥有38个,而中国没有品牌入围。长期以来,中国对服务业的发展重视不足,加之服务业本身的“成本病”,使中国服务业生产率明显低于制造业,制造业相对服务业具有“比较收益”。

4.5.2 制造业服务化的人才、技术支撑不足

在制造业服务化发展过程中,需要既熟悉制造又熟悉服务、既精通生产又精通管理的复合型人才。

首先是服务化的外部条件不足。目前,陕甘宁地区制造业服务化水平比较低的一个主要原因就是外部条件不足。第一,市场体系不够完善,监管不健全。与制造业相比,服务业对法律环境、信用体系的依赖程度较高,对于金融、商业、物流等领域的开放程度要求会更高。但是,陕甘宁地区在这些领域仍然存在改革滞后的问题,市场体系不够完善、行业监管体系不健全以及知识产权得不到有效的保护。第二,从政府的扶持政策来看,相关政策措施明显具有制造业的特点,在针对制造业服务化发展的技术、税收、投融资等方面的支持力度还不够强。

其次是制造业服务化的商业模式创新比较匮乏。制造业服务化的发展需要商业模式的

不断创新，目前陕甘宁地区制造业服务化企业的服务创新是以内源式创新为主，偏向于技术和产品的创新，有关技术等有形产品创新的税收优惠政策比较多，而服务业领域特别是生产性服务业创新的优惠政策相对比较少，致使制造业服务化的商业模式创新比较匮乏，这在一定程度上也会制约陕甘宁地区制造业服务化的进一步发展。

再次是陕西现代服务业发展缓慢。从第三产业内部来看，传统产业占比较高，现代服务业发展较慢。2018 年，陕西省交通运输、仓储和邮政业、批发零售业和住宿餐饮业占第三产业比重达 32.0%，较安徽省高 5.9 个百分点。与 2015 年相比，陕西省与安徽省第三产业总量上的差距由 1260 亿元拉大至 3 076 亿元，主要是金融业增加值差距拉大 471 亿元，房地产业差距拉大 788 亿元，其他服务业差距拉大 1 758 亿元，而交通运输、仓储和邮政业、批发零售业和住宿餐饮业差距仅为 59 亿元。现代服务业规模小、占比低、发展慢，产业升级优化亟待突破。一是新动能规模较小。尽管近年来陕西省战略性新兴产业、高技术产业、装备制造业等新兴动能较快增长，但陕西省战略性新兴产业增加值占地区生产总值比重仅为 10.8%，规模以上工业高技术产业、装备制造业增加值也仅分别占规模以上工业增加值的 9.7% 和 17.2%，新动能规模不大，在经济中的占比较小，对经济增长的带动作用有限。二是创新驱动有待加强。陕西省的中央单位研发实力强大，而地方单位研发实力相对弱小，这种不协调的结构带来科学技术与陕西省经济发展的融合度较低，导致科技成果转换率偏低。虽陕西省技术市场成交额排全国前列，但新产品研发产出效率较低。陕西省新产品销售收入为新产品开发经费支出的 8.4 倍，比全国低 5.8，居全国第 30 位。

最后是战略性新兴服务业发展不足。2018 年，与规模以上服务业稳步增长形成反差的是战略性新兴服务业发展不足，主要体现在以下方面。一是战略性新兴服务业占比较低。2018 年，陕西省战略性新兴服务业单位数占规模以上服务业单位数的比重只有 22.9%，比全国平均水平低 4.5 个百分点；营业收入占规模以上服务业的 25.3%，比全国低 0.8 个百分点。陕西战略性新兴服务业单位数占全国单位数比重为 1.7%，比规模以上服务业低 0.4 个百分点；战略性新兴服务业营业收入占全国的 1.8%，比规模以上服务业低 0.1 个百分点。二是现代服务业增速较低。2018 年，陕西省信息传输、软件和信息技术服务业，房地产业（不含房地产开发经营），租赁和商务服务业，科学研究和技术服务业，教育，卫生和社会工作，文化、体育和娱乐业等现代服务业企业完成营业收入 2 215.46 亿元，同比增长 15.6%，增速比规模以上服务业低 1 个百分点，比传统服务业低 1.6 个百分点。三是陕西省生产性服务业发展缓慢。2018 年，规模以上服务业中交通运输、仓储和邮政业，信息传输、软件和信息技术服务业，租赁和商务服务业，科学研究和技术服务业，水利、环境和公共设施管理业等生产性服务业完成营业收入 3 306.9 亿元，占全部规模以上服务业营业收入比重超过九成，达到 90.7%，同比增长 16%，增速比规模以上服务业低 0.6 个百分点，比生活性服务业低 6.9 个百分点，生产性服务业发展缓慢。

4.5.3 陕甘宁地区第一、二、三产业之间产业结构不合理

陕甘宁地区结构性和体制性问题并存，主导产业趋同是制约陕甘宁地区经济发展缓慢

的重要因素之一。

2009 年陕甘宁地区第一、二、三产业占 GDP 的比重构成为 11：50：39，2018 年全国三次产业构成为 7.2：40.7：52.2，甘肃三次产业构成为 11.17：33.89：54.94；宁夏三次产业构成为 7.6：44.5：47.9；陕西三次产业构成为 3.5：50.2：46.3。2009—2018 年陕甘宁地区 GDP 一直处于增加趋势，2009 年 GDP 是 12 910.67 亿元，2018 年为 36 389.57 亿元，增加了 23 478.9 亿元，增加了 1.82 倍。第一产业一直处于增加趋势，2009 年第一产业实现 1 413.94 亿元收入，2018 年为 3 031.34 亿元，增加了 1617.4 亿元；第二产业一直处于增加趋势，2009 年第二产业实现 6425.98 亿元收入，2018 年为 16 602.41 亿元，增加了 10 176.61 亿元；第三产业一直处于增加趋势，2009 年第三产业实现 5 070.75 亿元收入，2018 年为 16 755.82 亿元，增加了 11 685.07 亿元。（见表 4-12）

表 4-12　陕甘宁三次产业结构变动与比重

年份	2009	2010	2011	2012	2013	2014	2015	2016	2017	2018
GDP（亿元）	12 910.67	15 933.88	19 634.88	22 445.17	24 878.28	27 278.86	27 723.95	29 768.55	32 802.27	36 389.57
第一产业（亿元）	1 413.94	1 747.02	2 083.79	2 350.06	2 628.4	2 682.69	2 789.48	2 918.84	2 851.82	3 031.34
第二产业（亿元）	6 425.98	8 258.98	10 369.57	11 833.33	12 997.64	13 844.93	12 956.5	13 494.72	15 025.24	16 602.41
第三产业（亿元）	5 070.75	5 927.88	7 181.52	8 261.78	9 252.24	10 751.24	11 977.97	13 354.99	14 925.21	16 755.82
第一产业占 GDP 比重（%）	11	11	11	10	11	10	10	10	9	8
第二产业占 GDP 比重（%）	50	52	53	53	52	51	47	45	46	46
第三产业占 GDP 比重（%）	39	37	37	37	37	39	43	45	46	46

资料来源：2010—2019 年《陕西统计年鉴》《甘肃统计年鉴》和《宁夏统计年鉴》。

陕甘宁地区第一产业占 GDP 的比重逐渐下降，从 2009 年第一产业占 GDP 的比重 11% 下降到 2018 年的 8%，下降了 3 个百分点；第二产业占 GDP 的比重，2009 年是 50%，2011 年和 2012 年均是 53%，2013 年后逐年下降，2016 年下降到 45%，2017 年又上升到 46%；第三产业占 GDP 的比重，2009 年是 39%，2010—2013 年维持在 37%，后面继续上升，2017 年和 2018 年上升到 46%，与第二产业占 GDP 的比重一样。因为陕甘宁地区三次产业占 GDP 的比重构成 2009 年为 11：50：39，2018 年三次产业占 GDP 的比重构成为 8：46：46，所以第二产业生产总值中占主导地位，产业结构不合理。（见表 4-12、图 4-5）

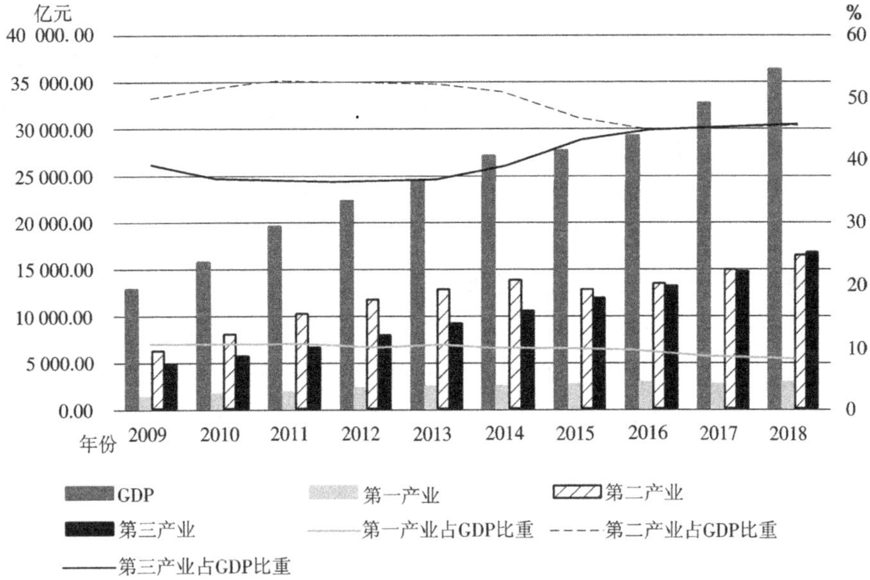

图 4-5　2009—2018 年陕甘宁地区三次产业结构变动图

表 4-13　全国三次产业结构比重(%)

年份	2009	2010	2011	2012	2013	2014	2015	2016	2017	2018
第一产业	9.6	9.3	9.2	9.1	8.9	8.6	8.4	8.1	7.5	7
第二产业	46	46.5	46.5	45.4	44.2	43.1	40.8	39.6	39.9	39.7
第三产业	44.4	44.2	44.3	45.5	46.9	48.3	50.8	52.4	52.7	53.3

资料来源:2009—2019 年《中国统计年鉴》。

由表 4-12、表 4-13 和图 4-5 可以看出,2009—2018 年,陕甘宁三个地区的三次产业比例相似,第一产业占 GDP 比重十年间平均为 10.1%,高于全国第一产业占 GDP 的平均比重 8.57%;陕甘宁三个地区第二产业占 GDP 的比重平均是 49.5%,高于全国平均的 43.17%;陕甘宁三个地区第三产业占 GDP 的比重平均是 40.6%,低于全国平均的 48.28%;陕甘宁地区着重发展第二产业,而对第三产业的发展重视不够。

4.5.4　陕甘宁地区第二产业占主导,且重工业占比大

2009 年以来,全国工业发展情况如下: 2009 年第二产业增加值为 154 762.2 亿元, 2018 年第二产业增加值为 469 574.6 亿元, 10 年间第二产业增加值增加了 314 812.4 亿元; 2009 年实现工业收入 138 095.5 亿元, 2018 年实现工业收入 305 160.2 亿元, 10 年间工业收入增加 167 064.7 亿元; 2009 年工业增加值为 6 367.90 亿元, 2015 年工业增加值最低只有 2 649.90 亿元, 2016 年工业增加值增加到 11 371.40 亿元, 2017 年工业增加值为 30 450.50 亿元, 2018 年为 26 832.00 亿元, 10 年间工业增加值增加了 937.15 亿元;工业总收入占 GDP 比重, 2009 年为 39.62%, 2010 年为 40.07%,之后一直处于下降趋势, 2018 年降至 33.90%;

工业增加值占 GDP 比重,2009 年为 1.83%,2015 年最低只有 0.39%,2018 年为 2.98%,10 年间工业增加值占 GDP 比重增加了 1.15 个百分点;2009 年工业收入增长速度为 4.83%,2015 年工业收入增长速度只有 1.13%,2018 年工业收入增长速度为 9.64%,10 年间工业收入增长速度增加了 4.81 个百分点。

2019 年全国全部工业增加值为 317 109 亿元,比 2018 年增长 5.7%,规模以上工业增加值增长 5.7%。在规模以上工业中,分经济类型来看,国有控股企业增加值增长 4.8%,股份制企业增长 6.8%,外商及港澳台商投资企业增长 2.0%,私营企业增长 7.7%;分门类来看,采矿业增长 5.0%,制造业增长 6.0%,电力、热力、燃气及水的生产和供应业增长 7.0%。2019 年全年规模以上工业中,农副食品加工业增加值比 2018 年增长 1.9%,纺织业增长 1.3%,化学原料和化学制品制造业增长 4.7%,非金属矿物制品业增长 8.9%,黑色金属冶炼和压延加工业增长 9.9%,通用设备制造业增长 4.3%,专用设备制造业增长 6.9%,汽车制造业增长 1.8%,电气机械和器材制造业增长 10.7%,计算机、通信和其他电子设备制造业增长 9.3%,电力、热力生产和供应业增长 6.5%。

当前,陕甘宁地区制造业发展进入工业化中后期加速发展阶段,经济结构过"重",采掘业、重型制造业比重太大,由于羊群效应的存在,盲目效仿导致一些企业出现比例较高的产业同构现象。整个地区的经济发展基本靠工业来支撑,工业所占比重远远高于全国三次产业结构比例关系中的工业所占比重。2009 年全国三次产业构成为 9.6∶46.0∶44.4,甘肃第二产业占 GDP 比重为 45.76%,宁夏为 48.9%,陕西 52.1%,都不同程度地高于全国平均数(44.4%)。全国三次产业结构比重,其中第一产业结构比重 2009—2018 年十年间不断下降,从 2009 年的 9.6% 下降到 2018 年的 7%;第二产业所占比重也是不断下降,从 2009 年的 46% 下降到 2018 年的 39.7%;第三产业所占比重不断上升,从 2009 年的 44.4% 上升到 2018 年的 53.3%;陕甘宁地区的三次产业结构变动和全国三次产业结构变动趋势一样,但总体来说第二产业结构所占比重高于全国水平。(见表 4-14、图 4-6 至图 4-9)

表 4-14 2012—2017 年陕甘宁地区规模以上企业轻重工业情况(单位:亿元)

省份	项目	2012 年	2013 年	2014 年	2015 年	2016 年	2017 年	2018 年
陕西	总资产	20 591.16	22 443.11	24 371.44	26 393.17	28 939.56	30 642.94	32 432.48
	轻工业	1 533.43	1 730.19	2 113.55	2 430.50	2 814.71	3 143.38	3 342.39
	重工业	19 057.74	20 712.92	22 257.89	23 962.67	26 124.86	27 499.57	29 090.10
	轻工业比重	7.45	7.71	8.67	9.21	9.73	10.26	10.31
	重工业比重	92.55	92.29	91.33	90.79	90.27	89.74	89.69
甘肃	总资产	9 146.01	10 422.52	11 348.25	11 918.33	12 263.36	12 312.42	12 148.64
	轻工业	999.92	1 114.85	1 275.67	1 425.46	1 502.77	1 321.48	1 317.63
	重工业	8 146.09	9 307.67	10 072.57	10 492.87	10 760.58	10 990.94	10 831.01
	轻工业比重	10.93	10.70	11.24	11.96	12.25	10.73	10.85
	重工业比重	89.07	89.30	88.76	88.04	87.75	89.27	89.15

续表

省份	项目	2012 年	2013 年	2014 年	2015 年	2016 年	2017 年	2018 年
宁夏	总资产	4 860.19	5 654.60	6 976.46	7 801.07	8 521.18	9 495.50	10 566.03
	轻工业	644.66	733.22	985.98	1 121.43	1 180.66	1 135.35	1 015.59
	重工业	4 215.53	4 921.37	5 990.48	6 679.64	7 340.52	8 360.15	9 550.45
	轻工业比重	13.26	12.97	14.13	14.38	13.86	11.96	9.61
	重工业比重	86.74	87.03	85.87	85.62	86.14	88.04	90.39
陕甘宁	总资产	34 597.36	38 520.23	42 696.15	46 112.58	49 724.09	52 450.86	55 147.16
	轻工业	3 178.01	3 578.26	4 375.21	4 977.39	5 498.14	5 600.21	5 675.60
	重工业	31 419.35	34 941.97	38 320.94	41 135.18	44 225.95	46 850.65	49 471.55
	轻工业比重	9.19	9.29	10.25	10.79	11.06	10.68	10.29
	重工业比重	90.81	90.71	89.75	89.21	88.94	89.32	89.71

资料来源:2013—2019 年《陕西统计年鉴》《甘肃统计年鉴》和《宁夏统计年鉴》

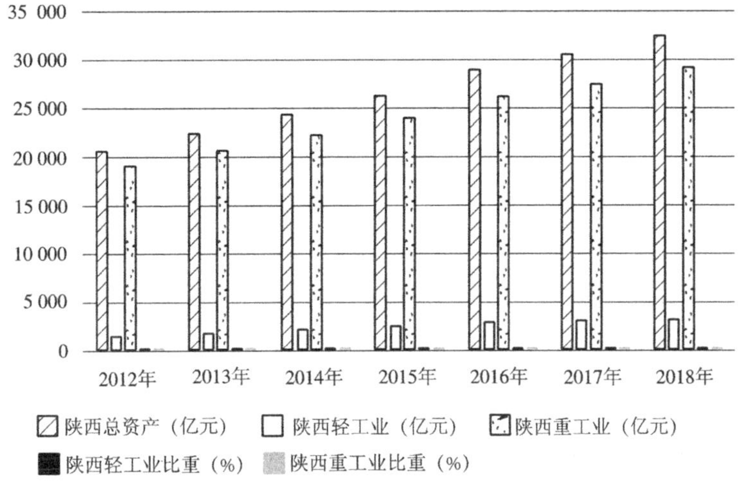

图 4-6　2012—2018 年陕西规模以上企业轻重工业比重

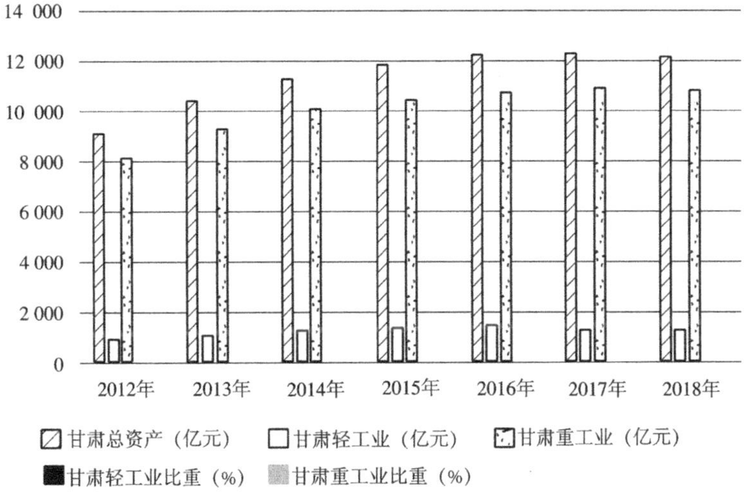

图 4-7　2012—2018 年甘肃规模以上企业轻重工业比重

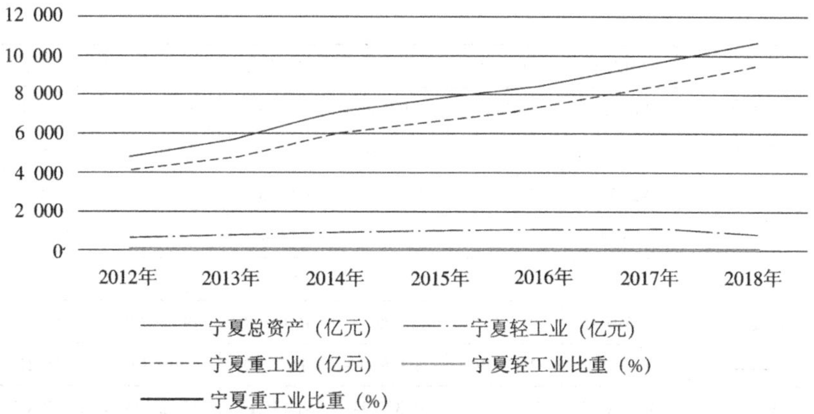

图 4-8 2012—2018 年宁夏规模以上企业轻重工业比重

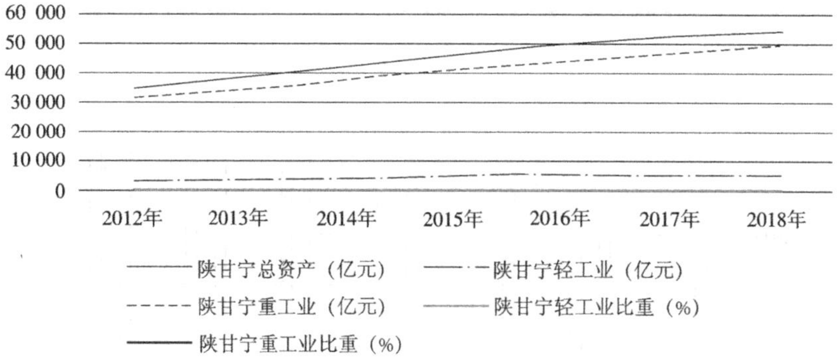

图 4-9 2012—2018 年陕甘宁地区规模以上企业轻工业比重

4.5.5 陕甘宁地区 DGP 增长率总体处于下降趋势

如图 4-10 所示，2009 年全国 DGP 增长率为 9.17%，2010 年增加到 18.25%，2011 年增长速度最快为 18.40%，随后 DGP 增长率处于下降趋势，2015 年最低只有 6.97%，随着经济的恢复，2018 年 DGP 增长率达到 9.69%；陕甘宁地区 2009 年 DGP 增长率为 16.04%，2015 年最低只有 1.63%，随后 2017 年为 10.19%，2018 年达到 10.94%，高于全国 DGP 增长率 1.25 个百分点；2009 年陕西 DGP 增长率为 19.24%，2010 年上升到 23.91%，随后一直处于下降趋势，2015 年降到最低只有 1.88%，2017 年上升到 12.88%，2018 年又降到 11.60%；甘肃 2009 年 DGP 增长率只有 6.66%，比全国 DGP 增长率低了 2.51 个百分点，2015 年更是降到最低只有 -0.68%，2018 年增加到 10.54%；宁夏 2009 年 DGP 增长率很高达到 23.20%，2010 年为 24.85%，之后处于下降趋势，2015 年最低只有 5.8%，2017 年增加到 8.68%，但是 2018 年又下降到 7.6%。

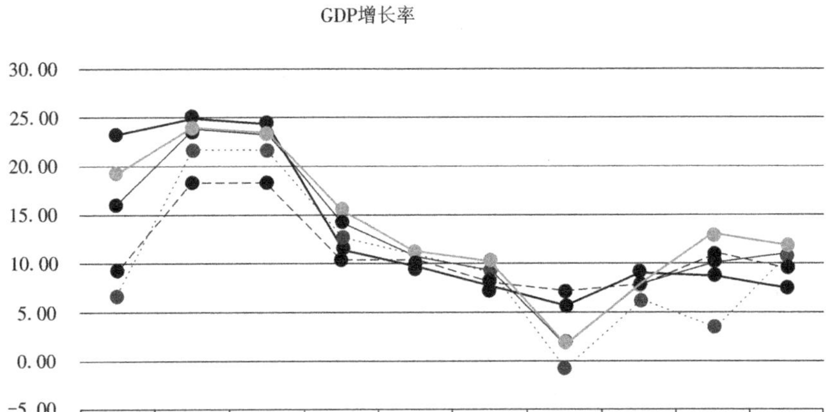

	2009年	2010年	2011年	2012年	2013年	2014年	2015年	2016年	2017年	2018年
陕甘宁	16.04	23.42	23.23	14.31	10.84	9.65	1.63	7.37	10.19	10.94
陕西	19.24	23.91	23.60	15.52	11.01	10.25	1.88	7.64	12.88	11.60
甘肃	6.66	21.64	21.83	12.55	10.93	9.07	-0.68	6.04	3.60	10.54
宁夏	23.20	24.85	24.42	11.37	9.56	7.29	5.80	8.82	8.68	7.60
全国	9.17	18.25	18.40	10.38	10.10	8.15	6.97	7.88	10.90	9.69

陕甘宁 陕西 甘肃 宁夏 全国

图 4-10 2009—2018 年陕甘宁地区 GDP 增长率(%)

4.5.6 陕甘宁地区 2014—2017 年地区工业污染治理情况

如表 4-15、表 4-16、图 4-11 所示，工业污染治理完成投资包括治理废水、废气、固体废物、噪声和其他。2014 年陕西工业污染治理完成投资 334 478 万元，甘肃 176 244 万元，宁夏 272 967 万元；2015 年陕西工业污染治理完成投资 279 915 万元，甘肃 40 526 万元，宁夏 104 318 万元；2016 年陕西工业污染治理完成投资 194 913 万元，甘肃 109 742 万元，宁夏 242 101 万元；2017 年陕西工业污染治理完成投资 172 274 万元，甘肃 74 957 万元，宁夏 85 551 万元。工业污染治理完成投资 2014 年最高，2000 年最低；治理废气也是 2014 年最多，2000 年最少；2000—2017 年全国工业污染治理完成投资情况如下：2000 年 2 347 895 万元，2005 年 4 581 909 万元，2006 年 4 839 485 万元，2007 年 5 523 909 万元，2008 年 5 426 404 万元，2009 年 4 426 207 万元，2010 年 3 969 768 万元，2011 年 4 443 610 万元，2012 年 5 004 573 万元，2013 年 8 496 647 万元，2014 年 9 976 511 万元，2015 年 7 736 822 万元，2016 年 8 190 041 万元，2017 年 6 815 345 万元。

表 4-15 2014—2017 年地区工业污染治理(单位:万元)

年份	省份	工业污染治理完成投资	治理废水	治理废气	治理固体废物	治理噪声	治理其他
2014	陕西	334 478	23 732	255 980	2 306	498	51 962
	甘肃	176 244	19 548	137 981	230		18 485
	宁夏	272 967	30 829	219 777	14 840		7 522

续表

年份	省份	工业污染治理完成投资	治理废水	治理废气	治理固体废物	治理噪声	治理其他
2015	陕西	279 915	26 875	172 682	1 690	750	77 919
	甘肃	40 526	5 703	23 862	40	200	10 721
	宁夏	104 318	15 719	83 045	3 433		2 121
2016	陕西	194 913	18 884	147 196	2 302	1 036	15 495
	甘肃	109 742	34 162	56 999	10 732	10	7 839
	宁夏	242 101	36 037	178 048	4 206	69	23 741
2017	陕西	172 274	21 936	110 400	1 322	263	38 353
	甘肃	74 957	4 749	32 296	50		37 862
	宁夏	85 551	12 801	71 115			1 635

资料来源:2015——2018 年《陕西统计年鉴》《甘肃统计年鉴》和《宁夏统计年鉴》。

表 4-16　2000—2017 年全国工业污染治理(单位:万元)

年份	工业污染治理完成投资	治理废水	治理废气	治理固体废物	治理噪声	治理其他
2000	2 347 895	1 095 897	909 242	114 673	13 692	214 390
2005	4 581 909	1 337 147	2 129 571	274 181	30 613	810 396
2006	4 839 485	1 511 165	2 332 697	182 631	30 145	782 848
2007	5 523 909	1 960 722	2 752 642	182 532	18 279	609 738
2008	5 426 404	1 945 977	2 656 987	196 851	28 383	598 206
2009	4 426 207	1 494 606	2 324 616	218 536	14 100	374 349
2010	3 969 768	1 295 519	1 881 883	142 692	14 193	620 021
2011	4 443 610	1 577 471	2 116 811	313 875	21 623	413 831
2012	5 004 573	1 403 448	2 577 139	247 499	11 627	764 860
2013	8 496 647	1 248 822	6 409 109	140 480	17 628	680 608
2014	9 976 511	1 152 473	7 893 935	150 504	10 950	768 649
2015	7 736 822	1 184 138	5 218 073	161 468	27 892	1 145 251
2016	8 190 041	1 082 395	5 614 702	466 733	6 236	1 019 974
2017	6 815 345	763 760	4 462 628	127 419	12 862	1 448 676

资料来源:2010—2018 年《陕西统计年鉴》《甘肃统计年鉴》和《宁夏统计年鉴》。

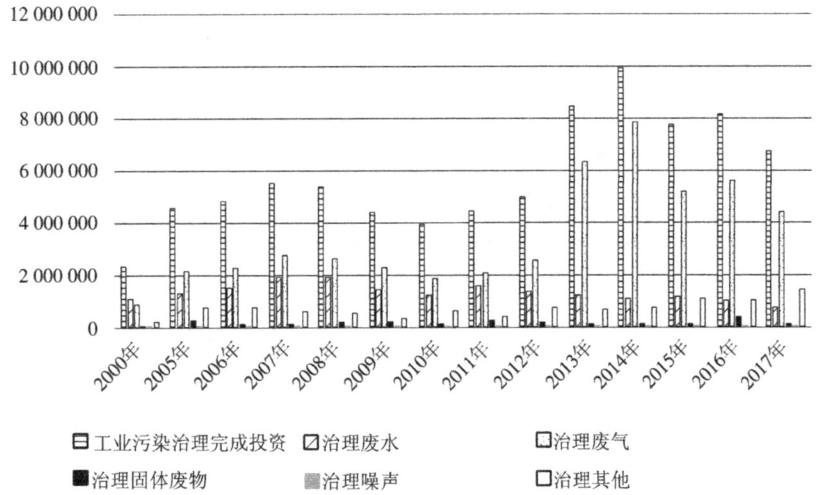

图 4-11　2000—2017 年全国工业污染治理(单位:万元)

4.5.7　技术创新能力薄弱

载人航天工程“神舟”系列的成功发射,以及“蛟龙号”研制和海试的成功,说明国内制造业的技术创新取得了显著的成效,但关键核心技术受制于人的局面仍没有得到彻底的扭转。关键零部件和高端设备基本上均依赖于向发达国家制造业进口获得,在生产过程中仍需要高价从国外购买发动机等关键部件的核心技术和专利;其中在中国研制的 C919 大型客机的发动机,均依靠从国外发达国家进口才能够实现整机生产制造;而重型燃气轮机中所需的关键材料和零部件,以及高温合金定向和单晶工作片也需依赖进口才能够实现生产;再者 2015 年国内集成电路进出口逆差超过 1 600 亿元,高端芯片中的核心技术无法突破,因而不得不被迫购买国外先进技术的专利授权。而如果一旦外资不提供这些东西给国内制造业,国内制造业就会因此而停产。与国外发达国家的制造业相比,国内制造业技术创新活力不够活跃和积极,目前还尚未将技术创新作为产业创新的主体,因此在参与国际主流渠道角逐时,能够展现出的高附加值产品就很少。由于基础研究是实现产业重大突破和创造出颠覆性创新成果的重要因素,因而需要加大基础研究的投入,如资本、人力等的增强,而这对产业素质和效率的改善具有重要的意义。同时,高等院校和科研院所与企业的不同利益导向,使彼此创新活动的过程和目的背向而驰,造成国内科研成果转化率较低,远不及发达国家的平均水平,而产学研合作创新的机制也尚未有效形成。

2019 年全国研究与试验发展(R&D)经费支出 21 737 亿元,比 2018 年增长 10.5%,占国内生产总值的比重为 2.19%,其中基础研究经费 1 209 亿元。国家科技重大专项共安排 234 个课题,国家自然科学基金共资助 45 192 个项目。截至 2019 年底,正在运行的国家重点实验室 515 个,累计建设国家工程研究中心 133 个,国家工程实验室 217 个,国家企业技术中心 1 540 家。国家科技成果转化引导基金累计设立 21 个子基金,资金总规模 313 亿元。国家级科技企业孵化器 1 177 家,国家备案众创空间 1 888 家。2019 年全年境内外专利申请 438.0 万件,比 2018 年增长 1.3%;授予专利权 259.2 万件,增长 5.9%; PCT 专利申请受理量为 6.1 万件。截至 2019 年底,有效专利 972.2 万件,其中境内有效发明专利 186.2 万件,每万人口发明专利拥有量 13.3 件。2019 年全年商标申请 783.7 万件,比 2018 年增长 6.3%;商标注册 640.6 万件,增长 27.9%。2019 年全年共签订技术合同 48.4 万项,技术合同成交金额 22 398 亿元,比 2018 年增长 26.6%。

2019 年成功完成 32 次宇航发射;长征五号遥三运载火箭和高分七号卫星成功发射,长征系列运载火箭发射突破 300 次大关;嫦娥四号探测器实现世界上首次月球背面软着陆和巡视探测。固体运载火箭海上发射圆满完成;北斗三号全球系统核心星座完成部署;雪龙 2 号首航南极;首艘国产航母正式列装。2019 年末全国共有国家质检中心 835 家,全国现有产品质量、体系和服务认证机构 596 个,累计完成对 72 万家企业的认证。2019 年全年制定、修订国家标准 2 021 项,其中新制定 1 448 项。2019 年全年制造业产品质量合格率为 93.86%。①

陕西 2012—2018 年 R&D 投入从 119.277 亿元增加到 216.555 4 亿元;甘肃 2012—2018 年 R&D 投入从 33.778 5 亿元增加到 47.615 1 亿元, 2016 年最高达到 50.922 8 亿元;宁夏 2012—2018 年 R&D 投入从 14.369 6 亿元增加到 36.991 亿元;陕甘宁地区 2012—2018 年 R&D 投入从 167.425 1 亿元增加到 301.161 5 亿元;陕西发明专利数量从 2017 年的 2 170 件增加到 2018 年的 4 436 件,增加了 2 266 件;甘肃发明专利数量从 2017 年的 544 件增加到 2018 年的 1 207 件,增加了 663 件;宁夏发明专利数量从 2017 年的 488 件增加到 2018 年的 929 件,增加了 441 件;陕甘宁地区发明专利数量从 2017 年的 3 202 件增加到 2018 年的 6 572 件,增加了 3 370 件。

陕西省 2019 年共签订各类技术合同 53 004 项,合同成交金额 1 467.83 亿元。其中,技术开发合同 16 407 项,成交金额 354.88 亿元;技术转让合同 679 项,成交金额 17.81 亿元;技术咨询合同 1 573 项,成交金额 13.63 亿元;技术服务合同 34 345 项,成交金额 1081.52 亿元。2019 年陕西省共申请专利 92 087 件,其中发明专利 34 812 件,实用新型专利 40 395 件,外观设计专利 16 880 件;共获授权专利 44 101 件,其中发明专利 9 843 件,实用新型专利 26 574 件,外观设计专利 7 684 件。2019 年末有效发明专利量 46 190 件,每万人口发明专利拥有量 12.043 件。②

2009 年全国的研究与试验发展(R&D)经费投入强度③(与国内生产总值之比)为 1.7%,陕西首次满足创新能力的要求是 2.32%,甘肃是 1.10%,宁夏是 0.77%,还远远达不到 2% 的要求;陕西 2012—2018 年研究与试验发展(R&D)经费投入强度分别为 0.825 2%、0.873 5%、0.908 4%、0.957 6%、0.950 6%、0.896 7%、0.886 1%;甘肃 2012—2018 年研究与试验发展(R&D)经费投入强度分别为 0.597 8、0.639 3、0.679 3、0.715 8、0.707 2、0.625 9、0.577 4;宁夏 2012—2018 年研究与试验发展(R&D)经费投入强度 0.613 7、0.653、0.677 7、0.688 4、0.756 2、0.845 3、0.998 4。通过这些数据可以看出,陕甘宁地区的技术创新能力不足。(见表 4-17 至表 4-20)

① 资料来源:《中华人民共和国 2019 年国民经济和社会发展统计公报》。

② 资料来源:《2019 年陕西省国民经济和社会发展统计公报》。

③ 根据世界银行统计,代表产业创新能力的指标即研究与试验发展(R&D)强度,创新型国家至少为 2% 的要求。

表 4-17　各地区按活动类型分 R&D 经费支出（2009 年）（单位：万元）

项目	经费支出	R&D			R&D 与 GDP 之比（%）
		基础研究	应用研究	试验发展	
全国	58 021 068	2 702 857	7 307 915	48 010 294	1.70
陕西	1 895 063	97 397	344 357	1 453 309	2.32
甘肃	372 612	59 999	91 132	221 482	1.10
宁夏	104 422	9 639	11 411	83 372	0.77

资料来源：SRC-1108。

表 4-18　2012—2018 年陕西按活动类型分 R&D 经费支出（单位：亿元）

年份	2012	2013	2014	2015	2016	2017	2018
GDP	14 453.68	16 045.21	17 689.94	18 021.86	19 399.59	21 898.81	24 438.32
R&D 经费支出	119.277	140.148	160.694 6	172.582 9	184.421 6	196.369 7	216.555 4
R&D 与 GDP 之比（%）	0.825 2	0.873 5	0.908 4	0.957 6	0.950 6	0.896 7	0.886 1

表 4-19　2012—2018 年甘肃按活动类型分 R&D 经费支出（单位：亿元）

年份	2012	2013	2014	2015	2016	2017	2018
GDP	5 650.20	6 268.01	6 836.82	6 790.32	7 200.37	7 459.90	8 246.07
R&D 经费支出	33.778 5	40.074 3	46.441	48.607 7	50.922 8	46.691 2	47.615 1
R&D 与 GDP 之比（%）	0.597 8	0.639 3	0.679 3	0.715 8	0.707 2	0.625 9	0.577 4

表 4-20　2012—2018 年宁夏按活动类型分 R&D 经费支出（单位：亿元）

年份	2012	2013	2014	2015	2016	2017	2018
GDP	2 341.29	2 565.06	2 752.10	2 911.77	3 168.59	3 443.56	3 705.18
R&D 经费支出	14.369 6	16.749 4	18.651 8	20.045 3	23.962 4	29.110 1	36.991
R&D 与 GDP 之比（%）	0.613 7	0.653	0.677 7	0.688 4	0.756 2	0.845 3	0.998 4

4.6　参考文献

[1]　马敬让. 陕西省制造业产业竞争力评价及发展对策研究 [D]. 西安：西安建筑科技大学，2010.

[2]　杜娇阳. 陕西省制造业竞争力研究 [D]. 西安：西安科技大学，2019.

[3]　乔珍. 生产性服务业对制造业竞争力提升的研究：以陕西省为例 [D]. 西安：陕西师范大学，2011.

[4]　何康. 我国制造业服务化对利用外资的影响研究 [D]. 长沙：湖南大学，2018.

[5] 商西静. 西北地区机械制造业上市公司效率评价及影响因素研究 [D]. 银川：宁夏大学，2014.
[6] 张艳. 西北地区新三板制造业上市公司融资效率分析 [D]. 银川：宁夏大学 2019.
[7] 郑璐. 西北地区制造业与生产性服务业的互动发展研究 [D]. 石河子：石河子大学，2018.
[8] 朱婷. 新常态下甘肃制造业结构变动与生产率增长研究 [D]. 兰州：西北师范大学，2017.
[9] 李潇潇. 制造业服务化的模式及其演进：基于价值共创视角 [D]. 鞍山：辽宁科技大学，2018.
[10] 胡立广. 制造业服务化对产业效率的影响研究 [D]. 天津：天津商业大学，2018.
[11] 李博雅. 制造业服务化对企业绩效的影响研究 [D]. 上海：上海社会科学院. 2018.
[12] 王思语. 制造业服务化对我国制造业产业升级的影响研究 [D]. 北京：对外经济贸易大学，2018.
[13] 韩雪. 制造业服务化对我国制造业出口结构的影响研究 [D]. 石家庄：河北经贸大学，2019.
[14] 鲍志强. 制造业服务化发展模式及支持技术研究 [D]. 西安：西安工程大学，2014.
[15] 王玉辉. 中国传统制造业的服务化转型机制研究 [D]. 大连：大连理工大学，2018.
[16] 蔡琨. 中国制造业服务化对行业出口竞争力的影响研究 [D]. 上海：华东政法大学，2018.
[17] 林琳. 中国制造业服务化水平及结构的比较研究 [D]. 广州：广东外语外贸大学，2019.
[18] 王常凯. 中国制造业新型化动态特征及收敛性研究 [D]. 南京：东南大学，2015.
[19] 闫永芳. 东北制造业服务化动因及其对绩效的影响研究 [D]. 长春：吉林大学，2018.
[20] 章冰. 服务市场开放对中国制造生产率的影研究 [D]. 南京：南京财经大学，2019.
[21] 朱禹衡. 甘肃省制造业集聚水平变化对经济增长的影响研究：基于 1995—2001 年数据 [D]. 兰州：兰州大学，2013.
[22] 张笛. 甘肃制造业集聚对经济增长的影响研究 [D]. 兰州：西北师范大学，2016.
[23] 许明珠. 基于灰色斜率关联的制造业服务化水平评价研究 [D]. 合肥：合肥工业大学，2018.
[24] 刘畅. 基于微笑曲线理论的制造业服务化成熟度评价研究 [D]. 哈尔滨：哈尔滨工程大学，2018.
[25] 李炎亭. 甘肃产业结构变动的碳排放效应研究 [D]. 兰州：兰州大学，2015.
[26] 李宏博. 甘肃工业生产效率研究 [D]. 兰州：西北师范大学，2012.
[27] 杜文胜. 甘肃省产业结构调整与升级 [D]. 兰州：兰州大学，2006.
[28] 李婷. 甘肃制造业要素配置效率的测度及影响因素研究 [D]. 兰州：西北师范大学，2017.

第 5 章　中国制造业服务化国际比较

信息技术革命的兴起与普及重塑了世界经济政治格局，经济全球化成为 21 世纪以来各国制造业企业面临的最大挑战与机遇。尤其是 20 世纪 80 年代服务经济时代率先在以美国为代表的发达国家开启，服务业在三大产业中所占比重在全球范围内稳步提升，从 1980 年的 56.5% 增长到 2014 年的 78.7%。并且从微观企业层面来看，制造企业大量引入服务化要素并向服务环节扩展业务范围，服务化业务在总业务中占比不断提升，制造业服务化成为传统制造型企业增强市场竞争力、提升经济绩效的重要战略选择。

进入 21 世纪之后，制造业服务化的尝试与推行越来越广泛，已然成为一种发展潮流。面对竞争越来越激烈的制造业市场，罗尔斯 - 罗伊斯、IBM、通用、米其林等具有国际影响力的公司纷纷转型，而中国一些先进企业，例如中钢集团、长安民生物流、西安陕鼓公司等都开始了探索制造业服务化的进程。与此同时，结合国情发展，当前中国正处于工业化的中后期，制造业仍是中国经济增长的支柱与基础。面对国内外两重困境，中国制造业发展亟须进行战略调整，而制造业服务化为中国制造业产业转型升级提供了新思路。

自中国加入 WTO 以来，工业化在中国发展非常迅猛，中国也成为全球最大的制造业基地，“中国制造”享誉全球。然而，在全球经济危机的影响之下，世界各国对产品的进口需求逐渐趋于疲软，并且开始保护和培育国内的制造业，以获得更多的就业岗位。“中国制造”的产品仅仅依靠代加工出口的这种发展模式已经难以再次拉动中国经济的二次腾飞。这个曾经成就了“中国制造业奇迹”的优势也将“中国制造”牢牢地钉在了全球价值链分工中的低附加值环节，成为限制中国经济转型的瓶颈。

从国际制造业的发展趋势来看，更多的生产企业由供应产品到捆绑供应产品和服务，再转变为向顾客提供服务解决方案，服务化显然已经成为制造业发展的趋势，并逐渐显现出“以服务为主导”的发展导向。纵观世界先行国家和地区产业发展实践，服务业与制造业的有机融合、互动发展是产业结构演变的必然过程，并成为全球产业发展趋势。企业以制造为中心向以服务为中心的转变过程称为制造业服务化，制造业服务化水平的衡量标准即制造业服务化增加值，主要反映作为制造业中间使用的服务业增加值。

此部分内容我们从两个角度入手进行研究，根据制造业对服务业的直接消耗系数和完全消耗系数变化情况，以及不同服务行业对制造业的影响程度，结合 2000—2018 年中国与发达国家、发展中国家以及国内不同地区的投入服务化数据，详细地分析说明中国制造业服务化水平的具体情况。

5.1　中国制造业服务化水平的整体国际比较

基于 2016 年 WIOD 公布的投入产出表数据，本节首先使用直接消耗系数和完全消耗系数对 WIOD 数据中 29 个国家的 2014 年制造业服务化水平进行测度，并生成图表，结果详见表 5-1。其中，直接消耗系数又被称为投入系数，反映生产某种产品直接消耗中间投入产品的程度；完全消耗系数是指某制造部门的产品消耗其他产业、其他部门产品的总量，直接消耗系数与间接消耗系数的总和为完全消耗系数。

表 5-1　2014 年世界各国制造业服务化水平

国家	直接消耗系数	完全消耗系数	比值
希腊	0.674 1	0.702 2	0.960 0
比利时	0.591 5	0.639 5	0.925 0
丹麦	0.529 7	0.581 7	0.910 6
荷兰	0.545 0	0.580 7	0.938 5
法国	0.499 3	0.567 6	0.879 7
加拿大	0.499 1	0.565 5	0.882 7
瑞典	0.499 4	0.551 1	0.906 3
卢森堡	0.506 2	0.536 6	0.943 4
德国	0.456 5	0.532 0	0.858 2
澳大利亚	0.458 6	0.527 0	0.870 3
土耳其	0.467 4	0.504 7	0.926 0
瑞士	0.438 2	0.500 6	0.875 3
挪威	0.441 6	0.496 3	0.889 7
奥地利	0.432 4	0.469 7	0.920 7
巴西	0.420 2	0.458 7	0.916 0
意大利	0.397 0	0.457 4	0.868 0
芬兰	0.398 3	0.451 6	0.881 9
英国	0.376 3	0.441 1	0.853 1
美国	0.369 0	0.439 3	0.840 0
葡萄牙	0.395 4	0.439 2	0.900 2
波兰	0.392 1	0.427 1	0.918 0
西班牙	0.359 4	0.403 0	0.891 7
墨西哥	0.373 5	0.379 3	0.984 8
印度尼西亚	0.368 1	0.375 2	0.980 9
日本	0.297 3	0.348 2	0.853 9
印度	0.302 9	0.325 0	0.932 1
俄罗斯	0.266 1	0.301 3	0.883 2
韩国	0.221 8	0.264 1	0.840 1
中国	0.157 2	0.188 8	0.832 5

资料来源：根据 WIOD 投入产出表计算。

2014 年由直接消耗系数测度的中国制造业服务化水平为 15.72%，排在这 29 个国家的最末位，而服务化水平排名第一的希腊制造业服务化水平为 67.41%，差距十分显著，而且中国与世界其他发达国家制造业服务化水平的差距也较为明显，即便是发达国家中排名最后的韩国，制造业服务化水平也超过了 20%。除此之外，与巴西、印度、俄罗斯等金砖国家相比，我国制造业服务化水平仍存在一定差距。同时，由完全消耗系数测度的中国制造业服务化水平为 18.88%，也排在这 29 个国家的最末位，与希腊（70.22%）、比利时（63.95%）和丹麦（58.17%）等西欧发达经济体差距极大，即使是与中国经济发展道路相似、发展速度颇为相近的印度相比，其制造业服务化水平也将近是中国的 2 倍。另外，通过计算直接消耗系数与完全消耗系数的比值可以看出，分别由直接消耗系数与完全消耗系数测度的中国制造业服务化水平，两个系数测度结果差距显著，明显高于其他国家，这表明我国制造业行业服务要素投入的直接消耗水平较低，多数企业“内置化”程度严重，从而导致企业效率不高，整个行业服务化水平偏低，以上 29 个国家对比详情如图 5-1 所示。

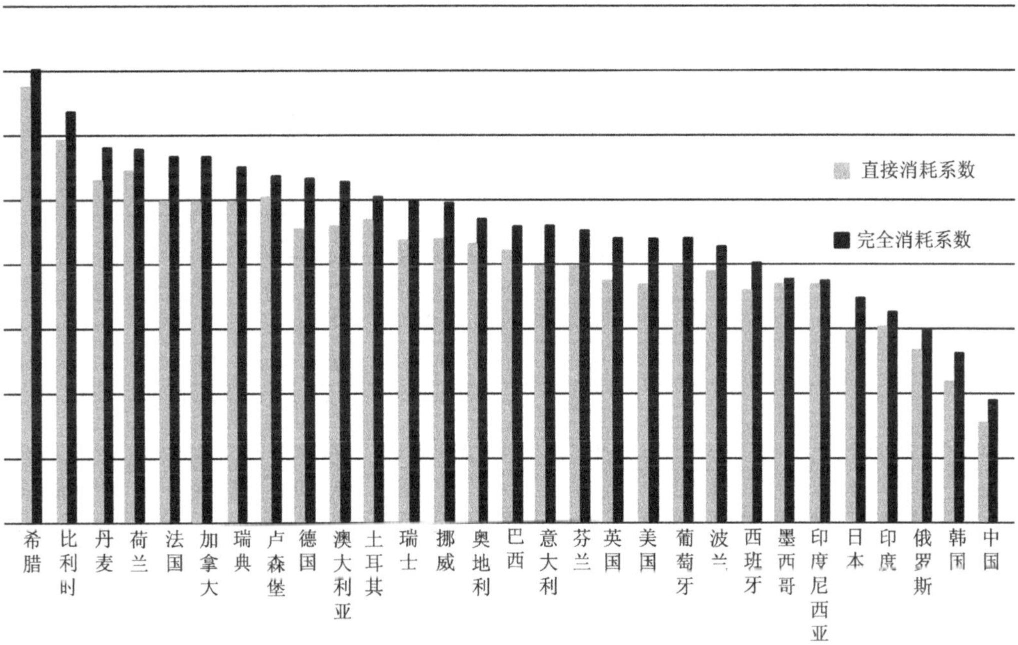

图 5-1　2014 年世界各国制造业服务化水平

值得注意的是，制造业服务化的基础仍在于制造业，服务方式与服务行为的引入一定是建立在以制造业与制造业产品为核心这个前提下才可以实现，一旦制造业不断被引入的服务业挤占生存空间，那么附着在其上的生产性服务的价值便会大打折扣，制造业服务化也会失去其意义。因此，制造业服务化水平并非一般意义所指出的越高越好，服务带来的增加值占制造业增加值的比重要根据各国制造业的实际情况控制在一个合理的限度才能够得以持续，如果超过比重上限就会造成“空心化”制造的后果，从而给本国不同技术水平的制造业带来异质性影响，降低一国制造业的核心竞争力。

5.2　中国与制造业强国的制造业服务化水平比较

针对《中国制造 2025》，将全球制造业分为四个阶梯，中国目前位于较落后的地位，为了更加清楚地认识到中国制造业服务化与其他国家的差距，本节我们分两步测算 2000—2018 年的中国制造业出口服务投入及占比情况以及 WIOD 中所有各国制造业出口内含服务增加值情况，以便进行国际比较。所得测算结果见表 5-2 和表 5-3。

表 5-2　2000—2018 年中国制造业出口服务投入及占比情况（单位：百万美元）

年份	国内服务投入量	国外服务投入量	总服务投入量	制造业总出口额	国内服务投入占比	国外服务投入占比	总服务投入占比
2000	38 551	13 534	52 085	199 193	19.35%	6.79%	26.15%
2001	42 367	14 378	56 745	210 483	20.13%	6.83%	26.96%
2002	51 967	19 259	71 226	259 322	20.04%	7.43%	27.47%
2003	66 985	30 709	97 694	366 199	18.29%	8.39%	26.68%
2004	90 401	46 570	136 972	517 984	17.45%	8.99%	26.44%
2005	120 037	60 448	180 485	671 434	17.88%	9.00%	26.88%
2006	157 954	77 263	235 217	862 702	18.31%	8.96%	27.27%
2007	204 149	99 568	303 717	1 087 794	18.77%	9.15%	27.92%
2008	232 399	104 295	336 693	1 259 033	18.46%	8.28%	26.74%
2009	216 867	75 792	292 658	1 036 304	20.93%	7.31%	28.24%
2010	278 240	107 186	385 425	1 375 948	20.22%	7.79%	28.01%
2011	331 247	122 030	453 277	1 639 057	20.21%	7.45%	27.65%
2012	370 931	122 506	493 437	1 727 753	21.47%	7.09%	28.56%
2013	429 376	131 361	560 737	1 876 135	22.89%	7.00%	29.89%
2014	489 216	126 605	615 821	1 994 689	24.53%	6.35%	30.87%
2015	501 131	130 065	631 196	1 998 000	25.08%	6.51%	31.59%
2016	521 341	139 650	660 991	2 000 000	26.07%	6.98%	33.05%
2017	621 300	145 500	766 800	2 135 000	29.1%	6.81%	35.92%
2018	650 123	150 845	800 968	2 513 208	25.87%	6.00%	31.87%
2000—2018 变化量	611 572	137 311	748 883	2 314 015	6.52%	−0.79%	5.72%
2000—2018 变化率	1 586.40%	1 014.56%	1 437.81%	1 161.69%	33.70%	−11.63%	21.87%

表 5-2 第二至五列的测算结果分别为制造业出口内含的国内服务增加值、国外服务增加值、总服务增加值以及制造业总出口额。从中可以看出，制造业出口中内含的服务增加值，无论是国内服务增加值、国外服务增加值，或者是总服务增加值，在绝对量上都有大幅增长。当然，这一绝对量上的变化主要是源于制造业出口规模自身变化（如第五列结果所

示),还无法真正反映制造业出口的"服务化"程度或者说真实变化趋势。相比较而言,后三列的测算结果更能反映真实情况。从制造业出口内含国内服务增加值占比来看,表 5-2 第六列的测算结果表明,其由 2000 的 19.35% 上升到了 2018 年的 25.87%,期间上升了 6.52 个百分点,制造业出口内含国内服务增加值占比的变化率达到了 33.70%。虽然中国制造业出口内含国内服务增加值占比总体呈上升的变化趋势,但这一发展过程并非平稳的,从分区段来看,表现出某种程度上的"V"形特征。具体而言,自 2001 年中国加入 WTO 到 2008 年的全球金融危机爆发期间,中国制造业出口内含国内服务增加值占比大体呈下降趋势,而此后则呈现显著的上升趋势。这一变化可能与中国制造业出口受到"危机冲击"从而出现的倒逼转型作用机制有关,也与中国构建产业新体系的战略调整有关,如加大服务业尤其是高级生产性服务业发展,无疑对制造业"服务化"起到了重要支撑作用。

与内含国内服务增加值占比及其变化趋势不同,表 5-2 第七列的测算结果表明,中国制造业出口内含国外服务增加值占比从 2000 年的 6.79% 下降到了 2018 年的 6.00%,期间下降了 0.79 个百分点,制造业出口内含国外服务增加值占比的变化率达到了 -11.63%。更为有意思的是,虽然中国制造业出口内含国外服务增加值占比总体呈下降的变化趋势,但这一发展过程也是非平稳的,从分区段来看,也表现出某种程度上的倒"V"形特征。具体而言,自 2001 年中国加入 WTO 到 2008 年的全球金融危机爆发期间,中国制造业出口内含国外服务增加值占比大体呈上升趋势,而此后则呈现显著的下降趋势。

由此可见,无论是总体变化趋势来看,还是从分区段变化趋势来看,中国制造业出口内含的国内服务增加值与内含的国外服务增加值表现出了基本相左的变化趋势。然而,尽管两种不同来源的服务增加值占比表现出了相左的变化趋势,但就表 5-2 最后一列测算的中国制造业内含总服务增加值占比变化趋势来看,总体还是上升的。

表 5-3 第二列至第四列是各国制造业出口内含国内服务增加值及其变动情况,第五至七列是各国制造业出口内含国外服务增加值及其变动情况,第八至十列是各国制造业出口内含总服务增加值及其变动情况。

表 5-3　WIOD 中所有国家制造业出口内含服务增加值的国际比较(单位:%)

国家	国内服务投入			国外服务投入			总服务投入		
	2000 年	2014 年	变动率	2000 年	2014 年	变动率	2000 年	2014 年	变动率
希腊	27.46	25.02	-8.88	13.98	15.92	13.89	41.44	40.94	-1.20
比利时	17.84	12.97	-27.28	19.40	29.19	50.48	37.23	42.16	13.23
丹麦	15.73	15.60	-0.86	12.74	17.11	34.35	28.47	32.71	14.89
荷兰	23.67	15.03	-36.50	15.48	24.27	56.84	39.14	39.30	0.41
法国	27.11	24.19	-10.76	11.02	15.58	41.37	38.12	39.77	4.30
加拿大	19.42	19.69	1.38	11.65	12.22	4.90	31.07	31.91	2.70
瑞典	21.25	19.53	-8.09	13.77	16.78	21.88	35.02	36.31	3.69
卢森堡	7.49	4.30	-42.53	25.66	36.32	41.54	33.15	40.63	22.55
德国	23.87	22.19	-7.05	10.94	14.51	32.64	34.82	36.70	5.42

续表

国家	国内服务投入			国外服务投入			总服务投入		
	2000 年	2014 年	变动率	2000 年	2014 年	变动率	2000 年	2014 年	变动率
澳大利亚	24.84	27.76	11.75	7.69	8.47	10.21	32.53	36.23	11.39
土耳其	26.19	23.70	-9.52	10.03	12.43	23.96	36.22	36.13	-0.25
瑞士	14.99	14.84	-1.00	13.89	16.01	15.23	28.88	30.85	6.81
挪威	22.97	21.41	-6.77	10.90	13.25	21.60	33.86	34.66	2.36
奥地利	16.42	15.47	-5.79	14.62	19.69	34.72	31.04	35.16	13.29
巴西	27.44	29.10	6.05	5.56	6.58	18.44	33.00	35.68	8.14
意大利	28.94	27.59	-4.68	9.61	12.94	34.61	38.56	40.53	5.11
芬兰	20.42	20.15	-1.31	11.94	18.11	51.70	32.36	38.26	18.25
英国	24.01	20.80	-13.36	9.32	12.83	37.68	33.33	33.63	0.91
美国	26.18	24.19	-7.62	4.80	6.25	30.22	30.98	30.44	-1.76
葡萄牙	17.64	18.03	2.22	13.33	17.12	28.42	30.98	35.16	13.50
波兰	24.12	19.93	-17.37	12.59	16.80	33.46	36.71	36.73	0.06
西班牙	20.73	21.75	4.89	13.75	15.87	15.45	34.48	37.62	9.10
墨西哥	14.27	16.84	18.01	13.87	14.38	3.69	28.15	31.23	10.95
印度尼西亚	17.19	16.03	-6.76	8.75	7.41	-15.33	25.94	23.44	-9.65
日本	28.28	22.10	-21.87	3.83	8.98	134.43	32.11	31.08	-3.21
印度	26.76	24.52	-8.37	6.52	9.31	42.72	33.28	33.83	1.64
俄罗斯	25.29	30.02	18.73	5.58	4.37	-21.62	30.87	34.40	11.43
韩国	16.05	15.02	-6.41	11.15	12.76	14.41	27.20	27.78	2.12
中国	19.35	24.53	26.73	6.79	6.35	-6.58	26.15	30.87	18.07

数据来源：根据 WIOD 数据库数据计算，变动率 =(2014 年数据 -2000 年数据)/2000 年数据。

从表 5-3 测算结果来看，2000 年在所涉及的 29 个国家(地区)中，中国制造业出口中内含的服务增加值占比以 26.15% 位居倒数第二位，仅高于印度尼西亚的 25.94%。其中，2000 年中国制造业出口中内含的国内服务增加值占比以 19.35% 在样本国(地区)中排在第 26 位，内含的国外服务增加值占比以 6.79% 排在样本国(地区)倒数第 6 位。经过 14 年的发展，截至 2014 年中国制造业出口中内含的服务增加值占比上升到了 30.87%，在总体样本中排名也上升了 5 位，由 2000 年的倒数第二位上升到了倒数第 7 位。由分析可知，这一上升主要来自国内服务投入占比的提升，即 2000—2014 年中国制造业出口内含的国内服务增加值占比由 19.35% 快速增长到 24.53%，与其他国家(地区)相比，这一增幅(26.73% 的变动率)位居所有样本国家(地区)的首位。而就制造业出口内含的国外服务增加值而言，通过与其他国家(地区)的比较可以看出，与中国在 2000—2014 年制造业出口内含国外服务增加值占比不升反降的趋势相比，样本国家(地区)中大部分国家(地区)同期均呈现出上升趋势。这是导致中国制造业出口内含国外服务增加值占比排位从 2000 年倒数第六位下降到

2014 年倒数第三位的根本原因。综上分析可见,从国际比较的角度来看,中国制造业出口内含服务增加值比重相对较低,在样本国家(地区)中的排位比较靠后,尤其是制造业出口内含的国外服务增加值比重相对较低。从国际产业结构现行的分工格局和比较优势来看,发达经济体在服务业产业上具有显著的比较优势,而中国等发展中经济体的服务业发展显然相对滞后。在这种分工格局下,中国制造业出口内含的国外服务增加值比重相对较低,一种可能的解释是长期以来中国改革开放发展主要侧重于制造业领域,具有单兵突进的特征,服务业领域开放相对不足,从而未能在发挥比较优势的作用机制下,有效利用国外服务业优势资源以助推制造业转型升级。总之,不论原因何在,中国制造业出口内含服务增加值与其他样本经济体之间存在的巨大差异,充分说明了在这一发展方向上,中国制造业仍然存在着巨大的提升空间。

5.3　中国制造业服务化结构的国际比较

本节将从国家和行业角度分析中国制造业服务化的内部结构,将中国与日本、美国和德国等发达国家进行对比,更加清楚地认识中国制造业的差距,得出更好的启示。

5.3.1　国别分布比较

由表 5-4 可知,对中国、美国、日本、德国这四个国家的制造业服务化贡献最大的国家都是本国。其中,2000 年中国本国的贡献率达到了 78.20%,日本本国的贡献率达到了 88.50%,美国本国的贡献率达到了 85.48%,在计算德国本国的贡献率时,由于德国的贡献率占据欧盟极大一部分,因此把欧盟的贡献率都归于德国,这可能会导致德国的贡献率偏高一点,达到了 87.11%;2014 年中国本国的贡献率提升到 82.74%,而日本、美国和德国本国的贡献率分别下降到 73.45%,81.04% 和 84.46%。可以看出,相较其他发达国家,中国本国对制造业服务化的贡献率的改善幅度最大。排除本国因素,可以看出日本、美国和欧盟对这些国家制造业服务化的贡献率较大,巴西和印度对这些国家的制造业服务化的贡献率较低,低于 0.5%。从以上分析可以得出,中国、美国、日本、德国制造业服务化的国别分布结构比较相似,中国与其他国家一样,制造业服务化的贡献更多是由本国提供,其次发达国家对所有国家的制造业服务化的贡献较大,而发展中国家的贡献较低;中国仍位于发展中国家水平,还未能对其他国家的制造业服务化做出较大贡献,但是制造业服务化水平已有较大的提升。

表 5-4　中国、美国、日本、德国制造业服务化的国别分布比较(单位:%)

年份	2000				2014			
国家	中国	日本	美国	德国	中国	日本	美国	德国
中国	78.20	0.99	0.69	0.67	82.74	4.35	2.33	2.28
欧盟	4.67	2.01	3.92	87.11	3.80	3.86	5.15	84.86
日本	3.80	88.50	1.65	1.24	1.23	73.45	0.96	0.60

续表

年份	2000				2014			
国家	中国	日本	美国	德国	中国	日本	美国	德国
美国	2.53	2.47	85.48	3.75	1.72	2.71	81.04	3.70
韩国	1.42	0.52	0.39	0.26	1.19	1.04	0.55	0.33
俄罗斯	0.60	0.23	0.23	0.86	0.70	1.49	0.43	1.60
巴西	0.27	0.12	0.22	0.18	0.43	0.35	0.36	0.30
印度	0.18	0.08	0.13	0.18	0.25	0.27	0.32	0.33
其他	8.33	5.08	7.30	5.77	7.93	12.49	8.87	6.41

数据来源：根据 WIOD 数据库计算得出。

5.3.2 行业分布比较

5.3.2.1 全球制造业行业分布比较

本小节从三个层面来说明中国制造业行业分布的国际比较。为了使所选取数据的时间具有时效性，我们选取 2016 年 WIOD 公布的数据中 2014 年的数据来进行说明，具体见表 5-5。

表 5-5 2014 年主要国家（地区）制造业出口内含国内外服务增加值（单位：%）

项目	劳动密集型制造业			资本密集型制造业			知识密集型制造业		
	国内占比	国外占比	总占比	国内占比	国外占比	总占比	国内占比	国外占比	总占比
希腊	26.79	9.29	36.08	23.59	18.58	42.17	32.45	11.60	44.05
比利时	15.13	21.99	37.12	10.86	32.50	43.36	15.95	29.32	45.27
丹麦	13.29	15.74	29.03	15.92	18.17	34.09	17.96	17.84	35.80
荷兰	14.72	19.95	34.67	15.64	24.92	40.56	14.88	27.52	42.40
法国	22.67	12.40	35.7	23.25	17.77	41.02	26.54	16.33	42.87
加拿大	19.92	8.42	28.34	20.3	13.01	33.31	18.90	16.09	34.99
瑞典	18.97	13.14	32.11	17.59	20.03	37.62	22.27	17.14	39.41
卢森堡	4.74	31.07	35.81	3.85	38.02	41.87	6.47	37.26	43.73
德国	21.28	11.16	32.44	19.37	18.64	38.01	25.66	14.13	39.79
澳大利亚	25.86	6.18	32.04	26.02	11.53	37.55	28.23	11.09	39.32
土耳其	21.66	10.30	31.96	22.58	14.87	37.45	25.09	14.13	39.22
瑞士	15.62	11.81	27.43	10.84	21.43	32.27	21.01	12.92	33.93
挪威	20.37	10.33	30.7	20.39	15.62	36.01	23.75	14.00	37.75
奥地利	15.62	15.50	31.12	13.19	23.31	36.5	18.12	20.13	38.25
巴西	26.32	5.26	31.58	27.33	9.68	37.01	30.64	8.13	38.77
意大利	25.90	9.83	35.73	23.77	18.00	41.77	31.04	12.59	43.63
芬兰	21.39	12.40	33.79	16.61	22.93	39.54	21.60	19.76	41.06

续表

项目	劳动密集型制造业			资本密集型制造业			知识密集型制造业		
	国内占比	国外占比	总占比	国内占比	国外占比	总占比	国内占比	国外占比	总占比
英国	20.06	9.76	29.82	19.83	15.17	35.00	23.48	13.24	36.72
美国	22.21	4.87	27.08	23.26	8.60	31.86	26.73	6.79	33.52
葡萄牙	18.66	12.47	31.13	16.63	19.87	36.50	17.13	21.12	38.25
波兰	19.65	12.82	32.47	18.95	19.09	38.04	20.91	18.92	39.83
西班牙	22.90	10.33	33.23	20.10	18.81	38.91	22.26	18.46	40.72
墨西哥	18.25	9.51	27.76	21.17	11.48	32.65	17.70	16.61	34.31
印度尼西亚	14.81	6.27	21.08	14.80	10.20	25.00	17.65	8.85	26.50
日本	20.66	6.97	27.63	19.30	13.20	32.50	26.01	8.15	34.16
印度	25.06	4.92	29.98	19.28	15.91	35.19	27.64	9.27	36.91
俄罗斯	25.42	5.05	30.47	30.17	5.59	35.76	29.45	8.04	37.49
韩国	15.38	9.42	24.8	12.20	17.06	29.26	18.87	11.98	30.85
中国	22.56	3.89	26.45	24.33	5.96	30.29	23.76	7.19	30.95

资料来源：根据 WIOD 投入产出数据表计算。

基于表 5-5 中的测算结果，可以得出如下三个方面的基本判断。第一，中国与其他国家（地区）相比，无论是在劳动密集型制造业领域，还是在资本密集型制造业领域，抑或是在知识密集型制造业领域，制造业出口内含的服务增加值所占比重，排名都非常靠后。这一点与前述各表的分析结果是基本一致的。第二，从制造业出口内含的服务增加值来源结构角度来看，在三种不同要素密集度制造业部门，中国制造业出口内含的国外服务增加值比重同样低于大多数国家（地区），在所有的样本国家（地区）中排名较为靠后。第三，从三种不同要素密集度特征的制造业部门所具有的差异特征来看，中国制造业出口内含的服务增加值占比，与其他国家（地区）相比，差距最大的是技术密集型制造业领域，其次是资本密集型制造业领域，最后是劳动密集型制造业领域。也就是说，越是高端的制造业，中国出口内含的服务增加值占比在全球排名中就越低。进一步地，尽管对于三种不同要素密集度特征的制造业部门，中国出口内含的服务增加值都要低于其他大部分国家（地区），无论是从国外服务增加值占比还是从国内服务增加值占比来看都是如此，但是相对而言，这种来源结构方面的差距在不同要素密集度特征部门同样存在一定的差异性。从程度来看，与国内服务增加值占比的差异相比，中国制造业出口内含的国外服务增加值占比的差异在技术密集型制造业领域要略微低于资本密集型制造业领域。这一点可能进一步佐证了前文的判断，即由于高端制造业发展更加依赖于服务业尤其是高级生产性服务业，而在中国高级生产性服务业发展相对滞后，从而对高端制造业发展支撑不足的条件下，更多依赖于国外服务业便是一种自然选择。

5.3.2.2 中国与制造业强国的制造业行业分布比较

本小节只对中国整体制造业产品的行业分布进行国际比较，并没有对分行业制造业产品的行业分布进行比较，分别测算了日本、美国和德国制造业产品增加值中不同服务业的增加值占比，得出发达国家制造业服务化的行业分布，并与中国制造业服务化的行业分布进行比较，其结果见表 5-6。

表 5-6 中国、美国、日本、德国制造业服务化的行业分布比较(单位:%)

项目		2000 年			2014 年			变化率		
		SVAR	SDVAR	SFVAR	SVAR	SDVAR	SFVAR	SVAR	SDVAR	SFVAR
知识密集型服务业	中国	22.81	15.49	7.32	30.06	24.07	5.99	7.25	8.58	−1.33
	日本	33.45	30.02	3.43	34.07	25.91	8.16	0.62	−4.11	4.74
	美国	43.15	37.71	5.44	44.85	37.60	7.25	1.70	−0.11	1.81
	德国	40.07	29.90	10.17	39.43	24.77	14.66	−0.64	−5.13	4.49
劳动密集型服务业	中国	34.38	26.85	7.53	35.17	29.74	5.43	0.79	2.88	−2.10
	日本	38.10	34.25	3.85	36.59	27.98	8.61	−1.51	−6.27	4.76
	美国	27.68	23.41	4.27	27.53	21.95	5.58	−0.16	−1.46	1.31
	德国	25.18	16.52	8.66	25.91	14.75	11.16	0.73	−1.77	2.50
资本密集型服务业	中国	37.73	30.75	6.98	29.44	23.97	5.47	−8.29	−6.78	−1.51
	日本	24.63	20.94	3.69	25.06	16.50	8.56	0.43	−4.45	4.87
	美国	22.69	18.52	4.16	21.74	16.47	5.27	−0.94	−2.05	1.11
	德国	29.97	21.10	8.87	29.01	18.80	10.21	−0.96	−2.30	1.34
教育健康与公共服务业	中国	5.08	3.63	1.45	5.33	4.43	0.90	0.25	0.80	−0.55
	日本	3.82	3.29	0.53	5.67	3.07	2.60	1.85	−0.22	2.07
	美国	6.48	5.84	0.64	5.88	5.01	0.87	−0.60	−0.82	0.23
	德国	4.78	3.20	1.59	5.65	3.66	1.99	0.86	0.46	0.40

数据来源：根据 WIOD 数据库计算得出。

由表 5-6 可知，在各国知识密集型服务业部门对制造业服务化的贡献值中，中国的贡献值最低，2000 年中国知识密集型服务部门的增加值占比仅有 22.81%；美国和德国的占比较高，均超过了 40%，日本为 33.45%。从国内外服务部门的增加值占比来看，2000 年中国的知识密集型服务部门的增加值中，有 67.9% 是由中国本国贡献的；日本的知识密集型服务部门的增加值中，有 89.75% 是由日本本国贡献的，美国的知识密集型服务部门的增加值中，有 87.39% 是由美国本国贡献的；德国的知识密集型服务部门的增加值中，有 75.24% 是由德国本国贡献的。从发展趋势来看，中国的涨幅最大，从 2000 年的 22.81% 上升到 2014 年的 30.06%，涨幅为 7.25%；美国具有一定的上升幅度，而日本和德国变化不大。区分国内外服务部门的增加值占比情况来看，相比主要的发达国家，中国的知识密集型服务部门的增加值占比，由中国本国贡献的增加值占比显著提高。

在各国劳动密集型服务业部门对制造业服务化的贡献值中，中国和日本的贡献值较高，在 2014 年分别达到了 35.17% 和 36.59%，而美国和德国的贡献值略低，均不超过 30%。从国内外服务部门的增加值比例来看，都是本国服务部门的贡献值较高。从发展趋势来看，日本的下降幅度最大，从 2000 年的 38.1% 降低到 2014 年的 36.59%，降幅为 1.51%；中国的增加值具有一定的上升幅度，而美国和德国变化不大。区分本国和国外服务部门的增加值占比情况来看，中国本国提供的增加值占比显著提高，而对于日本、美国和德国，本国提供的增加值占比明显下降。

在各国资本密集型服务业部门对制造业服务化的贡献值中，中国的贡献值最高，在 2000 年达到 37.73%，其次是德国，日本和美国的贡献值较低。从国内外服务部门的增加值比例来看，都是本国的服务部门的贡献值较高，在各国的资本密集型服务部门的增加值占比中，本国部门的贡献值都超过了 70%，这表明无论是什么服务业部门，都是国内服务部门在占据主要地位。从发展趋势来看，中国下降幅度最大，从 2000 年的 37.73% 下降到 2014 年的 29.44%，降幅为 8.29%，日本呈现轻微上升，美国和德国均有所下降。区分国内外服务部门的增加值占比情况来看，这四个国家的本国贡献值都呈现下降趋势，但中国的下降幅度最大。

总体来看，中国制造业服务化服务部门主要集中在劳动和资本密集型服务部门，但是资本密集型服务部门增加值的比例在逐渐下降，而美国、日本和德国这三个国家制造业服务化的服务部门主要分布在知识密集型服务部门。中国知识密集型服务业部门的增加值比例远远低于其他发达国家，但是其贡献值提升幅度超过了其他发达国家，中国劳动和资本密集型服务业的贡献超过了一些发达国家，而健康教育与公共服务业的贡献则较少，本书忽略不计，不予讨论。在区分国内外服务部门的增加值比例时，每个国家本国部门的贡献值都占据主要地位，但是中国本国的知识密集型服务部门的贡献值低于其他发达国家本国的知识密集型服务部门的贡献值，中国本国的劳动密集型服务部门的贡献值要高于其他发达国家本国的劳动密集型服务部门的贡献值。这同时也证明了我国制造业服务化中，知识密集型服务业部门的贡献仍然需要继续提高。

进一步地，对服务部门进行更细致的分类，分别测算了日本、美国和德国制造业产品增加值中细分服务部门的增加值占比，得出发达国家制造业服务化的细分行业分布，其结果见表 5-7。

表 5-7　中国、美国、日本、德国四国制造业服务化的细分行业分布比较（单位：%）

项目		2000 年			2014 年			变化率		
		SVAR	SDVAR	SFVAR	SVAR	SDVAR	SFVAR	SVAR	SDVAR	SFVAR
金融服务	中国	13.14	10.77	2.37	16.20	14.28	1.93	3.06	3.51	−0.44
	日本	13.48	12.45	1.03	11.60	8.37	3.23	−1.88	−4.08	2.20
	美国	9.42	8.14	1.29	7.93	5.92	2.01	−1.49	−2.22	0.73
	德国	6.20	4.00	2.20	6.38	3.22	3.16	0.18	−0.78	0.96

续表

项目		2000年			2014年			变化率		
		SVAR	SDVAR	SFVAR	SVAR	SDVAR	SFVAR	SVAR	SDVAR	SFVAR
商业服务	中国	8.07	4.65	3.42	12.39	9.53	2.86	4.32	4.88	-0.56
	日本	14.25	12.70	1.54	16.65	13.18	3.47	2.40	0.48	1.93
	美国	21.56	19.69	1.87	25.58	22.66	2.92	4.02	2.97	1.05
	德国	22.01	16.74	5.27	19.86	11.73	8.13	-2.15	-5.01	2.86
娱乐文化服务	中国	0.33	0.00	0.33	0.20	0.00	0.20	-0.12	0.00	-0.12
	日本	2.34	2.18	0.15	2.05	1.83	0.22	-0.29	-0.35	0.07
	美国	1.58	1.41	0.17	1.61	1.43	0.18	0.02	0.02	0.01
	德国	1.82	1.21	0.61	1.27	0.74	0.53	-0.55	-0.47	-0.08
批发零售餐饮服务	中国	33.51	26.39	7.12	34.08	29.07	5.01	0.57	2.68	-2.11
	日本	35.12	31.59	3.52	33.67	26.08	7.60	-1.44	-5.52	4.07
	美国	26.29	22.28	4.01	26.07	20.90	5.17	-0.22	-1.38	1.16
	德国	22.76	14.71	8.05	22.99	13.02	9.97	0.23	-1.69	1.92
建筑业房地产服务	中国	3.96	2.81	1.15	5.57	4.53	1.04	1.62	1.72	-0.11
	日本	4.22	3.67	0.56	4.75	3.18	1.57	0.53	-0.49	1.01
	美国	5.83	5.11	0.72	5.79	4.77	1.03	-0.04	-0.34	0.31
	德国	11.10	9.41	1.69	10.67	8.05	2.62	-0.43	-1.36	0.93
运输服务	中国	19.10	15.99	3.11	14.14	11.57	2.57	-4.97	-4.43	-0.54
	日本	10.67	8.73	1.94	12.46	8.42	4.04	1.79	-0.32	2.10
	美国	8.48	6.64	1.84	9.29	6.98	2.31	0.81	0.34	0.46
	德国	11.51	7.67	3.84	11.75	7.14	4.61	0.24	-0.53	0.77
通信邮政服务	中国	4.36	3.60	0.76	2.36	1.93	0.42	-2.00	-1.67	-0.33
	日本	3.61	3.25	0.36	3.28	2.68	0.59	-0.33	-0.57	0.23
	美国	3.25	2.84	0.40	2.50	2.08	0.42	-0.75	-0.76	0.01
	德国	3.33	2.39	0.94	2.51	1.60	0.91	-0.82	-0.79	-0.04
健康教育和公共服务业	中国	5.08	3.63	1.45	5.33	4.43	0.90	0.25	0.80	-0.55
	日本	3.82	3.29	0.53	5.67	3.07	2.60	1.85	-0.22	2.07
	美国	6.48	5.84	0.64	5.88	5.01	0.87	-0.60	-0.82	0.23
	德国	4.78	3.20	1.59	5.65	3.66	1.99	0.86	0.46	0.40

数据来源：根据 WIOD 数据库计算得出。

由表 5-7 可知，对中国制造业服务化贡献较大的服务部门主要是批发零售餐饮服务部和运输服务部门，对日本、美国和德国制造业服务化贡献较大的服务部门主要是批发零售餐饮服务部和商业服务部门，娱乐文化服务部门对所有国家的制造业服务化贡献值都最低。批发零售餐饮服务部门对中国制造业服务化的贡献值远远超过除日本之外的其他发达国家。

从本国和国外的服务部门增加值比例情况来看，本国服务部门的增加值比例占据主要地位，这与前面的分析一致，但是在商业服务部门中本国的增加值与国外的增加值相差不大，在2000年，中国本国的贡献率为4.65%，而国外的贡献率为3.42%，这也表明中国制造业服务化中，商业服务部门对其贡献更少。从细分的服务部门来看，商业服务部门、娱乐文化服务部门、建筑房地产服务部门、通信邮政服务部门及健康教育和公共服务部门在中国制造业产品增加值的比重都低于其他国家。

从发展趋势来看，商业服务部门对中国、美国、日本、德国制造业服务化的贡献值的改善幅度最大，提升幅度均超过了2%。中国和德国制造业产品的服务部门GVC收入中金融服务部门的比例呈上升趋势，日本和美国的比例在下降，这些国家制造业产品的服务部门GVC收入中的娱乐文化服务部门比例没有太大变化。

批发零售餐饮服务部门在中国、美国和德国制造业产品服务部门的GVC收入份额略有增加，但在日本却显著下降；运输服务部门在中国制造业产品服务部门的GV收入中比重显著下降，而在其他国家的比重有一定的提升。其他服务行业在制造业产品生产中份额较低，可以忽略变化趋势。娱乐文化服务部门在这些国家制造业产品服务部门的GVC收入中比重变化不大，批发零售餐饮服务部门在中国、美国、德国制造业产品服务部门的GVC收入中比重略有提升，但在日本却显著下降。运输服务部门在中国制造业产品服务部门的GVC收入中比重显著下降，而在其他国家的比重有一定的提升。其他服务部门在制造业产品生产中的比重较低，可以忽略变化趋势。

从细分行业的角度来看，中国制造业服务化的行业主要分布在批发零售餐饮服务部门和运输服务部门，而日本、美国和德国制造业服务化的行业主要分布在批发零售餐饮服务业和商业服务业。中国在制造业产品服务部门的GVC收入中大部分服务部门的贡献率都要低于其他发达国家，但其变化幅度都要大于其他发达国家，其中在金融服务、商业服务、批发零售餐饮服务和建筑业房地产服务增加值的增幅都要高于其他发达国家，在运输服务和通信邮政服务增加值的下降幅度也要高于其他发达国家，中国的批发零售餐饮服务部门是贡献率最高的，商业服务部门的贡献率与主要发达国家差距最大，但有进一步改善，与发达国家的差距在缩小。

总之，与美国、日本和德国相比，中国制造业服务化水平最低，但是服务化水平的提升幅度最大，从大类行业角度比较，中国制造业服务化的服务部门主要集中在劳动和资本密集型服务部门，但是资本密集型服务部门增加值比例在逐渐下降，而美国、日本和德国这三个国家制造业服务化的服务部门主要分布在知识密集型服务部门。从细分行业角度比较，中国制造业服务化的行业主要分布在批发零售餐饮服务部门和运输服务部门，而日本、美国和德国制造业服务化的行业主要分布在批发零售餐饮服务部门和商业服务部门。从国内和国外的影响来看，对中国来说，国外的知识密集型服务业和商业服务业对制造业服务化的影响较大，本国国内劳动密集型服务业和金融服务业对其具有较大的影响。

5.4 中国制造业服务化影响因子的国际比较

上一节分别从国别分布和行业分布两个层面测算了中国制造业产品服务化部门 GVC 收入,并将中国与第一阶梯的美国、日本和德国三个国家进行了比较,本节将继续对中国制造业服务化进行研究,研究参与全球价值链对中国、美国、日本、德国制造业服务化的影响,并进行比较。本节借鉴吴永亮构建的 GVC 影响因子,将 GVC 影响因子定义为

$$\varepsilon = SFVAR/SVAR \tag{5-1}$$

其代表了国外服务部门 GVC 收入占世界所有服务部门 GVC 收入的比重。分析国外服务部门对该国制造业服务化的影响,该值越大,表示国外服务部门对该国制造业服务化的影响越强;反之,则越弱。我们也可以得出国内服务部门对该国制造业服务化的影响因子为

$$\delta = 1 - \varepsilon \tag{5-2}$$

该值越大,表示国内服务部门对该国制造业服务化的影响越强;反之,则越弱。

本节研究的内容有两部分:一是对比分析服务业对中国、美国、日本、德国制造业服务化的影响;二是对比分析中国、美国、日本、德国不同类制造业受到国外服务部门的影响。

5.4.1 各类服务行业影响因子的比较

由表 5-8 可知,整体国外服务业的影响因子都低于国内服务业的影响因子,这表明了中国、美国、日本、德国制造业服务化还是依赖于本国的服务部门。从国内外服务业的影响因子来看,整体国外服务行业对中国制造业服务化的影响呈现减弱趋势,而国内服务业对中国制造业服务化的影响呈现增强趋势,如国外的知识密集型服务业对中国的影响从 2000 年的 0.32 下降到 2014 年的 0.20;与中国相反,对美国、日本和德国来说,整体国外服务业对其制造业服务化的影响呈现增强趋势,而其国内服务业对美国、日本和德国的制造业服务化影响呈现减弱趋势。从各类服务业的角度分析, 2014 年中国的知识密集型服务业的 ε 为 0.20,日本为 0.24,美国为 0.16,德国为 0.17;中国的劳动密集型服务业的 ε 为 0.15,日本为 0.24,美国为 0.20,德国为 0.43;中国的资本密集型服务业的 ε 为 0.19,日本为 0.34,美国为 0.24,德国为 0.35;中国的教育健康与公共服务业的 ε 为 0.17,日本为 0.46,美国为 0.15,德国为 0.35。可以看出,中国的劳动和资本密集型服务业的 ε 都低于其他国家,而中国的知识密集型服务业和教育健康与公共服务业的 ε 低于日本和德国,略高于美国。

从不同服务行业和国家的属性来看,对于中国,国外的知识密集型服务业对其制造业服务化影响最大,并且对比 2000—2014 年的 ε 的结果,可以得出虽然国外的知识密集型服务业对中国制造业服务化的影响降低,但是国外的知识密集型服务业对中国的影响仍是最大的;对于日本和美国,资本密集型服务业对其制造业服务化的影响最大,但是在 2014 年,对日本制造业服务化影响最大的行业是国外的教育健康与公共服务业;对于德国,国外的劳动密集型服务业对其制造业服务化的影响最大。

表 5-8 服务行业对中国、美国、日本、德国制造业服务化的影响因子

项目		知识密集型服务业		劳动密集型服务业		资本密集型服务业		教育健康与公共服务业	
		ε	δ	ε	δ	ε	δ	ε	δ
2000	中国	0.32	0.68	0.22	0.78	0.18	0.82	0.29	0.71
	日本	0.10	0.90	0.10	0.90	0.15	0.85	0.14	0.86
	美国	0.13	0.87	0.15	0.85	0.18	0.82	0.10	0.90
	德国	0.25	0.75	0.34	0.66	0.30	0.70	0.33	0.67
2014	中国	0.20	0.80	0.15	0.85	0.19	0.81	0.17	0.83
	日本	0.24	0.76	0.24	0.76	0.34	0.66	0.46	0.54
	美国	0.16	0.84	0.20	0.80	0.24	0.76	0.15	0.85
	德国	0.37	0.63	0.43	0.57	0.35	0.65	0.35	0.65

数据来源：根据 WIOD 数据库计算得出。

下面继续对细分服务行业的影响因子进行整理，进一步比较分析细分服务业对各国制造业服务化的影响作用，具体见表 5-9。由于娱乐文化服务部门的 GVC 收入占比较低，可忽略不计，因此不分析娱乐文化服务部门的影响作用。与大类服务业行业一致，各细类服务业的国外服务部门对中国制造业服务化的影响是减弱的，而对美国、日本和德国的制造业服务化的影响是增强的，尤其是德国，国外服务业的影响更显著。从各细分行业的 ε 结果来看，国外的商业服务部门对中国制造业服务化的影响最大，在 2014 年 ε 为 0.23，远远超过了 2014 年国外服务业影响的平均值，国外的运输服务业对日本和美国的制造业服务化影响较大，但在 2014 年教育健康与公共服务业对日本影响更大，金融服务业对德国制造业服务化的影响更明显。而前文的研究分析得出对中国制造业服务化贡献较大的服务部门是批发零售餐饮服务部门和运输服务部，而对美国、日本和德国制造业服务化贡献较大的服务部门是批发零售与餐饮服务部门和商业服务部门，这表明了贡献率高的服务业往往是国内服务部门的作用。从同类服务业的角度分析，相较其他国家，国外的金融服务业、批发零售与餐饮服务业和运输服务业对中国制造业服务化的影响较弱，同时也说明这几个行业的国内部门对中国的影响更显著，国外的商业服务对中国制造业服务化的影响超过了日本和美国。

表 5-9 细分服务行业对中国、美国、日本、德国制造业服务化的影响因子

项目		2000 年				2014 年			
		中国	日本	美国	德国	中国	日本	美国	德国
金融服务	ε	0.18	0.08	0.14	0.36	0.12	0.28	0.25	0.50
	δ	0.82	0.92	0.86	0.64	0.88	0.72	0.75	0.50
商业服务	ε	0.42	0.11	0.09	0.24	0.23	0.21	0.11	0.41
	δ	0.58	0.89	0.91	0.76	0.77	0.79	0.89	0.59
娱乐文化服务	ε	1.00	0.07	0.11	0.33	1.00	0.11	0.20	0.42
	δ	0.00	0.93	0.89	0.67	0.00	0.89	0.80	0.58

续表

项目		2000 年				2014 年			
		中国	日本	美国	德国	中国	日本	美国	德国
批发零售与餐饮服务	ε	0.21	0.10	0.15	0.35	0.15	0.23	0.20	0.43
	δ	0.79	0.90	0.85	0.65	0.85	0.77	0.80	0.57
建筑业房地产服务	ε	0.16	0.13	0.12	0.15	0.19	0.33	0.18	0.25
	δ	0.84	0.87	0.88	0.85	0.81	0.67	0.82	0.75
运输服务	ε	0.16	0.18	0.22	0.33	0.18	0.32	0.25	0.39
	δ	0.84	0.82	0.78	0.67	0.82	0.68	0.75	0.61
通信邮政服务	ε	0.17	0.10	0.12	0.28	0.18	0.18	0.17	0.36
	δ	0.83	0.90	0.88	0.72	0.82	0.82	0.83	0.64
教育健康与公共服务	ε	0.29	0.14	0.10	0.33	0.17	0.46	0.15	0.35
	δ	0.71	0.86	0.90	0.67	0.83	0.54	0.85	0.65

数据来源：根据 WIOD 数据库计算得出。

综合以上分析，可以得出，与美国、日本和德国相比，参与 GVC 对中国制造业服务化的作用最低，参与全球价值链对目前中国制造业服务化水平没有什么作用，国内服务业越发凸显对中国制造业服务化的作用，国外服务业对中国制造业服务化的影响在减弱。国外的知识密集型服务部门和商业服务部门对中国制造业服务化具有较强的影响，其中商业服务部门对中国制造业服务化的影响还超过了日本和美国，中国越来越加强对本国服务部门的利用强度，特别是劳动密集型服务部门，其国内的影响因子超过了知识和资本密集型服务部门。而对于美国、日本和德国，其制造业服务化虽然还是更容易受到本国服务部门的影响，但是与中国不同的是，其国外服务部门的影响在增强，这表明参与 GVC 对日本、美国和德国制造业服务化的影响在增强，可以鼓励这些发达国家参与全球价值链，尤其是加强资本密集型服务部门的合作，如运输服务业。从国外服务业的影响力度来看，对德国来说，加强劳动密集型服务部门和金融服务业的合作更有利于其制造业的发展。各国的教育健康与公共服务业的 GVC 收入虽然占比较低，但是其影响也不容忽视。

5.4.2 不同制造业服务化影响因子的比较

由表 5-10 可知，无论是整体制造业还是不同制造业，国外服务部门对中国、美国、日本、德国制造业服务化的影响都要低于国内服务部门，并且对比 2000 年和 2014 年 ε 的结果，与整体制造业相似，国外服务部门对中国制造业服务化的影响在减弱，而对美国、日本和德国不同制造业服务化的影响在增强。从各类制造业来看，我们可以看出，在 2014 年，除了劳动密集型制造业，中国知识和资本密集型制造业的国外影响因子都低于日本、美国和德国，这表明了国外服务部门对中国知识和资本密集型制造业的服务化影响都要弱于其他国家，同时也验证了参与 GVC 对中国知识和资本密集型制造业服务化的作用最小，对中国劳动密集型制造业服务化的作用要强于美国。与美国和德国一样，中国国外服务部门对知识密集型制造业服务化的影响要高于劳动和资本密集型制造业，日本国外服务部门对资本密集型制造业服务化的影响要高于知识和劳动密集型制造业，这说明参与 GVC 对中国、美国和德国的知识密集型制造业的影响更显著，对日本的资本密集型制造业的影响更显著，应该鼓励中国、美国和德国的知识密集型制造业产品参与国际分工合作，鼓励日本的资本密集型制造业产品参与国际分工。对比各国的 δ 结果，可以发现，美国、日本和德国国内服务部门对劳动密集型制造业的影响要高于知识和资本密集型制造业，而中国国内服务部门对资本密集型制造业的影响要高于知识和劳动密集型制造业。

表 5-10　中国、美国、日本、德国不同制造业的影响因子

项目	国家	2000 年		2014 年	
		ε	δ	ε	δ
知识密集型制造业	中国	0.28	0.72	0.19	0.81
	日本	0.12	0.88	0.26	0.74
	美国	0.20	0.80	0.22	0.78
	德国	0.31	0.69	0.39	0.61
劳动密集型制造业	中国	0.33	0.67	0.18	0.82
	日本	0.10	0.90	0.18	0.82
	美国	0.13	0.87	0.14	0.86
	德国	0.30	0.70	0.34	0.66
资本密集型制造业	中国	0.23	0.77	0.10	0.90
	日本	0.12	0.88	0.28	0.72
	美国	0.11	0.89	0.17	0.83
	德国	0.29	0.71	0.38	0.62

数据来源：根据 WIOD 数据库计算得出。

综合以上几个方面的分析判断，进一步提升中国制造业出口内含的服务增加值，包括国内服务增加值和国外服务增加值，仍然具有较大的空间。尤其是在知识密集型制造业领域，由于中国相比其他国家（地区）更大，一方面说明制造业出口升级可能更多地依赖服务尤其是高端服务投入，另一方面也意味着进一步提升服务增加值占比具有更大的提升空间。

5.5　中国制造业服务化水平的国内比较

进入 21 世纪之后，制造业服务化不仅成为国家层面的政策导向，也成为企业层面的重要战略抉择。面对产品市场日益激烈的竞争环境，中国的制造型企业也陆续出现了服务化的发展趋势。

5.5.1 中国制造业服务化水平的整体国内比较

根据制造业产品研发、生产、销售、售后四个阶段来进行分类，将我国制造业企业所实际提供的服务业务大致分为以下几种，见表 5-11。

表 5-11 中国制造业服务化阶段及具体服务

阶段	服务分类	主要的具体服务业务
研发阶段	市场调研	客户需求
	产品研发	产品研发；产品定制开发；专利、技术转让、技术推广与技术培训
	产品设计	产品设计；解决方案设计
生产阶段	加工装配	定制服务；加工解决方案；产品装配
销售阶段	金融服务	金融支付平台支持服务；面向客户的金融贷款、分期付款服务；投资金融服务
	租赁服务	融资租赁服务；产品租赁服务
	销售管理	成套解决方案；电子商务；产品及技术进出口；广告营销、会务展览服务
售后阶段	仓储物流	仓储服务；装卸搬运服务；物流配送服务
	产品使用	技术支持服务；检测、鉴定、监测与调试服务；安装、维保服务
	回收环保	产品回收服务；节能环保服务；合同能源管理服务
	工程服务	工程设计施工与承包；劳务派遣

通过对 2014 年制造业上市公司年报进行整理发现，制造业上市公司及其子公司的主营业务范围中都存在涉及一定的服务业务，但是不同企业所提供的服务产品种类与数目不同。

从不同服务类型来看，分布于产品的研发、销售与售后阶段，与产品关联度很高的服务业务，往往在制造企业中的使用度更高。在 1 335 家制造业上市公司中，1 302 家提供销售业务，1 288 家提供研发业务，1 222 家提供与产品相关的售后产品服务（包括产品检测、监测与调试，安装，维修保养，装卸搬运，仓储与物流运输），1 081 家提供进出口业务，712 家提供咨询业务，提供这些服务业务的企业数占比分别为 97.53%、96.48%、91.54%、80.97% 和 53.33%，均超过 50%。而一些新兴的服务业务，往往使用度并不高。例如整体解决方案、劳务派遣、废旧物回收与节能环保服务，使用这些服务业务的企业数仅分别占 1.87%，3.90%，8.91%，均不足 10%。

从服务业务种类情况来看，我国大部分制造企业所提供的服务产品种类较少，整体产出服务化水平还没有很高。在 1 335 家制造业上市公司中，提供 1 到 5 种服务业务的有 590 家，占 44.19%；提供 6 到 10 种服务业务的有 612 家，占 45.84%；提供 11 到 15 种服务业务的有 128 家，占 9.59%；提供 16 种以上服务业务的有 5 家，仅占 0.37%。

仅从提供的服务业务的种类数来看，不同制造行业中，石油加工、炼焦及核燃料加工业的产出服务化程度最低，而装备制造业的产出服务化程度较高。衡量制造业产出服务化程度的重要标准是制造企业或者行业中服务产品的产出情况，具体表现为制造企业所提供服务业务的营业收入占企业营业收入比重的大小。制造业服务业务营业收入占企业营业收入比重越大，服务产品盈利状况对于企业的影响力越大，制造业产出服务化程度越高，反之，则表明企业更倾向于多生产产品，服务产品盈利的重要性越不明显，制造业产出服务化程度就越低。

从上市公司服务业务类型所代表的服务化水平来看，中国的制造型企业服务化水平在提升。根据数据统计，对中国沪深 A 股中制造型企业的上市公司主营业务分析发现，服务化的整体覆盖率较高，将近 97% 以上的制造企业都会或多或少发展一些的服务业务，数据统计见表 5-12。

表 5-12　制造业上市公司的样本数及服务化占比

类别	全国			上海	福建	河南
年份	2012	2013	2014	2014	2014	2014
样本数	560 家	1 457 家	1 355 家	88 家	68 家	58 家
服务化占比	72.35%	98.01%	97.53%	97.93%	90.23%	95.48%

数据来源：知网数据库文献资料整理。

由表 5-12 可知，全国与上海、福建、河南等地区制造业服务化水平比例都不低，尤其是 2014 年，服务化占比均在 90% 以上。统计分析结果显示，从不同的服务类型来看，服务化的导入率存在显著的差异，涉及产品相关的服务业务（如销售、研发、产品售后等）的企业占比较多（50% 以上），涉及新兴服务业务（如节能环保、整体解决方案、废旧物资回收等）的企业占比很少（低于 5%）。在制造业整体发展中，相对其他服务业，批发贸易与零售、运输、金融和租赁服务业的直接消耗系数较大，对制造业影响程度较深。因此，我国应该加大对于这些生产性服务业的政策支持，大力发展生产性服务业，从而推动制造业投入服务化进程，促进制造业发展。

从不同区域情况来看，中国制造业上市公司大部分都处于东部地区，位于东部地区的制造企业数量远大于中西部的企业数量。从制造企业的经营范围来看，相对中、西部地区，东部地区采取服务化的企业所占比例更高，也就是说东部地区的整体服务化导入率更高。从制造企业提供的不同服务类型来看，西部提供的服务类型的均值最高，东部次之，中部最低，表明中国大部分制造企业提供的服务业务种类不多。综上所述，相对中西部而言，东部地区的服务化水平更高，具体数据见表 5-13。

表 5-13　2015 年中国不同区域制造业上市公司的服务化比较

项目	东部	中部	西部	全国
2014 年制造企业占比	75.3%	13.8%	10.9%	100%
服务化企业占比	99.20%	95.42%	93.2%	97%
平均提供的服务种类	3.63 种	4.31 种	2.98 种	3.50 种

数据来源：根据知网文章《中国制造业服务化发展趋势及影响因素研究》汇总得出。

就单个制造企业而言,制造业服务化程度不仅体现在制造业提供服务业务种类的多少,而且体现在服务性收入占企业营业收入的比重大小,制造业服务性收入占营业收入的比重越大,制造业的服务化程度相应越高;反之则说明制造业服务化的程度越低。2015 年,全国单独列示服务性收入的公司只有 315 家,占制造业上市公司总数的 23.5%。其中,服务性收入占总收入比重超过 50% 的仅有 28 家,占单独列示服务性收入公司数量的 8.89%;服务性收入占比不足 10% 的有 164 家,占单独列示服务性收入公司数量的 52.06%;其余 123 家服务性收入占比则在 10%~50%。从区域分布情况来看,在单独列示服务性收入的 315 家公司中,有 211 家注册地位于东部地区,中部地区 49 家,西部地区 55 家。可见,东部地区的制造业服务化普及程度高于中西部。

5.5.2 中国各行业制造业各部门服务化比较

根据最新的 WIOD 数据统计,制造业一共细分了 56 个行业的生产部门。根据 WIOD 统计表中对 56 个细分部门的具体描述,将 56 个生产部门对应的代码分别记为 r1~r56,则 r5~r22 记为制造业部门, r23~r56 记为服务部门。本节借鉴参考谢建国(2003)关于国民经济二位码所对应的基于要素密集度划分的方法,将 18 个制造业部门划分成劳动密集型、资源密集型和知识密集型三大行业。其中,劳动密集型制造业包括纺织品、服装及皮革制品制造业,木材、软木制品及编织材料制造业,家具及其他类制造业,对应代码分别为 r6、r7 及 r22;资源密集型制造业包括食品、饮料及烟草制造业,纸制品制造业,媒体记录、印刷品制造业,焦炭和精炼石油制造业,橡胶塑料产品制造业,其他非金属矿产品制造业和基本金属制造业,对应代码分别为 r5、r8、r9、r10、r13、r14 及 r15;其余部门为技术或者知识密集型制造业,包括化学化工类制造业,药物药剂类制造业,高端金属加工制造业,计算机、电子及光学产品制造业,电气设备制造业,机械及设备制造业,汽车、拖车和半挂车制造业及其他交通运输类设备制造业,对应部门代码分别为 r11、r12 和 r16~r21。具体见表 5-14。

表 5-14 中国制造业各部门对应代码

r6	纺织品、服装及皮革制品制造业	劳动密集型
r7	木材、软木制品及编织材料制造业	
r22	家具及其他类制造业	
r5	食品、饮料及烟草制造业	资源密集型
r8	纸制品制造业	
r9	媒体记录、印刷品制造业	
r10	焦炭和精炼石油制造业	
r13	橡胶塑料产品制造业	
r14	其他非金属矿产品制造业	
r15	基本金属制造业	

续表

r11	化学化工类制造业	知识密集型
r12	药物药剂类制造业	
r16	高端金属加工制造业	
r17	计算机、电子及光学产品制造业	
r18	电气设备制造业	
r19	机械及设备制造业	
r20	汽车、拖车和半挂车制造业	
r21	其他交通运输类设备制造业	

2007—2014 年各制造业各部门服务化指数见表 5-15。

表 5-15　2007—2014 年各制造业各部门服务化指数

年份	2007	2008	2009	2010	2011	2012	2013	2014
r5	0.05	0.05	0.05	0.05	0.05	0.05	0.05	0.05
r6	0.04	0.04	0.05	0.05	0.05	0.05	0.05	0.05
r7	0.07	0.07	0.08	0.07	0.06	0.06	0.05	0.04
r8	0.08	0.08	0.09	0.07	0.07	0.07	0.06	0.05
r9	0.06	0.07	0.07	0.06	0.06	0.07	0.06	0.06
r10	0.07	0.07	0.08	0.06	0.05	0.05	0.04	0.04
r11	0.06	0.07	0.07	0.06	0.06	0.06	0.06	0.05
r12	0.07	0.07	0.08	0.08	0.08	0.09	0.09	0.08
r13	0.06	0.06	0.06	0.05	0.05	0.05	0.05	0.04
r14	0.11	0.13	0.14	0.12	0.10	0.10	0.09	0.09
r15	0.07	0.07	0.08	0.07	0.06	0.06	0.06	0.06
r16	0.07	0.08	0.08	0.07	0.06	0.06	0.04	0.04
r17	0.04	0.05	0.05	0.06	0.06	0.06	0.06	0.06
r18	0.06	0.07	0.07	0.06	0.05	0.05	0.05	0.05
r19	0.07	0.08	0.08	0.07	0.06	0.06	0.06	0.05
r20	0.05	0.06	0.06	0.05	0.05	0.05	0.05	0.04
r21	0.05	0.05	0.06	0.05	0.05	0.05	0.05	0.04
r22	0.06	0.07	0.07	0.07	0.06	0.07	0.06	0.06

数据来源：根据 WIOD 数据结合 5.4 节的公式计算得出。

再根据上文的细分标准，将 18 个制造业部门概括分类为三大行业，即劳动密集型行业、资源密集型行业和技术密集型行业，取各行业所有制造业部门的服务化指数平均值，分别作为三大行业的制造业服务化指数，计算结果如图 5-2 所示。

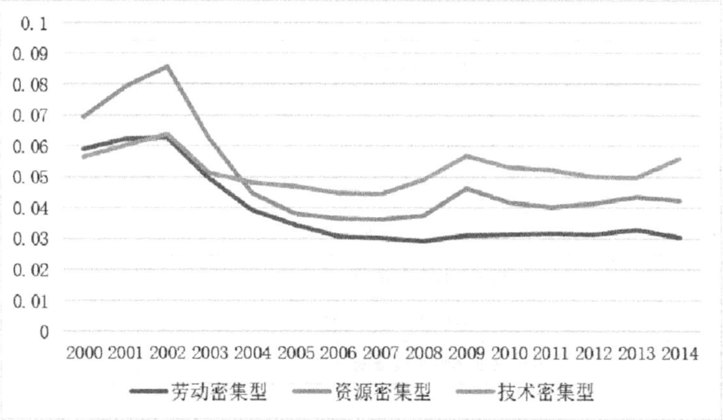

图 5-2 中国制造业三大行业服务化指数

首先，由图 5-2 可以看出，劳动密集型、资源密集型和技术密集型（又称知识密集型）三大行业的服务化指数具有明显的差异性。劳动密集型行业的服务化水平是三大行业中最低的，资源密集型行业的服务化水平在 2003 年之前高于其他两个行业，而知识密集型行业的服务化水平从 2003 年以后才明显超越劳动密集型和资源密集型行业。

其次，中国制造业三大行业的服务化水平从 2002 年开始逐渐下降，且三大行业的服务化投入差异逐渐显著，这和中国在 2001 年底正式加入 WTO 有着密切的关系。加入 WTO 之前，中国国内的制造业产出水平较低，制造业产出水平的基数较小，而后期国内制造业行业的服务要素投入量变化较小，因此才出现了 2001—2003 年制造业三大行业的服务化水平的急剧变化。

根据上文分析，我们依据 WIOD 数据对中国制造业服务化率的整体水平及制造业分行业服务化率进行了测算。因为从 2003 年后制造业知识密集型行业的服务化水平明显高于劳动密集型行业和资本密集型行业，所以重点对制造业知识密集型行业服务化进行分析，并将知识密集型行业分为低知识行业、中知识行业和高知识行业三个层面，具体数据见表 5-16。

表 5-16 中国制造业整体及各知识密集型制造业服务化率（完全消耗系数）

年份	总服务化率	低知识行业服务化率	中知识行业服务化率	高知识行业服务化率
2000	0.22	0.22	0.22	0.21
2001	0.22	0.22	0.22	0.22
2002	0.22	0.23	0.22	0.22
2003	0.20	0.20	0.20	0.20
2004	0.18	0.18	0.18	0.19
2005	0.18	0.17	0.17	0.19
2006	0.17	0.16	0.16	0.18
2007	0.16	0.16	0.16	0.18

续表

年份	总服务化率	低知识行业服务化率	中知识行业服务化率	高知识行业服务化率
2008	0.16	0.16	0.15	0.18
2009	0.17	0.16	0.17	0.19
2010	0.17	0.16	0.16	0.18
2011	0.17	0.16	0.16	0.18
2012	0.17	0.17	0.17	0.19
2013	0.18	0.17	0.17	0.19
2014	0.19	0.182	0.179	0.20

从制造业总体对于服务业的完全消耗系数情况来看,我国制造业对服务业的完全消耗总体呈下降趋势。其中, 2000—2002 年,我国制造业对服务业的完全消耗基本持平且略有上升趋势,但 2002—2008 年我国制造业对服务业的完全消耗便不断下降,尤其是在 2002—2004 年我国制造业服务化的完全消耗系数陡然下降,从 22% 下降 18%,降幅达到 18.2%。虽然随后几年的下降幅度逐年减小,但整体水平仍然呈下降趋势。2008—2009 年有明显上升, 2014 年我国制造业对服务业的完全消耗整体恢复到 2004 年前后的水平,达到 19%,与 2012 年相比,增幅达 12%。

从制造业行业异质性来看,各知识密集型制造业服务化率与制造业整体服务化率的走势大体一致,总体呈现先上升后下降再上升的趋势。从表 5-16 数据可知, 2000—2014 年各知识密集型制造业服务化水平的趋势。具体来看,三类知识密集型制造业的总体趋势都是经过 2000—2002 年的基本平稳且略有上升,后经 2002—2011 年大部分年份的下降阶段,直到 2012 年才开始持续上升。

此外,从表 5-16 数据可以看出,2014 年,由完全消耗系数测度的制造业服务化水平最高的是高知识制造业,为 20%;其次是低知识制造业,为 18.2%;最低的是中知识制造业,为 17.9%。从变化幅度来看,高知识制造业服务化率整体变化幅度最小, 2014 年与 2000 年相比,下降 1 个百分点,说明近几年,制造业服务化水平倾向于高知识密集型行业。

5.5.3　中国各区域制造业服务化比较

根据 5.5.1 小节的分析,我们知道制造业服务化地区分布在我国的东部、中部和西部地区,而根据国家发改委的解释,中国东、中、西部的划分是政策上的划分,而不是行政区划,也不是地理概念上的划分。因此,东部是指最早实行沿海开放政策并且经济发展水平较高的省市,中部是指经济次发达地区,而西部则是指经济欠发达的西部地区。中国东部地区包括北京、天津、河北、辽宁、上海、江苏、浙江、福建、山东、广东、广西、海南 12 个省、自治区、直辖市,面积为 129.4 万平方千米,占全部国土面积的 13.5%。中国中部地区包括山西、内蒙古、吉林、黑龙江、安徽、江西、河南、湖北、湖南 9 个省、自治区,面积为 281.8 万平方千米,占全部国土面积的 29.3%。中国西部地区包括四川、贵州、云南、西藏、陕西、甘肃、宁夏、青海、新疆 9 个省、自治区，面积为 541.4 万平方千米，占全部国土面积的 56.4%。为了说明研究问题，此部分我们分别以这三个区域作为分析对象，利用制造业服务化直接消耗系数和完全消耗系数两类数据来进行对比，说明差异化的具体现象以及差异存在的原因，具体数据见表 5-17、表 5-18 和表 5-19。

表 5-17　东部地区 2005—2015 年制造业服务化水平

年份	直接消耗系数	完全消耗系数	比值
2005	0.140 1	0.170 5	0.821 7
2006	0.135 4	0.169 5	0.798 8
2007	0.120 6	0.165 1	0.730 5
2008	0.120 0	0.155 1	0.773 7
2009	0.120 5	0.159 8	0.754 0
2010	0.134 1	0.167 8	0.799 2
2011	0.139 5	0.169 0	0.825 4
2012	0.144 2	0.170 1	0.847 7
2013	0.148 3	0.178 9	0.829 0
2014	0.159 0	0.180 5	0.880 9
2015	0.159 8	0.198 3	0.805 8

由表 5-17 数据并结合表 5-1 数据可知，2005—2015 年东部地区制造业服务化水平整体较低，且呈现先降低后升高的趋势。另外，通过计算直接消耗系数与完全消耗系数的比值可以看出，分别由直接消耗系数与完全消耗系数测度的服务化率，两个系数测度结果存在差异，表明我国东部地区制造业行业服务要素投入的直接消耗水平较低，多数企业确实“内置化”程度严重，从而导致企业效率不高，整个行业服务化水平虽然呈上升趋势，但整体水平仍然偏低。

表 5-18　中部地区 2005—2015 年制造业服务化水平

年份	直接消耗系数	完全消耗系数	比值
2005	0.130 1	0.160 5	0.810 6
2006	0.125 4	0.159 5	0.786 2
2007	0.120 6	0.155 1	0.777 6
2008	0.110 0	0.145 1	0.773 7
2009	0.110 5	0.149 8	0.758 1
2010	0.124 1	0.157 8	0.799 2
2011	0.129 5	0.159 0	0.814 5
2012	0.134 2	0.160 1	0.838 2
2013	0.138 3	0.168 9	0.818 8

续表

年份	直接消耗系数	完全消耗系数	比值
2014	0.149 0	0.170 5	0.873 9
2015	0.149 8	0.188 3	0.795 5

由表 5-18 数据可知,中部地区与东部地区趋势基本相似，2005—2015 年中部地区制造业服务化水平整体较低,且呈现先降低后升高的趋势。另外,通过计算直接消耗系数与完全消耗系数的比值可以看出,分别由直接消耗系数与完全消耗系数测度的服务化率,两个系数测度结果也存在差异,表明我国中部地区制造业行业服务要素投入的直接消耗水平较低,企业“内置化”程度较大,企业发展效率较低。

表 5-19　西部地区 2005—2015 年制造业服务化水平

年份	直接消耗系数	完全消耗系数	比值
2005	0.120 9	0.159 8	0.756 5
2006	0.115 1	0.159 5	0.721 6
2007	0.118 9	0.148 1	0.802 8
2008	0.108 9	0.140 0	0.773 7
2009	0.102 2	0.145 1	0.777 9
2010	0.112 3	0.147 8	0.799 2
2011	0.101 2	0.149 0	0.759 8
2012	0.103 9	0.150 7	0.838 2
2013	0.128 3	0.154 9	0.689 4
2014	0.130 1	0.160 5	0.810 6
2015	0.135 1	0.178 3	0.757 7

由表 5-19 数据可知,相比于东、中部地区,西部地区制造业服务化水平明显略低,虽然变动趋势与其他两个地区相似,但整体数值较低。尽管从 2013 年开始,制造业服务化水平呈上升趋势，2015 年数值最明显,相比较于 2005 年，2015 年制造业服务化水平增加了 11.75%。这一现象表明西部地区制造业服务化水平的程度逐渐加大,越来越多的制造类企业开始注重于服务化产业。而陕甘宁地区地处我国西部地区,其制造业服务化现象也符合西部地区制造业服务化水平的整体趋势。

综上所述,我国制造业服务化整体水平虽不高,但呈上升趋势,体现在东、中、西部三个区域都有上升的表象。

综合以上三个数据表,可知东部地区产出服务化水平较高,中部地区产出服务化程度较低。其主要原因有如下。第一,地理位置。就不同地理位置来看,我国东部地区经济发展起步较早,借助沿海港口等有利的交通位置进行对外贸易、引进外资,也吸引了更多的劳动力人口涌入东部地区,为制造企业服务化提供了充足的资金与人力资本,而且随着东部地区交通运输便利性的不断提高,制造企业进行服务化的外部条件更为有利。相对于中西部而言,东部地区制造企业的产出服务化程度更高。第二,行业属性。从行业属性来看,我国制造业主要分为 31 大类,装备制造业包括其中七大类,这些行业制造各种技术装备,工业基础雄厚,在控制服务化风险和经营服务业务的能力上更优于其他制造行业,同时注重技术投入与研发,人力资本较为充足,呈现资本密集、技术密集和劳动密集的特点,结合信息化与工业化,更容易进行服务化转型。而相比较于中西部地区而言,这些装备类制造业也多数集中于东部地区,因此其服务化程度相对较高。第三,服务业务盈利水平。从趋利性角度来看,相对于制造业务而言,制造企业服务业务的盈利能力越强,其对企业的帮助越大,制造业越有动力采取服务化战略。东部地区因为经济较为发达,因此整体盈利水平都较高,而附带使其现有制造业服务化水平盈利增长就相对较快一些。第四,服务人员规模。服务作为一种无形产品,主要基于劳动力和产品两种要素发挥效用,因此服务化转型要求制造企业服务部门投入足够的人力资本,特别是特殊人力资本的投入,例如技术研发、产品设计服务需要引进研发和技术人员,安装、维保和工程施工等服务需要增加具有相关技能的服务人员。而东部地区因为经济发展过快,人员流动性也相对较强,因此企业对于服务人员的需要也就相对较大,这就造成了该地区制造业服务化水平较高。

在我国制造业上市公司中,服务产品已经开始被广泛地引入企业,服务产品也逐渐多样化,推动着我国制造业产出服务化趋势,特别是与产品价值链的上下游关系越紧密的服务业务,其使用程度越高。然而,我国大部分制造企业提供的服务业务种类不多,整体产出服务化水平还不高,一些新兴服务业务的使用度较低,而且不同制造行业的产出服务化程度也存在差异,其中石油加工、炼焦及核燃料加工业的产出服务化程度最低,装备制造业的产出服务化程度较高。另外,相对中西部地区而言,东部地区产出服务化水平更高。

在今后的经济发展过程中,提高制造业服务化水平的首要对策是提高制造业产出服务化数量,产出服务化就是在整个产品生命周期中,服务业务不断扩散至各个阶段,以不同的服务内容与产品不同阶段相适应,形式逐渐多样化,服务业务渗透程度逐渐加深,在销售有形产品的同时,拓展不同类型的服务业务,将其纳入主营业务中,改变仅生产制造产品的单一模式,丰富产品结构层次,延伸企业的价值链。具体表现为制造业企业中服务业务种类增加,且服务产出占整体产出的比重不断上升,逐渐凸显出其独特性与重要性。对于产出服务化程度的测度,可以用服务活动的类型、数量和质量结合企业营业收入明细来衡量服务化程度。因为对于单个制造业企业而言,产出服务化程度高低不仅体现在制造企业所提供的服务产品种类的多少,而且体现在服务产品的营业收入占企业营业收入比重的高低。制造业企业所提供的服务产品种类越多,服务产品营业收入占企业营业收入的比重越大,其产出服务化程度越高;反之,则产出服务化程度越低。

针对本章内容的研究,要缩短中国与其他国家的制造业服务化水平的差距,需采取以下措施。首先,需要明确我国相对于世界其他发达国家及主要发展中国家比较优势的制造业类型是什么,可以有针对性地推动我国制造业服务化的进程,推进我国制造业在已有国际竞争力的基础上得到更大的提升,并同时拉动我国生产性服务业发展。其次,可以加快推进信息通信、专业科技制造业服务化进程，推动制造业向研发、设计等价值链高端环节扩展，提高对进口中间品的国内增值，从而促进本国制造业在全球价值链的前向参与。最后，有效区分不同知识类型制造业的国内增加值提升空间，有针对性地寻找可以大量提升向第三国出口中品国内增加值的有效路径，并避免制造业服务化对于国内增加值的抑制作用，使其国内增加值的提升大于国外增加值的提升。

我们可以做到以下几方面。

第一，有针对性地加快中国制造业各环节的服务化进程，提升生产性服务业在制造业行业中渗透的广度与深度，特别是纺织、服装、纸质产品、木制产品制造业等低技术制造业行业。我国的制造业服务化水平不高，迫切需要适度的服务要素投入来提升生产效率与组织效率，同时由于我国属于劳动力丰裕国家，应注重高技能人力资本的积累与就业，可以借助“大众创业，万众创新”的热潮，继续配套相应的支持政策，带动创新能力的迸发，提升我国出口产品尤其是中间品的国内增加值，重构出口贸易组成部分，提升整体经济发展。

第二，以中高技术（又称知识）服务化为重点，增加信息通信和专业科技等专业化服务要素的投入。由于我国在世界上属于资源大国，在技术制造业方面占据一定的优势，可以从环境保护的角度，以实现“四个一”的绿色发展蓝图为首任，大力践行生态文明建设，同时培育专业科技服务企业，在制造业中引入清洁技术，保障我国的可持续发展。另外，还可以利用现代网络等媒介，建立合理的电信服务供给制度，提高制造业行业的生产、供给和销售效率，从而提升整条产业链的效率。

第三，营造有利于服务业与制造业融合的外部条件，提升中国制造业服务化水平。与此同时，政府也可以优化现有对制造业服务化的扶持政策，继续出台促进制造业服务投入的优惠政策，加大对引入服务化企业的补贴力度与税收优惠等，从而使制造业与服务业在良性动态匹配中增加相互的出口利益。

5.6　参考文献

[1]　邓翘楚. 制造业服务化对全球价值链地位的影响研究 [D]. 成都：西南财经大学，2019.

[2]　李婧雯. 中国制造业服务化发展趋势及影响因素研究 [D]. 湘潭：湘潭大学，2016.

[3]　解季非. 制造企业服务化路径选择研究 [J]. 中国管理科学，2018，26（12）：135-145.

[4]　吕云龙，吕越. 制造业出口服务化与国际竞争力：基于增加值贸易的视角 [J]. 国际贸易问题，2017（5）：25-34.

[5]　李洲. 制造业服务化对全球价值链攀升的影响 [D]. 蚌埠：安徽财经大学，2017.

[6]　黄群慧，霍景东. 全球制造业服务化水平及其影响因素：基于国际投入产出数据的实证分析 [J]. 经济管理，2014（1）：1-11.

[7]　鲍志强. 制造业服务化发展模式及支持技术研究 [D]. 西安：西安工程大学，2014.

[8]　MARTIN F，FEI P.The increasing service intensity of european manufaturing[J].The service industries journal，2012（7）：1-21.

[9] NEELY A.Exploring the financial consequences of the servitization of manufacturing[J]. Operations management research，2008，1(2)：103-118.

[10] NI W T. Evolution analysis of value chain in the process of manufacturing servitization[C]. 2014 International Conference on Industrial Engineering and Information Technology.Tianjin，2014.

[11] SHEPOTYLO O，VAKHITOV V.Impact of services liberalization on productivity of manufacturing firms：evidence from ukrainian firm-level data[J].Economics of transition，2011，23(1)：1-44.

[12] REETTA E K. Servitization of manufacturing companies-framework for analyzing servitization capabilities[D].Derpartment of Information and Service Economy Aalto University School of Economics，2011.

[13] 周大鹏. 制造业服务化对产业转型升级的影响 [J]. 世界经济研究，2013(9)：17-22，48，87.

[14] 许立帆. 中国制造业服务化发展思考 [J]. 经济问题，2014(12)：79-84.

[15] 闵连星. 中国制造企业服务化现状与特点分析 [J]. 科技管理研究，2015(12)：106-110.

[16] 许立帆. 中国制造业服务化发展思考 [J]. 经济问题，2014(12)：79-84.

[17] 韩涛. 制造业服务化对中国制造业全球价值链分工的影响：基于投入产出数据的实证分析 [D]. 北京：首都经济贸易大学，2018

[18] 梁若男. 河南省制造业服务化对企业绩效影响因素的实证研究 [D]. 昆明：云南财经大学，2019.

[19] 肖挺. 制造业服务化对企业绩效的影响研究：基于我国制造业的经验数据 [J]. 科学学与科学技术管理，2014，35(4)：154-162.

第 6 章　陕甘宁地区制造业服务化转向评价体系构建

通过前面在陕甘宁地区制造企业、服务型企业的走访调查的基础上，对陕甘宁地区制造业服务化现状有了大体的认识。为了深入了解制造业服务化在全国范围内所处的地位，本章从投入服务化和产出服务化视角对陕甘宁地区制造业服务化水平进行测度分析。

6.1　评价体系构建思路

根据现有研究，在制造业服务化研究方面，Berger 和 Lester(2002)与孙林言(2007)从外部服务化和内部服务化两个角度来分析制造业服务化，认为需要从内外发力共同发展推动制造业服务化发展；Szalavetz(2003)、刘继国(2008)则将制造业服务化拆分为投入服务化和产出服务化两个角度来分析，提出从投入和产出两方面融入服务要素来整体提升制造业服务化水平。在制造业服务化水平测度方面，梁碧云(2014)从投入服务化与产出服务化角度，运用投入产出分析法对投入服务化进行测度，运用上市制造企业分析法对产出服务化进行测度。郭腾飞(2016)基于行业生产率视角对投入服务化程度进行测度，基于企业财务视角对产出服务化程度进行测度。张慧怡(2018)从"供给侧"视角将投入服务化聚焦企业内部，"需求侧"视角将产出服务化聚焦企业外部，分别对制造业服务化进行测度分析。通过上述对制造业服务化相关理论的阐述可知，由于制造企业由终端实物产品的制造者进而转型为流程服务的供给者即为制造业服务化，所以制造商提供服务所消耗的投入要素和提供服务生产的产品要素的比例也呈现上升趋势。同时，根据现有对制造业服务化水平测度的研究来看，把投入和产出服务化水平分开进行度量是最真实直观反映一个地区或国家制造业服务化程度的方式。因此，本章将从投入服务化水平和产出服务化水平两个角度来分别进行测度体系构建。

6.1.1　投入服务化水平测度体系构建思路

在现有研究中，学者普遍采取两种方法对制造业投入服务化程度进行测度。第一种为投入产出分析法，梁碧云(2014)通过对投入产出表进行经济分析，计算直接消耗系数等相关数据来衡量地区投入服务化程度；李婧雯(2016)通过对制造业对服务业投入产出数据进行计算，得出直接消耗系数和完全消耗系数，进而针对两个系数的变化趋势来衡量全国制造业投入服务化水平；张慧怡(2018)使用制造业服务的供给要素作为中间投入的程度是根据投入产出表进行分析计算得出的。第二种为问卷调查分析法，刘继国(2008)通过对大量制造型企业进行问卷调查的方式对投入服务化水平进行分析研究；刘妍(2012)运用问卷形式对 183 家制造企业的调查对投入服务化程度进行测度。较第一种方法来说，第二种方法具有所需数据量巨大、数据收集困难且数据不易反映真实情况等弊端，投入产出分析法对投入服务化水平的测度相对较为真实可靠。

同时，基于对目前陕甘宁地区制造业相关数据的掌握，本章将运用投入产出分析法进行投入服务化的测度，即对陕甘宁地区投入产出表 42 部门的数据进行处理，投入服务化水平依据制造业对服务业直接消耗系数和完全消耗系数的大小来进行整体度量。两系数越大，体现投入服务化水平越高；反之，则越低。

6.1.2 产出服务化水平测度体系构建思路

国内外对制造业产出服务化水平度量的方法有多种。Bowen 等（1989）认为制造业服务化水平是通过对服务整体运行情况来体现的。刘继国和赵一婷（2008）界定了产出服务化战略的维度，利用来自中国企业的调查问卷数据，对产出服务化战略的影响因素及其绩效进行识别度量。其中通过对一个地区上市制造企业面板数据分析企业从事服务业务的情况来衡量该地区产出服务化程度的方法尤为普遍，肖挺等（2014）根据现有制造业上市企业暴露的运行情况，将制造业服务化水平以服务收入占总收入的比率来进行测度。梁碧云（2014）以广东地区 39 家上市制造企业的截面数据样本，认为制造业服务化程度可以通过拥有服务业务的企业数量占总企业数量的比重来进行测算。陈雯和李碧珍（2018）通过对福建省制造业上市公司 2016 年年报整理，将服务行业涉及制造业公司提供服务的个数及服务收入占比作为地区制造业服务化水平的展现。根据相关文献及现有研究方式可知，产出服务化水平以地区制造业企业参与服务情况进行测定的方法是直观且可信度高的。在已收集整理的陕甘宁地区 2017 年 76 家上市制造业企业相关公开数据的基础上，本章运用制造业企业所提供服务参与相关服务行业的数量及服务收入的占比来测度陕甘宁地区制造业产出服务化水平，服务行业中服务产品数量占比越大，制造企业服务产品类型越丰富，服务收益占总收益比重越高，表明产出服务化水平越高；反之，则产出服务化水平越低。

6.2 地区制造业投入服务化水平测度体系

投入服务化本质上是制造企业从生产环节初期有效匹配产品生产各个流程的服务投入要素，充分提升实物产品生产的整体附加值，进而促进生产链条前段服务要素的融合，保证生产效率的提升和高附加值的结合。可以看出，服务要素在生产过程中的重要性不断显现，投入环节融入服务要素对市场环境中竞争力加强具有显而易见的效果。因此，本节基于投入产出法对陕甘宁地区制造业投入产出表数据进行处理，以直接消耗系数和完全消耗系数来测度陕甘宁地区制造业投入服务化水平。

6.2.1 投入产出表

在中观层面，投入产出分析法（简称投入产出法）是研究制造业服务化发展的有效方法。其原因在于投出产出法是基于产业关联分析，即产业间广泛而密切的技术经济联系，而制造业服务化的发展正是基于制造业与服务业间的密切产业关联。

投入产出法是由美国著名经济学家华西里·列昂惕夫于 20 世纪 30 年代在其论文《美国经济体系中投入产出的数量关系》中提出的一种方法。它是研究经济系统各个部分（作为生产单位或消费单位的产业、行业、产品等）间表现为投入与产出的相互依存关系的经济数量分析方法，其理论基础为里昂瓦尔拉斯的一般均衡理论，其基本思想为想要有一定产出必先要有一定投入。

投入产出表（部门联系平衡表）是进行投入产出分析的主要工具，它是按照投入产出分析基本原理所绘制的、反映经济体各部门产品生产投入来源和去向的一种棋盘式表格。投入产出表通常由四部分组成，分别称为第Ⅰ、Ⅱ、Ⅲ、Ⅳ象限。第Ⅰ象限反映产业间的生产技术联系，是表的核心部分；第Ⅱ象限反映各产业产品的最终使用；第Ⅲ象限反映国民收入的初次分配；第Ⅳ象限反映国民收入的再分配，有时不列出。投入产出表分为实物型和价值型两种，其中价值型投入产出表使用统一的价值量计量单位，这增加了计量测度的使用空间，因而使用较为广泛。表 6-1 是价值型投入产出表的一般形式。

表 6-1　简化的价值型投入产出表

产出投入		中间产品					最终产品			总产出
		产业 1	产业 2	产业 3	…	产业 n	最终消费	资本形成	净出口	
中间投入	产业 1	X_{11}	X_{12}	X_{13}	…	X_{1n}				X_1
	产业 2	X_{21}	X_{22}	X_{23}	…	X_{2n}				X_2
	产业 3	X_{31}	X_{32}	X_{33}	…	X_{3n}		Y_i		X_3
	…	…	…	…	Ⅰ	…		Ⅱ		X_i
	产业 n	X_{n1}	X_{n2}	X_{n3}	…	X_{nn}				X_n
增加值	固定资产折旧	D_1	D_2	D_3	…	D_n				
	劳动者报酬	V_1	V_2	V_3	…	V_n				
	生产税净额	T_1	T_2	T_3	Ⅲ	T_n		Ⅳ		
	营业盈余	M_1	M_2	M_3	…	M_n				
总投入		X_1	X_2	X_3	X_j	X_n				

表 6-1 中，X_{ij} 表示产业 i 在生产过程中对产业 j 的投入，或者说是 j 产业消耗 i 产业产品的价值量；X_i 表示产业 i 的总产出；X_j 表示产业 j 的总投入；Y_i 表示产业 i 的最终产品；D_j 表示产业 j 的固定资产折旧增加值；V_j 表示产业 j 的劳动者报酬增加值；T_j 表示产业 j 的生产税净额增加值；M_j 表示产业 j 的营业盈余增加值。

6.2.2　地区投入产出模型

地区投入产出模型一般是按照行政区（省、自治区、直辖市、市、县等）编制的。地区投入产出模型与全国投入产出模型相比有以下特点:地区投入产出表中的部门划分与全国投入产出表可以不一致;输入和输出在地区模型中占重要地位;地区的国民收入生产额与地区的国民实际使用额可以在长时期内保持很大的差距;各个地区最终产出之和在数量上并不等于全国的最终产出。地区投入产出模型可分为行模型和列模型。

6.2.2.1 地区投入产出行模型

地区投入产出行模型的经济意义为本地区国民经济各部门生产的产品和服务的去向分配问题。其集中体现本地区总产出与分配使用之间的关系。

行模型为

总产出 = 中间使用 + 最终使用 - 输入量 + 其他

其数学表达式为

$$\sum_{j=1}^{j=n} X_{ij} + Y_j - f_i + e = X_i \quad (i = 1, 2, 3, \cdots, n)$$

式中:X_{ij} 表示产业 i 在生产过程中对产业 j 的投入,或者说是产业 j 消耗产业 i 产品的价值量;X_i 表示产业 i 的总产出;X_j 表示产业 j 的总投入;Y_j 表示产业 j 的最终产品;f_i 表示输入本地区的产品 i 的数量;e 表示其他数量。

6.2.2.2 地区投入产出列模型

地区投入产出列模型的经济含义为反映经济运行过程不同行业投入要素的情况,用来分析制造业和服务业在生产服务环节形成的闭合关系。

列模型为

总投入 = 中间投入 + 增加值

其数学表达式为

$$\sum_{i=1}^{i=n} X_{ij} + D_j + V_j + T_j + M_j = X_j \quad (j = 1, 2, 3, \cdots, n)$$

式中:X_{ij} 表示本地区生产 i 部门要投入的 j 产品的数量;D_j 表示产业 j 的固定资产折旧增加值;V_j 表示产业 j 的劳动者报酬增加值;T_j 表示产业 j 的生产税净额增加值;M_j 表示产业 j 的营业盈余增加值;X_j 表示 j 部门产品的总投入。

6.2.2.3 地区投入产出模型的平衡关系

由于没有其他损耗,地区生产产品时的总投入应与其总使用(产出)相等,其关系为

总投入 = 总产出

单个部门投入 = 单个部门总产出

中间投入合计 = 中间使用合计

6.2.3 直接消耗系数

基于价值型投入产出表可以计算出很多极具经济意义的指标,本小节将主要利用以下指标展开实证研究,包括直接消耗系数、完全消耗系数、中间投入率、中间需求率等。

在投入产出分析过程中,引入各种系数能够充分用模型来体现实际经济运行中的规律,

且不拘泥于彼此之间的纯粹量的简单联系，而是更深层次地探索各量的数理关系。因此，对制造业服务化水平测度将通过对直接消耗系数分析来体现。

直接消耗系数（a_{ij}）是指生产单位产业 j 产品时对产业 i 产品的直接消耗量，用来度量经济运行体系中各部门生产结构之间的关系。直接消耗系数又可称为投入系数或投入技术，其定义为每生产单位 j 产品要消耗 i 种产品的量。其表达式为

$$a_{ij}=\frac{X_{ij}}{X_j}\quad(i,j=1,2,\cdots,n)$$

该系数矩阵记为 $\boldsymbol{A}$。

6.2.4　完全消耗系数

1974 年，法国数理经济学家里昂·瓦尔拉斯首次提出一般均衡理论，该理论也促成了投入产出分析理论的形成。一般来说，国民经济运行中各部门生产产品普遍存在直接或间接的关系，因此部门生产物品同样存在间接消耗与直接消耗。在直接消耗系数与间接消耗系数之间，引入完全消耗系数可真实、直接反映两者之间的内生逻辑关系，其在实践中可帮助了解和分析国民经济各部门间、产品间的内在联系。

完全消耗系数是指某产品 j 生产单位最终产品对另一产品 i 的完全消耗量，记为 b_{ij}，用 $\boldsymbol{B}$ 表示完全消耗系数矩阵，$\boldsymbol{A}$ 表示直接消耗系数矩阵，其计算关系式为

完全消耗系数 = 直接消耗系数 + 全部间接消耗系数

用公式可表示为

$$\boldsymbol{B}=(\boldsymbol{I}-\boldsymbol{A})^{-1}-\boldsymbol{I}$$

其中，$(\boldsymbol{I}-\boldsymbol{A})^{-1}$ 称为列昂惕夫逆矩阵。

6.3　地区制造业产出服务化水平测度体系

制造业产出服务化程度的测量要从制造企业为客户所提供服务的数量、服务质量和服务收入占总收入的比重等角度来衡量。Bowen 等（1989）从基于产品的服务活动数量和类型，服务的质量、服务在产品战略中的地位来衡量服务活动。Homburg（2002）定义了服务化战略的三个维度：服务数量、服务强度和服务宽度。考虑到现阶段我国公开发布的行业层面统计数据中无法找到合适的数据，只能尝试从企业层面的财务报表等数据中得到相关信息。服务产出的测度方法主要有两种：一种是通过面对面访问或是问卷调查，了解企业的服务化经营情况；另一种是利用专业数据库。两种方法都是通过对部分公司的业务内容及服务经营情况的描述来研究制造业产出服务化程度。

Neely（2008）主要从制造企业提供服务种类的数量来衡量制造企业服务化的程度，制造企业提供服务的种类越多，说明企业对消费者的服务需求越重视；黄婷婷（2014）把服务化强度作为衡量制造业服务化程度的一个维度，服务强度指的是服务性收入与销售总收入的比值，该比值越大说明制造企业的收入越多是通过提供服务获得的，说明其产出服务化的

程度越高。

由于我国企业并没有公布服务性收入的义务，服务性收入也常被作为商业机密，而难以从企业直接获得，有些学者尝试用“主营业务外收入”来代替服务性收入，并用企业开展服务业收益占企业总产值的比重来表示制造业服务化程度（肖挺，2014）。但是，这种做法主要存在两种问题：一是从我国制造企业财务报表来看，非主营业务收入通常在企业的收入中只占有很小的比重，且这部分收入也有相当部分不能归入服务性收入，例如企业出售的原材料的收入等；二是许多制造企业由于服务意识的淡泊，在提供诸如施工等的服务时，对于提供的施工服务只记成本，将施工收入与销售产品的收入一并记入主营业务收入。因此，本书认为现阶段在我国制造企业并未对服务性收入做出明确统计的背景下，采用这种方法，缺乏合理性，不具有太强的现实意义。

通过上市公司年报中经营范围的描述来确定制造企业是否提供了服务来判断制造企业是纯制造企业还是服务化企业，同时根据提供服务的种类来表示服务化程度，具有较强的说服力。Kastalli 等（2013）研究发现，服务活动规模与利润水平之间呈现非线性正相关，服务商业模式创新才是利润增长的关键。当然也有学者对制造企业提供服务种类的增加会对企业绩效产生正向影响持怀疑的态度。Visnjic 等（2012）认为服务的广度并不能有效改善企业绩效，而服务深度则可以提供长期、可持续的收益。通过以上相关文献并结合数据的可得性，本书选取制造企业提供服务的种类来测度制造企业服务化程度。

6.4 参考文献

[1] 梁碧云. 广东省制造业服务化程度与绩效关系研究 [D]. 广州：广东工业大学，2014.

[2] 李婧雯. 中国制造业服务化发展趋势及影响因素研究 [D]. 湘潭：湘潭大学，2016.

[3] 张慧怡. 基于“供给侧”与“需求侧”视角下我国制造业服务化对制造业绩效影响的研究 [D]. 太原：山西财经大学，2018.

[4] 刘继国. 制造业企业投入服务化战略的影响因素及其绩效：理论框架与实证研究 [J]. 管理学报，2008（2）：237-242.

[5] 刘妍. 制造业服务化背景下组织柔性与企业绩效关系研究 [D]. 西安：西安工程大学，2012.

[6] BOWEN D E，SIEHL C，SCHNEIDER B.A frame work for analyzing customer service orientation sinmanufacturing[J].Academy of management review，1989，14（1）：75-95.

[7] 刘继国，赵一婷. 制造业企业产出服务化战略的影响因素及其绩效：理论框架与实证研究 [J]. 上海管理科学，2008，30（6）：42-46.

[8] 肖挺，聂群华，刘华. 制造业服务化对企业绩效的影响研究：基于我国制造企业的经验证据 [J]. 科学学与科学技术管理，2014，35（4）：154-162.

[9] 陈雯，李碧珍. 福建省制造业上市公司服务化水平及影响因素研究 [J]. 福建论坛（人文社会科学版），2018（5）：168-176.

[10] 黄婷婷. 制造业服务化的经济效应与作用机制研究 [D]. 济南：山东大学，2014.

[11] TOFFEL M W.Contracting for servicizing[D].Boston：Harvard Business School，2002.

[12] VANDERMERWE S，RADA J.Servitization of business：adding value by adding services[J].European management journal，1989，6(4)：314-324.

[13] NEELY A.Exploring the financial consequences of the servitization of manufacturing[J]. Operations management research，2008，1(2)：103-118.

[14] VISNJIC I，NEELY A，WIENGARTEN F.Another performance paradox? A refined view on the performance impact of servitization[D].ESADE Business School Research Paper，2012.

[15] KASTALLI I V，VAN LOOY B.Servitization：disentangling the impact of service business model innovation on manufacturing firm performance[J].Journal of operations management，2013，31(4)：169-180.

[16] 朱文兴，谢明珠，吴立珺. 制造业服务化的影响因素及驱动路径研究 [J]. 江西理工大学学报，2018，39(6)：44-50.

[17] 王岚，莫凡. 制造业服务化转型模式研究：以海尔集团为例 [J]. 现代管理科学，2017(4)：51-53.

[18] 王丹，郭美娜. 上海制造业服务化的类型、特征及绩效的实证研究 [J]. 上海经济研究，2016(5)：94-104.

第7章 陕甘宁地区制造业服务化程度测度

7.1 数据来源及说明

本章使用的主要数据来源是投入产出表。在我国,投入产出表不是每年都编制,从1985年开始,逢2、逢7年份编制基准表,逢0、逢5年份编制延长表。为便于分析,本章主要使用42部门的陕西、甘肃、宁夏投入产出表和中国投出产出表,各年份为2002年、2007年、2012年。以上资料主要来自中国地区投入产出年鉴、中国投入产出学会、国家统计局国家数据等。

不同年份的投入产出表中的部门划分略有差异,在分析时需要结合当时的行业标准和政府规定。本章划分制造业与服务业范围时选用的参考标准或依据有:《国民经济行业分类》(GB/T 4754—2002),《国民经济行业分类》国家标准第1号修改单(GB/T 4754—2017);国家统计局《关于建立第三产业统计的报告》(1985年),《国家统计局关于印发〈三次产业划分规定〉的通知》(国统字〔2003〕14号),国家统计局《三次产业划分规定》(2013年),《国家统计局关于修订〈三次产业划分规定(2012)〉的通知》(国统设管函〔2018〕74号)。

7.2 陕甘宁地区投入服务化水平测度

7.2.1 陕甘宁地区直接消耗系数测度

对陕甘宁地区投入产出表(2002—2012年)数据进行整理计算得出陕甘宁地区2002—2012年制造业投入情况及对服务业的直接消耗系数。

7.2.1.1 陕西直接消耗系数测度

1. 整体测度

通过《中国地区投入产出表》中陕西2002—2012年42部门的投入产出流量表,依据直接消耗系数模型,对陕西省制造业投入服务化直接消耗系数进行整体测度,如图7-1所示。

根据图7-1中数据可知,陕西省2002—2012年制造业对服务业直接消耗系数呈U字形或V字形走势,先降低后缓慢提升,整体呈现降低趋势。陕西省制造业服务中间投入出现逐年下降的趋势,从2002年的2 441亿元下降到2012年的1 151亿元,下降了52.8%,同时制造业中间投入规模和总投入规模也呈现总体下滑的现象,投入增加值、制造业中间投入和总投入虽然在2007年有一定的回升,但是整体呈现下滑趋势,陕西省投入服务化直接消耗系数在2007年和2012年均低于0.1,说明陕西省制造业投入服务化程度整体处于较低水平。

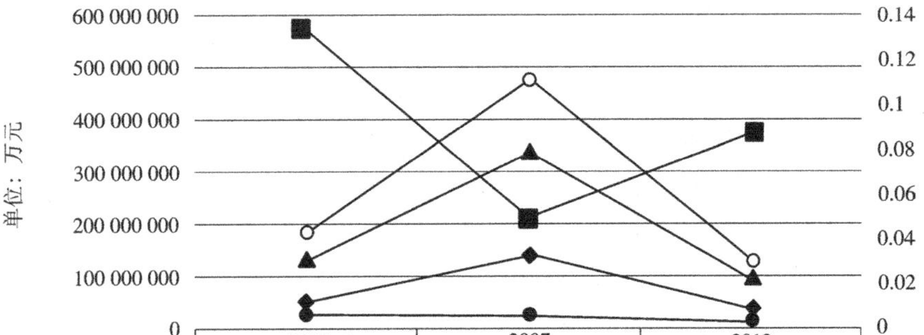

	2002	2007	2012
服务中间投入	24 412 372.13	23 499 501	11 512 378.61
中间投入	133 447 461.5	337 760 288	93 417 174.99
增加值	50 131 287.06	138 714 135.5	36 974 871
总投入	183 578 748.5	477 683 540.1	130 392 046
直接消耗系数	0.132 980 382	0.049 194 705	0.088 290 497

图 7-1　陕西省 2002—2012 年制造业对服务业直接消耗系数

在对陕西省制造业投入服务化直接消耗系数进行整体测度之后，对全国制造业投入服务化直接消耗系数进行测度，并对比陕西省和全国制造业投入服务化的直接消耗系数，如图 7-2 所示。通过对比发现，2002 年陕西的制造业投入服务化直接消耗系数略高于全国水平；2007 年陕西的制造业投入服务化直接消耗系数不足 0.05，与全国水平相差较远；2012 年陕西的制造业投入服务化直接消耗系数相对于 2007 年提高至 0.088 29，但是仍低于全国水平（0.107 251）。由此可见，陕西省制造业投入服务化近几年一直处于较低水平，亟须提升。

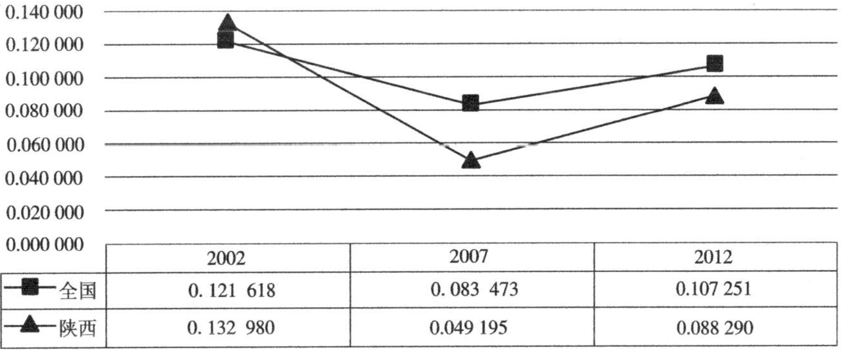

	2002	2007	2012
全国	0. 121 618	0. 083 473	0.107 251
陕西	0. 132 980	0.049 195	0.088 290

图 7-2　2002—2012 年陕西省与全国制造业投入服务化直接消耗系数对比

2. 分部门测度

根据《国民经济行业分类》（GB/T 4754—2017），依据《中国地区投入产出表》中陕西 42 部门投入产出表数据的整理计算，并从 42 部门中筛选出编码 06~22 的行业为制造业行业，编码 29~42 的行业为服务业行业，以此为依据进行分部门测度，分别进行了陕西省制造业各部门对服务业直接消耗系数的测度和陕西省制造业对服务业各部门直接消耗系数的测度。

关于投入产出表中制造业的划分及专业名称，为统一标准，做如下轻微调整。由于《国民经济行业分类》(GB/T 4754—2017)中对于42部门的划分与之前有所不同，2012版的42部门和2007、2002版的42部门也有所差异，2012版将通用设备和专用设备两个行业分开分别统计，而2007版和2002版将通用设备和专用设备两个行业放在一起统计，为了统一标准，将通用设备和专用设备两个行业合并计算并分析；同时，2012版投入产出表不再使用2007版的"工艺品及其他制造业"名词，改为"其他制造产品"，为统一标准，将以2012版的"其他制造产品"为准；其余名词之间的轻微差距均以2012版投入产出表对应的分类部门名词为准。

关于投入产出表中服务业的划分及专业名称，为统一标准，做如下轻微调整。2007版及之前，投入产出表中将交通运输及仓储业与邮政业分开统计，2012版将交通运输及仓储业和邮政业进行了合并，故为统一衡量标准和类别，将按照2012版将交通运输及仓储业和邮政业进行合并统计和测度。2007版及之前，投入产出表中将研究与试验发展和综合技术服务业分开统计，2012版将研究与试验发展和综合技术服务业进行了合并，更名为"科学研究和技术服务"行业，故为统一衡量标准和类别，将按照2012版将研究与试验发展和综合技术服务业进行合并，以科学研究和技术服务为标准进行统计和测度。2002版投入产出表中有旅游业的投入产出流量数据，但是2012版和2007版并无对应的数据，鉴于此，不再研究陕西旅游业相关数据。其余名词之间的轻微差距均以2012版投入产出表对应的分类部门名词为准，如2002版的"其他社会服务业"将按分类与2012版的"居民服务、修理和其他服务"统一，以2012版投入产出表中的"居民服务、修理和其他服务"这一部门称谓作为统一标准。

首先，对于2002—2012年陕西省制造业17个部门对服务业直接消耗系数进行测度，具体结果见表7-1。

由表7-1中数据走势可以看出，陕西省17个制造业部门中，大部分制造业部门对于服务业的直接消耗系数与陕西省投入服务化直接消耗系数走势类似，均呈现V字形走势，且整体呈下降趋势，这些部门主要有纺织品，纺织、服装、鞋帽、皮革、羽绒及其制品，木材加工品和家具，造纸印刷和文教体育用品，石油、炼焦产品和核燃料加工品，化学产品，非金属矿物制品，金属冶炼和压延加工品，金属制品，交通运输设备，电气机械和器材，通信设备、计算机和其他电子设备、仪器仪表、其他制造产品；陕西省17个制造业部门中，食品和烟草部门对于服务业的直接消耗系数虽然呈V字形趋势，但是整体走势平稳，变化不大；陕西省17个制造业部门中，有2个部门对于服务业的直接消耗系数与陕西省投入服务化直接消耗系数走势相反，整体呈现上升趋势，这2个部门是通用设备、专用设备和废品废料部门。

表7-1　陕西省制造业各部门对服务业直接消耗系数测度

制造业部门	2002年	2007年	2012年	趋势图
食品和烟草	0.117 332	0.062 451	0.109 027	
纺织品	0.093 319	0.029 420	0.057 739	

续表

制造业部门	2002 年	2007 年	2012 年	趋势图
纺织、服装、鞋帽、皮革、羽绒及其制品	0.226 550	0.054 559	0.150 106	
木材加工品和家具	0.130 794	0.064 289	0.092 810	
造纸印刷和文教体育用品	0.141 633	0.046 058	0.072 036	
石油、炼焦产品和核燃料加工品	0.082 629	0.022 592	0.065 584	
化学产品	0.198 903	0.080 538	0.120 562	
非金属矿物制品	0.097 611	0.071 415	0.070 957	
金属冶炼和压延加工品	0.092 507	0.030 233	0.068 478	
金属制品	0.108 958	0.041 649	0.069 013	
通用设备、专用设备	0.084 069	0.065 081	0.148 803	
交通运输设备	0.114 739	0.039 486	0.103 475	
电气机械和器材	0.149 286	0.071 723	0.101 983	
通信设备、计算机和其他电子设备	0.136 177	0.060 506	0.108 666	
仪器仪表	0.154 171	0.069 478	0.076 959	
其他制造产品	0.210 008	0.066 779	0.079 508	
废品废料	0.000 000	0.000 000	0.126 210	

数据来源:《中国地区投入产出表》数据计算得出。

从表 7-1 中 17 个制造业部门之间直接消耗系数的大小来看,陕西省制造业部门对服务业直接消耗系数最低的三个部门依次是石油、炼焦产品和核燃料加工品部门,金属冶炼和压延加工品部门和纺织品部门。其中,石油、炼焦产品和核燃料加工品部门对服务业的直接消耗系数平均值为 0.056 935 017,金属冶炼和压延加工品部门对服务业的直接消耗系数平均值为 0.063 739 475,纺织品部门对服务业的直接消耗系数平均值为 0.060 159 35。此外,还有 7 个部门的直接消耗系数平均值低于 0.1,即金属制品,非金属矿物制品,交通运输设备,造纸印刷和文教体育用品,木材加工品和家具,食品和烟草,通用设备、专用设备部门;化学产品部门和纺织、服装、鞋帽、皮革、羽绒及其制品部门的直接消耗系数平均值,分别为 0.133 334 201 和 0.143 738 488。2012 年,制造业中对服务业直接消耗系数最高的三个部门依次是纺织、服装、鞋帽、皮革、羽绒及其制品部门(0.150 106),通用设备、专用设备部门(0.148 803)和废品废料部门(0.126 210)。综上所述,相对来说,重工类的制造业对服务业的直接消耗系数较低,不同制造业部门对服务业的直接消耗系数可能与人力资本投入、消费者消费偏好、政府政策导向等相关。

其次,对于 2002—2012 年陕西省制造业对服务业各部门的直接消耗系数进行测度,具体结果见表 7-2。

由表 7-2 中数据走势可知，制造业对大部分服务业部门的直接消耗系数走势都和陕西省投入服务化整体直接消耗系数走势相同，先大幅降低后小幅提升，整体呈下降趋势；而有少数服务业部门的直接消耗系数走势相反，如科学研究和技术服务部门、教育部门、卫生和社会工作部门，这三个部门的直接消耗系数呈现先升后降的趋势，但是整体呈下降趋势；仅有两个部门呈现整体上升趋势，即居民服务、修理和其他服务部门以及公共管理、社会保障和社会组织部门，其中居民服务、修理和其他服务部门的直接消耗系数提升最多，这与现实中企业的改革创新息息相关，如苏宁和国美等家电行业就创新自己的销售模式，采用“实体店＋线上”模式的同时，还加入所售家电的配送、装机、维修等一系列服务，不仅提高了客户体验度和安全感，同时也提升了企业自身的竞争力。

由此可以推断出，陕西省制造业对服务业各部门的消耗系数并不是一成不变的，甚至会出现和整体走势相反的情况，这主要与企业的经验战略、营销策略等相关。

表 7-2　陕西省制造业对服务业各部门直接消耗系数测度

服务业部门	2002 年	2007 年	2012 年	趋势图	平均值
批发和零售	0.229 264	0.014 370	0.169 304		0.137 646
交通运输、仓储和邮政	0.200 747	0.116 517	0.234 021		0.183 761
住宿和餐饮	0.173 340	0.085 368	0.089 815		0.116 174
信息传输、软件和信息技术服务	0.042 453	0.016 739	0.030 901		0.030 031
金融	0.579 958	0.130 861	0.205 398		0.305 406
房地产	0.031 181	0.019 244	0.017 542		0.022 656
租赁和商务服务	0.440 769	0.282 531	0.504 552		0.409 284
科学研究和技术服务	0.145 033	0.129 489	0.011 270		0.095 264
水利、环境和公共设施管理	—	0.056 868	0.007 863		0.032 365
居民服务、修理和其他服务	0.157 638	0.091 759	0.470 703		0.240 033
教育	0.012 233	0.013 508	0.008 179		0.011 307
卫生和社会工作	0.040 125	0.090 149	0.000 000		0.043 425
文化、体育和娱乐	0.309 282	0.104 760	0.025 845		0.146 629
公共管理、社会保障和社会组织	0.000 000	0.000 000	0.001 906		0.000 635

数据来源：《中国地区投入产出表》数据计算得出。

从表 7-2 中从 14 个服务业部门之间直接消耗系数的大小来看，陕西省制造业对不同服务业部门的直接消耗系数差距较大，较高的系数平均达到 0.409 284（租赁和商务服务部门)、0.305 406(金融部门)和 0.240 033(居民服务、修理和其他服务部门);最低的系数平均只有 0.000 635(公共管理、社会保障和社会组织部门)。除此之外,陕西省制造业对服务业消耗较高的部门还有批发和零售部门,交通运输、仓储和邮政部门,住宿和餐饮部门,文化、体育和娱乐部门等,这些部门的直接消耗系数平均值均高于 0.1;陕西省制造业对服务业消耗较低的部门主要有信息传输、软件和信息技术服务部门,房地产部门,科学研究和技术服务部门,水利、环境和公共设施管理部门,教育部门,卫生和社会工作部门。

由此可以推断,陕西省制造业中金融服务,租赁和商务服务以及居民服务、修理和其他等的投入较多,但是信息传输、软件和信息技术服务部门,房地产部门国,科学研究和技术服务部门,水利、环境和公共设施管理部门,教育部门,卫生和社会工作部门以及公共管理、社会保障和社会组织部门对制造业的服务投入较少。这一方面可能与制造业本身的行业性质、特征相关,另一方面可能与地区资源禀赋、政策等相关。

7.2.1.2　甘肃直接消耗系数测度

1. 整体测度

通过《中国地区投入产出表》中甘肃 2002—2012 年 42 部门的投入产出流量表,依据直接消耗系数模型,对甘肃省制造业投入服务化直接消耗系数进行整体测度,如图 7-3 所示。

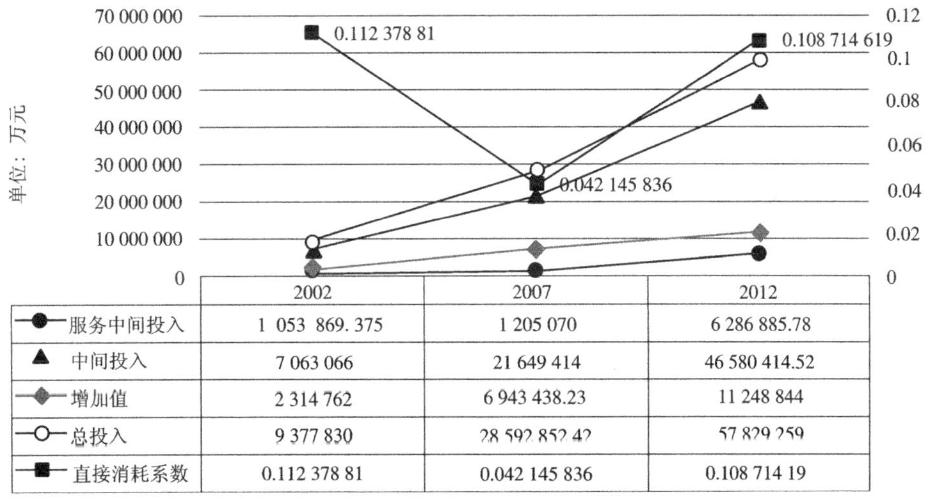

	2002	2007	2012
服务中间投入	1 053 869. 375	1 205 070	6 286 885.78
中间投入	7 063 066	21 649 414	46 580 414.52
增加值	2 314 762	6 943 438.23	11 248 844
总投入	9 377 830	28 592 852.42	57 829 259
直接消耗系数	0.112 378 81	0.042 145 836	0.108 714 19

图 7-3　甘肃省 2002—2012 年制造业对服务业直接消耗系数

数据来源:根据《中国地区投入产出表》数据计算得出。

根据图 7-3 中数据可知,甘肃省 2002—2012 年制造业对服务业直接消耗系数呈 U 字形或 V 字形走势,先降低后缓慢提升,整体呈现降低趋势。甘肃省制造业的服务中间投入呈逐年上升的走势,从 2002 年的 105 亿元上升到 2012 年的 628 亿元,增加了将近五倍,同时制造业中间投入规模和总投入规模也呈现总体上升的趋势。甘肃省投入服务化直接消耗系数在 2007 年低于 0.1,但是在 2002 年和 2012 年均高于 0.1,说明甘肃省制造业投入服务化程度整体水平一般。

在对甘肃省制造业投入服务化直接消耗系数进行整体测度之后,对全国制造业投入服务化直接消耗系数进行测度,并对比甘肃省和全国制造业投入服务化的直接消耗系数,如图7-4所示。通过对比发现,2002年甘肃的制造业投入服务化直接消耗系数略低于全国水平;2007年甘肃的制造业投入服务化直接消耗系数不足0.05,与全国水平相差较远;2012年甘肃的制造业投入服务化直接消耗系数相对于2007年提高至0.108 715,略高于于全国水平(0.107 251)。由此可见,甘肃省制造业投入服务化近几年虽然有一定的波动,但是整体平稳,与全国水平较为接近。

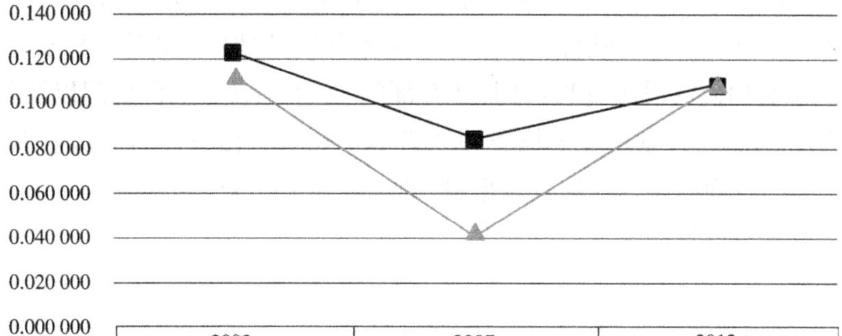

	2002	2007	2012
全国	0.121 618	0.083 473	0.107 251
甘肃	0.112 378 81	0.042 145 836	0.108 714 619

图7-4 2002—2012年甘肃省与全国制造业投入服务化直接消耗系数对比

数据来源:根据《中国地区投入产出表》数据计算得出。

2. 分部门测度

根据《国民经济行业分类》(GB/T 4754—2017),依据《中国地区投入产出表》中甘肃42部门投入产出表数据的整理计算,并从42部门中筛选出编码06~22的行业为制造业行业,编码29~42的行业为服务业行业,以此为依据进行分部门测度。分别进行了甘肃省制造业各部门对服务业直接消耗系数的测度和甘肃省制造业对服务业各部门直接消耗系数的测度。

关于投入产出表中制造业的划分及专业名称,为统一标准,做如下轻微调整。由于《国民经济行业分类》(GB/T 4754—2017)中对于42部门的划分与之前有所不同,2012版的42部门和2007版、2002版的42部门也有所差异,2012版将通用设备和专用设备两个行业分开分别统计,而2007版和2002版将通用设备和专用设备两个行业放在一起统计,为了统一标准,将通用设备和专用设备两个行业合并计算并分析;同时,2012版投入产出表不再使用2007版的"工艺品及其他制造业"名词,改为"其他制造产品",为统一标准,将以2012版的"其他制造产品"为准;其余名词之间的轻微差距均以2012版投入产出表对应的分类部门名词为准。

关于投入产出表中服务业的划分及专业名称,为统一标准,做如下轻微调整。2007版及之前,投入产出表中将交通运输及仓储业与邮政业分开统计,2012版将交通运输及仓储业和邮政业进行了合并,故为统一衡量标准和类别,将按照2012版将交通运输及仓储业和邮政业进行合并统计和测度。2007版及之前,投入产出表中将研究与试验发展和综合技术服务业分开统计，2012 版将研究与试验发展和综合技术服务业进行了合并，更名为“科学研究和技术服务”行业，故为统一衡量标准和类别，将按照 2012 版将研究与试验发展和综合技术服务业进行合并，以科学研究和技术服务为标准进行统计和测度。2002 版投入产出表中有旅游业的投入产出流量数据，但是 2012 版和 2007 版并无对应的数据，鉴于此，不再研究甘肃旅游业相关数据。其余名词之间的轻微差距均以 2012 版投入产出表对应的分类部门名词为准，如 2002 版的“其他社会服务业”将按分类与 2012 版的“居民服务、修理和其他服务”统一，以 2012 版投入产出表中的“居民服务、修理和其他服务”这一部门称谓作为统一标准。

首先，对于 2002—2012 年甘肃省制造业 17 个部门对服务业直接消耗系数进行测度，具体结果见表 7-3。

从表 7-3 中 17 个制造业部门之间直接消耗系数的大小来看，甘肃省制造业对服务业直接消耗系数最低的三个部门依次是石油、炼焦产品和核燃料加工品部门，金属制品部门和非金属矿物制品部门。其中，石油、炼焦产品和核燃料加工品部门对服务业的直接消耗系数平均值为 0.057 201；非金属矿物制品部门对服务业的直接消耗系数平均值为 0.079 855；金属制品部门对服务业的直接消耗系数平均值为 0.080 705。除此之外，其余 14 个制造业部门对服务业的直接消耗系数平均值都在 0.1 以上。其中，对服务业的直接消耗系数最高的部门是仪器仪表部门，直接消耗系数平均值达到 0.156 172。此外，剩余的 13 个部门中，对服务业直接消耗系数平均值较高的部门主要有纺织、服装、鞋帽、皮革、羽绒及其制品部门，电气机械和器材部门，通用设备、专用设备部门，金属冶炼和压延加工品部门，食品和烟草部门，这 5 个部门的直接消耗系数平均值均在 0.12 以上，属于对服务业投入较多的部门，这一点与陕西省也较为相似（陕西省直接消耗系数平均值排前三位的行业分别是纺织、服装、鞋帽、皮革、羽绒及其制品部门，通用设备、专用设备部门和废品废料部门）。2012 年，制造业中对服务业直接消费系数最高的三个部门分别是金属冶炼和压延加工品部门（0.220 831），仪器仪表部门（0.204 987）和通用设备、专用设备部门（0.165 214）。

综上所述，相对来说，轻工类的制造业对服务业的直接消耗系数较高，居民必需品和部门必备品等消费频率较高的行业部门对服务业的直接消耗系数较高，不同制造业部门对服务业的直接消耗系数可能与人力资本投入、消费者消费偏好、政府政策导向等相关。

其次，对于 2002—2012 年甘肃省制造业对服务业各部门的直接消耗系数进行测度，具体结果见表 7-4。

表 7-3　甘肃省制造业各部门对服务业直接消耗系数测度

制造业部门	2002 年	2007 年	2012 年	平均值	趋势图
仪器仪表	0.167 206	0.096 325	0.204 987	0.156 172	
纺织、服装、鞋帽、皮革、羽绒及其制品	0.166 985	0.067 477	0.149 032	0.127 831	
电气机械和器材	0.141 520	0.107 919	0.133 858	0.127 766	

续表

制造业部门	2002 年	2007 年	2012 年	平均值	趋势图
通用设备、专用设备	0.140 914	0.076 203	0.165 214	0.127 443	
金属冶炼和压延加工品	0.110 448	0.045 631	0.220 831	0.125 637	
食品和烟草	0.155 523	0.045 600	0.161 051	0.120 724	
交通运输设备	0.150 614	0.039 123	0.152 568	0.114 102	
废品废料	0.000 000	0.187 273	0.146 414	0.111 229	
其他制造产品	0.159 016	0.046 895	0.125 003	0.110 305	
纺织品	0.196 575	0.031 858	0.097 83	0.108 754	
造纸印刷和文教体育用品	0.156 564	0.057 033	0.109 187	0.107 595	
化学产品	0.134 316	0.067 350	0.112 381	0.104 683	
通信设备计算机和其他电子设备	0.141 727	0.061 036	0.108 802	0.103 855	
木材加工品和家具	0.141 237	0.048 027	0.117 833	0.102 366	
金属制品	0.092 698	0.046 387	0.103 031	0.080 705	
非金属矿物制品	0.123 846	0.072 774	0.042 945	0.079 855	
石油、炼焦产品和核燃料加工品	0.045 239	0.010 213	0.116 151	0.057 201	

数据来源：《中国地区投入产出表》数据计算得出。

表 7-4　甘肃省制造业对服务业各部门直接消耗系数测度

服务业部门	2002 年	2007 年	2012 年	平均值	趋势图
租赁和商务服务	0.014 003	0.280 065	0.741 923	0.345 330	
交通运输、仓储和邮政	0.194 377	0.116 756	0.301 030	0.204 054	
金融	0.064 969	0.291 980	0.235 196	0.197 382	
批发和零售	0.168 499	0.000 312	0.244 433	0.137 748	
科学研究和技术服务	0.238 678	0.095 915	0.009 884	0.114 826	
居民服务、修理和其他服务	0.072 144	0.174 637	0.058 245	0.101 675	

续表

服务业部门	2002 年	2007 年	2012 年	平均值	趋势图
房地产	0.263 124	0.010 171	0.009 057	0.094 117	
文化、体育和娱乐	0.080 783	0.062 810	0.015 827	0.053 140	
住宿和餐饮	0.052 996	0.048 889	0.032 785	0.044 890	
水利、环境和公共设施管理	—	0.058 457	0.004 475	0.031 466	
信息传输、软件和信息技术服务	0.044 112	0.014 896	0.023 841	0.027 616	
卫生和社会工作	0.003 149	0.047 533	0.000 000	0.016 894	
教育	0.008 603	0.013 239	0.003 880	0.008 574	
公共管理、社会保障和社会组织	0.000 000	0.000 000	0.001 987	0.000 662	

数据来源:《中国地区投入产出表》数值计算得出。

由表 7-4 中数据走势可知,制造业对服务业各部门的直接消耗系数走势和甘肃省投入服务化整体直接消耗系数走势差距较大,只有少数部门的直接消耗系数走势和甘肃省投入服务化整体直接消耗系数走势类似,如批发和零售部门。甘肃省整体直接消耗系数趋稳,但是上述 14 个部门中,仅有卫生和社会工作部门整体走势趋稳,其余部门要么明显上升要么明显下降。其中,租赁和商务服务部门,交通运输、仓储和邮政部门,金融部门,批发和零售部门,公共管理、社会保障和社会组织部门整体走势上升,其余部门整体走势下降明显,主要有科学研究和技术服务部门,居民服务、修理和其他服务部门,房地产部门,文化、体育和娱乐部门,住宿和餐饮部门,水利、环境和公共设施管理部门,信息传输、软件和信息技术服务部门等。

由此可以推断出,甘肃省制造业对服务业各部门的消耗系数并不是一成不变的,甚至会出现和整体走势相反的情况,这主要与企业的经验战略、营销策略等相关。

从表 7-4 中 14 个服务业部门之间直接消耗系数的大小来看,甘肃省制造业对不同服务业部门直接的消耗系数差距较大,较高的系数平均达到 0.345 330(租赁和商务服务部门)、0.204 054(交通运输、仓储和邮政部门)和 0.197 382(金融部门);最低的系数平均只有 0.000 662(公共管理、社会保障和社会组织部门)。除此之外,甘肃省制造业对服务业消耗较多的部门还有批发和零售部门,科学研究和技术服务部门,居民服务、修理和其他服务部门等,这些部门的直接消耗系数平均值均高于 0.1;甘肃省制造业对服务业消耗较低的部门主要有信息传输、软件和信息技术服务部门,房地产部门,文化、体育和娱乐部门,水利、环境和公共设施管理部门,教育部门,卫生和社会工作部门。

由此可以推断,甘肃省制造业中金融服务,租赁和商务服务以及交通运输、仓储和邮政等服务的投入较多,但是信息传输、软件和信息技术服务部门,房地产部门,文化、体育和娱乐部门，水利、环境和公共设施管理部门，教育部门，卫生和社会工作部门和公共管理、社会保障和社会组织部门对制造业的服务投入较少。这一方面可能与制造业本身的行业性质、特征相关，另一方面可能与甘肃地区资源禀赋、政策等有一定的关系。

7.2.1.3 宁夏直接消耗系数测度

1. 整体测度

通过《中国地区投入产出表》中宁夏 2002—2012 年 42 部门的投入产出流量表，依据直接消耗系数模型，对宁夏制造业投入服务化直接消耗系数进行整体测度，如图 7-5 所示。

根据图 7-5 中数据可知，宁夏制造业的服务中间投入呈逐年上升的走势，从 2002 年的 51 亿元上升到 2012 年的 208 亿元，增加了将近三倍，同时制造业中间投入规模和总投入规模也呈现总体上升的趋势。但是由于服务中间投入的增长幅度低于总投入的增幅，导致宁夏 2002—2012 年制造业对服务业直接消耗系数呈波动下降趋势。宁夏投入服务化直接消耗系数在 2012 年低于 0.1，但是在 2002 年和 2007 年均高于 0.1，说明宁夏制造业投入服务化程度整体水平有一定的下滑，但整体水平正常。

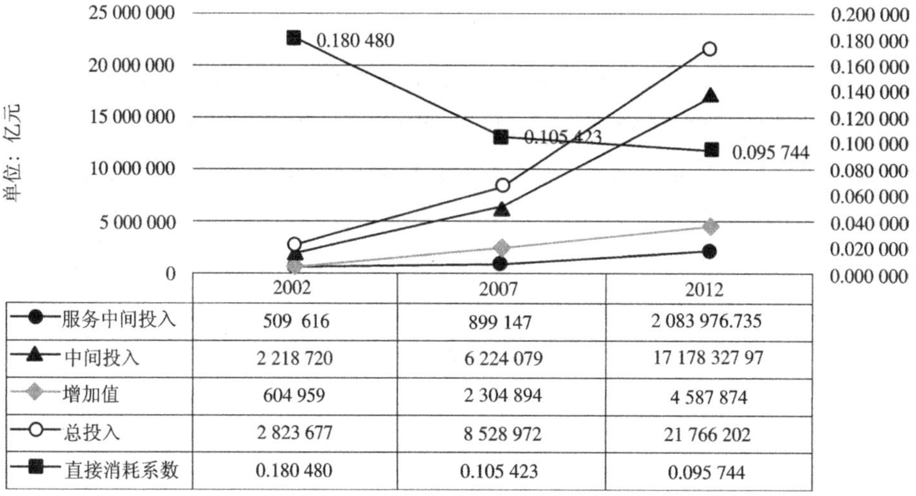

	2002	2007	2012
服务中间投入	509 616	899 147	2 083 976.735
中间投入	2 218 720	6 224 079	17 178 327 97
增加值	604 959	2 304 894	4 587 874
总投入	2 823 677	8 528 972	21 766 202
直接消耗系数	0.180 480	0.105 423	0.095 744

图 7-5 宁夏 2002—2012 年制造业对服务业直接消耗系数

数据来源：根据《中国地区投入产出表》数据计算得出。

在对宁夏制造业投入服务化直接消耗系数进行整体测度之后，对全国制造业投入服务化直接消耗系数进行测度，并对比宁夏和全国制造业投入服务化的直接消耗系数，如图 7-6 所示。通过对比发现，2002 年宁夏的制造业投入服务化直接消耗系数为 0.180 480，高于全国整体水平；2007 年宁夏的制造业投入服务化直接消耗系数为 0.105 423，依然高于全国整体水平；2012 年宁夏的制造业投入服务化直接消耗系数下降至 0.095 744，略低于全国整体水平（0.107 251）。由此可见，宁夏制造业投入服务化近几年下降趋势明显，亟须提升。

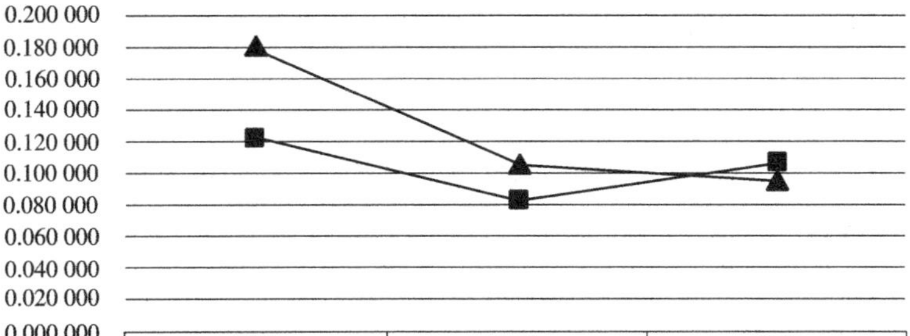

	2002	2007	2012
全国	0.121 618	0.083 473	0.107 251
宁夏	0.180 480	0.105 423	0.095 744

图 7-6　2002-2012 年宁夏与全国制造业投入服务化直接消耗系数对比

数据来源：根据《中国地区投入产出表》数据计算得出。

2. 分部门测度

根据《国民经济行业分类》（GB/T 4754—2017），依据《中国地区投入产出表》中宁夏 42 部门投入产出表数据的整理计算，并从 42 部门中筛选出编码 06~22 的行业为制造业行业，编码 29~42 的行业为服务业行业，以此为依据进行分部门测度，分别进行了宁夏制造业各部门对服务业直接消耗系数的测度和宁夏制造业对服务业各部门直接消耗系数的测度。

关于投入产出表中制造业的划分及专业名称，为统一标准，做如下轻微调整。由于《国民经济行业分类》（GB/T 4754—2017）中对于 42 部门的划分与之前有所不同，2012 的版 42 部门和 2007 版、2002 版的 42 部门也有所差异，2012 版将通用设备和专用设备两个行业分开分别统计，而 2007 版和 2002 版将通用设备和专用设备两个行业放在一起统计，为了统一标准，将通用设备和专用设备两个行业合并计算并分析；同时，2012 版投入产出表不再使用 2007 版的“工艺品及其他制造业”名词，改为“其他制造产品”，为统一标准，将以 2012 版的“其他制造产品”为准；其余名词之间的轻微差距均以 2012 版投入产出表对应的分类部门名词为准。

关于投入产出表中服务业的划分及专业名称，为统一标准，做如下轻微调整。2007 版及之前，投入产出表中将交通运输及仓储业与邮政业分开统计，2012 版将交通运输及仓储业和邮政业进行了合并，故为统一衡量标准和类别，将按照 2012 版将交通运输及仓储业和邮政业进行合并统计和测度。2007 版及之前，投入产出表中将研究与试验发展和综合技术服务业分开统计，2012 版将研究与试验发展和综合技术服务业进行了合并，更名为“科学研究和技术服务”行业，故为统一衡量标准和类别，将按照 2012 版将研究与试验发展和综合技术服务业进行合并，以科学研究和技术服务为标准进行统计和测度。2002 版投入产出表中有旅游业的投入产出流量数据，但是 2012 版和 2007 版并无对应的数据，鉴于此，不再研究宁夏旅游业相关数据。其余名词之间的轻微差距均以 2012 版投入产出表对应的分类部门名词为准，如 2002 版的“其他社会服务业”将按分类与 2012 版的“居民服务、修理和其他服务”统一，以 2012 版投入产出表中的“居民服务、修理和其他服务”这一部门称谓作为统一标准。

首先,对于2002—2012年宁夏制造业17个部门对服务业直接消耗系数进行测度,具体结果见表7-5。

表7-5 宁夏制造业各部门对服务业直接消耗系数测度

制造业部门	2002年	2007年	2012年	平均值	趋势图
废品废料	0.226 035	0.647 525	—	0.436 780	
非金属矿物制品	0.164 860	0.161 417	0.117 672	0.147 983	
石油、炼焦产品和核燃料加工品	0.242 611	0.149 564	0.051 295	0.147 823	
食品和烟草	0.189 043	0.127 247	0.120 004	0.145 431	
造纸印刷和文教体育用品	0.142 483	0.071 825	0.217 015	0.143 774	
仪器仪表	0.150 865	0.198 314	0.080 077	0.143 085	
化学产品	0.183 646	0.090 705	0.101 763	0.125 371	
通用设备、专用设备	0.128 358	0.150 308	0.097 207	0.125 291	
金属冶炼和压延加工品	0.195 625	0.068 539	0.110 079	0.124 748	
其他制造产品	0.181 265	0.085 923	0.105 803	0.124 330	
金属制品	0.167 296	0.100 833	0.088 373	0.118 834	
电气机械和器材	0.149 258	0.114 423	0.090 475	0.118 052	
木材加工品和家具	0.124 830	0.098 869	0.096 205	0.106 635	
纺织、服装、鞋帽、皮革、羽绒及其制品	0.141 723	0.066 062	0.073 279	0.093 688	
纺织品	0.177 652	0.037 866	0.050 297	0.088 605	
交通运输设备	0.117 290	0.079 046	0.068 728	0.088 355	
通信设备、计算机和其他电子设备	0.069 450	0.157 693	0.018 764	0.081 969	

数据来源:《中国地区投入产出表》数据计算得出。

由表7-5中各个制造业部门直接消耗系数走势可以看出,宁夏17个制造业部门中,大部分制造业部门对于服务业的直接消耗系数与宁夏投入服务化直接消耗系数走势类似,均呈现整体下降状态,这些部门主要有废品废料部门,非金属矿物制品部门,石油、炼焦产品和核燃料加工品部门,食品和烟草部门,通用设备、专用设备部门,金属冶炼和压延加工品部门，其他制造产品部门，金属制品部门，电气机械和器材部门，木材加工品和家具部门，纺织、服装、鞋帽、皮革、羽绒及其制品部门，纺织品部门，交通运输设备部门，通信设备、计算机和其他电子设备部门；其中，呈直线下降状态的主要有非金属矿物制品部门，石油、炼焦产品和核燃料加工品部门，食品和烟草部门，金属冶炼和压延加工品部门，金属制品部门，电气机械和器材部门，交通运输设备部门；呈“倒 V 字”形下降的主要有废品废料部门，仪器仪表部门，通用设备、专用设备部门，通信设备、计算机和其他电子设备部门。除此之外，宁夏 17 个制造业部门中，仅有造纸印刷和文教体育用品部门对于服务业的直接消耗系数与宁夏投入服务化直接消耗系数走势相反，整体呈现上升趋势。

从表 7-5 中 17 个制造业部门对服务业直接消耗系数的大小来看，宁夏制造业对服务业直接消耗系数最低的三个部门依次是通信设备、计算机和其他电子设备部门，交通运输设备部门和纺织品部门。其中，通信设备、计算机和其他电子设备部门对服务业的直接消耗系数最低，平均值只有 0.081 969；交通运输设备部门次之，直接消耗系数平均值为 0.088 355；纺织品部门对服务业的直接消耗系数平均值为 0.088 605。此外，还有 1 个部门的直接消耗系数平均值低于 0.1，即纺织、服装、鞋帽、皮革、羽绒及其制品部门，这一点与其他两个省份截然相反，可能是由于宁夏地区关于纺织、服装、鞋帽、皮革、羽绒及其制品的制造业部门较少导致。对服务业直接消耗系数平均值超过 0.1 的有 13 个部门，其中直接消耗系数平均值超过 0.14 的部门总共有 6 个，有废品废料部门，非金属矿物制品部门，石油、炼焦产品和核燃料加工品部门，食品和烟草部门，造纸印刷和文教体育用品部门，仪器仪表部门。废品废料对于服务业的直接消耗系数在 2002 年和 2007 年分别达到了 0.226 035 和 0.647 525，可见宁夏废品废料部门对于服务业的消耗水平非常高，但是在 2012 年废品废料对服务业的消耗为 0，这可能与宁夏地区相关政策如环境治理等有关。2012 年制造业中对服务业直接消耗系数最高的三个部门依次是造纸印刷和文教体育用品部门（0.217 015）、食品和烟草部门（0.120 004）和非金属矿物制品部门（0.117 672）。

综上所述，相对来说，由于宁夏地区特殊的地理环境、气候条件、资源禀赋、风俗习惯等因素，导致宁夏地区不同制造业部门对服务业的消耗情况参差不齐。

其次，对于 2002—2012 年宁夏制造业对服务业各部门的直接消耗系数进行测度，具体结果见表 7-6。

由表 7-6 中数据走势可知，制造业对大部分服务业部门的直接消耗系数走势都和宁夏投入服务化直接消耗系数整体走势相同，呈现波动下降趋势；仅有少数服务部门的直接消耗系数走势相反，如公共管理、社会保障和社会组织部门，该部门的直接消耗系数呈现整体上升趋势，这与宁夏地区政府近几年逐步增加公共和社会保障支出有一定的关系，同时也反映出政府服务对于地区制造业创新改革和发展的贡献逐渐显现。

表 7-6　宁夏制造业对服务业各部门直接消耗系数测度

服务业部门	2002 年	2007 年	2012 年	平均值	趋势图
批发和零售	0.187 973	0.173 325	0.182 409	0.181 236	

续表

服务业部门	2002 年	2007 年	2012 年	平均值	趋势图
交通运输、仓储和邮政	0.481 903	0.040 117	0.229 635	0.250 551	
住宿和餐饮	0.067 486	0.042 964	0.063 633	0.058 028	
信息传输、软件和信息技术服务	0.038 784	0.052 333	0.012 913	0.034 676	
金融	0.708 503	0.168 662	0.309 353	0.395 506	
房地产	0.012 013	0.015 578	0.002 718	0.010 103	
租赁和商务服务	0.502 086	0.318 485	0.117 529	0.312 700	
科学研究和技术服务	0.212 603	0.303 539	0.018 739	0.178 294	
水利、环境和公共设施管理	—	0.154 827	0.002 772	0.078 799	
居民服务、修理和其他服务	0.109 676	0.165 531	0.047 320	0.107 509	
教育	0.015 203	0.009 200	0.004 407	0.009 603	
卫生和社会工作	0.012 486	0.098 235	0.000 000	0.036 907	
文化、体育和娱乐	0.110 648	0.064 963	0.019 443	0.065 018	
公共管理、社会保障和社会组织	0.000 000	0.000 001	0.000 812	0.000 271	

数据来源:《中国地区投入产出表》部分数据计算得出。

从表 7-6 中 14 个服务业部门之间直接消耗系数的大小来看,宁夏制造业对不同服务业部门的直接消耗系数差距较大,较高的系数平均达到 0.395 506(金融部门)、0.312 700(租赁和商务服务部门)和 0.250 551(交通运输、仓储和邮政部门);最低的系数平均只有 0.000 271(公共管理、社会保障和社会组织部门)。除此之外,宁夏制造业对服务业消耗较多的部门还有批发和零售部门,科学研究和技术服务部门,居民服务、修理和其他服务部门,这些部门的直接消耗系数平均值均高于 0.1;宁夏制造业对服务业消耗较低的部门主要有水利、环境和公共设施管理部门,文化、体育和娱乐部门,住宿和餐饮部门,卫生和社会工作部门,信息传输、软件和信息技术服务部门,房地产部门,教育部门。

由此可以推断,宁夏制造业中金融服务,租赁和商务服务,交通运输、仓储和邮政,批发和零售,科学研究和技术等服务的投入较多,但是文化、体育和娱乐,教育,信息传输、软件和信息技术服务、住宿和餐饮等相关部门对制造业的服务投入较少。这一方面可能与制造业本身的行业性质、特征相关,另一方面可能与地区资源禀赋、政策等相关。

7.2.1.4 陕甘宁地区直接消耗系数对比

1. 整体对比

对陕甘宁地区制造业对服务业的直接消耗系数与全国进行对比,如图 7-7 所示。从图

7-7 中可以看出,陕西、甘肃、宁夏地区的制造业投入服务化直接消耗系数与全国制造业投入服务化直接消耗系数走势基本一致,均呈波动下滑趋势。从整体下滑幅度来看,宁夏地区的服务化直接消耗系数下滑最大,陕西次之,下滑幅度最小的是甘肃;从波动范围来看,全国制造业投入服务化直接消耗系数波动范围在 0.083~0.122,相对较稳定,陕西、甘肃、宁夏地区波动范围分别是 0.049~0.133、0.042~0.113、0.096~0.181,波动范围均在全国之上。

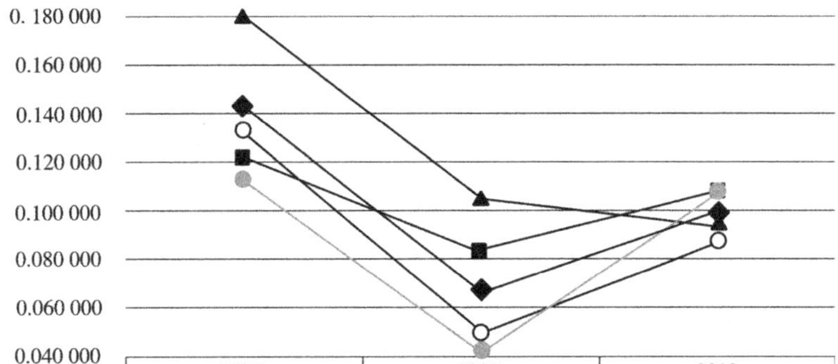

	2002	2007	2012
全国	0. 121 619	0.083 473	0.107 251
宁夏	0.180 480	0.105 423	0.095 744
陕西	0.132 980	0.049 195	0.088 290
甘肃	0.112 370	0.042 146	0.108 715
陕甘宁地区	0.141 946	0.065 588	0.097 583

图 7-7　陕甘宁地区与全国制造业对服务业直接消耗系数对比图

数据来源:《中国地区投入产出表》数据计算得出。

从各省区和全国的制造业投入服务化直接消耗系数测度值对比来看, 2002 年制造业对服务业直接消耗系数由高到低依次是宁夏、陕西、全国、甘肃,且各省区之间差距较大; 2007 年制造业对服务业直接消耗系数由高到低依次是宁夏、全国、陕西、甘肃,各省区之间差距依然很大; 2012 年制造业对服务业直接消耗系数由高到低依次是甘肃、全国、宁夏、陕西,但是此时各省区之间差距已经大幅缩小,与全国水平基本不相上下。从排名变化来看,陕西的排名从 2002 年第二名下滑到 2012 年第四名,甘肃从 2002 年第四名上升到 2012 年第一名,宁夏从 2002 年第一名下滑到 2012 年第三名,这与各地区制造业的发展息息相关。

2. 分部门对比

在对各省区与全国制造业部门对服务业的直接消耗系数进行整体对比之后,对各地区不同制造业部门对服务业直接消耗系数测度值进行对比分析,如图 7-8 所示,同时,对各个地区不同制造业部门投入服务化直接消耗系数进行排名,具体测度结果和排名见表 7-7。

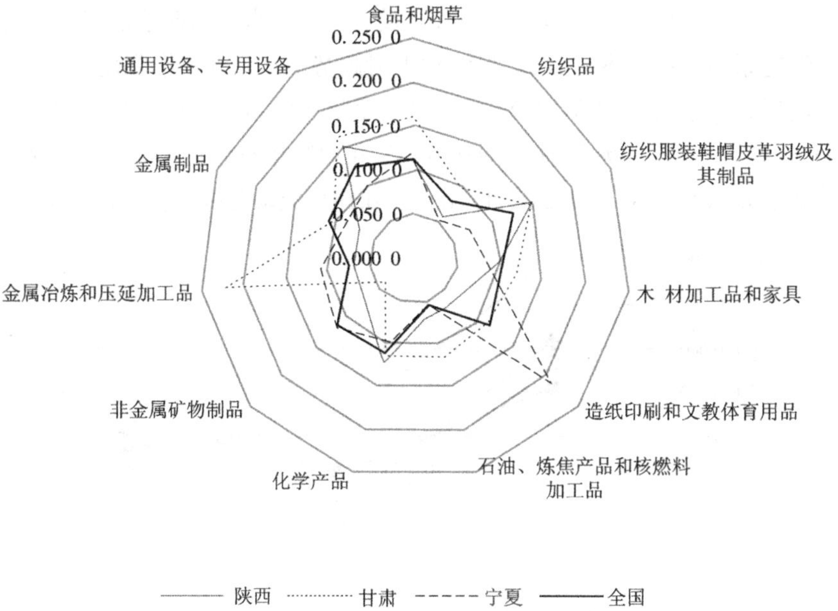

图 7-8　2012 年各地区分部门制造业对服务业直接消耗系数对比图

数据来源：根据《中国地区投入产出表 -2012》相关数据计算得出

表 7-7　2012 年各地区不同制造业部门对服务业直接消耗系数测度值及排名

部门	陕西		甘肃		宁夏		陕甘宁地区		全国	
	直接消耗系数	排名	直接消耗系数	排名	直接消耗系数	排名	直接消耗系数	排名	直接消耗系数	排名
食品和烟草	0.109 0	5	0.161 1	4	0.120 0	2	0.130 0	5	0.114 7	9
纺织品	0.057 7	17	0.097 8	16	0.050 3	15	0.068 6	17	0.078 5	14
纺织、服装、鞋帽、皮革、羽绒及其制品	0.150 1	1	0.149 0	6	0.073 3	12	0.124 1	6	0.127 4	3
木材加工品和家具	0.092 8	9	0.117 8	10	0.096 2	8	0.102 3	12	0.096 8	13
造纸印刷和文教体育用品	0.072 0	12	0.109 2	13	0.217 0	1	0.132 7	4	0.114 7	8
石油、炼焦产品和核燃料加工品	0.065 6	16	0.116 2	11	0.051 3	14	0.077 7	15	0.052 3	17
化学产品	0.120 6	4	0.112 4	12	0.101 8	6	0.111 6	8	0.112 3	11
非金属矿物制品	0.071 0	13	0.042 9	17	0.117 7	3	0.077 2	16	0.116 8	7
金属冶炼和压延加工品	0.068 5	15	0.220 8	1	0.110 1	4	0.133 1	3	0.076 1	15
金属制品	0.069 0	14	0.103 0	15	0.088 4	10	0.086 8	13	0.106 2	12
通用设备、专用设备	0.148 8	2	0.165 2	3	0.097 2	7	0.137 1	1	0.124 6	6
交通运输设备	0.103 5	7	0.152 6	5	0.068 7	13	0.108 3	10	0.131 6	2
电气机械和器材	0.102 0	8	0.133 9	8	0.090 5	9	0.108 8	9	0.112 5	10
通信设备、计算机和其他电子设备	0.108 7	6	0.108 8	14	0.018 8	16	0.078 7	14	0.127 3	4
仪器仪表	0.077 0	11	0.205 0	2	0.080 1	11	0.120 7	7	0.133 6	1
其他制造产品	0.079 5	10	0.125 0	9	0.105 8	5	0.103 4	11	0.125 4	5

续表

部门	陕西		甘肃		宁夏		陕甘宁地区		全国	
	直接消耗系数	排名	直接消耗系数	排名	直接消耗系数	排名	直接消耗系数	排名	直接消耗系数	排名
废品废料	0.126 2	3	0.146 4	7	—	17	0.136 3	2	0.052 4	16

数据来源:《中国地区投入产出表 2012》数据计算得出。

从各地区制造业各部门对服务业的消耗程度及排名来看,不同地区对制造业各部门的侧重不同,各地区不同制造业的服务化排名与全国整体制造业服务化消耗程度排名之间差距也较大。如全国排名第一的仪器仪表部门,在陕西、甘肃、宁夏地区排名分别是 11、2、11,可见相较于其他制造业部门,甘肃仪器仪表部门对服务业消耗程度较大;如全国排名第二的交通运输设备部门,在陕西、甘肃、宁夏地区排名分别是 7、 5、 13;全国排名第三的纺织、服装、鞋帽、皮革、羽绒及其制品部门,在陕西、甘肃、宁夏地区排名分别是 1、6、12,可见陕西 17 个制造业部门中,纺织、服装、鞋帽、皮革、羽绒及其制品部门对服务业的消耗较为突出;全国排名第四的通信设备、计算机和其他电子设备部门,在陕西、甘肃、宁夏地区排名分别是 6、14、16;全国排名第五的其他制造产品部门,在陕西、甘肃、宁夏地区排名分别是 10、9、5;全国排名第六的其他制造产品部门,在陕西、甘肃、宁夏地区排名分别是 2、3、7;全国排名第七的非金属矿物制品部门,在陕西、甘肃、宁夏地区排名分别是 13、 17、 3,可见宁夏地区 17 个制造业部门中,非金属矿物制品部门较为突出;全国排名第八的造纸印刷和文教体育用品部门,在陕西、甘肃、宁夏地区排名分别是 12、13、1,可见宁夏的造纸印刷和文教体育用品部门对服务业消耗程度相对于其他制造业部门更大;全国排名第九的食品和烟草部门,在陕西、甘肃、宁夏地区排名分别是 5、4、2,可见陕甘宁地区食品和烟草部门对于服务业消耗程度均较大,尤其是宁夏地区,食品和烟草部门对服务业的消耗系数在宁夏 17 个制造业部门中排名第二;全国排名第十的电气机械和器材部门,在陕西、甘肃、宁夏地区排名分别是 8、8、9。

图 7-8 中, 17 个制造业部门中,对服务业直接消耗系数较高的部门有金属冶炼和压延加工品部门、造纸印刷和文教体育用品部门,其中金属冶炼和压延加工品部门对服务业直接消耗系数最高的省份是甘肃省(0.220 8),造纸印刷和文教体育用品部门对服务业直接消耗系数最高的地区是宁夏(0.217 0);此外,通用设备、专用设备部门、食品和烟草部门中,甘肃省也遥遥领先,对服务业的消耗系数分别为 0.165 2 和 0.161 1;同时,各地区纺织、服装、鞋帽、皮革、羽绒及其制品部门对服务业的直接消耗系数均处于较高水平,接近 0.15。除此之外,其余制造业部门对服务业的直接消耗系数均在 0.15 以内。

通过图 7-8 中各地区直接消耗系数雷达图的面积大小可以认定, 2012 年各制造业部门对服务业的直接消耗系数整体水平最高的是甘肃省,除金属制品、纺织品和非金属矿物制品三个部门的直接消耗系数较低外,其余部门的直接消耗系数均在 0.1 之上。同时,也可以看出,相较于全国水平,甘肃整体高于全国水平,而宁夏和陕西略低于全国水平,各地区之间整体水平差距不大。

除了对制造业分部门进行研究外,对服务业各部门的投入系数也应进行进一步研究。表 7-8 对 2012 年陕甘宁地区的制造业对不同服务业部门的直接消耗系数进行了分部门测度,并给出每个地区制造业对不同服务业部门直接消耗系数的排名。从表 7-8 中可以明显看出,陕甘宁地区对各个服务业部门的消耗程度基本类似,陕甘宁地区直接消耗系数的排名与全国制造业对不同服务业部门的消耗排名完全一致,可见在对服务业的消耗排序上,各地区制造业较为相似。

表 7-8 2012 年各地区制造业对不同服务业部门直接消耗系数测度值及排名

部门	陕西		甘肃		宁夏		陕甘宁地区		全国	
	直接消耗系数	排名	直接消耗系数	排名	直接消耗系数	排名	直接消耗系数	排名	直接消耗系数	排名
批发和零售	0.169 3	5	0.244 4	3	0.182 4	3	0.198 7	4	0.355 3	4
交通运输、仓储和邮政	0.234 0	3	0.301 0	2	0.229 6	2	0.254 9	2	0.347 7	2
住宿和餐饮	0.089 8	6	0.032 8	6	0.063 6	5	0.062 1	1	0.129 9	1
信息传输、软件和信息技术服务	0.030 9	7	0.023 8	7	0.012 9	9	0.022 6	5	0.055 4	5
金融	0.205 4	4	0.235 2	4	0.309 4	1	0.250 0	7	0.264 0	7
房地产	0.017 5	9	0.009 1	10	0.002 7	12	0.009 8	14	0.009 1	14
租赁和商务服务	0.504 6	1	0.741 9	1	0.117 5	4	0.454 7	6	0.270 5	6
科学研究和技术服务	0.011 3	10	0.009 9	9	0.018 7	8	0.013 3	3	0.259 6	3
水利、环境和公共设施管理	0.007 9	12	0.004 5	11	0.002 8	11	0.005 0	12	0.092 0	12
居民服务、修理和其他服务	0.470 7	2	0.058 2	5	0.047 3	6	0.192 1	10	0.147 0	10
教育	0.008 2	11	0.003 9	12	0.004 4	10	0.005 5	13	0.007 1	13
卫生和社会工作	0.000 0	14	0.000 0	14	0.000 0	14	0.000 0	8	0.007 1	8
文化、体育和娱乐	0.025 8	8	0.015 8	8	0.019 4	7	0.020 4	9	0.110 3	9
公共管理、社会保障和社会组织	0.001 9	13	0.002 0	13	0.000 8	13	0.001 6	11	0.010 7	11

数据来源:根据《中国地区投入产出表 2012》相关数据计算得出。

图 7-9 给出了各地区不同服务业部门对制造业的投入系数对比柱状图。图 7-9 中直接消耗系数最高的是租赁和商务服务部门,其中甘肃达到 0.741 9,陕西达到 0.504 6;其次是居民服务、修理和其他服务部门,其中陕西达到 0.470 7。各地区整体消耗程度较高的服务业主要有租赁和商务服务,批发和零售服务,交通运输、仓储和邮政服务,金融服务等,这几个部门的直接消耗系数均在 0.1 以上,其中陕甘宁地区的交通运输、仓储和邮政服务以及金融服务消耗程度均在 0.2 以上。各地区消耗系数普遍较低的服务业主要有房地产,教育,文化、体育和娱乐,公共管理、社会保障和社会组织。

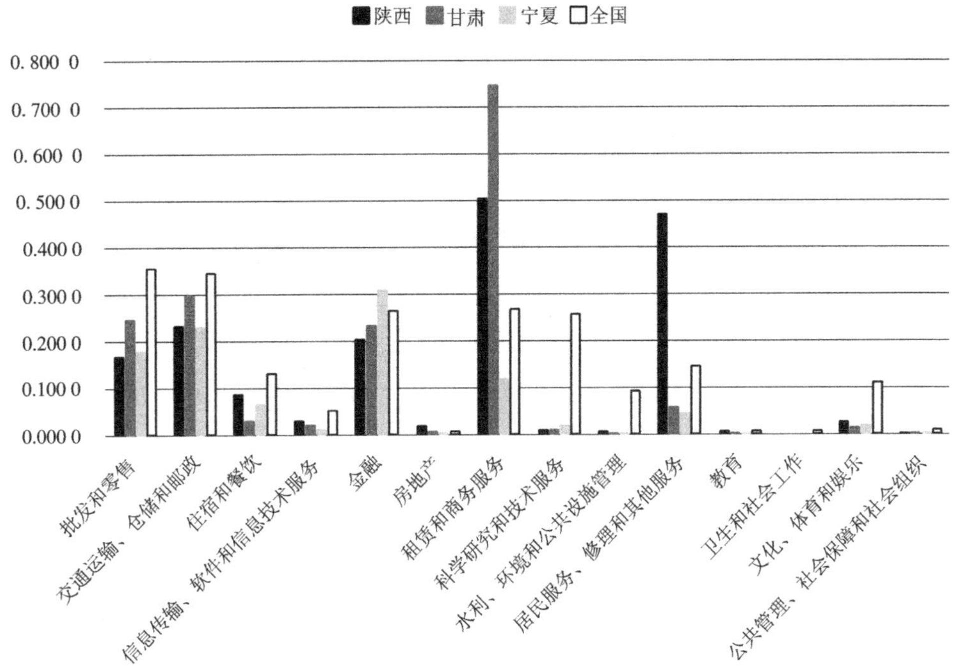

图 7-9　2012 年各地区制造业对分部门服务业直接消耗系数对比图

数据来源：根据《中国地区投入产出表 2012》相关数据计算得出。

同时，各地区差距较大的服务业部门主要有租赁和商务服务，居民服务、修理和其他服务；陕甘宁地区与全国差距较大的服务业部门主要有科学研究和技术服务部门，水利、环境和公共设施管理部门，文化、体育和娱乐部门；其中，科学研究和技术服务部门差距最大，陕甘宁地区科学研究和技术服务部门消耗系数均低于 0.02，远远低于全国水平 0.259 6，可见陕甘宁地区制造业的科研投入力度和技术服务投入力度不够。

7.2.2　陕甘宁地区完全消耗系数测度

一般来说，国民经济运行中各部门生产的产品普遍存在直接或间接的关系，因此部门生产产品同样存在间接消耗与直接消耗。在直接消耗系数与间接消耗系数之间，引入完全消耗系数可真实、直接地反映两者之间的内生逻辑关系，其在实践中可帮助了解和分析国民经济各部门间、产品间的内在联系。

完全消耗系数是指某产品 j 生产单位最终产品对另一产品 i 的完全消耗量，记为 b_{ij}，用 $\boldsymbol{B}$ 表示完全消耗系数矩阵，$\boldsymbol{A}$ 表示直接消耗系数矩阵，其计算关系式为

完全消耗系数 = 直接消耗系数 + 全部间接消耗系数

用公式可表示为

$$\boldsymbol{B}=(\boldsymbol{E}-\boldsymbol{A})^{-1}-\boldsymbol{E}$$

其中，$(\boldsymbol{E}-\boldsymbol{A})^{-1}$ 称为列昂惕夫逆矩阵。

7.2.2.1　陕西完全消耗系数测度

对陕西制造业服务化的完全消耗系数主要从两个方面进行分部门测度，即选取陕西制

造业的 17 个部门和服务业的 14 个部门进行分部门完全消耗系数测度。表 7-9 是 2002—2012 年陕西 17 个制造业部门对服务业的完全消耗系数测度结果以及每个制造业部门的系数趋势图；表 7-10 是 2002—2012 年陕西制造业对 14 个服务业部门的完全消耗系数测度结果以及每个服务业部门的系数趋势图。

表 7-9　2002—2012 年陕西不同制造业部门服务业的完全消耗系数测度

制造业部门	2002 年	2007 年	2012 年	趋势图
食品和烟草	0.346 9	0.161 7	0.308 6	
纺织品	0.361 2	0.126 3	0.241 4	
纺织、服装、鞋帽、皮革、羽绒及其制品	0.546 2	0.152 6	0.383 2	
木材加工品和家具	0.491 7	0.190 8	0.330 8	
造纸印刷和文教体育用品	0.509 5	0.165 8	0.290 2	
石油、炼焦产品和核燃料加工品	0.356 3	0.200 9	0.226 0	
化学产品	0.531 6	0.205 3	0.397 8	
非金属矿物制品	0.415 6	0.210 1	0.311 8	
金属冶炼和压延加工品	0.421 4	0.185 9	0.345 3	
金属制品	0.435 8	0.183 8	0.319 7	
通用设备、专用设备	0.496 4	0.210 0	0.342 9	
交通运输设备	0.376 8	0.193 1	0.390 9	
电气机械和器材	0.525 6	0.229 8	0.403 4	
通信设备、计算机和其他电子设备	0.536 8	0.211 2	0.377 7	
仪器仪表	0.428 8	0.193 7	0.312 1	
其他制造产品	0.659 2	0.188 7	0.288 5	
废品废料	0.000 0	0.000 0	0.314 2	

注：数据来源《中国地区投入产出表 2002—2012》；为了统一制造业部门分类，将 2012 年通用设备与专用设备合并成为一项进行分析。

表 7-10　2002—2012 年陕西制造业对不同服务业部门的完全消耗系数测度

服务业部门	2002 年	2007 年	2012 年	趋势图
批发和零售	1.785 917	0.042 847	0.883 563	

续表

服务业部门	2002 年	2007 年	2012 年	趋势图
交通运输、仓储和邮政	2.236 896	0.784 369	1.391 554	
住宿和餐饮	0.605 720	0.323 201	0.409 856	
信息传输、软件和信息技术服务	0.302 384	0.088 498	0.190 787	
金融	1.246 246	0.512 860	1.323 227	
房地产	0.179 549	0.126 799	0.235 995	
租赁和商务服务	0.357 268	0.313 877	1.082 816	
科学研究和技术服务	0.269 913	0.132 405	0.063 881	
水利、环境和公共设施管理	—	0.036 285	0.006 464	
居民服务、修理和其他服务	0.120 489	0.193 514	0.241 779	
教育	0.062 559	0.038 726	0.045 045	
卫生和社会工作	0.070 591	0.353 077	0.000 208	
文化、体育和娱乐	0.189 601	0.052 113	0.039 249	
公共管理、社会保障和社会组织	0.000 000	0.011 207	0.013 001	

注：数据来源《中国地区投入产出表 2002—2012》；为统一服务部门分类，将 2002 年和 2007 年交通运输及仓储业与邮政业合二为一，将 2002 年、2007 年研究与试验发展服务业与综合技术服务业合并成“科学研究和技术服务”；将 2002 年的旅游业剔除，将 2002 年其他社会服务计入居民服务、修理和其他服务。

由表 7-9 可知，从整体来看，陕西省制造业服务化完全消耗系数 2002 年较高，基本在 0.35~0.55 范围内；2007 年相较于 2002 年有大幅下降，整体在 0.12~0.23 范围内；2012 年有一定的回升，基本在 0.2~0.4 范围内。从分部门来看，陕西制造业 17 个部门中，除了废品废料部门的完全消耗系数走势直接上升和交通运输设备有轻微上升趋势之外，其余 15 个部门的完全消耗系数走势均呈“V 字形”波动下降趋势，与陕西省直接消耗系数走势基本一致，当然这与市场整体发展水平波动也有一定的关系。

表 7-10 是 2002—2012 年陕西制造业对各个服务业部门的完全消耗系数测度值以及趋势图，可以看出，陕西制造业对不同服务业部门的完全消耗系数差距较大。从整体来看，陕西省制造业服务化完全消耗系数 2002 年较高，基本在 0~2.24 范围内；2007 年相较于 2002 年有大幅下降，整体在 0.04~0.52 范围内；2012 年有一定的回升，基本在 0~1.39 范围内。从分部门来看，陕西服务业 14 个部门中，除了租赁和商务服务部门及公共管理、社会保障和社会组织部门的完全消耗系数有大幅上升趋势，而金融，房地产，居民服务、修理和其他服务有轻微上升幅度之外，其余 10 个部门的完全消耗系数均呈波动下降趋势，与陕西省直接消耗

系数走势基本一致，当然这与市场整体发展水平波动也有一定的关系。同时，陕西省制造业对于批发和零售服务，交通运输、仓储和邮政服务以及金融服务的完全消耗程度较大。

7.2.2.2 甘肃完全消耗系数测度

对甘肃制造业服务化的完全消耗系数主要从两个方面进行分部门测度，即选取甘肃制造业的 17 个部门和服务业的 14 个部门进行分部门完全消耗系数测度，具体见表 7-11 和表 7-12。

表 7-11 2002—2012 年甘肃不同制造业部门服务化完全消耗系数

制造业部门	2002 年	2007 年	2012 年	平均值	趋势图
食品和烟草	0.372 9	0.117 1	0.299 4	0.263 1	
纺织品	0.434 7	0.110 8	0.372 1	0.305 9	
纺织、服装、鞋帽、皮革、羽绒及其制品	0.318 3	0.150 0	0.399 4	0.289 2	
木材加工品和家具	0.339 8	0.141 4	0.419 8	0.300 4	
造纸印刷和文教体育用品	0.342 3	0.160 1	0.386 4	0.296 3	
石油、炼焦产品和核燃料加工品	0.211 7	0.124 2	0.294 4	0.210 1	
化学产品	0.326 8	0.203 1	0.393 8	0.307 9	
非金属矿物制品	0.078 9	0.197 4	0.348 0	0.208 1	
金属冶炼和压延加工品	0.312 7	0.187 6	0.413 4	0.304 6	
金属制品	0.309 3	0.193 4	0.425 2	0.309 3	
通用设备、专用设备	0.357 9	0.214 4	0.845 0	0.472 4	
交通运输设备	0.383 3	0.125 0	0.386 6	0.298 3	
电气机械和器材	0.324 4	0.253 6	0.436 8	0.338 3	
通信设备、计算机和其他电子设备	0.301 2	0.180 6	0.327 3	0.269 7	
仪器仪表	0.377 0	0.217 4	0.346 0	0.313 5	
其他制造产品	0.318 8	0.166 7	0.638 6	0.374 7	
废品废料	—	0.274 5	0.361 0	0.317 7	

注：数据来源《中国地区投入产出表 2002—2012》；为了统一制造业部门分类，将 2012 年通用设备与专用设备合并成为一项进行分析。

表 7-12　2002—2012 年甘肃制造业对不同服务业部门的完全消耗系数测度

服务业部门	2002 年	2007 年	2012 年	平均值	趋势图
批发和零售	0.380 0	0.006 3	2.082 8	0.823 0	
交通运输、仓储和邮政	0.516 3	0.831 8	2.023 1	1.123 7	
住宿和餐饮	0.228 4	0.329 9	0.317 3	0.291 9	
信息传输、软件和信息技术服务	0.243 8	0.093 5	0.237 3	0.191 6	
金融	0.514 3	0.520 8	0.993 0	0.676 0	
房地产	0.104 3	0.108 4	0.172 5	0.128 4	
租赁和商务服务	0.434 0	0.319 4	0.988 4	0.580 6	
科学研究和技术服务	1.072 2	0.132 9	0.027 8	0.411 0	
水利、环境和公共设施管理	—	0.043 5	0.004 9	0.024 2	
居民服务、修理和其他服务	—	0.353 3	0.166 7	0.260 0	
教育	0.096 2	0.058 0	0.036 1	0.063 4	
卫生和社会工作	0.052 0	0.145 9	0.000 1	0.066 0	
文化、体育和娱乐	0.105 3	0.073 1	0.032 6	0.070 3	
公共管理、社会保障和社会组织	0.000 0	0.000 4	0.010 7	0.003 7	

注：数据来源《中国地区投入产出表 2002—2012》；为统一服务部门分类，将 2002 年和 2007 年交通运输及仓储业与邮政业合二为一，将 2002 年、2007 年研究与试验发展服务业与综合技术服务业合并成“科学研究和技术服务”；将 2002 年的旅游业剔除，将 2002 年其他社会服务计入居民服务、修理和其他服务。

表 7-11 是 2002—2012 年甘肃 17 个制造业部门对服务业的完全消耗系数测度结果以及每个制造业部门的系数趋势图。从整体来看，甘肃制造业服务化完全消耗系数 2002 年较高，基本在 0.3~0.4；2007 年相较于 2002 年有大幅下降，整体在 0.1~0.28 范围内；2012 年有稳定的回升，基本在 0.29~0.43 范围内，最高达到 0.845 0（通用设备、专用设备制造业）。从分部门来看，甘肃制造业 17 个部门中，除了非金属矿物制品部门和废品废料部门的完全消耗系数走势直接上升外，其余 15 个部门的完全消耗系数走势基本类似，均呈“V 字形”波动，整体呈上涨趋势，与甘肃省直接消耗系数走势基本一致，当然这与市场整体发展水平波动也有一定的关系。

表 7-12 是 2002—2012 年甘肃制造业对各个服务业部门的完全消耗系数测度值以及趋势图，可以看出，甘肃制造业对不同服务业部门的完全消耗程度差距较大。从整体来看，甘肃省制造业服务化完全消耗系数整体变化不大，各年系数较为稳定，2002 年基本在 0~0.5 范围内；2007 年整体相较于 2002 年有轻微幅度回升，在 0.04~0.52 范围内，但是最高达到 0.831 8（交通运输、仓储和邮政部门）；2012 年虽然有一定的回升，但是幅度较小，仅有批发和零售部门以及交通运输、仓储和邮政部门有较大幅度提升，均达到 2 以上。从分部门来

看,甘肃服务业 14 个部门中,除了科学研究和技术服务部门,卫生和社会工作部门以及文化、体育和娱乐部门的完全消耗系数有大幅下降趋势外,其余 11 个部门的完全消耗系数均呈波动上升趋势。同时,甘肃省制造业对于批发和零售服务,交通运输、仓储和邮政服务以及金融服务的完全消耗程度较大,这一特点与陕西较为一致。

7.2.2.3 宁夏完全消耗系数测度

对宁夏制造业服务化的完全消耗系数主要从两个方面进行分部门测度,即选取宁夏制造业的 17 个部门和服务业的 14 个部门进行分部门完全消耗系数测度,具体见表 7-13 和表 7-14。

表 7-13 2002—2012 年宁夏不同制造业部门服务化完全消耗系数测度

制造业部门	2002 年	2007 年	2012 年	平均值	趋势图
食品和烟草	0.422 7	0.297 5	0.303 3	0.341 2	
纺织品	0.419 1	0.103 4	0.243 6	0.255 4	
纺织、服装、鞋帽、皮革、羽绒及其制品	0.293 8	0.170 5	0.286 7	0.250 3	
木材加工品和家具	0.303 0	0.242 9	0.283 1	0.276 3	
造纸印刷和文教体育用品	0.321 2	0.162 4	0.481 8	0.321 8	
石油、炼焦产品和核燃料加工品	0.505 5	0.330 5	0.247 8	0.361 3	
化学产品	0.426 7	0.224 5	0.342 0	0.331 1	
非金属矿物制品	0.388 0	0.392 3	0.359 0	0.379 8	
金属冶炼和压延加工品	0.426 5	0.157 5	0.361 6	0.315 2	
金属制品	0.412 8	0.230 4	0.334 9	0.326 0	
通用设备、专用设备	0.316 5	0.354 6	0.661 7	0.444 3	
交通运输设备	0.306 2	0.193 7	0.263 8	0.254 6	
电气机械和器材	0.361 0	0.268 2	0.314 5	0.314 5	
通信设备、计算机和其他电子设备	0.184 7	0.334 2	0.197 2	0.238 7	
仪器仪表	0.363 9	0.508 2	0.295 7	0.389 3	
其他制造产品	0.400 7	0.242 3	0.191 8	0.278 3	
废品废料	0.726 6	1.404 0	0.219 1	0.783 3	

注:数据来源《中国地区投入产出表 2002—2012》;为了统一制造业部门分类,将 2012 年通用设备与专用设备合并成为一项进行分析。

表 7-14　2002—2012 年宁夏制造业对不同服务业部门的完全消耗系数测度

服务业部门	2002 年	2007 年	2012 年	平均值	趋势图
批发和零售	0.444 282	0.542 847	0.780 133	0.589 087	
交通运输、仓储和邮政	1.071 197	0.722 848	1.754 761	1.182 935	
住宿和餐饮	0.438 914	0.324 436	0.316 004	0.359 785	
信息传输、软件和信息技术服务	0.303 508	0.299 821	0.087 970	0.230 433	
金融	0.605 323	0.468 794	1.668 208	0.914 108	
房地产	0.286 641	0.257 771	0.099 067	0.214 493	
租赁和商务服务	0.302 397	0.468 684	0.383 442	0.384 841	
科学研究和技术服务	0.492 253	0.888 243	0.026 657	0.469 051	
水利、环境和公共设施管理	0.187 973	0.744 115	0.003 450	0.311 846	
居民服务、修理和其他服务	0.380 709	0.331 694	0.203 582	0.305 328	
教育	0.258 501	0.260 365	0.026 240	0.181 702	
卫生和社会工作	0.229 711	0.759 819	0.000 035	0.329 855	
文化、体育和娱乐	0.452 519	0.302 882	0.029 274	0.261 558	
公共管理、社会保障和社会组织	0.187 973	0.188 197	0.008 724	0.128 298	

注：数据来源《中国地区投入产出表 2002—2012》；为统一服务部门分类，将 2002 年和 2007 年交通运输及仓储业与邮政业合二为一，将 2002 年、2007 年研究与试验发展服务业与综合技术服务业合并成"科学研究和技术服务"；将 2002 年的旅游业剔除，将 2002 年其他社会服务计入居民服务、修理和其他服务部门。

表 7-13 是 2002—2012 年宁夏 17 个制造业部门对服务业的完全消耗系数测度结果以及每个制造业部门的系数趋势图。从整体来看，宁夏地区制造业服务化完全消耗系数 2002 年较高，分布较为集中，基本在 0.24~0.42；2007 年相较于 2002 年波动幅度变大，整体在 0.1~0.5 范围内；2012 年有轻微的下滑，主要集中在 0.19~0.36 范围内，但是有两个部门的完全消耗系数较高，分别是造纸印刷和文教体育用品部门（0.481 8）以及通用设备、专用设备部门（0.661 7）。从分部门来看，宁夏制造业 17 个部门中，除了通用设备、专用设备部门的完全消耗系数走势直接上升以及造纸印刷和文教体育用品有轻微上升趋势外，其余 15 个部门的完全消耗系数走势均呈整体波动下降趋势，与宁夏地区直接消耗系数走势基本一致，当然这与宁夏制造业整体发展水平波动也有一定的关系。

表 7-14 是 2002—2012 年宁夏制造业对各个服务业部门的完全消耗系数测度值以及趋势图，可以看出，宁夏制造业对不同服务业部门的完全消耗程度差距较大。从整体来看，宁夏地区制造业服务化完全消耗系数 2002 年较高，基本在 0.19~0.6 范围内；2007 年相较于 2002 年差异化较大，基本在 0.19~0.85 范围内；2012 年有一定的下降，基本在 0~0.4 范围内，

但此时差异更为明显，有三个部门提升较为明显，分别是交通运输、仓储和邮政（1.754 761），金融（1.668 208）和批发和零售（0.780 133）。从分部门来看，宁夏服务业14个部门中，除了交通运输、仓储和邮政部门以及金融部门的完全消耗系数有大幅上升趋势、批发和零售部门有轻微上升幅度之外，其余11个部门的完全消耗系数均呈整体下降趋势。同时，宁夏地区制造业对于批发和零售服务、交通运输、仓储和邮政服务以及金融服务的完全消耗程度较大。

7.2.2.4 陕甘宁地区完全消耗系数对比

本部分对陕西、甘肃、宁夏与全国水平进行对比，同时对制造业和服务业分部门进行分析。

表7-15是全国2002-2015年制造业服务化完全消耗系数测度值。整体来看，全国2002—2015年制造业服务化完全消耗系数呈现波动上涨趋势，而且整体差异性逐年增加。比较特殊的部门是废品废料部门，从2002年的0逐年增加，到2015年时达到0.7以上，处于2015年最高位置，可见我国近几年对于资源回收利用的重视。

表7-15 全国2002—2015年制造业服务化完全消耗系数测度

部门	2002年	2007年	2012年	2015年
食品和烟草	0.317	0.276 5	0.346 6	0.359 6
纺织品	0.358	0.299 6	0.365	0.407 7
纺织、服装、鞋帽、皮革、羽绒及其制品	0.424 4	0.328 8	0.441 8	0.467 8
木材加工品和家具	0.414 4	0.326 7	0.403 5	0.503 3
造纸印刷和文教体育用品	0.381 7	0.318 7	0.434 1	0.587 7
石油、炼焦产品和核燃料加工品	0.308 3	0.262 7	0.278 5	0.447 5
化学产品	0.386 2	0.349 4	0.456 2	0.590 9
非金属矿物制品	0.432 4	0.352 1	0.441	0.652 2
金属冶炼和压延加工品	0.376 6	0.322	0.400 6	0.638 1
金属制品	0.422 6	0.337	0.450 8	0.642 4
通用设备、专用设备	0.407 3	0.352 2	0.496 3	0.643
交通运输设备	0.397 2	0.375 4	0.522 1	0.636 8
电气机械和器材	0.435 4	0.382 3	0.496 8	0.634 5
通信设备、计算机和其他电子设备	0.439 1	0.431 2	0.568 9	0.651 6
仪器仪表	0.422 3	0.384 9	0.522 8	0.628 5
其他制造产品	0.399 3	0.315 7	0.459 9	0.538 9
废品废料	0	0.046 1	0.142 3	0.726 6
制造业合计	0.409 8	0.365 5	0.465 4	0.583

注：数据来源《中国投入产出表2002—2012》《中国投入产出表2015》。

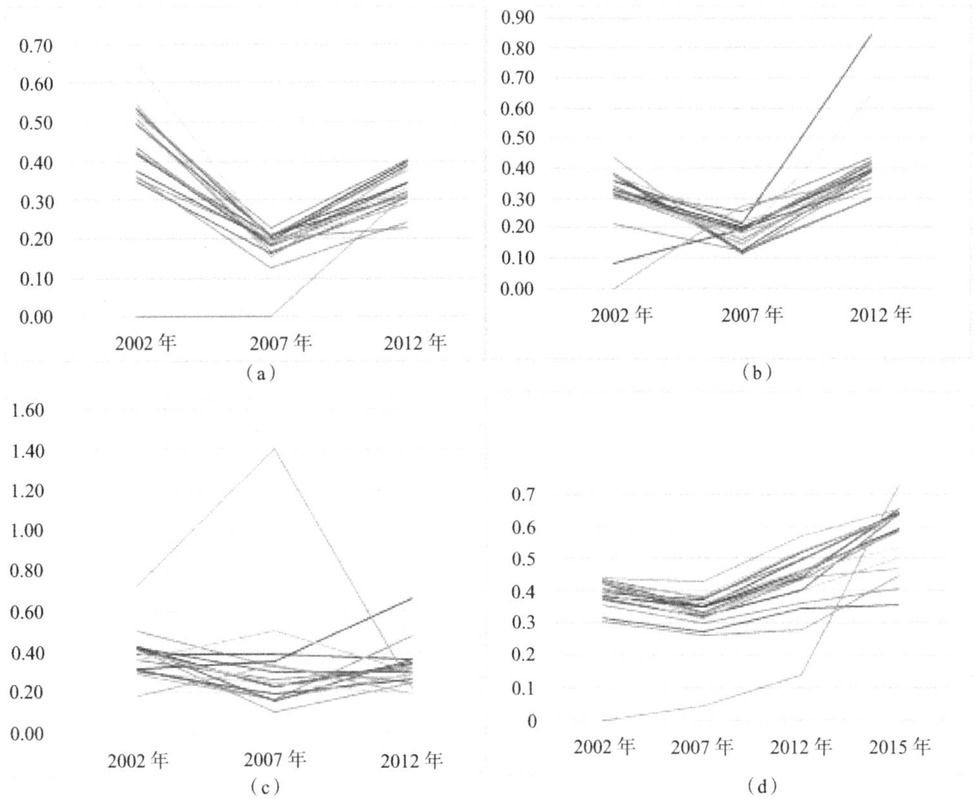

图 7-10 各地区分部门制造业对服务业的完全消耗系数走势图

图 7-10(a)、(b)、(c)和(d)分别为陕西、甘肃、宁夏和全国分部门制造业对服务业的完全消耗系数走势图。从整体范围来看,陕西省近几年各部门制造业对服务业的完全消耗系数主要集中在 0.15~0.55 范围内,甘肃省近几年各部门制造业对服务业的完全消耗系数主要集中在 0.1~0.4 范围内,宁夏地区近几年各部门制造业对服务业的完全消耗系数主要集中在 0.1~0.4 范围内,全国近几年各部门制造业对服务业的完全消耗系数主要集中在 0.3~0.6 范围内。可见与全国水平相比,陕西、甘肃、宁夏整体水平均有一定的差距,相对来说陕西相对于全国水平的差距略小,甘肃和宁夏相对全国的差距略大。从制造业各部门差异性来看,几乎每个地区都有一个偏离较明显的制造业部门,即废品废料部门,废品废料部门除了在宁夏地区有一定的波动下降趋势外,在陕西、甘肃和全国都有较大幅度的提升,可见各地区对于废品废料部门的服务化投入逐年增加,这也从另一方面印证了各地区对于"绿水青山就是金山银山"的践行。除废品废料部门外,其余 16 个制造业部门的差异也在个别地区体现得较为明显,全国不同制造业部门间的差异从 2002 年开始逐渐增加,直至 2015 年差异最大,呈现制造业差异化发展趋势。但是陕西和甘肃在 2002 年部门间差异最明显,之后部门间差异逐渐降低,到 2012 年时两省份的制造业部门有向中心聚集趋势;宁夏在 2007 年部门间差异虽较为明显,但到 2012 年又向中心靠拢,出现差异度下降的趋势。可见随着全国制造业走差异化路线发展的趋势,陕甘宁地区努力寻求特色制造业部门,走出个别差异化发展路线,但是陕甘宁地区大部分制造业部门仍需继续寻求差异化突破口,实现制造业差异化发展

任重道远。

7.3 陕甘宁地区产出服务化水平统计分析

制造业产出服务化是制造业服务化在产出方面的体现。在中观层次上,制造业产出服务化表现在经济社会中制造业整体提供的服务质量的高低,以及制造业总收入中来自服务业务部分贡献的多少。在微观层次上,制造业企业产出服务化水平的高低体现在两方面:一是制造企业所提供的服务产品种类的多少;二是服务产品营业收入占企业营业收入的比重。然而,制造业产出服务化在中观层面的研究极少,主要难点在于数据的获取。基于此,下面将从微观层面着手,总体思路是分析陕甘宁地区主要制造业上市公司所披露的数据。由于单独列出“服务业务收入”或“服务产品收入”的制造企业相对较少,因此分析重点放在陕甘宁地区制造业上市企业提供的服务业务类型上。

7.3.1 样本数据来源与说明

研究所用样本数据来自新浪财经数据库和陕甘宁地区各制造业上市企业财务报表。选取的样本为截至 2020 年 7 月 31 日上市的陕甘宁地区制造业企业,同时剔除有 ST(即特殊处理)标志的制造企业,样本总计 53 个,其中从陕西 54 个上市企业中选取 25 个制造业上市企业,从甘肃 33 个上市企业中选取 17 个制造业上市企业,从宁夏 14 个上市企业中选取 11 个制造业上市企业。2020 年陕甘宁地区制造业上市企业行业分类见表 7-16。

采用的分析方法是通过人工逐一分析核对各上市企业的公开资料,将各样本制造企业对外提供的相关“服务”进行分类汇总,即所谓经营范围分析法。衡量制造企业产出服务化程度的主要标准:提供的服务范围越广,服务类型越多,则认为该制造企业产出服务化发展程度越高。

表 7-16 2020 年陕甘宁地区制造业上市企业行业分类

制造业类型	陕西		甘肃		宁夏		陕甘宁地区	
	企业数	占比	企业数	占比	企业数	占比	企业数	占比
食品和烟草	1	4%	3	18%	0	0%	4	8%
纺织、服装、鞋帽、皮革、羽绒及其制品	0	0%	0	0%	2	18%	2	4%
木材加工品和家具	0	0%	0	0%	1	9%	1	2%
石油、炼焦产品和核燃料加工品	1	4%	1	6%	1	9%	3	6%
化学产品	3	12%	1	6%	1	9%	5	9%
非金属矿物制品	0	0%	1	6%	0	0%	1	2%
金属冶炼和压延加工品	0	0%	1	6%	0	0%	1	2%
金属制品	3	12%	0	0%	2	18%	5	9%
通用设备	5	20%	1	6%	0	0%	6	11%

续表

制造业类型	陕西		甘肃		宁夏		陕甘宁地区	
	企业数	占比	企业数	占比	企业数	占比	企业数	占比
专用设备	7	28%	2	12%	0	0%	9	17%
电气机械和器材	3	12%	1	6%	1	9%	5	9%
仪器仪表	1	4%	0	0%	0	0%	1	2%
其他制造产品	1	4%	6	35%	3	27%	10	19%
合计	25	100%	17	100%	11	100%	53	100%

由表 7-16 中数据可知，所选样本中，陕甘宁制造业上市企业中，通用设备和专用设备行业企业最多，占全部制造业上市企业数量的 28%；其次是化学产品行业，占比为 9%。整体来说，陕甘宁地区各个制造业部门均有一定的分布，样本数据具有一定的代表性。

7.3.2　陕甘宁地区制造业上市公司产出的服务业务种类

参考相关研究成果（Neely, 2008；陈雯和李碧珍, 2018），结合陕甘宁地区制造业企业所提供服务业务类型的实际特点，通过分析陕甘宁地区 53 家上市制造企业主营业务经营范围，将陕甘宁地区制造业上市企业提供的服务业务类型归纳为 15 类，具体见表 7-17。

统计结果显示，陕西省 25 家制造业上市企业中有 17 家提供销售服务、14 家提供研发服务、9 家提供技术服务、8 家提供进出口服务、8 家提供咨询服务、7 家提供整体解决方案服务、6 家提供工程项目服务，分别占比 68%、56%、36%、32%、32%、28%、24%；甘肃省 17 家制造业上市企业中有 7 家提供研发服务、4 家提供技术服务、4 家提供进出口服务、4 家提供咨询服务、4 家提供工程项目服务、2 家提供销售服务，分别占比 41%、24%、24%、24%、24%、12%；宁夏 11 家制造业上市企业中有 10 家提供销售服务、3 家提供研发服务，分别占比 91%、27%。

表 7-17　陕甘宁地区制造业上市企业提供的服务业务类型与占比

服务业务类型	陕西		甘肃		宁夏		陕甘宁地区	
	制造业个数	占比（%）	制造业个数	占比（%）	制造业个数	占比（%）	制造业个数	占比（%）
销售（批发、零售、代理）服务	17	68%	2	12%	10	91%	29	55%
研发（设计、研究、开发）服务	14	56%	7	41%	3	27%	24	45%
技术（安装、检测、培训）服务	9	36%	4	24%	1	9%	14	26%
进出口（货物与技术）服务	8	32%	4	24%	1	9%	13	25%
咨询（经济、技术、管理）服务	8	32%	4	24%	0	0%	12	23%
工程项目（设计施工与承包）服务	6	24%	4	24%	0	0%	10	19%
整体解决方案（节能、系统）服务	7	28%	0	0%	0	0%	7	13%

续表

服务业务类型	陕西		甘肃		宁夏		陕甘宁地区	
	制造业个数	占比（%）	制造业个数	占比（%）	制造业个数	占比（%）	制造业个数	占比（%）
物流（仓储、运输）服务	1	4%	1	6%	0	0%	2	4%
租赁（产品、设备租赁和融资租赁）服务	2	8%	0	0%	0	0%	2	4%
投资金融服务	2	8%	0	0%	0	0%	2	4%
定制化服务	2	8%	0	0%	0	0%	2	4%
其他（推广、宣传、医疗管理）服务	1	4%	1	6%	0	0%	2	4%
废旧物资回收、再利用服务	2	8%	0	0%	0	0%	2	4%
售后（维护、维修、保养等）服务	0	0%	0	0%	0	0%	0	0%
技术转让服务	0	0%	0	0%	0	0%	0	0%

整体来看，陕甘宁地区多数制造业企业提供服务的类型主要有销售（批发、零售、代理）服务、研发（设计、研究、开发）服务、技术（安装、检测、培训）服务、进出口（货物与技术）服务、咨询（经济、技术、管理）服务、工程项目（设计施工与承包）服务、整体解决方案（节能、系统）服务。而陕甘宁地区制造业企业中提供物流（仓储、运输）服务，租赁（产品、设备租赁和融资租赁）服务，投资金融服务，定制化服务，其他（推广、宣传、医疗管理）服务，废旧物资回收、再利用服务，售后（维护、维修、保养等）服务，技术转让服务的企业较少甚至没有。

7.3.3 陕甘宁地区制造业上市企业提供服务数量

参考相关学者的研究成果，按制造企业产出服务化发展的阶段，进一步将陕甘宁地区制造企业提供的产出服务化业务划分为一体化导向型服务、职能导向型服务与集成导向型服务三类。一体化导向型服务基于制造企业上下游产业链服务的延伸；职能导向型服务立足于专业职能而面向市场开发；集成导向型服务则整合现有资源，以提供个性化、全面的解决方案。以上三者分别对应制造业产出服务化的低级、中级与高级阶段（王丹与郭美娜，2016），具体分类见表 7-18。

表 7-18 制造业企业服务化类型分类

服务业务类型	涵盖的服务业务
一体化导向型服务（初级）	进出口服务、咨询服务、研发服务、技术服务、销售服系售后服务、技术转让服务、物流服务
职能导向型服务（中级）	租赁服务、投资金融服务、废旧物资回收和再利用服务、其他服务
集成导向型服务（高级）	整体解决方案服务、定制化服务与工程项目服务

表 7-19 是将陕甘宁地区制造业上市企业提供的服务业务按照表 7-18 进行分类统计后的结果。

表 7-19　陕甘宁地区制造业企业服务化类型分类及占比

服务业务类型	陕西		甘肃		宁夏		陕甘宁地区	
	企业数	占比	企业数	占比	企业数	占比	企业数	占比
一体化导向型服务（初级）	21	84%	14	82%	11	100%	46	87%
职能导向型服务（中级）	6	24%	1	6%	0	0%	7	13%
集成导向型服务（高级）	11	44%	4	24%	0	0%	15	28%

结果显示，陕西、甘肃、宁夏地区制造业企业服务化类型以初级阶段一体化导向型服务为主，占比分别为 84%、82%、100%，说明陕甘宁地区制造业产出服务化水平较低，服务化仍处于初级阶段；中级阶段职能导向型服务占比分别为 24%、6%、0，说明陕甘宁地区制造业产出服务化在中级阶段服务种类均较少；高级阶段集成导向型服务占比分别为 44%、24%、0，除陕西高级阶段服务化程度达到 44% 外，甘肃和宁夏地区仍有待向中高端服务化提升。

7.4　陕甘宁地区制造业服务化水平测度结果分析

7.4.1　测度整体视角分析

总体来看，陕甘宁地区制造业服务化尚处于初级阶段，制造业服务化普遍存在规模小、门类多的现象。陕甘宁地区制造业上市企业数量相比东部制造业发达省份数量较少，由本章测度结果可以看出，陕甘宁地区制造业服务化整体规模较小，上市企业提供服务类型以普遍化、低层次为主。这些说明陕甘宁地区服务化程度普遍偏低，提供服务范围大、不精准，未能充分抓住自身优势对其他企业提供外包整体服务。

陕甘宁地区制造企业服务收入占比较低，企业服务要素的整体投入较低，造成制造业服务化动力匮乏，主观转型意识不强，形成制造业服务化进程中的恶性循环，即服务性收入越低，越发减少服务要素的投入，最终导致服务化程度始终徘徊在初级阶段。

陕甘宁地区制造企业内部服务化较为普遍。制造业服务化投入与产出形成高低差距的主要原因就是制造企业内部服务化情况严重，陕甘宁地区制造业投入服务化整体与全国平均水平持平，但产出服务化却与之不匹配。这说明制造业企业新增服务多服务于企业内部制造环节，用于对其他企业提供整体外包服务的外部服务化程度较低。

7.4.2　测度投入产出视角分析

制造业投入服务化方面，投入服务化水平在传统行业较高。劳动密集型行业的投入服务化水平高于资本密集型行业。低技术行业的投入服务化水平高于高技术行业。这主要体现在非金属矿物制品、木材加工品和家具、仪器仪表等传统部门投入服务化水平在历年均处于较高地位，而通用设备、专用设备，通信设备、计算机和其他电子设备等高技术、高资本部门投入服务化水平较低。

制造业产出服务化方面，制造业服务产出水平不高，制造企业对服务价值的认知尚存在不足。陕甘宁地区制造业上市企业 53 家中有 6 家企业未提供（未公示）服务业务，产出服务化导入率仅为 88.68%，说明存在制造业企业对服务化转型意识欠缺、服务价值认知程度较低的状况。多数制造企业尚不具备提供高质量服务的能力，大多制造企业仍然处在价值链的低端，尚不具备提供更多高质量服务的能力。在服务化类型统计中为初级阶段的一体化导向型服务化占比达到 87%，可以表明陕甘宁地区制造业产出服务化水平较低，大多企业提供的服务仍处于价值链的低端。

第 8 章　陕甘宁地区制造业服务化与产业升级的实证研究

8.1　制造业服务化对产业升级的作用机理

制造业服务化过程对制造业企业的促进作用主要表现在两个方面:一是随着服务要素投入的增加,制造业企业关键增值环节日益朝着技术和资本密集型趋势发展,为产业带来集聚经济;二是产业价值链各环节间的服务连接日益紧密,降低中间成本。这两个方面都将最终促进制造业企业生产成本的降低和生产效率的提升,实现收益增加,从而促进制造业的转型升级。

8.1.1　服务要素密集带来集聚经济

从导致收益增加的根源来看,制造业增加服务要素的使用带来的是范围经济。根据John 和 Robeit(1981)的定义,企业在同时生产不同产品时,如果联合使用生产要素所耗费的成本比分别生产这些产品所耗费的成本更低,就存在范围经济。这是服务化制造业与传统制造业在投入产出关系上的最大区别。收益的增加是产业发展的根本保障。如果制造业能够通过增加服务要素的投入,增加最终产品中服务部分的供给获得收益的增加,那么服务化当然就是有效的发展路径。根据安筱鹏(2009)的统计,从现有全球 500 家最大制造企业的统计来看,服务业务在航空和国防业、汽车制造业、电子信息业、生物医药业等制造行业的销售收入中都占有较高的份额,不仅如此,这几类行业中收入最高的前 10% 企业的销售收入中来自服务业务的比例均超过 50%。由此可见,从制造业总体收益来源看,开展各类服务业务的确能够带来收益的增加,因此在收益驱动下,制造业服务化自然成为制造业发展的一个趋势。

8.1.2　服务连接带来生产成本降低

Ronald 和 Henryk(1990)的生产分离论中引入了服务连接这个概念,服务连接具有边际成本更低的特性。根据他们的观点,尽管价值链的分段化在工业革命之初就早已开始,但是只有在技术高度发达的条件下,价值链环节跨越国界在国际间分布这种新的国际分工样式才能出现。根据 Ronald 和 Henryk 的理论,对服务要素的有效利用是生产分离的主要动力。在工业化的早期,由于服务领域的投资壁垒和信息传递手段的缺乏,生产分离现象主要集中于同一地域,服务要素也主要集中于同一地域。在经济全球化条件下,技术创新和服务贸易及服务投资的发展,以及相关政策放松,使得各个生产工序间的连接服务供给增加、成本降低。与传统的资本、劳动要素不同,服务要素带来的收益更高,因而成为价值链各环节的跨国界分离的重要推动力,同时也成为制造服务化的驱动力量。

8.2 投入服务化对产业升级的影响——基于行业视角

8.2.1 变量说明

本节计量检验所需的数据包括劳动生产率、产业结构、资本、劳动力以及投入服务化水平等,其中产业升级主要通过劳动生产率和产业结构两个指标来衡量,下面对相关变量分别予以说明。

(1)劳动生产率,用规模以上制造业各行业总产值与规模以上全部从业人员年平均人数之比表示,其中行业总产值以 2002 年为基期基于工业生产者出厂价格指数进行价格调整。

(2)产业结构,用对应年份制造业各行业总产值的占比表示。

(3)资本,用规模以上制造业各行业固定资产净值表示资本存量,固定资产净值以 2002 年为基期进行价格调整。

(4)劳动力,用规模以上制造业各行业全部从业人员年平均人数表示。

(5)投入服务化水平,采用前面计算得到的各制造行业投入服务化的直接消耗系数和完全消耗系数表示。

(6)行业虚拟变量,本节将制造业划分为资本密集型行业和劳动密集型行业、高技术行业和低技术行业。

8.2.2 数据来源及描述性统计分析

本章所使用的数据来自陕甘宁地区 2002—2012 年三张投入产出表以及 2003—2013 年《陕西统计年鉴》《甘肃统计年鉴》《宁夏统计年鉴》和《中国工业经济统计年鉴》。为保证统计口径的一致性,本章按照 42 部门投入产出表中制造业行业的分类,将制造业划分为 17 个行业。由于《中国工业经济统计年鉴》中部分行业数据缺失,本章最终选择其中的 14 个行业进行了研究。按资本密集度划分的资本密集型行业包括石油加工炼焦及核燃料工业、非金属矿物制品业等 9 个行业;按技术密集度划分的技术密集型行业包括化学原料及化学工业、交通运输设备制造业等 5 个行业。

基于相关统计数据,对陕甘宁地区制造业投入服务化水平、制造业生产率等变量进行描述性统计。根据直接消耗系数计算的制造业投入服务化依赖系数显示, 2002 年、2007 年和 2012 年陕西地区制造业投入服务化水平分别为 0.133 0、0.049 2 和 0.088 3;甘肃地区制造业投入服务化水平分别为 0.112 4、0.042 1 和 0.108 7;宁夏地区制造业投入服务化水平分别为 0.180 5、0.105 4 和 0.095 7;陕甘宁地区制造业投入服务化水平分别为 0.141 9、0.065 6 和 0.097 6。可以发现 2002 年投入服务化水平显著高于 2007 年, 2007—2012 年投入服务化水平逐渐提高，但仍低于 2002 年投入的服务化水平。陕甘宁地区制造业投入服务化总体水平不高，并且呈现先降后升的趋势，制造业的发展仍然较多的依赖物质产品的投入。

从陕西、甘肃、宁夏和全国的制造业投入服务化直接消耗系数测度值对比来看，2002 年制造业服务化直接消耗系数由高到低依次是宁夏、陕西、全国、甘肃，且各省区之间差距较大；2007 年制造业服务化直接消耗系数由高到低依次是宁夏、全国、陕西、甘肃，各省区之间差距依然很大；2012 年制造业服务化直接消耗系数由高到低依次是甘肃、全国、宁夏、陕西，但是此时各省区之间差距已经大幅缩小，与全国水平基本不相上下。从排名变化来看，陕西的排名从 2002 年第二名下滑到 2012 年第四名，甘肃从 2002 年第四名上升到 2012 年第一名，宁夏从 2002 年第一名下滑到 2012 年第三名。

陕西、甘肃、宁夏地区的制造业投入服务化直接消耗系数与全国制造业投入服务化直接消耗系数走势基本一致，均呈波动下滑趋势。从整体下滑幅度来看，宁夏地区的服务化直接消耗系数下滑最大，陕西次之，下滑幅度最小的是甘肃；从波动范围来看，全国制造业投入服务化直接消耗系数波动范围是 0.083~0.122，相对较稳定，陕西、甘肃、宁夏地区波动范围分别是 0.049~0.133、0.042~0.113、0.095~0.181，波动范围均在全国之上。

对于制造业劳动生产率的研究表明，2002 年、2007 年和 2012 年陕西的劳动生产率分别为 9.81 万元 /(人 • 年)、21.58 万元 /(人 • 年)和 75.86 万元 /(人 • 年)，甘肃的劳动生产率分别为 6.41 万元 /(人 • 年)、22.43 万元 /(人 • 年)和 45.55 万元 /(人 • 年)，宁夏的劳动生产率分别为 15.20 万元 /(人 • 年)、37.09 万元 /(人 • 年)和 69.59 万元 /(人 • 年)，陕甘宁地区人均行业总产值均呈现递增的趋势。从行业层面来看，不同行业之间人均行业总产出增长速度存在较大差异，但是各行业均呈现出与制造业整体相同的逐年增长的趋势。

图 8-1 描绘了陕甘宁地区制造业投入服务化程度与劳动生产率的关系。研究表明，陕甘宁地区制造业服务化程度在 2002 年最高，之后经历先降后升的过程，而陕西、甘肃、宁夏制造业人均行业总产值在 2002 年以来始终保持上升趋势。2002—2007 年，制造业人均行业总产值随着服务化程度的下降而上升；2007 年之后，陕西、甘肃制造业服务化程度与劳动生产率之间保持相似的增长趋势，宁夏劳动生产率与服务中间投入规模之间也保持着非常相似的增长趋势。

由图 8-1，经初步推断，陕甘宁地区劳动生产率与制造业投入服务化程度之间可能呈正相关关系，且关系显著。对此推断，本书将在后续章节进行实证检验。

8.2.3　模型设定

投入服务化程度对劳动生产率的影响的分析通常有两种方法：其一是生产函数法，其二是投入产出法。生产函数法通常通过在生产函数中增加服务变量，来考察投入服务化程度对劳动生产率的影响(Drejer，2002)；投入产出法利用投入产出表研究制造业和服务业的投入产出关系。

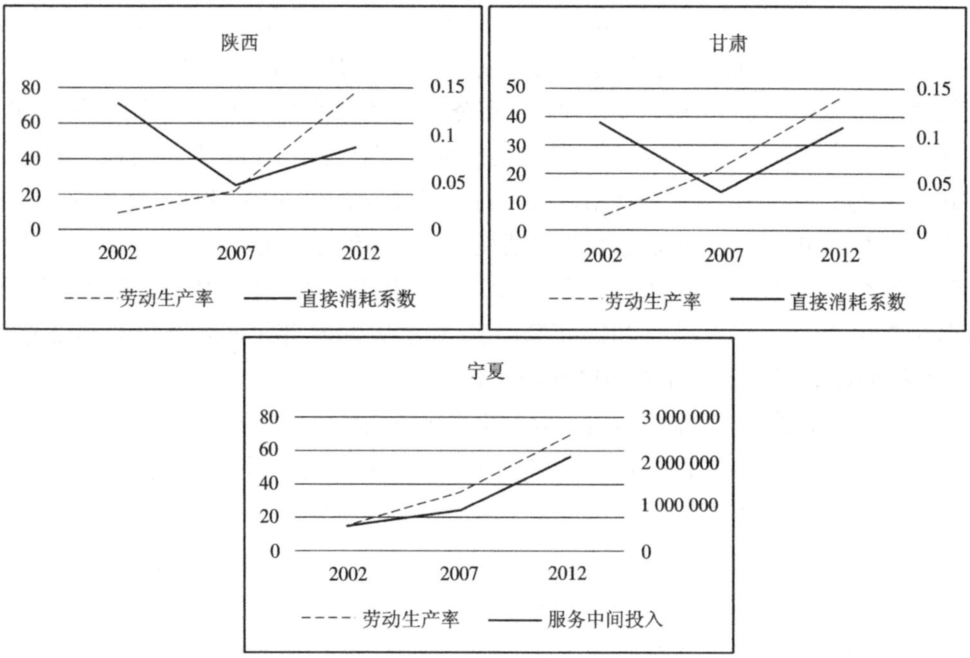

图 8-1 陕甘宁地区制造业投入服务化程度与劳动生产率之间的关系

本文借鉴郭腾飞（2016）的做法，基于 C-D 生产函数来设定模型，研究投入服务化对制造业产业升级的影响，首先构造基础模型：

$$\ln Y_{it}=\alpha_0+\alpha_1 RS_{it}+\alpha_2\ln K_{it}+\alpha_3\ln L_{it}+\alpha_4 D_1+\alpha_5 D_2+\mu_i+\omega_t+\varepsilon_{it} \tag{8-1}$$

式中：Y 表示制造业产业升级指标，分别用制造业劳动生产率 LP 和产业结构 IS 表示；RS 表示制造业各行业投入服务化水平，K 表示制造业各部门资本存量；L 表示制造业各部门有效劳动力；D_1 表示资本密集型的虚拟变量；D_2 表示技术密集型的虚拟变量；i 表示行业；t 表示时间。

8.2.4 实证分析

本书采用来自陕西、甘肃、宁夏三个省区、2002 年、2007 年、2012 年制造业 14 个行业的共计 126 组数据组成的静态面板模型对相关变量进行回归分析，面板模型相对于经典 OLS 可以消除多重共线性的影响，具有极大的优势。静态面板具体包含混合效应、随机效应和固定效应三种模型，具体选取何种模型可以依据 Hausman 检验来确定。由于本文样本时间只有 3 年且不连续，因此在回归时未考虑自相关和时间效应。

8.2.4.1 投入服务化与劳动生产率的实证分析

首先，以劳动生产率为被解释变量对以下模型进行估计，运用 stata16 估计的结果见表 8-1，其中（1）、（2）和（3）分别代表混合效应模型、随机效应模型和固定效应模型对应的估计结果。

$$\ln LP_{it}=\alpha_0+\alpha_1 RS_{it}+\alpha_2\ln K_{it}+\alpha_3\ln L_{it}+\alpha_4 D_1+\alpha_5 D_2+\mu_i+\omega_t+\varepsilon_{it} \tag{8-2}$$

表 8-1　模型 8-2 估计结果

模型	（1）	（2）	（3）
变量	ln*LP*	ln*LP*	ln*LP*
RS	−0.086*	−0.063*	0.026*
	（−3.94）	（−2.53）	（1.54）
ln*K*	0.667***	0.679***	0.242***
	（7.69）	（6.52）	（3.28）
ln*L*	−0.515***	−0.361***	0.415***
	（−7.82）	（−4.13）	（3.82）
D_1	0.014*	0.033*	0.453***
	（1.13）	（1.76）	（3.36）
D_2	0.021*	−0.001	−0.042
	（1.06）	（−0.08）	（−0.86）
常量	4.453***	3.689***	1.743**
	（8.76）	（5.76）	（2.76）
观察值	126	126	126
R^2	0.733	0.702	0.75

注：括号中为统计数字，*** $p<0.01$，** $p<0.05$，* $p<0.1$。

对（1）和（2）进行 LM 检验，得出 χ^2 值为 9.04，对应 P=0.000 8，在 1% 水平下拒绝“不存在个体随机效应”原假设，得出随机效应模型要优于混合效应模型；同时，对（2）和（3）采用 Hausman 检验判定表中随机效应模型和固定效应模型估计结果的最优性，得到 χ^2 值为 25.21，对应 P=0.000 0，在 1% 的水平下拒绝支持“随机效应为零”的原假设，即认为固定效应模型要优于随机效应模型。因此，本次估计结果适宜采用固定效应模型。

表 8-1 中（3）的估计结果显示，陕甘宁地区投入服务化程度与劳动生产率之间呈正相关关系，但是关系并不是特别显著，只在 10% 水平上显著，相关系数为 0.026，即 RS 投入服务化程度每提高 1 个百分点，可以为制造业劳动生产率带来 0.026 个百分点的提升，可见效果并不是特别好。这个结果可能是因为陕甘宁地区目前的投入服务化程度较低，且投入服务化均处于初级阶段，还停留在依靠提高生产要素投入来提升产业效率的过程。资本和劳动力对于陕甘宁地区制造业劳动生产率的影响明显比投入服务化程度的影响要大很多，资本和劳动力对应指标对劳动生产率的影响均为显著正相关，系数分别是 0.242 和 0.354。

对两个虚拟变量的回归结果显示，资本密集型虚拟变量和技术密集型虚拟变量的系数分别是 0.453 和 −0.042，资本密集型虚拟变量与劳动生产率显著正相关，可见陕甘宁地区制造业企业资本集聚对于制造业产业升级具有显著正向促进作用；但是技术密集型虚拟变量与劳动生产率没有显著的关系，这可能是因为一方面陕甘宁地区制造业企业依然处于投入服务化初级阶段，主要依靠提高生产要素投入来提升生产效率，另一方面陕甘宁地区制造业企业的技术投入水平较低，对制造业企业的生产效率并没有达到应有的效果。陕甘宁地区制造业企业应加大技术投入力度，加强研发经费投入，重视企业技术支撑，以提升企业价值链竞争力。

上述回归的拟合优度仅有 0.75，且忽略投入服务化与其余投入要素之间的交互作用，因此我们对模型进行进一步优化，加入制造业服务化程度与各生产要素的交叉项，修改为如下模型：

$$\ln LP_{it}=\alpha_0+\alpha_1 RS_{it}+\alpha_2 RS_{it}\times\ln K_{it}+\alpha_3 RS_{it}\times\ln L_{it}+\alpha_4 RS_{it}\times D_1+\alpha_5 RS_{it}\times D_2+\mu_i+\omega_t+\varepsilon_{it} \tag{8-3}$$

表 8-2 模型 8-3 估计结果

模型	(1)	(2)	(3)
变量	ln*LP*	ln*LP*	ln*LP*
RS	−0.283***	−0.276***	−0.292***
	(−3.94)	(−2.53)	(−1.54)
ln*K*×*RS*	0.051***	0.069***	0.028***
	(6.76)	(6.02)	(4.12)
ln*L*×*RS*	−0.055***	−0.031***	0.025***
	(−6.84)	(−2.23)	(2.18)
$RS\times D_1$	0.011*	0.032*	0.165***
	(1.34)	(1.57)	(2.67)
$RS\times D_2$	0.018*	−0.000	−0.032
	(1.80)	(−0.03)	(−0.54)
常量	6.431***	5.358***	3.097**
	(18.81)	(15.53)	(12.376)
观察值	126	126	126
R^2	0.816	0.804	0.893

注：括号中为统计数字，*** $p<0.01$，** $p<0.05$，* $p<0.1$。

表 8-2 中(1)(2)(3)分别代表模型 8-3 对应的混合效应模型、随机效应模型和固定效应模型的估计结果。对(1)和(2)进行 LM 检验，得出 χ^2 值为 8.52，对应 P=0.001 6，在 1% 水平下拒绝“不存在个体随机效应”原假设，得出随机效应模型要优于混合效应模型；同时，对(2)和(3)采用 Hausman 检验判定表中随机效应模型和固定效应模型估计结果的最优性，得到 χ^2 值为 26.57，对应 P=0.000 1，在 1% 的水平下拒绝“随机效应为零”的原假设，即认为固定效应模型要优于随机效应模型。因此，本次估计结果采用固定效应模型。

表 8-2 中(3)的估计结果显示，陕甘宁地区投入服务化程度与劳动生产率之间呈显著负相关关系，相关系数为 −0.292，即 RS 投入服务化程度每提高 1 个百分点，可以为制造业劳动生产率带来 0.292 个百分点的降低，可见效果与我们的预期相反。这个结果可能是因为陕甘宁地区目前的投入服务化程度较低，且投入服务化均处于初级阶段，还停留在依靠提

高生产要素投入来提升产业效率的过程。投入服务化水平与资本和劳动的交叉项系数均显著为正，系数分别是 0.028 和 0.025，说明投入服务化同时带来的是资本节约型和劳动节约型的技术进步。

上述结果表明，陕甘宁地区制造企业利用外部生产性服务业可以同时节约固定资产投资和劳动力投入。但服务化水平系数为负可能是因为陕甘宁地区生产性服务业发展水平整体较低，新兴生产性服务业发展水平更低，生产性服务业与制造业尚未形成良性互动引起的。

对投入服务化与两个虚拟变量交叉项的回归结果显示，投入服务化水平与资本密集型虚拟变量的交叉项系数为 0.165，且在 1% 水平上显著，投入服务化水平与技术密集型虚拟变量的交叉项系数为负且不显著。这说明投入服务化对资本密集型制造业的生产率效应高于劳动密集型行业，产生这一结果可能是因为资本密集型行业更多地利用了知识密集附加值较高的新兴生产性服务业，而陕甘宁地区的劳动密集型行业主要处在价值链的低端，竞争过度而创新不足，外部服务性投入主要以传统的销售和运输为主，很难对劳动生产率产生明显的影响。投入服务化与技术密集度的交叉项系数为负，但不显著。投入服务化对不同技术密集程度制造行业生产率的影响差异不大。这可能是由于高技术企业为维持在技术上的垄断优势，往往将研发等服务环节内置化；陕甘宁地区生产性服务业专业化程度低，尚不能满足高端制造企业对高质量生产性服务的需求；陕甘宁地区制造业企业的技术投入水平较低，对制造业企业的生产效率并没有达到应有的效果等原因引起的。陕甘宁地区制造业企业应加大技术投入力度，加强研发经费投入，重视企业技术创新，以提升企业价值链竞争力。

8.2.4.2　投入服务化与产业结构的实证分析

陕甘宁地区制造业产业升级除了通过各行业劳动生产率来衡量外，还可以通过产业结构优化程度来衡量，因此本小节将从产业结构出发，来衡量陕甘宁地区制造业投入服务化对于产业结构的影响程度。通过以下两个模型进行实证分析：

$$\ln IS_{it} = \alpha_0 + \alpha_1 RS_{it} + \alpha_2 \ln K_{it} + \alpha_3 \ln L_{it} + \alpha_4 D_1 + \alpha_5 D_2 + \mu_i + \omega_t + \varepsilon_{it} \tag{8-4}$$

模型 8-4 是以模型 8-1 为基础，基于 C-D 生产函数，以 *IS* 即陕甘宁地区产业结构为被解释变量，以陕甘宁地区投入服务化程度 *RS*、规模以上制造业各行业固定资产净值表示的资本存量 ln*K*、规模以上制造业各行业全部从业人员年平均人数表示的劳动力 ln*L* 为解释变量，以资本密集型企业虚拟变量 D_1、高技术企业虚拟变量 D_2 为虚拟变量。

采用来自陕西、甘肃、宁夏地区 2002 年、2007 年、2012 年制造业 14 个行业的共计 126 组数据组成的静态面板模型对相关变量进行回归分析，静态面板具体包含混合效应、随机效应和固定效应三种模型，估计结果见表 8-3 的（1）、（2）和（3）列。

表 8-3　模型 8-4 估计结果

模型	（1）	（2）	（3）
变量	ln*IS*	ln*IS*	ln*IS*

续表

模型	(1)	(2)	(3)
RS	-0.599*	-0.611**	1.907**
	(-1.42)	(-0.31)	(5.38)
ln*K*	0.128**	0.106*	0.195***
	(11.45)	(1.77)	(25.46)
ln*L*	-0.169**	-0.154**	0.079***
	(-2.97)	(-2.22)	(5.09)
D_1	-0.208*	0.093**	0.042**
	(-0.89)	(1.91)	(4.43)
D_2	0.039*	0.107	0.061*
	(1.67)	(0.27)	(1.72)
常量	-0.902**	-0.988**	-2.880**
	(-1.15)	(-1.41)	(-2.91)
观察量	126	126	126
R^2	0.766	0.732	0.795

注：括号中为统计数字，*** $p<0.01$，** $p<0.05$，* $p<0.1$。

对（1）和（2）进行LM检验，得出χ^2值为12.04，对应$P=0.001\,3$，在1%水平下拒绝“不存在个体随机效应”原假设，得出随机效应模型要优于混合效应模型；对（2）和（3）采用Hausman检验判定表中随机效应模型和固定效应模型估计结果的最优性，得到χ^2值为17.13，对应$P=0.000\,0$，在1%的水平下拒绝支持“随机效应为零”的原假设，即认为固定效应模型要优于随机效应模型。因此，本次估计结果适宜采用固定效应模型。

表8-3中（3）的估计结果显示，陕甘宁地区投入服务化程度与产业结构之间呈正相关的关系，在5%水平上显著，相关系数为1.907，即*RS*投入服务化程度每提高1个百分点，可以为制造业行业占比带来1.907个百分点的提升，效果明显。这个结果说明，陕甘宁地区投入服务化程度对于产业结构有直接的优化作用，通过合理加大陕甘宁地区服务要素的投入，可以为陕甘宁地区的产业结构优化升级带来较好的效果。

资本和劳动力对于陕甘宁地区制造业产业结构的影响均为显著正相关，系数分别是0.195和0.079，可以看出陕甘宁地区产业结构优化提升还需要大量的资本和劳动力的投入，说明陕甘宁地区目前的制造业还处于初级水平，需要大量依靠简单生产要素的投入来提升产业结构。

对两个虚拟变量的回归结果显示，资本密集型虚拟变量和技术密集型虚拟变量的系数分别是0.042和0.061，资本密集型虚拟变量与产业结构在5%水平上显著正相关，可见陕甘宁地区制造业企业资本集聚对于制造业产业升级具有显著正向促进作用；但是技术密集型虚拟变量与产业结构没有显著的关系，这可能是因为一方面陕甘宁地区制造业企业依然处于投入服务化初级阶段，主要依靠提高生产要素投入来提升生产效率，另一方面陕甘宁地区制造业企业的技术投入水平较低，对制造业企业的生产效率并没有达到应有的效果。陕甘宁地区制造业企业应加大技术投入力度，加强研发经费投入，重视企业技术支撑，以提升企业价值链竞争力。

上述回归的拟合优度达到 0.795，说明给出的解释变量基本解释了产业结构这一被解释变量。下面我们对模型进行进一步优化，加入制造业服务化程度与各生产要素的交叉项，来衡量投入服务化与其余投入要素之间的交互作用，修改为如下模型：

$$\ln IS_{it} = \alpha_0 + \alpha_1 RS_{it} + \alpha_2 RS_{it} \times \ln K_{it} + \alpha_3 RS_{it} \times \ln L_{it} + \alpha_4 RS_{it} \times D_1 + \alpha_5 RS_{it} \times D_2 + \mu_i + \omega_t + \varepsilon_{it} \quad (8\text{-}5)$$

模型 8-5 是以模型 8-4 为基础，基于 C-D 生产函数，以 *IS* 即陕甘宁地区产业结构为被解释变量，以陕甘宁地区投入服务化程度 *RS*、投入服务化程度指标 *RS* 与资本存量交叉量、投入服务化程度与制造业各行业劳动力交叉项为解释变量，以投入服务化程度与资本密集型企业虚拟变量的交叉项、投入服务化程度与高技术企业虚拟变量的交叉项为虚拟变量。

采用来自陕西、甘肃、宁夏地区 2002 年、2007 年、2012 年制造业 14 个行业的共计 126 组数据组成的静态面板模型对相关变量进行回归分析，静态面板具体包含混合效应、随机效应和固定效应三种模型，估计结果见表 8-4 的（1）、（2）和（3）列。

表 8-4　模型 8-5 回归结果

模型	（1）	（2）	（3）
变量	ln*IS*	ln*IS*	ln*IS*
RS	-0.581**	-0.547**	-5.118*
	（-0.14）	（-0.17）	（-1.03）
$\ln K \times RS$	0.828**	0.974*	1.048**
	（1.02）	（0.09）	（4.27）
$\ln L \times RS$	-1.095**	-1.095***	-1.330**
	（-1.37）	（-0.26）	（-2.00）
$RS \times D_1$	0.196***	0.213***	0.245***
	（0.18）	（0.13）	（0.48）
$RS \times D_2$	-0.861*	-0.640*	0.419
	（-2.58）	（-2.82）	（0.60）
常量	-0.969***	-0.997***	-1.089**
	（-5.27）	（-5.01）	（-13.54）
观察量	126	126	126
R^2	0.802	0.769	0.819

注：括号中为统计数字，*** $p<0.01$，** $p<0.05$，* $p<0.1$。

对（1）和（2）进行 LM 检验，得出 χ^2 值为 12.04，对应 P=0.001 3，在 1% 水平下拒绝“不存在个体随机效应”原假设，得出随机效应模型要优于混合效应模型；对（2）和（3）采用

Hausman 检验判定表中随机效应模型和固定效应模型估计结果的最优性，得到 χ^2 值为 1.8，对应 P=0.875 8，接受原假设，即认为随机效应模型要优于固定效应模型。因此，本次估计结果适宜采用随机效应模型。

表 8-4 中（3）的估计结果显示，陕甘宁地区投入服务化程度与产业结构之间呈负相关关系，在 5% 水平上显著，相关系数为 -0.547，与前期预期不符。这个结果可能是因为陕甘宁地区目前的投入服务化程度较低，投入服务化均处于初级阶段，还没有达到可以显著影响产业结构的水平，陕甘宁地区制造业企业还停留在主要依靠提高生产要素投入来提升产值的过程，且服务的投入主要以普遍低端的销售服务为主，而高端服务基本处于空白。

投入服务化水平与资本的交叉项系数是 0.974，在 1% 的水平上显著正相关，投入服务化水平与劳动的交叉项系数为 -1.095，在 1% 水平下显著负相关，说明投入服务化带来的资本节约型对产业结构具有正向的优化作用，这可能是由于投入服务化带来的资本优化配置，进而会影响资本对于不同产业、不同行业甚至不同部门、不同企业的投入；但是投入服务化对于劳动节约型的技术进步并未对产业结构产生显著的促进作用，反而是显著的负相关关系，这可能是因为陕甘宁地区生产性服务业发展水平整体较低，新兴生产性服务业发展水平更低，生产性服务业与制造业尚未形成良性互动引起的，或者投入服务化初级水平下对于劳动力的优化配置效应并不明显。

对投入服务化与两个虚拟变量交叉项的回归结果显示，投入服务化水平与资本密集型虚拟变量的交叉项系数为 0.213，在 1% 水平上显著，说明资本密集型企业的投入服务化对产业升级具有显著的促进作用，投入服务化水平与技术密集型虚拟变量的交叉项系数为负且仅在 10% 水平上显著。说明投入服务化对资本密集型制造业的生产率效应高于劳动密集型行业，产生这一结果可能是因为资本密集型行业更多地利用了知识密集附加值较高的新兴生产性服务，而陕甘宁地区的劳动密集型行业主要处在价值链的低端，竞争过度而创新不足，外部服务性投入主要以传统的销售和运输为主，很难对劳动生产率产生明显的影响。投入服务化与技术密集度的交叉项系数为负，但不显著。投入服务化对不同技术密集程度制造行业生产率的影响差异不大。这可能是由于高技术企业为维持在技术上的垄断优势，往往将研发等服务环节内置化；陕甘宁地区生产性服务业专业化程度低，尚不能满足高端制造企业对高质量生产性服务的需求；陕甘宁地区制造业企业的技术投入水平较低，对制造业企业的生产效率并没有达到应有的效果等原因引起的。陕甘宁地区制造业企业应加大技术投入力度，加强研发经费投入，重视企业技术创新，以提升企业价值链竞争力。

整体来看，陕甘宁地区制造业投入服务化水平 2002 年最高，之后呈现出先下降后上升的趋势，2012 年仍没有达到 2002 年的水平，经济的发展地很大程度上仍然依靠物质的高投入来推动。不论是用产业结构还是劳动生产率来衡量产业升级，都可以看出陕甘宁地区投入服务化水平对于产业升级具有显著的关系，陕甘宁地区投入服务化水平对于产业升级的作用虽然大部分情况下是促进作用，但是这种促进作用目前仍处于较弱水平，原因主要是陕甘宁地区投入服务化程度本身较低，投入服务化均处于初级阶段，还没有达到可以显著影响产业结构的水平，陕甘宁地区制造业企业还停留在主要依靠提高生产要素投入来提升产值的阶段，且服务的投入主要以普遍低端的销售服务为主，而高端服务基本处于空白。同时，通过投入服务化与各要素的交叉项回归可见，投入服务化可以带来资本集约化，对于陕甘宁地区资本配置可以起到优化作用，但是对于陕甘宁地区的劳动力配置效果不明显；投入服务化对不同类型制造业劳动生产率提升存在差异，资本密集型行业高于劳动密集型行业，而高技术行业和低技术行业之间的影响不明显。

8.3　产出服务化对产业升级的影响——基于企业视角

8.3.1　数据来源

本书选取陕甘宁地区在上交所和深交所主板上市的根据中国证监会《上市公司行业分类指引》属于制造业且具有服务特征的制造企业共计 53 家。研究所用样本数据来自新浪财经数据库和陕甘宁地区各制造业上市企业财务报表。选取的样本为截至 2020 年 7 月 31 日上市的陕甘宁地区制造业企业，同时剔除有 ST（即特殊处理）标志的制造企业，样本总计 53 个，其中从陕西 54 个上市企业中选取 25 个制造业上市企业，从甘肃 33 个上市企业中选取 17 个制造业上市企业，从宁夏 14 个上市企业中选取 11 个制造业上市企业。

采用的分析方法是通过人工逐一分析核对各上市公司的公开资料，将各样本制造企业对外提供的相关"服务"进行分类汇总，即所谓经营范围分析法。衡量制造企业产出服务化程度的主要标准：提供的服务范围越广，服务类型越多，则认为该制造企业产出服务化发展程度越高。

所选样本中，陕西地区制造业上市企业中占比较多的为通用设备行业、专用设备行业、电气机械和器材行业、化学产品行业和金属制品行业，占比分别为 20%、28%、12%、12%、12%；甘肃地区制造业上市企业中占比较多的为食品和烟草行业和专用设备行业，占比分别为 18%、12%；宁夏地区制造业上市企业中占比较多的为纺织、服装、鞋帽、皮革、羽绒及其制品行业和金属制品行业，占比分别为 18%、18%。陕甘宁地区制造业上市企业中，通用设备和专用设备行业企业最多，占全部制造业上市企业数量的 28%，其次是化学产品行业占比 9%，以及金属制品行业占比 9%，电气机械和器材行业占比 9%，食品和烟草行业占比 8%，石油、炼焦产品和核燃料加工品行业占比 6%。整体来说，陕甘宁地区各个制造业部门均有一定的分布，样本数据具有一定的代表性。

表 8-5　样本数据描述统计

制造业类型	陕西		甘肃		宁夏		陕甘宁地区	
	企业数	占比	企业数	占比	企业数	占比	企业数	占比
食品和烟草	1	4%	3	18%	0	0%	4	8%
纺织、服装、鞋帽、皮革、羽绒及其制品	0	0%	0	0%	2	18%	2	4%
木材加工品和家具	0	0%	0	0%	1	9%	1	2%

续表

制造业类型	陕西		甘肃		宁夏		陕甘宁地区	
	企业数	占比	企业数	占比	企业数	占比	企业数	占比
石油、炼焦产品和核燃料加工品	1	4%	1	6%	1	9%	3	6%
化学产品	3	12%	1	6%	1	9%	5	9%
非金属矿物制品	0	0%	1	6%	0	0%	1	2%
金属冶炼和压延加工品	0	0%	1	6%	0	0%	1	2%
金属制品	3	12%	0	0%	2	18%	5	9%
通用设备	5	20%	1	6%	0	0%	6	11%
专用设备	7	28%	2	12%	0	0%	9	17%
电气机械和器材	3	12%	1	6%	1	9%	5	9%
仪器仪表	1	4%	0	0%	0	0%	1	2%
其他制造产品	1	4%	6	35%	3	27%	10	19%
总计	25	100%	17	100%	11	100%	53	100%

8.3.2 变量说明

8.3.2.1 产出服务化系数

以制造业企业提供服务的数量来衡量。

8.3.2.2 企业绩效变量

制造业企业服务化的演化路径主要是通过对企业绩效的提升来进一步影响产业升级，且本节研究产业升级主要从微观层面展开，故在此使用企业绩效指标来间接衡量产业升级。衡量企业绩效最常用的指标是净资产收益率（ROE），它反映了企业利用自身资产获取利润的能力，但是该指标容易被人为操作。总资产收益率（ROA）也是直接反映公司的财务绩效的重要指标。所以，本节同时采用净资产收益率和总资产收益率作为反映上市企业财务绩效的变量。另外，本节还以企业的销售净利率（NPM）作为另一个衡量企业财务绩效的变量。销售净利率越高，说明产品定价科学，营销策略得当，产品附加值高，企业盈利能力越强。

净资产收益率 = 净利润 / 股东权益平均总额

总资产收益率 = 净利润 / 公司总资产

销售净利率 = 净利润 / 销售收入净额

8.3.2.3 控制变量

根据研究的现实意义以及数据的可得性，研究中控制了公司规模、员工素质、资产负债率、第一大股东持股比例、上市时间和行业平均水平对经营绩效的影响。

公司规模（Scale）：用总资产来表示。企业的大小决定了企业在市场中攫取政策或其他资源优势的能力，而企业绩效受这种能力影响较大。

员工素质（Staff）：用大专以上学历从业人数在全体员工中所占的比例来衡量。员工素质是影响企业服务化战略实施效果的重要因素，员工素质越高，越能准确把握服务化的本质，取得的绩效就会更好。

资产负债率（Debt）：用负债总额与总资产的百分比表示。经营风险小的企业倾向于保持相对较高的资产负债率，经营风险较高的企业倾向于保持较高的负债率。高负债率往往对企业的经营绩效产生不利的影响。

第一大股东持股比例（Share）：已有研究发现第一大股东持股比例与公司绩效显著正相关，因此本节增加第一大股东持股比例作为控制变量。

上市时间（Age）：用企业上市年份表示。上市时间越久，企业积累的经营经验越丰富，技术实力越雄厚，可以取得更好的绩效。

行业平均水平（Industry）：用企业所在行业中与被解释变量相对应的全部样本企业的平均值表示。传统制造行业与新兴行业相比虽然提供了较多的服务，但是由于不掌握核心技术等原因而利润不足，容易出现与服务化相悖的现象。

8.3.3　模型设定

根据文献综述中制造业绩效与服务水平的关系，以及本节所选的控制变量，构造如下的回归模型：

$$per_i = \alpha_0 + \alpha_1 ser_i + \alpha_2 scale + \alpha_3 sta_i + \alpha_4 deb_i + \alpha_5 sha_i + \alpha_6 age_i + \alpha_7 ind_i + \varepsilon_i \quad (8\text{-}6)$$

$$per_i = \alpha_0 + \alpha_1 ser_i + \alpha_1 ser_i^2 + \alpha_3 scale + \alpha_4 sta_i + \alpha_5 deb_i + \alpha_6 sha_i + \alpha_7 age_i + \alpha_8 ind_i + \varepsilon_i \quad (8\text{-}7)$$

式中：*per* 代表企业的绩效，根据变量的选择分别为 ROA、ROE 和 NPM；*ser* 代表产出服务化水平；服务的一次项是为了检验是否存在正向关系，二次项是为了检验是否存在倒“U”形关系。由于以服务提供数量作为服务化水平替代变量的文献中，尚无绩效与服务化水平存在三次关系的经验，同时考虑到陕甘宁地区制造企业服务导入水平较低，因此本节参考前人经验未对三次项对应关系进行检验。

8.3.4　实证分析

本节在模型构建过程中考虑了较多的控制变量，但是在实际回归中，针对不同的模型，有些控制变量并不显著。因此，本节采用逐步回归的方法，分别对总资产收益率（ROA）、净资产收益率（ROE）和销售净利率（NPM）三个被解释变量进行回归，回归结果见表 8-6、表 8-7 和表 8-8。

表 8-6　模型 8-6 回归结果（1）

模型	（1）	（2）	（3）	（4）	（5）	（6）	（7）
变量	*ROA*	*ROA*	*ROA*	*ROA*	*ROA*	*ROA*	*ROA*
ser	−1.759***	2.851**	1.611**	1.907***	3.120*	1.907*	0.599**
	（−3.92）	（7.31）	（7.99）	（6.82）	（11.42）	（13.02）	（9.33）

续表

模型	(1)	(2)	(3)	(4)	(5)	(6)	(7)
scale	0.013***		0.011***				
	(6.42)		(7.83)				
sta	0.193***			0.358***			
	(3.97)			(7.32)			
deb	-0.408***						
	(-11.89)						
sha	0.239				0.891		
	(1.89)				(3.22)		
age	0.316					0.656	
	(0.66)					(2.29)	
ind	1.123**						1.529**
	(5.79)						(6.42)
变量	7.192***	6.908***	6.179***	5.301***	8.104**	4.880**	6.902***
	(1.15)	(1.41)	(3.09)	(2.91)	(0.28)	(0.41)	(1.92)
观察量	53	53	53	53	53	53	53
R^2	0.666	0.322	0.373	0.558	0.472	0.395	0.460
Hausman P	0.015 6	0.031 2	0.112 9	0.329 1	0.068 2	0.030 8	0.057 9

注:括号中为统计数字,*** $p<0.01$, ** $p<0.05$, * $p<0.1$。

表 8-6 结果显示,产出服务化水平、公司规模、员工素质、资产负债率、第一大股东持股比例、上市时间、行业平均水平对总资产收益率影响的回归结果,其中总资产收益率(ROA)为被解释变量。

从表 8-6 回归结果可见,产出服务化系数在同时考虑所有控制变量时系数为负,且在 1% 水平下显著,表明陕甘宁地区产出服务化水平与制造业企业绩效之间存在显著负相关关系,系数为 -1.759,即企业产出服务化数量增加 1 个百分点,会导致企业绩效下降 1.759 个百分点,这与我们的预期不符。其原因可能是陕甘宁地区产出服务化水平过低,大部分制造业上市企业产出的服务化类型主要是销售等初级服务,中级和高级服务的种类和数量很少,同时大部分制造业企业之间的竞争主要停留在生产要素的竞争。但是,在只考虑个别控制变量参与回归时,产出服务化程度指标的系数又都为正值,这可能是由于产出服务化程度与其余控制变量之间可能存在相关关系,我们不可否认,仅对产出服务化水平和总资产收益率进行回归时,产出服务化水平的系数又显著为正,且高达 2.851,即产出服务化种类每增加 1 个单位,会带来 2.851 个单位的企业绩效提升,这与整体预期一致。

关于企业规模和员工素质的回归结果显示,表 8-6 中几类回归情况下:企业规模和员工素质对于企业总资产收益率的影响均是显著正相关的促进作用;在主要回归模型(1)的结果中,企业规模和员工素质的系数分别为 0.013 和 0.193,表示陕甘宁地区制造业企业可以通过扩大规模推动企业绩效的提升,即陕甘宁地区制造业企业专科以上学历员工占比提高 1 个百分点,可以为企业绩效带来 0.193 个百分点的提升。

关于资产负债率的回归结果显示,资产负债率对于企业总资产回报率具有反向作用,且在 1% 水平上显著,系数为 -0.408,即陕甘宁地区制造业企业资产负债率提高 1 个百分点,会使总资产收益率降低 0.408 个百分点,与预期相反。其原因可能是陕甘宁地区制造业企业目前的资产负债率并未高于一般水平,而对于陕甘宁地区的制造业企业来说,适当地增加负债可以促进企业资金流动,帮助企业适度扩大规模,获取更好的效益。而陕甘宁地区制造业企业资产负债率水平不高的原因可能是制造业企业的金融服务投入不足。

除此之外,第一大股东持股比例和上市时间对于企业总资产收益率的影响均不显著,这可能与选取的企业较少有关。

下面以净资产收益率(ROE)为被解释变量,将产出服务化水平、公司规模、员工素质、资产负债率、第一大股东持股比例、上市时间、行业平均水平对净资产收益率影响的回归结果进行整理,剔除不显著的变量,即第一大股东持股比例和上市时间,回归结果见表 8-7。

表 8-7　模型 8-6 回归结果(2)

模型	(1)	(2)	(3)	(4)	(5)
变量	*ROE*	*ROE*	*ROE*	*ROE*	*ROE*
ser	-0.895***	1.947**	1.126**	1.378***	-0.601**
	(-4.72)	(8.13)	(9.79)	(0.28)	(9.06)
scale	0.042***		0.109***		
	(4.29)		(7.83)		
sta	0.232			0.281***	
	(1.96)			(9.12)	
deb	-0.180***				
	(-9.28)				
ind	0.823**				1.025**
	(5.48)				(6.27)
常量	4.029***	5.013***	4.918***	5.119***	5.038***
	(3.51)	(6.13)	(3.94)	(3.85)	(7.22)
观察量	53	53	53	53	53
R^2	0.712	0.322	0.373	0.379	0.466
Hausman P	0.011 8	0.081 0	0.129 6	0.012 5	0.043 7

注:括号中为统计数字,*** $p<0.01$, ** $p<0.05$, * $p<0.1$。

表 8-7 回归结果显示,产出服务化系数在同时考虑所有控制变量时系数为负,且在 1% 水平下显著,表明陕甘宁地区产出服务化水平与制造业企业绩效之间存在显著负相关关系,

系数为 -0.895，即企业产出服务化数量增加 1 个百分点，会导致企业绩效下降 0.895 个百分点，这与我们的预期不符。其原因可能是陕甘宁地区产出服务化水平过低，大部分制造业上市企业产出的服务化类型主要是销售等初级服务，中级和高级服务的种类和数量却很少，同时大部分制造业企业之间的竞争主要停留在生产要素的竞争。但是，在只考虑个别控制变量参与回归时，产出服务化程度指标的系数又大部分为正值，这可能是由于产出服务化程度与其余控制变量之间可能存在相关关系。同时，仅对产出服务化水平和净资产收益率进行回归时，产出服务化水平的系数又显著为正，且高达 1.947，即产出服务化种类每增加 1 个单位，会带来 1.947 个单位的企业绩效提升，这与整体预期一致。

企业规模对于企业净资产收益率的影响呈显著正相关的促进作用，在主要回归模型（1）的结果中，企业规模的系数为 0.042，表示陕甘宁地区制造业企业可以通过扩大规模推动企业绩效的提升。员工素质对于企业净资产收益率的影响，在整体回归模型（1）中并不显著，仅在单独回归模型（4）中显著正相关，系数为 0.281，说明单独讨论员工素质这一变量时，员工素质对于企业净资产收益率的影响显著，且企业每增加 1 个百分点的专科以上学历员工，就可以增加 0.281 个百分点的净资产收益率，但是整体回归时员工素质的影响并不显著，这可能是员工素质与其他变量之间存在内生性等关系导致的。

资产负债率对于企业总资产回报率具有反向作用，且在 1% 水平上显著，系数为 -0.18，即陕甘宁地区制造业企业资产负债率提高 1 个百分点，会使净资产收益率降低 0.18 个百分点，与预期相反。其原因可能是陕甘宁地区制造业企业目前的资产负债率并未高于一般水平，而对于陕甘宁地区的制造业企业来说，适当地增加负债可以促进企业资金流动，帮助企业适度扩大规模，获取更好的效益。而陕甘宁地区制造业企业资产负债率水平不高的原因可能是制造业企业的金融服务投入不足。

下面以销售净利率（NPM）为被解释变量，将产出服务化水平、公司规模、员工素质、资产负债率、行业平均水平对销售净利率影响的回归结果进行整理，回归结果见表 8-8。

表 8-8 模型 8-6 回归结果（3）

模型	(1)	(2)	(3)	(4)	(5)
变量	*NPM*	*NPM*	*NPM*	*NPM*	*NPM*
ser	-2.519***	-3.836*	2.015**	1.156***	-0.712**
	(-4.72)	(-1.02)	(0.02)	(8.99)	(4.21)
scale	0.483		0.112***		
	(6.45)		(8.32)		
sta	0.992			0.293***	
	(10.37)			(8.01)	
deb	-0.078***				
	(-2.81)				
ind	1.223**				1.136**
	(5.11)				(5.36)

续表

模型	（1）	（2）	（3）	（4）	（5）
变量	3.529*	6.011***	3.806***	4.311***	5.207***
	（1.51）	（1.24）	（2.87）	（7.29）	（6.32）
观察量	53	53	53	53	53
R^2	0.683	0.342	0.391	0.418	0.490
Hausman P	0.021 3	0.014 6	0.110 5	0.016 7	0.063 0

注：括号中为统计数字，*** $p<0.01$，** $p<0.05$，* $p<0.1$。

表 8-8 回归结果显示，产出服务化系数在同时考虑所有控制变量时系数为负，且在 1% 水平下显著，表明陕甘宁地区产出服务化水平与制造业企业绩效之间存在显著负相关关系，与预期不符。其原因可能是陕甘宁地区产出服务化水平过低，大部分制造业上市企业产出的服务化类型主要是销售等初级服务，中级和高级服务的种类和数量很少，同时大部分制造业企业之间的竞争主要停留在生产要素的竞争。但是，在只考虑个别控制变量参与回归时，产出服务化程度指标的系数又大部分为正值，这可能是由于产出服务化程度与其余控制变量之间可能存在相关关系。同时，仅对产出服务化水平和销售净利率进行回归时，产出服务化水平的系数又显著为正，且高达 1.947，即产出服务化种类每增加 1 个单位，会带来 1.947 个单位的企业绩效提升，这与整体预期一致。

企业规模和员工素质在整体回归时均不显著，但是在单独回归时，企业规模对于企业销售净利率的影响呈显著正相关的促进作用，系数为 0.112；员工素质对于企业销售净利率的影响也呈显著正相关的促进作用，系数为 0.293，可见企业规模和员工素质对于制造业企业影响较大。

资产负债率对于企业销售净利率具有反向作用，且在 1% 水平上显著，系数为 −0.078，即陕甘宁地区制造业企业资产负债率提高 1 个百分点，会使销售净利率降低 0.078 个百分点，与预期相反。其原因可能是陕甘宁地区制造业企业目前的资产负债率并未高于一般水平，而对于陕甘宁地区的制造业企业来说，适当地增加负债可以促进企业资金流动，帮助企业适度扩大规模获，取更好的效益。而陕甘宁地区制造业企业资产负债率水平不高的原因可能是制造业企业的金融服务投入不足。

由于产出服务化水平与企业绩效之间的关系与预期不符，因此做进一步猜测，如产出服务化水平与企业绩效之间是否存在非线性关系，在某些区间时系数为负，在其他区间时系数为正。故加入产出服务化指标 *ser* 的二次方项，分别针对三个企业绩效指标进行回归，结果见表 8-9。

表 8-9　模型 8-7 回归结果

模型	（1）	（2）	（3）	（4）	（5）	（6）
变量	*ROA*	*ROA*	*ROE*	*ROE*	*NPM*	*NPM*

续表

模型	（1）	（2）	（3）	（4）	（5）	（6）
ser	−1.759***	1.009	−0.895**	0.928	−2.52***	1.979
	（−3.92）	（0.77）	（−4.72）	（1.68）	（−4.72）	（1.13）
ser^2		−0.389**		−0.305***		−0.579**
		（−2.72）		（−2.14）		（−2.77）
scale	0.013***	0.119***	0.042***	0.390***	0.483	0.573
	（6.42）	（7.53）	（4.29）	（3.32）	（6.45）	（7.05）
sta	0.193***	0.217***	0.232		0.992	1.780
	（3.97）	（4.19）	（1.96）		（10.37）	（12.04）
deb	−0.408***	−0.421**	−0.18***	−0.198**	−0.078**	−0.086**
	（−11.89）	（−12.67）	（−9.28）	（−9.12）	（−2.81）	（−2.15）
ind	1.123**	1.225***	0.823**	0.863***	1.223**	1.454***
	（5.79）	（6.37）	（5.48）	（6.09）	（5.11）	（5.69）
常量	7.192***	2.016	4.029***	1.264	3.529*	−4.783
	（1.15）	（0.98）	（3.51）	（0.47）	（1.51）	（−1.99）
观察量	53	53	53	53	53	53
R^2	0.666	0.709	0.712	0.734	0.683	0.652
Hausman P	0.015 6	0.032 8	0.011 8	0.153 8	0.021 3	0.164 2

注：括号中为统计数字，*** $p<0.01$，** $p<0.05$，* $p<0.1$。

从回归结果中我们可以得出如下结论：

（1）产出服务化水平与表示企业绩效的三个变量均呈负相关，但在加入服务的二次方项之后，服务的一次项系数为正但不显著，服务的二次方项系数为负且显著，说明服务化水平与企业的绩效之间存在明显的倒“U”形关系；

（2）企业规模与ROA、ROE均显著正相关，系数分别为0.119和0.390，企业规模与NPM关系不显著，整体来说，在很大程度上表明陕甘宁地区上市制造企业的规模对企业的财务绩效存在正向的影响；

（3）员工素质与总资产收益率之间的关系显著为正，表明员工素质的提高有利于企业绩效的提升；

（4）资产负债率与表示企业绩效的三个变量均呈现出显著为负的态势，表明资产负债率越高，财务绩效越差，这与我们的预期一致；

（5）对于第一大股东持股比例这一变量，在六个回归中关系均不显著，这可能是由于我们选择的样本较少等原因造成的；

（6）企业上市时间与绩效之间的关系在所有回归结果中也不显著，可见对于制造业企业来说，并不是上市越久绩效越好。

8.4　参考文献

[1] JOHN C P，ROBERT D W.Economies of scope[J].The American economic review，papers and proceedings of the ninety-third annual meeting of the American economic association，1981(2):268-272.

[2] 安筱鹏. 推动两化融合的战略举措 [J]. 中国信息界,2009(4):29-34.

[3] RONALD W J，HENRYK K.The role of services in production and international trade：a theoretical framework//The political economy of international trade：festschrift in honor of robert baldwin.Oxford:Basil Blackwell,1990.

[4] 郭腾飞. 陕甘宁地区制造业服务化程度与绩效关系研究 [D]. 杭州:浙江理工大学,2016.

第 9 章　陕甘宁地区制造业服务化转向影响因素实证分析

第 8 章通过实证分析研究了制造业企业服务化程度对于产业升级和企业绩效的显著促进作用,第 7 章对于陕甘宁地区投入服务化和产出服务化系数的测度说明目前陕甘宁地区制造业服务化还处于较低水平。那么,如何才能提高陕甘宁地区制造业服务化水平呢?接下来,需要思考的问题是影响制造业投入服务化与制造业产出服务化发展的因素有哪些?本章将沿着这一思路,继续深入展开研究。

9.1　陕甘宁地区制造业投入服务化转向影响因素分析

9.1.1　灰色关联度分析法

第 7 章使用投入产出法实证研究了陕甘宁地区制造业投入服务化的发展,也由此可以得到表征陕甘宁地区制造业投入服务化发展的几个关键数据。然而,政府不是每年都公布投入产出表,因此可得数据较少。由于小样本数据不足以进行回归计量经济分析,因此采用灰色关联度分析法来展开分析。

灰色关联度分析法是基于灰色系统理论的一个应用。灰色系统理论是由我国著名学者邓聚龙于 1982 年首先提出的系统化科学理论。灰色系统是指一部分信息已知,另一部分信息未知,系统内各因素关系不确定的系统,而灰色关联是指系统内各因素之间的不确定性关联。一般来说,经济系统、社会系统都是灰色系统。制造业服务化发展及其相关影响因素是经济系统的子系统,该系统也是灰色系统,因此采用灰色关联度分析是合理的、科学的。

灰色关联度分析法可用来解决非线性、多因素问题,即用于区分系统中哪些是主要的、明显的、影响大的因素,哪些是次要的、潜在的、影响小的因素;其核心思想是比较数据序列的几何关系、曲线形状相似程度,即比较系统各因素发展的态势,曲线形状越相似、影响因素的发展趋势越一致,则关联度越高,反之则越低。

另外,各影响因素的关联度数值实际意义并不大,重要的是各影响因素的排序。该方法的主要优点是所需样本量不必过大、数据无须服从典型分布、能够得到较可靠结论。其具体分析过程如下。

第一,选定参考序列。参考序列是反映系统特征的变量,也就是灰色系统中“被影响”的一系列变量,记为 $y=(y_1,y_2,\cdots,y_n)$。

第二,选定比较序列。比较序列是与参考序列进行对比的一系列变量,也就是灰色系统中“影响”参考序列的一系列变量,记为 $x=(x_{i1},x_{i2},\cdots,x_{in})$,其中 $i=1,2,\cdots,m$(m 的个数即为比较序列的数量)。

第三,数据无量纲化。数据量纲的不同会使数据处于不同的参考系之下,为便于比较,需要对数据进行无量纲化处理。其方法比较多,包括均值化、标准化、初值化、归一化等。本节使用均值化处理数据,处理过程为

$$y=\left(\frac{y_1}{\overline{y}},\frac{y_2}{\overline{y}},\frac{y_3}{\overline{y}},\cdots,\frac{y_n}{\overline{y}}\right)$$

其中

$$\overline{y}=\frac{1}{n}\sum_{i=1}^{n}y_i$$

第四,求灰色关联系数。灰色关联系数计算公式为

$$\varepsilon_{ik}=\frac{min_i min_k \Delta_{ik}+\rho max_i max_k \Delta_{ik}}{\Delta_{ik}+\rho max_i max_k \Delta_{ik}}$$

其中

$$\Delta_{ik}=\left|y_k-x_{ik}\right|,k=1,2,3,\cdots,n$$

且ρ为分辨系数,其值在 0~1,一般取值为 0.5。

第五,求灰色关联度。记灰色关联度为γ_i,则其计算公式为

$$\gamma_i=\frac{1}{n}\sum_{k=1}^{n}\varepsilon_{ik}(i=1,2,3,\cdots,n,k=1,2,3,\cdots,m)$$

第六,比较各序列的关联度γ_i,并对其排序,该顺序揭示了各序列所代表的因素对参考序列所代表的目标因素的“影响”程度。

9.1.2　变量与数据说明

本章所使用的数据来自陕甘宁地区 2002—2012 年三张投入产出表以及 2003—2013 年《陕西统计年鉴》《甘肃统计年鉴》《宁夏统计年鉴》和《中国工业经济统计年鉴》。为保证统计口径的一致性,本章按照 42 部门投入产出表中制造业行业的分类,将制造业划分为 17 个行业。由于部分行业数据缺失,本章最终选择其中的 14 个行业进行了研究。按资本密集度划分的资本密集型行业包括石油加工炼焦及核燃料工业、非金属矿物制品业等 9 个行业;按技术密集度划分的技术密集型行业包括化学原料及化学工业、交通运输设备制造业等 5 个行业。

影响制造业投入服务化发展的因素较多,也有学者对此进行过一些研究。那么,影响陕甘宁地区制造业投入服务化发展的因素有哪些呢?参考相关学者的研究成果,考虑陕甘宁地区制造业发展的经济环境、行业环境等方面的特点,选择经济增长、产业结构、行业竞争、服务业服务效率、研发与技术创新、资源占有率、政府管制等 8 个影响因素进行分析。

(1)经济增长(EG)。区域经济的发展是各产业整体发展水平的体现,经济整体的发展情况决定了制造业发展所处的经济环境,制造业投入服务化的发展也与此密切相关。一般用地区生产总值的增长率来衡量地区经济的发展水平。

（2）企业结构（GR）。制造业企业向服务化转型的进程中，行业企业结构与企业内部结构都会制约制造业服务化的发展，尤其体量大且处在垄断或寡头地位的企业，将会收到内部多方利益的制约。因此，国有及国有控股制造企业作为工业统计中独立出来统计的特殊企业就尤其具有研究价值，同时其特性对制造业投入服务化水平的发展具有反向的影响。故提出以下假设，制造行业中规模以上国有企业比率越大，制造业投入服务化程度越低。一般用国有及国有控股企业总数占行业总数的比重作为衡量企业结构的指标。

（3）行业竞争（COM）。行业竞争直接影响制造业市场份额与获利水平，是产业转型发展的动力之一，会对制造业投入服务化产生影响。现阶段从需求角度来看，制造业产品所具有的附加值更能够引起购买者的购买欲望，这就要求制造业行业内的相关企业将更多元的服务化附加值融入产品附加值中，引起消费者的共鸣。因此，一个行业内企业所制造的产品数量达到一定限度，就会提供给消费者以更多的选择空间，进而倒逼制造业企业融入更多服务化附加值，所以制造业市场竞争程度对服务化的发展有促进作用。因此，假设制造业的市场竞争力度越大，制造业投入服务化程度越高。一般用制造业利润总额与制造业生产总值的比值作为衡量行业竞争大小的指标。

（4）服务业服务效率（EFF）。制造业所获的服务效率的高低直接影响制造业服务要素投入的数量、产品的产出，因而会对制造业投入服务化的发展产生重要影响。一般用服务业劳动生产率（服务业人均生产总值）与第二产业劳动生产率（第二产业人均生产总值）的比值作为衡量服务业服务效率高低的指标。

（5）研发与技术创新（R&D）。制造业的发展离不开新技术，技术优势的存在与否影响着企业转型的压力大小，这会影响制造业投入服务化发展。一般用制造业研究与发展经费内部支出占地区生产总值的比重作为衡量技术创新水平的指标。

（6）资源占有率（ENE）。制造业是区域资源、能源消耗使用的大户，对资源有很大的依赖性，这应该是制造业向服务化发展的动力之一，会影响制造业投入服务化的发展。一般用制造业综合能源消耗量与地区能源消费总量的比值作为衡量制造业资源约束大小的指标。

（7）政府管制（POL）。政府管制会影响制造业的交易成本、市场份额，以及其对服务要素的投入与使用，这也是制造业向服务化转型的推动力，因而是影响制造业投入服务化发展的重要因素。一般用外商直接投资金额（协议合同金额）与地区生产总值的比值作为衡量政府管制强弱的指标。

使用第 7 章求出的反映制造业投入服务化的直接消耗系数（RS）作为衡量制造业投入服务化发展水平的变量，即灰色关联分析法中参考序列的变量。

9.1.3 实证分析

陕甘宁地区制造业投入服务化影响因素灰色关联分析结果，见表 9-1。

表 9-1　陕甘宁地区制造业投入服务化影响因素灰色关联分析结果

影响因素	陕西	甘肃	宁夏
服务业服务效率(EFF)	0.871 3	0.898 4	0.880 7
企业结构(GR)	0.819 5	0.832 9	0.773 3
资源占有率(ENE)	0.807 4	0.846 6	0.782 6
研发与技术创新(R&D)	0.785 2	0.813 1	0.732 5
行业竞争(COM)	0.781 2	0.808 3	0.732 8
经济增长(EG)	0.741 7	0.769 6	0.695 3
政府管制(POL)	0.656 5	0.685 8	0.599 6

根据表 9-1 的灰色关联分析结果,以“直接消耗系数”做陕西省制造业投入服务化发展指标的灰色关联分析的系数排序为服务业服务效率(0.871 3)> 企业结构(0.819 5)> 资源占有率(0.807 4)> 研发与技术创新(0.785 2)> 行业竞争(0.781 2)> 经济增长(0.741 7)> 政府管制(0.656 5);甘肃省投入服务化发展指示的灰色关联分析的系数排序为服务业服务效率(0.898 4)> 资源占有率(0.846 6)> 企业结构(0.832 9)> 研发与技术创新(0.813 1)> 行业竞争(0.808 3)> 经济增长(0.769 6)> 政府管制(0.685 8);宁夏投入服务化发展指示的灰色关联分析的系数排序为服务业服务效率(0.880 7)> 资源占有率(0.782 6)> 企业结构(0.777 3)> 研发与技术创新(0.732 5)> 行业竞争(0.732 8)> 经济增长(0.695 3)> 政府管制(0.599 6)。

从数值来看,陕西、甘肃和宁夏制造业服务化发展指标与所有影响因素的关联系数的值都大于 0.5,这说明选取的 7 个影响因素都与陕甘宁地区制造业投入服务化发展密切相关。从排序来看,陕甘宁地区制造业投入服务化发展影响因素排在前 4 位的是服务业服务效率、企业结构、资源占有率、研发与技术创新,这说明服务业服务效率、企业结构、资源占有率、研发与技术创新是影响陕甘宁地区制造业投入服务化的主要因素,其中服务业服务效率影响程度最主要;排在后 3 位的是行业竞争、经济增长、政府管制,这说明行业竞争、经济增长、政府管制 3 个因素是影响陕甘宁地区制造业投入服务化比较次要的因素,其中政府管制影响程度次于其余 6 个因素。

在影响陕甘宁地区投入服务化水平最重要的 4 个因素中,最重要的一个因素是服务业服务效率,可见制造业投入服务化与服务业密切相关,服务业服务效率与投入服务化系数均呈现相同走势,即服务业服务效率对于投入服务化程度具有正向促进作用;其次是企业结构这一要素,企业结构在陕西制造业服务化灰色关联度分析中占据第二位,在甘肃和宁夏均占据第三位,说明企业结构对于陕甘宁地区制造业服务化水平影响也很大,而且从走势来看,规模以上企业中国有企业的占比与制造业服务化水平走势整体相反,说明国有企业占比越多,制造业服务化水平反而越低,反之国有企业占比降低,制造业服务化水平提升;再次是资源占有率这一要素,资源占有率在陕西地区占据第三的重要位置,在甘肃和宁夏均占据第二位,可见资源占有率对于制造业企业投入服务化水平影响也较大,具体反映在制造业企业综合能源消耗量相对较多,说明制造业企业对于资源的占有较强,相应的制造业服务化水平就越高,当然这与地区资源禀赋也有关。陕甘宁地区研发与技术创新这一因素排在7个要素中的第四位,而且三个省区对于研发与技术创新的系数分别是0.785 2、0.813 1、0.732 5,均高于0.73,说明研发与技术创新对于陕甘宁地区制造业企业的影响依然很重要,从走势来看,研发与技术创新走势与陕甘宁地区制造业服务化水平走势基本相同,可以初步判断,研发与技术创新对于制造业企业服务化水平具有正向促进作用。

经济增长、行业竞争、政府管制是影响陕甘宁地区制造业服务化较次要的3个因素,但并不是说这3个因素对陕甘宁地区制造业投入服务化的发展不重要,只是相对于其他4个因素,这3个因素是隐性的、较次要的。事实上,宏观环境、行业环境和政府政策是制造业服务化发展基础性的影响因素,同样需要引起重视。

9.2 陕甘宁地区制造业产出服务化转向影响因素分析

9.2.1 影响因素理论分析及假设

影响制造业产出服务化发展的因素较多。在微观层面,制造业产出服务化发展有外因与内因之分,即可分为企业外部因素与企业内部因素。外部因素主要是政府政策,在一定时期内确实能够影响制造业企业产出服务化的发展。但是,在长期,企业产出服务化的发展必定建立在企业内部驱动的基础上:一是只有能够产生利润的业务对企业发展才有意义;二是企业实行产出服务化策略要有一定的资本基础。因此,从根本上说,制造业产出服务化发展的影响因素主要来自内部。在参考相关学者的研究基础上,从企业内部选取影响因素,包括企业规模、盈利能力、员工素质、创新能力、服务业务的盈利贡献。

企业规模。一方面,企业规模是制造业企业拥有市场大小的标志,企业规模越大其拥有的客户就越多、对市场的影响就越强。另一方面,企业规模是制造业企业资本实力强弱的标志,企业规模越大其资产设备越多、技术越高、开展新业务的能力越强。所以,理论上企业规模越大,越有利于制造业企业开展服务化业务,越能促进制造业企业产出服务化的发展。但也有学者发现了企业规模与制造业产出服务化发展之间的"倒U形"关系(肖挺与黄先明,2018),因此比较严谨的说法是在一定限度内企业规模与制造业产出服务化发展正相关。基于此,提出假设:制造业企业规模与产出服务化发展程度密切相关。

盈利能力。一方面,高盈利的企业开展服务化业务具备优势,盈利对服务化有"辅助"推动作用,但同时高盈利的企业又缺乏实施服务化策略的动力,这又会产生阻碍作用;另一方面,低盈利对企业产出服务化有"倒逼"推动作用,但较低的盈利水平又会妨碍产出服务化发展的质量,这又产生一定阻碍作用。因此,企业盈利能力对制造业产出服务化发展的作用十分复杂,盈利能力对制造业企业产出服务化发展的作用是以上所有效果的总和,是不确定的。基于此,提出假设:制造业企业产出服务化发展程度与盈利能力有关。

员工素质。当今时代,人力资本已成为影响企业发展的重要因素。人是制造业企业产出服务化的主体，企业员工是制造业企业产出服务业务的直接参与者与提供者。企业员工素质的高低影响着制造业产出服务业务的水平与质量，高素质的员工对制造企业产出服务化具有极大的促进作用，低素质的员工对制造企业产出服务化发展具有阻碍作用。因此，提出假设：制造业企业员工素质与产出服务化发展程度正相关。

创新能力。创新是企业发展的先导，企业创新能力影响制造业产出服务化发展。现有研究一般都支持创新可以提高企业经营绩效，因而企业创新能力越强，其市场影响能力越强，与客户之间的联系就越密切，这为开展服务业务提供了必要条件。因此，制造业企业创新能力越强，越有利于企业发展产出服务业务。由此，提出假设：制造业企业创新能力与产出服务化发展程度正相关。

服务业务的盈利贡献。企业采取服务化策略的目标在于盈利，因此企业服务业务对企业的盈利贡献越大，企业开展产出服务业务的激励就越强，制造业企业产出服务化发展就可能越好。因此，提出假设：制造业企业产出服务化发展程度与服务业务对企业贡献大小正相关。

9.2.2　变量与模型设定

（1）产出服务化程度（SER）：选取“企业提供的产出服务业务种类数”作为衡量制造业产出服务化发展程度的指标，并作为被解释变量。

（2）企业规模（SCA）：用总资产来表示。企业的大小决定了企业在市场中攫取政策或其他资源优势的能力，而企业绩效受这种能力影响较大。

（3）盈利能力（ROE）：用企业净资产收益率表示，企业盈利能力决定了企业是否有更多资本和机会考虑服务化投入，盈利能力为制造业企业服务化提供必要的基础支撑。

（4）员工素质（STA）：用大专以上学历从业人数在全体员工中所占的比例来衡量。员工素质是影响企业服务化战略实施效果的重要因素，员工素质越高，越能准确把握服务化的本质。

（5）创新能力（CP）：用研发支出总额占营业收入比重表示，制造业企业研发支出越高，企业创新动力越足，创新可以为企业服务化带来质的提升。

（6）服务业务的盈利贡献（BC）：利润表是否单列服务业务收入，该指标作为虚拟变量，考察制造业企业以服务业务作为营业外收入的企业与服务业务量较少的企业之间制造业服务化程度的不同。

根据以上理论分析与相关变量指标，建立计量经济模型如下：

$$SER = \beta_0 + \beta_1 SCA + \beta_2 ROE + \beta_3 STA + \beta_4 CP + \beta_5 BC + \mu_i$$

9.2.3　实证分析

本节选取陕甘宁地区在沪深主板上市的根据中国证监会《上市公司行业分类指引》属于制造业且具有服务特征的制造企业共计 53 家。研究所用样本数据来自新浪财经数据库和陕甘宁地区各制造业上市企业财务报表。选取的样本为截至 2020 年 7 月 31 日上市的陕甘宁地区制造业企业，同时剔除有 ST(即特殊处理)标志的制造企业，样本总计 53 个，其中从陕西 54 个上市企业中选取 25 个制造业上市企业，从甘肃 33 个上市企业中选取 17 个制造业上市企业，从宁夏 14 个上市企业中选取 11 个制造业上市企业。

采用的分析方法是通过人工逐一分析核对各上市公司的公开资料，将各样本制造企业对外提供的相关"服务"进行分类汇总，即所谓经营范围分析法。衡量制造企业产出服务化程度的主要标准：提供的服务范围越广，服务类型越多，则认为该制造企业产出服务化发展程度越高。

所选样本中，陕西制造业上市企业中占比较多的为通用设备行业、专用设备行业、电气机械和器材行业、化学产品行业和金属制品行业，占比分别为 20%、28%、12%、12%、12%；甘肃制造业上市企业中占比较多的为食品和烟草行业以专用设备行业，占比分别为 18%、12%；宁夏制造业上市企业中占比较多的为纺织、服装、鞋帽、皮革、羽绒及其制品行业和金属制品行业，占比分别为 18%、18%。陕甘宁地区制造业上市企业中，通用设备和专用设备行业企业最多，占全部制造业上市企业数量的 28%，其次是化学产品行业占比 9%，以及金属制品行业占比 9%，电气机械和器材行业占比 9%，食品和烟草行业占比 8%，石油、炼焦产品和核燃料加工品占比 6%。整体来说，陕甘宁地区各个制造业部门均有一定的分布，样本数据具有一定的代表性。

基于以上数据，使用 STATA16 进行回归估计，模型估计结果见表 9-2。

表 9-2 陕甘宁地区制造业产出服务化影响因素回归结果

模型	(1)	(2)	(3)	(4)	(5)
变量	*SER*	*SER*	*SER*	*SER*	*SER*
SCA	0.006 9**	0.008 8*			
	(2.726)	(1.092)			
ROE	-0.438 6		-1.091 2		
	(-0.264)		(-0.38)		
STA	0.009 2			0.018 2*	
	(0.532)			(0.822)	
CP	0.198 8**				0.217 5**
	(2.171)				(5.265)
BC	1.526 3**				
	(3.175)				
常量	0.832 9*	0.910 9**	0.861 0*	0.919 1*	1.024**
	(1.158)	(3.167)	(2.652)	(2.229)	(6.256)
观察	53	53	53	53	53
R-squared	0.539	0.332	0.191	0.218	0.395

表 9-2 中回归结果显示，在整体回归模型中，净资产收益率和员工素质对产出服务化水

平的影响并不显著，且在单独回归中净资产收益率效果依然不显著，而员工素质在单独回归中系数为 0.018 2，在 10% 水平下显著，与预期不太相符。其原因可能是陕甘宁地区产出服务化指标过于单一化，也可能是陕甘宁地区产出服务化水平过低，各地区制造业企业产出服务化主要停留在初级阶段，服务种类也主要是销售等单一种类。

企业规模与产出服务化水平显著正相关，相关系数为 0.006 9，系数小的原因是企业规模用资产总额计量，数量级较大，但不影响企业规模对企业产出服务化水平的正向促进作用，可见陕甘宁地区制造业企业规模越大，其服务化水平就会越高，当然后续是否会出现倒“U”形现象，还需进一步验证。整体来看，目前陕甘宁地区产出服务化水平还较低，因此可以适当通过扩大企业规模来增加产出服务化水平。

陕甘宁地区制造业企业创新能力对于产出服务化水平的影响显著为正，系数为 0.198 8，可见企业研发支出占营业收入比重越高，企业产出服务化水平就越高。一方面，企业研发支出可以带来研究开发和技术服务的产出；另一方面，企业研发支出可以为企业提供更好的创新环境，帮助企业通过不同途径实现利润最大化，进一步提升产出服务化水平。

服务业务的盈利贡献对于产出服务化水平的影响显著为正，可见将服务业务收入单列出来的企业，其产出服务化水平要比未将服务业务收入单列出来的企业高，这进一步说明了在制造业企业服务化过程中，产出服务化实现规模化和持续化后，不仅帮助企业增加营业收入，而且反向促进了企业产出服务化的水平，可见这是一个良性循环的过程，前提是企业要坚持服务化投入和产出，才能在未来实现产出服务化业务的持续经营和规模效益。

第 10 章　促进陕甘宁地区制造业服务化转向的对策

10.1　促进中国制造业服务化转向的对策

自中国实现改革开放政策尤其是加入 WTO 以来,抓住了世界产业转移的大好时机,成为全球制造业的重要基地。根据世界经济的发展以及中国的国情,在现在及未来一段时间中国仍将是制造大国。而全球金融危机和经济复苏缓慢所造成的影响,尤其是欧美国家的“再制造业化”战略的实施对中国制造业的发展带来了很大挑战。在目前中国“新常态”的背景下,制造业服务化转向升级尤为重要。中国的制造业服务化转向升级路径是什么?本书认为,要想明确“新常态”下中国制造业服务化转向升级的路径,必须对“新常态”有一个正确的理解。首先是中国进入了经济增速放缓的阶段,经济的高速增长已经成为历史。其次是产业结构的调整。过去依靠对外贸易和工业化快速增长的环境已经发生改变。为此,中国制造业服务化应充分利用现有的产业结构基础,发挥高新技术企业的创新作用,特别是致力于摆脱以产品输出为主的传统生产模式,建立产品、技术和资金全方位“走出去”的经济生产模式,使“中国制造”体现出更多的技术和品牌成分,从而在参与全球价值链的过程中获得更多的效益。国内的影响因素如资源消耗、环境污染、人口红利消减以及创新能力不足也制约着中国制造业的进一步发展,因此就中国制造业的发展战略做出必要的调整是需要的。借鉴国际上制造业与服务业的融合发展,走制造业服务化转向发展模式的道路,有利于国民经济健康、持续和稳定发展。在制造业服务化转向的过程中,需要着重把握的重点主要如下。

10.1.1　加快科学技术创新

从全球金融危机后各国所推出的重视制造业发展的政策可以看出,其重点是加快科学技术创新及继续保持技术在制造业中的主导作用。目前,中国制造业服务化企业与发达国家的制造业服务化企业之间依然存在着较大差距。与发达国家相比,中国的制造业服务化转向的起点较低,需要在促进技术、品牌、营销等各方面同时发展。另外,需要思考的问题是中国的制造业服务化企业之间的差距非常巨大,从目前中国的情况来看,为了解决在各制造业服务化企业间创新水平存在差距的问题,加快科学技术创新的有效渠道首先应该是构建共性技术平台,其次是打造创新体系,最后是产学研协同创新。

首先是构建共性技术平台。共性技术平台是指在一个或多个行业通用的技术形式,对基础技术进行进一步研究与发展之后的形式。针对某个行业的特殊技术需求,该行业企业可以在共性技术平台的基础上进行自主创新技术研发,而不需要再从基础技术研发开始。共性技术平台是产业技术进步的基础工程,不但为众多行业企业尤其是中小型制造业服务化企业的自主创新技术研发提供了便捷,而且减小了其技术创新的阻碍和难度。

共性技术平台具有以下三大特点。第一,投资风险大。由于共性技术平台的技术并未达到商业化的标准,还需进一步的研发投入,其市场前景和成熟性都存在不确定性,因此对于单个制造业服务化企业很难承担研发费用。第二,存在技术外部性。共性技术平台具有公共物品的特点,共性技术平台的资源可以供参与投入研究的企业使用,这种技术溢出使企业缺乏技术创新的动力。第三,技术整合有待突破。由于共性技术平台涉及多个行业的技术和资源,参与研发平台的企业考虑自身的利益而使平台的技术含量向本行业倾斜,从而难以形成稳定的合作创新局面。需要指出的是,基于共性技术平台的特点以及中国技术、市场机制不成熟的现状,在构建共性技术平台的过程中,政府需要发挥主导作用,如鼓励多企业联合研发共性技术平台,对于参与研发的企业给予一定政策支持,这样既能降低单个企业研发的风险,又能促进行业间的技术整合创新能力。此举不但能够激励制造业服务化企业对自主科学技术的创新动力,而且能够促进形成更高水平的行业间技术。

其次是打造创新体系。中国制造业服务化企业自主创新能力提高的主要方向是拥有自主知识产权、掌握核心技术、打造具有国际竞争力的品牌。为此,需要从以下三个方面进行改革。

第一,建立国家自主创新体系。在一国的创新改革中,政府应制定跨越式科技发展战略与技术创新政策,政府应建立与新兴工业化发展、企业变革等政策相配套的国家创新制度。鼓励科研部门与企业的互动对接,使创新产品的供求平衡;并且加强产权制度建设,保护知识产权主体权益。

第二,打造企业自主创新体系。在企业层面上打造自主创新体系的关键是以市场为导向,根据市场实际需求创新技术,开展企业间合作创新模式,对不同产业的企业创新给予政策激励。这不但增加了整个行业的竞争力,而且使企业的技术创新能力不断增强。

第三,打造市场自主创新体系。为保证中国制造业服务化企业的持续高速发展,发达、有序的市场体系是基础。在市场体系创新方面,需要健全和完善市场结构,包括完善消费品市场、生产资料市场、金融市场、产权市场、服务市场等市场经济健康发展所需要的各种市场。另外,需要注意的是一国国内的市场经济发展应积极达到国际化标准。为此,各种中介机构的建设也很重要。

最后是产学研协同创新。在构建共性技术平台和打造创新体系的同时,为了更好地完善创新链,增强中国制造业服务化企业的创新能力,政府应该从两个途径注重引导和鼓励产学研的协同创新:一是从企业角度出发,依据制造业服务化企业对市场需求的了解,与高校及科研机构构建合作项目,推出符合市场需求的技术创新项目,提高企业的技术创新能力;二是从高校及科研机构出发,根据其研发出的原创高科技技术,制造业服务化企业加以运用在生产制造业环节,更新产品。通过这两个途径的结合,既能够使高校和科研机构的科研成果更多地实现市场价值,又能使制造业服务化企业更好地解决创新能力不足的问题。基于当前存在的产学研合作力度不大,未能实现科研资源有效利用的现象,政府应该加以政策引导,促进产学研的协同创新,提高中国制造业服务化企业的创新能力。为此,首先在政策上为产学研协同创新活动营造良好的政策和法律环境,鼓励建立企业、高效和科研机构之间的项目联盟,联手建立一些符合市场需求、企业发展需要的科研项目,使科研成果能直接被企业运用到市场竞争中去,提高行业的科学水平和制造业产品的科技含量;其次是通过产学研及政府、金融和中介等主体建立起的协同创新联盟,发挥各自的优势和力量,实现各创新主体之间的有效、全面协同创新,进而实现组织创新、技术创新、知识创新和市场创新。

为了使上述各主体协同创新的关系更加明晰,本书归纳出了如图 4-1 所示的协同创新的模型,作为产学研协同创新的最核心部分,即企业、高效和科研机构在图中的第一圈,其两两之间都可以相互联系、相互搭建协同创新项目;第二圈是政府、金融机构和中介机构,为产学研主体协同创新提供各方面支持和服务,如政府为产学研主体提供政策支持和监督,金融机构提供资金支持,中介机构提供信息服务等;第三圈是实现的创新成果,通过产学研的协同创新及政府、金融和中介等机构的支持和服务,力求实现组织创新、技术创新、知识创新和市场创新。通过产学研的协同创新不但能促进资源的高效整合利用和制造业企业的创新能力,而且还能提高中国制造业服务化企业出口产品的科技含量,提升中国制造业在全球价值链中的地位。

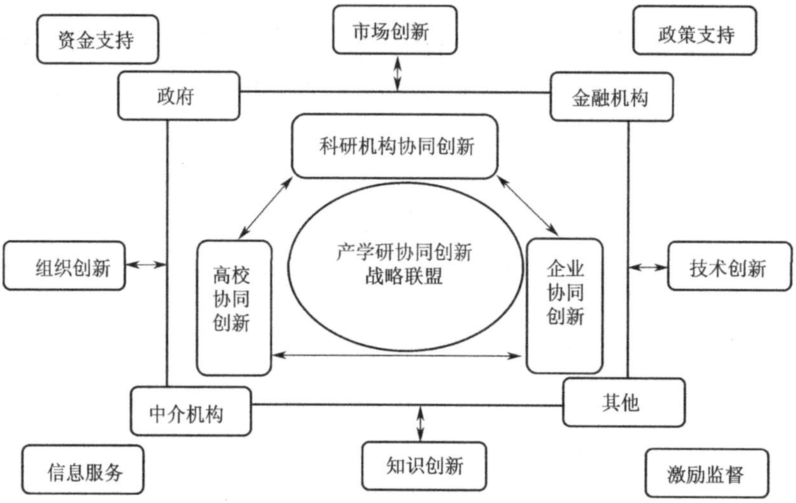

图 10-1 产学研协同创新模型

另外,中国制造业服务化企业应立足于国内市场,以市场需求为导向,在重点行业和关键领域提高自主创新能力和产品技术含量,实现由“中国制造”向“中国智造”的跨越。这样才能在国际分工中逐渐摆脱代工装配的角色,进而向全球价值链的高端延伸。只有掌握自主研发技术,才能在国际生产体系中占据主导地位。如“华为”和“中兴”这些重视研发技术的企业,因为拥有自主知识产权,所以才具有竞争力。

10.1.2　产业优化升级

美国经济学家霍利斯·钱纳里认为,影响产业结构变化的因素有三个:一是需求方面,市场的需求、消费者和生产者的需求变化都在影响着产业结构,并推动产业结构变化,这一理论是以恩格尔定律为基础概括的;二是贸易方面,随着市场主体贸易规模的扩大,对资本和劳动等生产资料的积累变化而产生比较优势的变化进而导致产业结构的变化;三是技术方面,生产率的变化也会导致产业结构的变化。随着一国或地区的制造业加入全球国际分工中,影响产业结构的因素更加复杂。在开放经济的大环境下,产品和要素能够在不同的国家实现自由流动,这些要素都是导致一国产业结构变化的因素。另外,一国或地区对外开放的程度也对其产业结构的变动产生影响。

对于制造业服务化的产业转向,要从多个角度去思考和研究。从价值角度来看,虽然中国具有强大的生产加工能力,但中国只得到了很小一部分利润。为此,中国制造业服务化转向的目标是"实现产品的高附加值,从低附加值转变为高附加值,具有更大的收益"。从技术角度来看,以前中国生产简单的商品如衣帽鞋袜等低技术含量的产品;现在中国要由低技术、高劳动力的产业向高资本、高技术的产业升级,既包括新技术的开发,也包括传统行业的改造。从全球价值链的角度来看,在国际分工不断深化的背景下,中国曾长期处于低端,中国要实现价值链的前移和提升,要实现在价值键上的延伸,关键在于成功实现产业结构的转型升级。目前,外需乏力,内需不足,中国要做的是淘汰落后产能,加快改造升级转向,适应市场需求。由此可见,制造业产业升级转向的核心问题是附加值的增加和分工地位的提升。

制造业服务化产业转向的途径有以下两条。

第一,提升产业附加值率。应该从以下三个方面提升产业附加值率,以提高中国制造业服务化在全球价值链分工中的地位。一是加强研发投入,提高产品的技术含量,鼓励企业的科研活动,并给予适当的财政支持和税收优惠政策,积极向上游延伸价值链,促进国内产业的价值链的延伸。二是提高整体国民素质,培养优秀的科研、管理人才;加强国际合作,与世界主要经济体进行文化交流,学习欧美国家的先进经验和技术;让人力资源促进经济发展的作用得到充分发挥。现代经济增长理论认为,资本、技术、劳动力是经济增长的必要因素,要素的增加可以有效促进经济增长。三是加强品牌建设。通过评选市级、省级及国家品牌等活动,提高品牌建设的积极性,向优秀的品牌提供优惠政策,激励企业培育优秀的自主品牌。经过了多年的发展,虽然中国制造业服务化取得了巨大的成就,但是中国的产业结构依然存在不合理的方面。与发达国家相比,中国制造业服务化在劳动密集型产业、工程技术人员数量和成本方面有优势;与发展中国家相比,中国制造业服务化具有技术和资本积累的优势。为此,中国制造业服务化应抓住和充分利用已有的优势,从低成本向技术密集型转型。

第二,优化产业结构。中国制造业服务化的增长,长期以来一直依赖规模效应和投资拉动。2008 年全球金融危机爆发后,中国政府为了保持经济增长,出台了刺激政策,导致钢铁、建材、原材料等行业产能过剩。为此,在"新常态"下要积极进行产业结构升级。对市场需求不强的产业,对综合利用效率低下的企业,要鼓励企业兼并重组,优化供给结构,并鼓励企业走科技创新的道路。技术是产业核心竞争力的关键,要学习美国硅谷的经验,加大对高科技研发的投入,构建有利于创新的市场环境和金融市场,通过专业化做“小而美”的企业,不盲目追求“大而全”。伴随着生产分工的不断细化,形成有效的水平或垂直产业分工与合作。中国要构建良好的市场环境和社会氛围,吸引跨国公司带着资本、技术和管理来中国开办合资企业。伴随市场需求的不断提高和市场环境的日益完善,中国政府应通过政策引导等方式使社会专业化分工日益深化,使各种专业化的生产性服务业日渐成熟,这种生产性服务业将在国民经济中发挥越来越大的作用。在优化产业结构方面,一方面,鼓励制造业服务化企业的兼并与重组,对规模效益比较明显的行业,鼓励已有一定规模自主品牌的制造业服务化企业兼并小型制造业服务化企业,并且在兼并重组之后部分给予技术改造和管理提升的支持政策,对需求多样化、以小批量生产为主的制造业服务化企业,鼓励其走高精尖的道路;另一方面,完善企业的退出机制,对一些低水平、产值过剩、长期亏损的制造业服务化企业,启动破产程序,使其顺利退出市场。

10.1.3 建设环境友好型企业和创新型企业

在建设环境友好型企业方面,应考虑以下几点。首先,应该明确环境保护的企业标准。在国家政策制定方面,对污染物排放企业的排放标准进行合理的规定,做到有法可依。其次,明确环境定价权归属部门。专门的环境定价部门能够保证相对稳定和中立的执行标准,而现在很多环境定价方面,都是由多个部门联合制定,这容易导致部门间不同的相关利益主体参与博弈时会考虑与其相关的利益因素而扭曲环境价格。最后,逐步完善激励与惩罚并存的政策体系。当经济发展到一定水平,在惩罚违反环境保护法律的企业的同时,更应该重视对这些企业的激励政策的制定。目前,中国的激励型环境政策覆盖范围和激励手段都较为狭窄,偏重于环境友好型的企业,而对污染行业企业的激励主要以鼓励技术改造的方式进行,但对技术改造的衡量方法和补贴政策都较为模糊,不能很好地激发企业的积极性。

对于建设创新型企业,政府在协调科技政策与经济政策的同时,改革与企业技术创新有关的管理制度,使企业拥有自主创新的有利环境。政府通过税收优惠政策、政府补贴等多种政策,积极引导企业进行自主创新。鼓励企业与科研院所及高校对接合作,进行专项创新活动,从而将创新目标定位在企业需求方面,一方面增加企业的自主技术持有量;另一方面能保证国家科技计划、自然科学基金等项目有效地推动经济增长,促进社会进步,也能保证更高效地运用研发资源,将研发成果切实投入制造业服务化企业的经营运作中。

10.1.4 激励企业增加研发投入,不断提升企业的创新能力

制造业服务化不仅为企业进行经营创新和转向升级提供了机遇,而且为企业的自主创新提供了必要的相关服务,能够帮助企业缩短创新的过程、降低创新的成本、提高创新的效率,进而对企业整体创新能力的提高带来促进作用。在经济社会发展中,创新始终是需要把握的重点,从事制造业的企业同样应当把握这一重点。在当前采用现代化大工业生产方式,产品标准化、生产规模化已成常态,产品的价格和企业的利润空间正不断被压缩的背景下,通过将制造业和服务业有机融合,加强资源整合机制、合作机制、激励机制建设,进行业务和

发展模式创新应是可取的路径之一。制造业要发展,很重要的环节是研发,如果忽视高新技术的创造与应用,还是去引进技术,基本上是不会掌握核心技术的。即使生产总量提高,可仍然无法确立高端地位。根据统计, 2011 年中国制造业产出约占世界的 20%,是全球制造业第一大国,但大多数产业尚未占据世界产业技术制高点。相关统计数据显示出,中国产业总体上仍处于工业化中期,因而迫切需要大力推进科技与产业之间的紧密结合,发挥创新对企业发展的驱动作用,发展技术创新的引领作用,加快产业结构的调整与转型,以推动先进制造业的健康发展。由于这些工作主要靠企业来做,因此利用制造业与服务业融合发展的机遇,不断提升企业的创新能力,对于新科学技术的应用以及实现产业转型升级是很有帮助的。在外部环境给定的前提下,相关政策措施的实施与调整会改变对企业的激励,而激励又决定着企业的行为选择。因此,行之有效的政策调整对实现先进制造业和现代服务业各自的持续健康发展以及两者间的融合发展具有重要意义。例如,注重基于绩效的薪酬体系建设、组织创新氛围营造和人力资源规划;在组织管理活动中,注重促进员工进行创新和知识分享;尊重利益相关者的产权,使权利契约设计能够给相关各方以有效激励等,这些举措的实施对于企业创新能力的提高是很有帮助的。由于制造业服务化的发展模式在体现出制造业和服务业两大产业互动融合特征的同时,也要求有先进的科学技术进行支撑,因而在探索更有实效、更具效率的创新政策,充分发挥企业科技创新的积极性等方面能够起到推动作用,尤其是在公私伙伴关系、产业联盟等关键共性技术研发和产业化方面作用更加明显,这也反映出在激励各类企业增加研发投入,对提高创新能力与制造业服务化转向进程的关联互动的重要性。

10.1.5　增强品牌意识,由生产经营向品牌经营的战略转变

近几年发达国家及中国进行的产业结构调整与转型的实践表明,制造业服务化是为适应产品价值链延伸、产品差异化需求性增强、科技迅猛发展以及资源能源约束加剧而产生的一种产业发展趋势。在金融危机的冲击下,很多国家都力推"制造业回归",加强了对制造业的重视。在经济发展中,有许多制造企业运用品牌塑造等无形资产提升价值,通过品牌形成产品的差异化特色以提高市场竞争力,已经成为企业价值创造的主要内容。

随着制造业与服务业的融合发展,企业将附加值最高的品牌从传统的制造业价值增值的链条中独立出来,作为其竞争的核心能力。通过授权或特许等方式外包具体的制造环节,降低制造成本并拓展产品领域,以获取利润的最大化,从而实现由产品生产经营向产品品牌经营的转变。以鞋业为例,耐克、阿迪达斯属于知名品牌,企业专注于产品设计、市场营销和品牌建设等业务,不建设和拥有自己的生产设施,生产外包给第三方企业贴牌。从 20 世纪 70 年代初期起,耐克等企业的生产线逐步从日本转移到韩国和中国台湾等地,之后又转移到中国大陆、东南亚等区域生产,通过这种将外包生产线持续向低人力成本的国家和地区转移的方式,使得耐克、阿迪达斯等企业节约了大量的生产设备投资,充分利用了各地廉价的劳动力资源,实现了快速发展,并获得了可观的超额利润。在中国也有许多企业重视品牌建设并取得良好效益的成功案例,如信息产业行业中的华为、中兴和联想等在国内外享有很高

的品牌(或企业)声誉,在这些企业取得成功的多项努力中,除了创新的作用十分突出外,注重品牌建设并发挥品牌的市场影响力,实行品牌经营战略所起的作用也显得非常突出。要树立品牌,需要有长期坚持发展的信念,切忌急于求成。同时也需要准确把握不同产品在本行业的发展阶段和特征,有针对性地组合运用各项措施,并且及时根据形势变化做出动态调整。当品牌树立起来后,就需要增加品牌的价值,此时技术创新、经营创新和管理创新等都非常重要,并适时实行由生产经营向品牌经营的转变,这一经营战略的转变实际上和制造业与服务业融合发展过程是紧密相连的,也体现出制造业服务化发展趋势的特征。当然,现实中人们也发觉,在增强品牌等无形资产的价值创新方面,还有不够合理的现象存在,如中介性的服务机构发展较快,但在创新的价值链的前端、后端发展较慢,如创意设计、研发服务以及一些基础技术的服务就相对较少。因而,借助制造业服务化的发展,鼓励企业优化结构,向设计、研发、知识产权、技术改造等方向或领域发展,支持各项创新活动,特别是重视品牌的价值提升,是实现由产品生产经营向产品品牌经营战略转变的重要环节。

10.1.6 推进先进制造业服务化转向,转变经济发展方式

要转变经济发展方式首先必须进行产业升级。一般来讲,产业升级主要有三种形式:第一种是产品技术的换代升级,例如由软盘升级为U盘,电脑的系统由WindowsXP升级至Windows8等;第二种就是产业链向高科技含量、高附加值领域的延伸,例如由一般的来料加工和来样加工往上游的产品设计、研发等方面延伸,向下游的品牌构建、商业模式创新、物流、服务等领域的延伸;第三种就是创建新兴产业,例如当前的新能源、环保产业、电动汽车、生物工程和新兴材料等。从发展先进制造业的角度来讲,要转变经济增长方式,加快产业结构调整,提高产业整体素质,是十分重要的任务。把制造业服务化作为调整产业结构的重要内容,有利于中国摆脱旧的工业化道路,走新型工业化道路。中国在发展先进制造业服务化的进程中,已经非常注重加强产业关联,构建制造业与服务业的联动发展机制。现在进一步通过制造业与服务业的融合发展来带动产业结构的升级,重塑产业竞争优势,提升核心竞争力,是实现经济稳定增长、转变经济发展方式的有效途径。在先进制造业服务化的发展中融入服务的要素,并将产业结构向服务方向升级,由制造商向服务提供商转型,会大大降低经济增长对资源投入的依赖,提高资源使用效率,从而有利于建设资源节约型和环境友好型经济,实现经济的可持续发展。更重要的是,制造业服务化的发展模式在中国正大力推进的城镇化发展中也发挥出了推动作用。一般来说,产业发展有集聚的特点,在制造业服务化企业发展壮大的同时,高附加值的、为生产服务的、新兴的服务业往往也会相应发展壮大,并且与城镇化的规模联系在一起。这是因为城镇聚集了大量的人口、资源、信息和产业这是制造业和服务业发展的基本载体。长期以来,由于在战略上没有充分重视城镇对制造业服务化发展的聚集和支撑效应,中国城镇化水平与工业化进程出现了比较明显的脱节。2009年,城市化率与工业化率之比仅为1.01,远低于国际公认的1.4~2.5的合理值。城镇化进程相对滞后和工业布局相对分散弱化了对服务尤其是制造型服务的中间需求,导致服务业面临资源分布相对分散、业态种类较少、集聚程度偏低等问题。制造业链条上的技术研发、人员培训、

经营管理、会计服务、法律咨询、信息服务等关键环节，得不到相关支撑服务体系的协作与配合，大量本应通过外包方式完成的服务活动不得不在制造企业内部消化完成。显然，制造业与服务业的内部结构与城镇规模结构有较高的相关性，加强先进制造业服务化的发展步伐，促使制造业服务化企业增强对价值链中服务环节的关注，加强制造业与服务业的融合，实行制造业服务化的转向，既有利于促进制造产业技术进步和创新，也有利于服务产业形成有效集聚，特别是能够更好地实现对城镇化的带动作用，推动产业和城镇的融合发展。

10.1.7 加快现代服务业的发展，与先进制造业服务化产业衔接

现代服务业是伴随着先进制造业而出现的，两者之间的互动关系是以信息技术为代表的高新技术（先进制造业）不仅是现代服务业的依托，也是现代服务业发展的重要推动力量；而现代服务业的发展，也引领着高新技术（先进制造业）的发展。纵观世界发达国家服务业的发展历程可知，当国内人均 GDP 超过 1 000 美元之后，国民经济中服务业所占的比重逐步上升，而工业所占比重趋于下降，这正是中国目前所处的阶段。而当人均 GDP 达到 5 000 美元以上时，服务业就会步入以信息技术为代表的高新技术产业（先进制造业）的发展阶段。同时，现代服务业的"三高"特征也能带动其他产业的发展。近年来，服务业在中国得到了极大的发展，中国庞大并且不断升级的制造业对生产性服务业产生了巨大的需求。

同时，随着人民生活水平的不断提高，也对生活性服务业产生了多元化的需求，为此服务业在中国有着广阔的市场前景和巨大的发展潜力。在产业结构调整与转型的过程中，鉴于服务业的竞争优势及产业发展边界的日益模糊，制造业与服务业的融合发展日益成为人们关注的焦点。在中国把单纯产业转变为先进制造业和现代服务业并举的发展路径已成为一项共识。过去，制造业者以生产线的效率来竞争；现在，制造业者以服务的增加值来竞争。由于服务业的发展要更多地依靠信息、知识、技能、品牌、管理等要素，而且服务业是建立在高度分工和专业化基础之上的，由此也带来市场主体之间更加复杂的合作联系和更为多样化的交易关系，因而服务业发展要求比较完善和健全的市场经济制度。重视服务业的作用与制造业服务化的发展模式其实是一脉相承的，在企业选择符合自身特点的制造业和服务业融合创新发展模式时，有一种形式是提供新服务，开辟新市场。尤其是那些具备良好服务能力的企业，可以同时开展多项增值服务和专项服务，并把它们有机地结合起来，帮助客户解决更关键的业务问题及提供更多的利益。因而，加快现代服务业的发展，更好地与先进制造业衔接，对于制造业与服务业的融合发展十分有利。由于现代服务业的发展需要一定的制度安排，所以更进一步地明确政府职能的定位，在市场准入门槛的设置、准入方式的确立、准入标准的制定等方面不断进行完善，营造良好的市场经济运行的制度环境，对制造业与服务业融合创新模式的更好发展是很重要的。总之，中国作为世界上的制造业大国，在当今世界经济的发展现实中，需要充分认清自己的处境，传统的工业发展思路难以为继，必须寻找新的出路。将"中国制造"提升为"中国智造"，由制造业大国迈向制造业强国，还有很多事情要做。参照国外的经验及教训，无论是欧美国家正在进行的"再制造业化"，还是"第三次工业革命"，最终发展实体经济是不可能丢弃的。从中国的国情来看，走制造业和服务业融

合发展的道路，重视并发展制造业服务化的新型发展模式，应是可取的路径。在一定程度上，这也会对中国经济升级版的打造具有引擎作用。

10.1.8 小结

本节对中国制造业服务化转向升级的路径选择进行了三个方面的阐述：第一，从构建共性技术平台和打造创新体系两个部分，对中国制造业服务化企业如何加快科学技术创新进行了分析；第二，论述了中国制造业服务化企业转向升级的有效途径是提升产业附加值率和优化产业结构；第三，论述了中国制造业服务化企业应该努力建设环境友好型企业和创新型企业。

《中国制造 2025》于 2015 年 5 月提出，是我国实施制造强国战略第一个十年的行动纲领。该纲领指出，中国要坚持走中国特色新型工业化道路，以促进制造业创新发展为主题，以提质增效为中心，以加快新一代信息技术与制造业深度融合为主线，以推进智能制造为主攻方向，以满足经济社会发展和国防建设对重大技术装备的需求为目标，强化工业基础能力，提高综合集成水平，完善多层次、多类型人才培养体系，促进产业转型升级，培育有中国特色的制造文化，实现制造业由大变强的历史跨越。其基本方针是创新驱动、质量为先、绿色发展、结构优化和人才为本。从以上可以看出，《中国制造 2025》提出的对制造业发展的要求在本质上与制造业服务化类似，其内涵和制造业服务化的内涵也基本相同。但其也体现了新的要求，如质量为先、智能制造等。

“互联网 +”是创新 2.0 下的互联网发展新形态、新业态，是知识社会创新 2.0 推动下的互联网形态演进及其催生的经济化发展新形态。“互联网 +”是互联网思维的进一步实践成果，它代表一种先进的生产力，推动经济形态不断地发生演变，从而带动社会经济实体的生命力，为改革、创新、发展提供广阔的网络平台。在“互联网 +”的框架下，将互联网与制造业发展结合起来，实现“互联网 + 制造业”，对传统制造业进行改造，引领制造业服务化向“智能制造”转型升级，实现制造业服务化的创新驱动发展，也是新时代下制造业服务化转向应考虑的问题。

10.2 促进陕西制造业服务化转向的对策

要促进陕西制造业服务化企业的不平衡、不充分发展问题，应坚持质量第一、效益优先，以供给侧结构性改革为主线，推动经济发展质量变革、效率变革、动力变革，提高全要素生产率，着力加快建设实体经济、科技创新、现代金融、人力资源协同发展的产业体系，着力构建市场机制有效、微观主体有活力、宏观调控有度的经济体制。因此，本节建议以产业创新升级、文化强省建设、发展“三个经济”和区域协调发展四个方面为抓手，解决制造业服务化企业的不平衡、不充分发展问题，助推陕西制造业服务化企业的高质量发展和“追赶超越”进程。

实现部分与制造业服务化关联配套企业在一定程度上的集聚，改善其招商引资环境，从而减少交易费用、实现各类资源的优化配置，并且在制造业的融资和企业税收等方面给予方便和优惠；还要改造或者直接淘汰传统落后的制造业服务化行业。专注于促进现代制造业服务化企业的成长，而忽略传统优势制造业的扶持是绝对不可取的。对于具备高附加值环节等优势的传统制造业，通过技术改造、优化产品结构、引进先进的生产技术或工艺等措施促进其转向升级优化。此外，深化制造业服务化企业之间的分工合作并延伸原有的产业链条，逐渐提高服务在制造业生产过程中及产品中的比例。对于不符合产业转型需求的、落后的制造行业要及时进行淘汰清理。

10.2.1　坚持"硬科技"，发展高端制造业服务化行业

在经济进入新常态下，资源和环境外部约束不断加大，生产要素成本不断上升，由"黑"转"绿"是新时期陕西制造业服务化转向必须面对的新课题。以先进装备制造业和高新技术制造产业为代表的制造业服务化的行业持续发力，消费品产业加快发展，改变陕西"油主沉浮"和"煤唱主角"的产业结构，推动新旧动能转换，实现从重化工业到先进制造业的转换。陕西省政府应根据制造业服务化的行业发展趋势制定相应的产业政策，先确定未来一段时期内的发展战略。目前，陕西省整体产业结构不合理，仍以增长缓慢的能源化工型制造行业为主导，而具有较强竞争优势的高新技术制造业服务化行业虽然近年来发展良好却仍然无法拥有主导地位。根据陕西省制造业服务化的行业现状以及综合实力情况，坚持"硬科技"路线，以"硬科技"领域为重点突破口，将电子设备制造业、医药制造业等优势高端制造业服务化的行业作为现阶段发展的重点；在大力发展高端制造业的同时，对低技术、高耗能、高污染的传统制造业服务化的行业，应进行技术革新，促使其企业转产，加快陕西省制造业服务化的整体产业结构向合理化、高级化转向升级。

第一，壮大特色优势制造业服务化产业。围绕能源装备、轨道交通、输变电、数控机床等先进制造业服务化的优势领域，加大研发投入，加快建设制造强省；改造提升能源化工、有色冶金、食品、纺织等传统产业，提高集中度，推广制造业服务化的循环经济。

第二，大力发展战略性新兴制造业服务化产业。大力发展光电芯片、智能制造、人工智能、航空航天、新一代信息技术、生物技术、新材料、新能源节能环保等制造业服务化产业，构建航空、卫星应用、集成电路、物联网等产业链，打造西安航空、航天、集成电路制造等国家产业基地，积极创建"中国制造 2025"国家级制造业服务化产业的示范区。

第三，加快发展现代服务业尤其是生产性服务业。推动互联网、大数据、人工智能和实体经济深度融合，大力构建现代物流体系、科研技术服务体系和现代金融服务体系，推动市场服务多元化和业务创新，在中高端消费、创新引领、绿色低碳、共享经济、现代供应链、人力资本服务等领域培育新增长点，形成制造业服务化行业的新动能。

第四，推动军民融合深度发展。一方面，以大型飞机、航空发动机、载人航天、月球探测等国家重大科技专项为支点，搭建"军工 +"平台，鼓励引导民办高校、民营企业和地方科研院所参与科研生产与配套协作。另一方面，以全面创新改革试验，加快军工、科技资源优势向创新优势、产业优势转化，促进创新成果和产业发展紧密对接，最终建立军民融合为特色

的国家制造业服务化的产业创新基地。

第五，增强农副食品加工业的竞争力，夯实第一产业基础版。农产品加工业是衡量农业现代化水平的重要标志，在推动现代农业生产要素优化配置，延伸农业产业链、价值链，促进第一、二、三产业融合发展，提高农业质量效益和竞争力中起着挑大梁的作用。要积极推进各类利好政策落地落实，大力推动农产品加工业有关的财政支持、税收优惠、金融服务、贸易条件、用地用电、创业培训、社会保障、信息技术、园区建设等政策措施落地，充分发挥政策引导作用，为促进农产品加工业发展创造良好的外部环境。提升农副食品加工业的关键举措是要持续深化农业供给侧结构性改革，推动农村第一、二、三产业融合发展，加快现代农业转向升级。应立足陕西农副食品加工业的实际，为农副食品加工业发展谋篇布局，大力发展现代农业，加快构建农副食品加工业的市场体系，大力发展农产品加工业。陕西农林牧渔业关联度较低，要继续推进农副食品加工业的产业化发展，以现代农业为抓手，优化布局，创新模式，搞好现代农副食品加工业的示范园区建设，壮大农副食品加工业的产业化龙头企业，提升农副食品的效益和竞争力；加快构建农副食品加工业的市场体系。要以市场为导向，突出农副食品加工业的市场体系建设，积极培育信息、资本、技术、劳动力等生产要素市场。发挥杨凌示范区辐射带动作用，加快农副食品加工业科技创新和推广应用，促进全省农业向服务型农业、科技型农业发展。

第六，工业向高端化发展，提高传统优势制造产业的竞争力。首先，重点发展通信设备和装备制造业。近年来，陕西工业内部以通信设备、计算机及其他电子设备制造业，仪器仪表和通用、专用设备制造业为主的技术密集型产业比重明显下降，而这些行业的产业关联度非常高，应当引起重视。因此，今后要继续重点发展陕西先进的通信设备和装备制造业，以装备制造业高端化、规模化和集群化为目标，围绕国内外重大工程需求，在重点领域开展技术创新，推动重大装备自主化。持续发酵“三星效应”，加快构建全行业产业链。其次，推进能源化工制造工业向高端发展。近年来，陕西能源化工产业发展突出，为全省经济快速发展做出了较大贡献。然而，陕西煤炭开采和洗选业，石油和天然气开采业，石油加工、炼焦及核燃料加工业均属于最终需求性基础产业，对其他部门的带动作用较弱，因此需要加快转变能源化工工业发展方式，充分利用优质能源，延长产业链，大力推进煤电化一体化、油炼化一体化和能源装备一体化，促进化工产业高端化、电源建设大型化、能源工业特色化，实现资源深度转化和综合循环利用，推进能源化工业高质量发展。最后，提高传统优势制造产业的竞争力。陕西食品制造及烟草加工业、纺织业均属陕西传统支柱产业，但产业关联水平相对不高，因此应重点用先进技术升级改造传统产业，提高工艺装备水平，下大力气改进产品质量、淘汰落后产能，进一步培育骨干企业和优势产品，加快应用新技术、新材料、新工艺、新装备，调整产品结构，增强产业核心竞争力，推动制造服务化产业转向升级。

10.2.2 发展优势行业，大力发展“三个经济”

首先，对于既具有竞争优势又增长较快的制造业服务化行业，例如化学原料及化学制品制造业，有色金属冶炼和压延加工业，计算机、通信和其他电子设备制造业等，应该优先发展。尤其是其中有色金属冶炼和压延加工业,非金属矿物制品业的产值占比位于前两位,可以说是陕西省制造业服务化目前的主导产业之一,有较长的发展历史和较好的产业基础,但近几年由于政策因素以及工业发展的必然趋势,使其需求变少,市场难以扩大,增长缓慢,前景不容乐观。而医药制造业和专用设备制造业等行业正在快速增长中,虽然目前仍无法占据主导地位,但发展前景良好,现阶段应该优先发展。对于一般竞争力优势的制造业服务化行业,应制定和实施鼓励公平竞争的政策,从而创造公平、公正、透明的政策环境,实现优胜劣汰。对于竞争劣势较强的制造业服务化行业,是需要我们重点关注的对象,可以根据周围省份竞争力对比结果,向优势省份的优势行业学习,争取追赶超越。

其次,每个行业都存在不同的问题。例如计算机、通信和其他电子设备制造业虽然正在快速崛起,市场需求不断扩大,在全国拥有巨大的发展潜力,但由于陕西省电子通信设备制造业服务化的企业的发展起步较晚,发展基础较为薄弱,整体经济实力不强,并且其产业集中度也不高,专业化水平较低。同时,陕西主要从事的是产品加工制造生产,与制造业服务化发达省市存在一定差距,结构不合理。因此,要壮大其发展,必须加快优化制造业服务化的产业内部结构,支持产品自主研发,提升其竞争力。还有很多行业虽然在省内各行业不具有比较优势,但是在同行业中存在相对竞争优势,例如纺织业,纺织服装、服饰业等轻纺工业,因此我们要根据每个行业的特点及存在的问题,有针对性地实施行业发展对策。

发展优势行业,大力发展“三个经济”。第一,提升枢纽优势。加快建设国际性综合交通枢纽、丝绸之路文化交流枢纽、“一带一路”信息交流枢纽,增强陕西要素集聚、资源汇聚、市场开拓的新动能。第二,提升门户水平。陕西需全面增强以丝路金融港、高铁新城、空港新城等为代表的门户区域影响力和服务水平,形成全方位改革开放试验田、内陆型改革开放新高地,不断深化丝路国际产能合作。第三,补齐流动短板。要深化体制机制改革,通过学习浦东、四川经验,以陕西自贸试验区为依托,全力以赴打造法治化、国际化营商环境,加快形成企业自主经营公平竞争、要素自由流动平等交换的现代流动体系和开放型经济服务体系,增强国际高端资源要素的吸附力和整合力,不断降低实体经济运行成本,增强资源要素配置实力。

10.2.3 特色推动,发展制造业服务化集群,促进区域协调发展

产业集群是产业布局的一种形式,某一行业内的竞争性企业以及与这些企业有互动关联的合作企业、专业化供应商、服务供应商、相关产业厂商和相关机构(如大学、科研机构、制定标准的机构、产业公会等)聚集在某特定地域的现象。如信息技术企业和相关厂商、相关机构等在美国硅谷的聚集。在这种布局形式下,以某个主导企业为核心,众多联系密切的企业、为同一企业生产配套产品的企业、共享基础设施服务的企业在空间上集聚,企业之间实行专业化生产并获得集聚优势,陕西省制造业服务化的行业整体以及大多数制造业服务化的行业均存在集中度低下的问题,因此形成共同发展、协调共进的制造业服务化的产业集群有利于提高陕西省制造业服务化的产业绩效和整体竞争力。

陕西省制造业服务化产业集群目前正处于发展的初级阶段。为了更好地发展和培育陕

西制造业服务化产业集群，应该充分发挥政府和市场两只手的作用，做强做大重工业型的产业集群，壮大龙头制造业服务化企业，促进中小制造业服务化企业的发展，做好产业集群的布局规划工作，创造良好的产业配套环境。重点扩展西安、宝鸡两个制造业服务化聚集区，通过项目带动等多种形式，大力改善工业园区基础设施。加快经济产业园、制造业服务化聚集区和机械工业园的建设。发展新的制造业服务化小区，积极吸引国内外大企业、大集团来陕西省投资建设制造业服务化企业和发展工业园区。陕西省政府应加大对制造业服务化土地政策支持力度，优先安排新建企业用地。鼓励民间资本投资制造业服务化，引导陕西省制造业服务化企业向园区集中，促进企业集聚。同时，还要加强与其他产业的联合，促进优势互补，不断开发新产品，提供整体解决方案以及快速便捷的供货和服务，有效促进制造业服务化产业和其他产业的有效互补和形成产业链，从而发挥产业集群的积极优势。

根据制造业服务化行业工艺加工过程长、迂回生产方式明显、专业化协作要求高、产品协作配套范围广、中间产品交易量大、产业链条长、产业关联度大、产业集中度高等特点，最适合采取产业集群这一新型的产业组织形式。因此，陕西省要做强做大制造业服务化、振兴陕西工业基地发展的关键是培育和壮大制造业服务化优势产业的集群。

对政府来讲，首先确立重点建设的区域，根据不同时期重点建设区域的不同，做好转移和衔接的计划；其次确定制造业服务化各行业尤其是重点发展制造业服务化的行业的发展方向和目标；最后对不同制造业服务化的行业制定和实施差别性的政策措施，使重点发展制造业服务化的行业的布局区域显示出一定的相对优势，吸引更多资源或生产要素流入。例如计算机、通信和其他电子设备制造业，该行业产业集中度较强，专业化程度较高，并且三星与华为均已落户西安，可以围绕这两大制造业服务化企业，打造类似于美国硅谷那样的信息技术产业集群，不仅可以促进发展，也可以为城市打造一张名片。

对企业来讲，由于对产品进行创新所需的知识并不是单一的，在自身的封闭区域内是很难实现技术创新的。因此，企业应该与科研机构或教育基地联合起来建设以中心城市为依托，以重点发展制造业服务化的行业为主导的行业性技术平台。在建立联合技术创新平台之后，也要开放共享机制，与社会各行业进行合作开发，也能在一定程度上增强制造业服务化企业的技术创新能力。再者，产业集群还能够通过成员间的供需关系，实现采购本地化，降低集群整体以及个体一部分的成本。最后，产业集群拥有高市场占有率以及明显的规模优势，可以促进制造业服务化的产业内部绝大部分中小规模制造业服务化企业的发展。

推进三大区域协调发展。要按照“强关中、优陕北、兴陕南”的发展目标，坚持“关中协同创新发展、陕北转型持续发展、陕南绿色循环发展”的特色发展思路，充分发挥各地区优势，合理分工，协同发展，提升区域资源利用率，促进各类优质生产要素自由流动，强化区域新型产业顶层设计。突出西安高新技术开发区、出口加工区等国家级开发区的示范引领作用，促进“以强并弱”“以强带弱”，在产业链上形成布局一体、优势叠加、错位发展的新格局，不断提高区域发展的质量和效益；支持“一县主抓一个产业”发展，缩小城乡贫富差异。支持县域园区建设，重点发展资源深加工、食品轻工、大工业配套产业，大力发展金融服务、商贸物流、特色旅游等现代服务业，加快推进创新型市县（区）试点，结合区域资源和产业特色，强化特色农产品的品种研发、精深加工、电子商务等技术创新与应用。培育和发展“一县主抓一个产业”的产业发展格局，在提升县域收入水平的同时，缩小城乡贫富差异。

10.2.4 多渠道融资，促进服务业优化转向，提高经济实力

陕西作为科教文化大省，具有较强的科技、教育、文化优势，“一带一路”倡议又为陕西带来了重要的发展机遇。创新思维，抓住机遇，更好地发挥陕西资源优势，是服务业升级发展的关键。加快发展现代服务业，应依托陕西科教文化优势，着力推动研发设计、信息服务、文化传媒等现代服务业的发展，从政策扶持、项目安排、资金支持和税收优惠等方面提供支持，发挥辐射作用。升级改造传统服务业，可重点运用现代管理理念，对陕西商贸、餐饮、交通运输等传统服务业，进行商业模式创新，把创建陕西电子商务平台龙头企业等纳入重点规划，逐步实现陕西传统服务业的升级革新。

对产业发展起着基础性和决定性作用的是其生产要素，企业发展所需的各种条件都需要资金来支持，包括企业扩大规模、装备升级、更新技术等，所以解决所需资金问题、改善企业投资能力不足的现状，对促进陕西省制造业服务化转向来说具有重要作用。对于陕西省内规模实力不够雄厚的行业，例如铁路、船舶、航空航天和其他运输设备制造业以及仪器仪表制造业等高端制造业服务化的行业，更应该拓宽融资渠道，提高经济实力。促进金融与实体经济的融合发展，多渠道扩宽对制造业发展的投入。近年来，陕西金融业发展迅速，比重不断提高，但产业关联度较低，对促进经济发展的杠杆作用没有充分发挥，故应重点促进陕西金融与实体经济的融合发展，增强金融对陕西经济社会发展的支持力度。

对政府来说，首先要出台政策支持金融机构勇于创新，在转变经营理念和提升金融服务上求实效，进一步扩大信贷总量，完善服务功能，在信贷支持重点领域、重点项目的同时，解决好中小企业贷款难等实际问题；积极推动扩大保险覆盖面，拓宽服务渠道，为经济社会建设提供全方位的风险保障。在振兴制造业的大环境下，各级政府应加大对制造业发展的资金投入。对资本密集型的大型装备制造行业企业给予财政支持，除了一贯的利息和税费补贴外，也要推广实施更加多样、更加灵活的政策，例如也可对企业给予一定补贴，促使其更新设备。其次，政府要发挥宏观调控的作用，调控房地产市场，引导群众投资更多的实业经济，同时要为企业营造良好的融资环境，加大招商引资的力度，从多个方面去提高其整体经济实力。制造服业务化企业除接受国家的扶持资金外，也要积极行动起来，利用多种手段，力争通过改制上市、引进战略投资者、发行企业债券等方式来筹集资金，以吸引更多的国内民间资本和国际资本，并提高其利用效率，提高自身企业信誉，争取银行低利率贷款，多与私营经济和跨国公司进行联系及合作，多方面拓宽融资渠道，进一步加强经济势力。制造业服务化的企业还可以通过培育科技含量高的优质项目，促使企业装备水平加快升级。加大金融机构对陕西省制造业服务化的金融支持力度，开发多种金融产品，签订银企战略合作协议，为陕西省制造业服务化企业提供更多、更好的金融服务。鼓励支持大企业通过发行企业债券、公司债券、短期融资债券、中期票据等方式扩大企业债券融资规模。完善中小型制造业服务化企业的信用担保体系，通过银行信贷和引进民营资本等途径，募集更多的发展资金。大力

支持优势制造业服务化企业上市融资。推动大型制造业服务化企业集团上市，引导现有上市公司进一步扩张融资规模。

10.2.5 深化制造业服务化企业改革，促进企业创新活力

从企业层面来讲，首先制造业服务化的企业自身要认清改革和发展面临的形势，提高加强企业管理的自觉性；其次制造业服务化的企业要建立现代企业制度，实现企业管理体制和机制创新，深化内部改革，转换经营机制，完善公司法人治理结构，增强企业活力和市场竞争能力；最后要加强服务化的企业内部管理，正确处理改革、发展与稳定的关系。

从宏观行业层次来讲，陕西省要积极推进企业产权多元化，建立和完善现代企业制度，减轻企业负担。陕西的优势制造业服务化的企业应加强重组力度，整合制造业服务化的企业现有资源，努力打造一批具有自主创新能力的制造业服务化的大企业、大集团。各类企业应发展专业分工配套网络，降低制造业服务化的企业运营成本，提高市场竞争能力。中小型制造业服务化的企业发展的方向应该是为整机制造企业配套的零部件产业，组建机制灵活的专业化中小型制造业服务化的企业。鼓励国内各种所有制资本特别是大型国有和国有控股制造业服务化的企业以并购、参股等多种方式参与陕西省国有制造业服务化的企业的改革和不良资产的处置，鼓励国外资本以并购、参股等多种方式参与陕西省制造业竞争性领域一般国有企业的改革和不良资产的处置。大型重点骨干制造业服务化的企业控股权向外资转让时应经国家有关部门和省政府同意，实行核准制和行业评估管理，重视保护和培育陕西省多年来形成的重大技术装备自主研发体系，保证国家的控制能力和主导权。推进体制机制创新，消除制约制造业发展的各种体制性障碍，加快制造业服务化的企业改制改组，建立现代企业制度，引进民营机制，突破国有股一股独大的被动局面，增强国有制造业服务化的企业活力和竞争力，促进非公有制制造业服务化的企业加快发展。加强制造业服务化的项目策划和招商引资力度。要依据陕西特色资源，策划一批具有长远发展前景及社会效益和经济效益良好的制造业服务化的产业项目，策划和储备一批辐射带动作用强、发展前景好的制造业服务化的产业项目。要紧盯山东、四川等制造业服务化的产业发展强省，加强与制造业服务化的企业集团的洽谈沟通，重点围绕服务、装备生产、投资运营等开展制造业服务化的产业招商，力争引进一批业态新、潜力大、带动强的制造业服务化的企业落户陕西。

10.2.6 提高科技水平，加速科技成果转化

目前，科学技术已经成为推动经济发展的第一生产力，技术创新更是推进产业升级的核心要素，在技术创新的推进下，各产业的规模不断壮大，结构不断优化升级。因此，提高科技创新能力也是提升陕西省制造业服务化的行业竞争力的关键，尤其是科技水平低下的制造业服务化行业，例如汽车制造业，研发与投入能力的不足，导致其近几年竞争力水平持续降低。对政府来说，应根据目前经济发展的需求以及未来技术发展的方向，在保持 R&D 投入费用的趋势下，持续加大技术投入力量，对有重大技术的制造业服务化的行业，应制定与实施对重大技术的专项研制计划，增强重大技术自主研制能力。对非重大技术行业，则应加大

技术改造力度，促进技术更新，鼓励支持制造业服务化的企业开展创新活动，大力发展高质量、高附加值的产品，全面实施品牌战略，加速技术成果产业化。

树立和落实科学发展观，以信息化带动工业化，走“科技含量高、资源消耗低、环境保护好、人力资源优势得到充分发挥”的新型工业化道路，发挥陕西科技优势和军工优势，推进产学研联合，努力提高制造业服务化的企业自主创新能力，使制造业服务化的企业成为自主创新的主体，开发和壮大一批高技术含量、高附加值、高市场占有率的高新技术产品、名牌产品和著名商标，占领发展的制高点，掌握发展的主动权。加快产业结构、企业结构、产品结构调整和重组，既要打造一批核心竞争力强、拥有自主知识产权和知名品牌的制造业服务化的企业，又要培育一批小而专的中小型制造业服务化的企业群。建立以制造业服务化的企业为主体的技术创新体系，加大制造业服务化的企业研发费用投入，实现重大技术领域和关键技术环节的突破，每个制造业服务化的产业集群都要形成一批具有自主知识产权的关键技术和产品，依托龙头制造业服务化的企业，培育和建设行业性技术中心，提高集群创新能力和竞争力。

对企业自身来说，企业作为技术创新的直接实施方，应转变自身观念，抛弃过时的文化与意识，增强自主创新意识，努力创立自主技术和品牌，从之前的学习模仿式为主转换成自主创新式为主，真正实现“陕西制造”“中国制造”。在创新型文化的根基上，加大制造业服务化的企业自身的科技投入，逐步提高自主创新经费，提高自身的技术开发能力，建立以制造业服务化的企业为主体的产品创新机制。

10.2.7　完善法律法规，实施制造业服务化名牌战略

成立由省级有关部门和重点企业参加的陕西省振兴制造业服务化的领导小组，领导小组组长由省政府主管领导担任，办公室设在省发展改革委。领导小组的主要职能是组织编制全省重大技术装备发展规划和重点项目计划，协调重大相关政策，推进重大技术装备国产化的落实，完成省政府交办的其他任务。领导小组建立联席会议制度，及时协调解决制造业服务化振兴中出现的问题，总结经验，推进工作。

支持遵循国家即将出台的振兴制造业服务化的有关法律法规，完善陕西省相关配套法规，为制造业服务化发展提供必要的法律保障。充分发挥标准化在振兴制造业服务化中的作用，要支持鼓励拥有自主知识产权和核心技术的制造业服务化的企业参与制定并严格执行国家标准、行业标准，提高地方标准、企业标准的等级，完善制造业服务化标准体系。积极参与制定并贯彻落实重点领域装备技术政策，为制造业服务化中长期技术引进和自主创新发展奠定基础。坚决贯彻落实国家支持制造业服务化发展的优惠政策。根据国家正在调整的进口税收优惠政策，对一些符合条件的设备进口免征进口关税或实行先征后返，同时取消相应整机和成套设备的进口免税政策。对国产装备不能完全满足需求仍需进口的，作为过渡措施。加强设备进口管理，鼓励订购和使用国产重大技术装备。研究建立由项目业主、制造和保险公司风险共担、利益共享的重大技术装备保险机制，引导制造业服务化的企业和项目业主对先进技术装备的引进工作。

陕西省内有关行业协会要充分发挥联系政府和制造业服务化企业的桥梁作用,加强与全国性相关行业协会包括其在陕西分设机构的联系,建立市场供求、生产能力、技术经济指标等方面的信息定期发布制度和行业预警制度,向政府行政主管部门及时反映行业动向,提出政策建议,帮助制造业服务化的企业协调解决有关问题,引导制造业服务化的企业健康发展。同时,行业协会要加强自身建设,完善行业自律机制,努力成为独立、公正、自主运作的行业组织。省政府各有关部门要根据各自职责,单独或联合制定贯彻实施意见的具体的可操作性政策措施,使实施意见落到实处,真正起到扶持、鼓励的作用。

实施品牌战略,培育一批陕西制造业服务化的知名品牌。提高各级政府和企业的品牌意识,加强制造业服务化的品牌建设。政府应发挥引导作用,鼓励、支持制造业服务化的企业积极开展品牌经营,创建品牌的驰名商标。加强制造业服务化的重大项目特别是竞争性项目的储备研发,努力打造知名品牌。加快产业结构、企业结构、产品结构调整和重组,既要打造一批核心竞争力强、拥有自主知识产权和知名品牌的制造业服务化的企业,又要培育一批小而专的中小型制造业服务化的企业群。积极培育关联度大、带动性强的核心制造业服务化的企业,使之成为制造业服务化的产业发展的龙头和重要支撑。以龙头制造业服务化的企业为依托,推进制造业服务化的企业战略性重组,加大制造业服务化的行业资产整合力度。对龙头制造业服务化的企业在项目建设、要素保障等方面给予倾斜,促进其不断做大做强。

10.2.8 强化激励制度,建立健全制造业服务化的高质量人才吸引策略

人才资源是一个国家和地区产业发展最重要的战略资源,是市场的应变力、核心竞争力、先进生产力,只有引进更多的高层次人才,才能更好地实现科技创新。随着知识经济的到来,加强人才战略是提高竞争力的源泉,吸引更多的高层次人才,尤其是对高新技术行业,努力把人才优势转化为企业发展的竞争优势,为陕西省制造业服务化的转向做出贡献。

各级、各类教育机构要重视基础教育和人才培养,支持国家重大技术人才培养基地的建设。高等院校要与企业、科研院所加强合作,通过项目攻关、向工业发达国家派遣访问学者及留学生和设立奖学金等方式,联合培养一批年富力强、具有创造性的中青年技术创新人才、管理人才,特别要着力培养有开拓精神的战略型企业家和重大装备研制及系统设计的拔尖人才和带头人才。高等职业技术院校、中等职业技术学校和技工学校,要为制造业服务化的企业培养高级技能人才和高级技工,企业要为高校学生提供免费实习场所。

陕西省作为每年输送大量人才的人力资源大省,前几年却出现了较为严重的人才外流现象,许多尖端的人才选择了去沿海发达城市发展,不愿留在陕西,这是经济发展的一大损失。所以目前最重要的就是如何留住吸引人才。近几年来,陕西省政府也一直在为引进人才做努力,出台了很多政策用来吸引或留住人才,在此基础上更要坚持完善人才战略,制定人才相关计划,对于目前陕西省高新技术制造业服务化的优势产业需要的人才,为给予其更好的发展途径,可以采取政府津贴、住房补贴等多种手段,创造更好的政策环境,让人才不再缺失归属感,真正的"留住"人才。建设高层次文化人才队伍,制定制造业服务化的产业人

才扶持政策，大力引进海内外文化产业高层次人才的同时，利用好陕西科教资源丰富的优势，建立健全制造业服务化的人才培养机制。

目前，陕西省具有综合能力的人才少，能进行技术研制、开发和产业化的工程技术人才比较缺乏。应该充分发挥陕西省人力资源优势，使高素质人才的培养能适应制造业服务化的产业发展的要求。从政府的角度，应该通过增加教育及培训的支出，加强对高精尖技术人才培养，加快人才的积累。从企业角度，应该建立人才的激励机制，形成有利于人才流动、人才显现的人才环境和积极进行探索创新的研发环境。采取持股、技术入股、提高薪酬、改善工作和生活条件等更加灵活的政策措施，吸引国内外高水平专业技术人才，为制造业服务化的长远发展造就雄厚的后备力量。奖励在做强做大制造业服务化中做出突出贡献的企业家或企业领导班子，在重大技术装备研制、开发、使用和推广中做出突出贡献的工程技术人员，在重大技术装备加工技术和工艺的攻关、革新中做出突出贡献的技师和技工。

制造业服务化的企业应与时俱进，更新企业自身人才激励制度，制定更贴合现今社会、贴合时代的人才激励政策。不仅要提高待遇、侧重发展前途，更要通过工作的挑战性和趣味性让其心理得到满足，让其能够最大限度地发挥积极性，还要注重未来发展，要逐步形成素质好、结构强、撑发展、领未来的优秀人才队伍。

10.3 促进甘肃制造业服务化转向的对策

10.3.1 积极发展高技术产业

积极发展高技术产业，逐渐摆脱甘肃制造业服务化企业过度依赖资源的被动局面，为经济的持续健康发展提供基础。根据甘肃目前的制造业服务化发展状况，发展较快和集聚较大的行业依然是依赖资源和劳动力的基础传统产业，高技术产业发展缓慢。而根据以往经验，高技术产业往往会比传统产业产生更大的经济效益，因此甘肃必须重视产业的升级。这一改变的关键就是依靠人力资本，一方面政府需要在思想上重视，推行人才激励制度，既投入资金培养，又提出优惠政策引进人才；另一方面企业要积极吸引人才，同时重视对劳动者的劳动技能培训。作为在经济发展中的一个重要因素，只有发挥人力资本的作用，才能带动企业的技术创新，转变依赖资源消耗的传统的产业生产模式，发展自己的核心技术，提升自身的竞争力，在万众创新的大背景下，实现产业结构升级与转变，为甘肃制造业发展提供一种新的方向。

10.3.2 大力推动甘肃制造业服务化产业集聚

大力推动甘肃制造业服务化产业集聚，特别是支持制造业服务化产业集聚度高的区域和产业集聚优势比较明显的行业的良性发展，进而推动甘肃经济的进一步提升。规划和支持一部分产业发展示范地区，以此带动制造业服务化集聚较低的地区和行业发展，优势产业带动一般产业，并且重视对高技术产业的发展，改善现有的投资环境，开通对外开放的便利通道,在政策和制度的制定上为产业集聚的发展方面提供一定的支持,营造一个产业集聚的良好的发展氛围,并且能够主动承接产业转移,为当地制造业服务化集聚优势的实现提供软件支持。针对甘肃的具体发展现状和行业现状,有目的和针对性的采取措施,不仅对甘肃的产业结构调整和升级有促进作用,而且能够带动甘肃经济一体化发展。

首先,发挥甘肃制造业服务化集聚对企业分工与协作的强化作用,提高劳动生产率,推动经济增长。一方面,相关制造业服务化产业在区域内集聚,会使得该地区产业专业化程度提高,集聚区内的企业必然会进行专业化的生产,在优势产业上进行生产有利于提高企业的要素使用效率和产品质量,更能满足市场多元化需求。消费需求量增多促使企业扩大生产,供求相对平衡的良好市场系统将会出现。另一方面,企业之间加强协作使得技术外溢和信息传播的速度加快,企业之间互相学习、互通信息,降低了企业的交易成本,成本下降会吸引更多的企业在区域内集聚,形成明显的制造业服务化企业集聚优势。因此,具有较强的关联性的制造业服务化企业之间加强分工与合作,能降低企业的生产和交易成本,从而对甘肃产业结构转变与经济发展具有现实意义。

其次,强化公路、铁路等交通基础设施的建设,可为制造业服务化集聚提供基础条件,带动经济良性发展。这是因为运输成本在产业集聚的发展中所带来的影响是巨大的,只有运输成本降低了,才能使得进行产业集聚的成本降低,因此,这需要交通基础设施的尽可能完善。东部地区的制造业服务化在全国来说处于领先地位,甘肃需要与之加强联系与交流,这就要求政府部门合理规划和布局,提高与东部地区联系的交通网络的密度和速度,以尽力缩小与东部地区的发展差距,这对资本密集型的制造业服务化行业集聚尤为重要,劳动密集型的制造业服务化行业不仅需要交通基础设施的完善,还需要政府部门对劳动的教育培训投入,高科技产业的制造业行业需要政府的技术支持和财政支持。

最后,通过创新提升甘肃制造业服务化集聚对经济增长的促进能力。通过创新为甘肃制造业服务化企业在集聚中的竞争力提供优势,从而提升甘肃制造业集聚对经济增长的促进能力,企业科技创新能力的提高才能有长足的进步。企业要从长远出发,建立研发部门,以诚恳的姿态吸引人才,从源头到销售形成一个较为系统的企业创新发展体系,达到企业创新优势的提升,从而提高企业的竞争力。从企业之间的情况来看,各企业之间可以相互交流与合作,优势互补,发挥各自的优势,共同创新,创新能力较强的企业可以继续发挥优势,并寻求新的创新点,而创新能力较弱的企业,则要积极学习创新能力较强的企业的创新模式,紧跟发展趋势,在产品的质量上下功夫,并且善于思考和总结,在学习中提升自身的创新发展能力,促进产业结构的升级,在集聚中达到促进整体经济增长的目的。

10.3.3 提升科技创新水平,强化自主创新能力

目前,甘肃省大中型制造业服务化企业尚未发挥其应有的龙头带动作用,缺乏有效的创新激励,科技成果无法转化到生产中去。首先,政府层面要加强对科技创新工作的部署和领导,把科技创新体系建设工作当作一件大事、要事来抓,政府要积极牵线搭桥,构建“产、学、研”结合的有效机制;其次,甘肃省的发展现实告诉我们,目前还无法做到技术水平的突飞

猛进,因此一定要做好技术引进和二次改进的工作,以此为基础循序渐进地构建甘肃省科技创新体系;最后,要开发和应用并重,新技术、新工艺倘若无法转化为实际生产力,那就是一纸空谈,企业要敢于创新、勇于实践,扩大优势,积极培育新产品,以实现甘肃省科技创新绩效提升的战略任务。

10.3.4　淘汰落后产能,优化产业结构

政府部门要充分发挥生产许可的政策约束作用,依法依规去产能,逐步有序淘汰包括金属冶炼、水泥、皮革加工、造纸及纸制品、印染、铅蓄电池、地条钢、电解铝等在内的过剩产能。在提升技术水平的基础上,加快产业结构调整步伐,多向发达国家和地区学习,改变过去的保守观念。尤其是第三产业的比重和发展水平较低,整体来说呈现小、弱、散的局面,未来要向高端化、配套化、集聚化靠拢,努力构建现代产业发展新体系,促进产业向中高端迈进。甘肃拥有丰富的文化资源和旅游资源,要加大旅游业的宣传和投入力度,完善基础设施建设,发挥旅游业应有的经济拉动作用。另外,甘肃省石化冶金等产业发展较快但产业延伸不足,缺乏精细产业和加工产业,要进一步优化结构、提升质量、打造精品,积极推进集群发展,努力衔接新动能,适应战略性新兴产业的发展需求。

10.3.5　加强人才引进,深化劳动力市场改革

甘肃省有全国顶尖的科研院所和高校,但由于各种原因对人才的吸引力尚有不足。加强人才引进要有政府部门起主导作用,只靠猎头服务机构和中小型人力资源服务机构远远不能满足需求。一个地区只有人才济济,才能焕发勃勃生机。要综合考虑实际需求、技术含量等多方面因素,按需引进,持续引才。同时,切实加强人力资源保障工作,保障人才利益,杜绝变相降低人才待遇、恶意改变工作环境的情况发生。只有这样,才能持续甘肃省人才吸引力。

10.3.6　引导社会资本流动,促进中小型制造业服务化企业发展

中小型制造业服务化企业在吸纳劳动力、扩大就业市场、提升服务水平方面发挥着很重要的作用,甘肃省在加强产业集群、培育龙头制造业服务化企业的同时,也不能忽视中小型制造业服务化企业的成长和发展,这有助于完善产业链、促进竞争优势,打造甘肃制造业服务化未来发展的新动力。

10.4　促进宁夏制造业服务化转向的对策

10.4.1　改善基础设施

要多方融资改善宁夏的基础条件,使宁夏特色优势资源能够得到有效开发和利用。积极加强交通基础设施建设,优化交通运输空间布局。铁路建设方面继续加快“五纵三横”铁

路网建设。推进物流基础设施建设，打通与区外市场联系。加大物流基础设施建设，形成立体式现代化综合物流体系。全面建成石嘴山惠农陆路口岸，加快宁夏国际空港物流中心、宁夏电子口岸、银川经济技术开发区陆港物流中心、中卫和宁东物流园区建设，形成立体式现代化综合物流体系。加快沿黄城市带物流发展，优化物流空间布局，明确物流功能定位，使沿黄城市带成为新亚欧大陆桥重要的国际国内物流中转基地和强势物流区域。培育壮大物流龙头企业，以推进流通企业制度改革、营销方式改革为中心，以发展连锁经营、物流配送、电子商务为重点，推动流通企业的规范化、规模化、集约化经营。

10.4.2 提高产业关联度，提升实体经济的实力

宁夏制造业服务化的产业大多仍处于低档次、低技术产品加工型阶段，产业分工以横向一体化为主，整个产业区域内都是生产或提供基本相同的产品或服务，同构同质现象严重，企业之间通过相互配套形成的产业链条关系十分有限。因此，针对目前宁夏制造业服务化的产业链分工仍较为薄弱的现状，宁夏要加快培育、改造和拓展专业市场的功能，积极跟踪当地制造业服务化的产业链的延伸，提升专业化市场对制造业服务化的产业支持和产业配套的服务能力和水平，促进围绕制造业服务化的产业链的生产要素市场、产品销售市场、资金市场、交通运输市场、信息服务等辅助性支撑行业的发展，逐步完善拉长产业链，降低交易成本和生产成本。专业市场应积极摆脱目前低级运作状态，加快经营主体、经营机制、经营组织形式和经营制度的创新。要注重培育和依靠专业化市场的服务功能和要素聚集功能，推动宁夏能源化工、特色农副产品产业内部的产业分工更为精细化，促进企业集中于某一工序或某一种中间产品的生产，形成成百上千家制造业服务化的企业参与的一个完整的产业链。拉长和延伸现有的产业链和价值链，促进生产经营向两头扩展，实现生产要素供给—产品设计研发—产品生产—市场营销—品牌创造—物流服务等构成的产业链的纵向一体化。积极引导制造业服务化的大中企业的技术改造和规模扩张。紧紧围绕自身的核心资源来展开，而将一般的零部件及半成品扩散到中小企业中去，形成大中小企业的协作生产体系。核心大型制造业服务化的企业在生产体系中应居于主导地位，并成为核心技术的主要创造者及创新中心，通过业务分包制将非核心生产环节转包给产业内其他中小制造业服务化的企业。

大力培育主导制造业服务化的企业，促进宁夏制造业服务化转向升级。地区经济的发展主要依赖于建立在比较利益基础上的主导产业的发展，而主导产业的发展又依赖于具有较强市场竞争能力的骨干和龙头企业。迄今为止，宁夏羊绒、枸杞、马铃薯等特色产业，企业规模较小且缺乏具有较强竞争力的“巨人”企业，今后应着力改变这一局面，具体对策如下。一方面，要充分利用大型制造业服务化的企业的规模经济优势，增强大型制造业服务化的企业的近辐射功能，通过充分发挥大型制造业服务化的企业的集聚经济和乘数扩张效应来带动整个区域经济的发展。另一方面，地方小型制造业服务化的企业应围绕区内优势大企业，主动调整发展方向，以其小而专、小而精的优势为大型制造业服务化的企业提供配套服务，并且促使信息、资源等要素在它们之间的相互传递与流动，增强中央企业在本区的根植化。

在产业关联度高的产业中,龙头企业是产业发展的发动机,大型制造业服务化的企业是促进企业分工的直接推动力。要鼓励宁夏龙头制造业服务化的企业不断将一些配套及特定的生产工艺分离出来,形成专业化配套企业,或采用多种方式对其上下游配套企业进行重组、改造。

宁夏地方各级政府必须加大对地区制造业服务化的产业的骨干、龙头企业的资金和政策倾斜,鼓励企业做大做强,调整集团建设方向,与国内外市场高知名度、高市场占有率的企业联合或加盟,真正推进大型集团建设。加强对宁夏制造业服务化的产业的财政扶持力度。一是在积极争取国家制造业服务化的产业专项资金的基础上,设立宁夏制造业服务化的产业专项资金,主要用于制造业服务化的产业技术创新、融资担保、孵化器及公共服务平台建设等。二是设立中小制造业服务化的企业风险投资基金,用于扶持正在开发且有广阔前景的高新技术及新兴产业领域中小制造业服务化的企业。

以新兴制造业服务化的产业的发展为切入点,不断促进产业结构的升级。宁夏能源资源较为丰富,劳动力成本较低,高载能、原材料工业具有一定基础。此外,枸杞、葡萄、羊绒等特色农业及其加工业也具有很好的基础。依托资源优势建立起来的以镁合金、多晶硅、碳基材料等新材料制造业服务化的产业也有了一定基础。与那些拥有技术和人才优势的地区合作,可将兄弟省、区、市多年来形成的商誉、市场、技术、人才、管理等优势同宁夏的资源优势结合起来,开辟新的发展空间,这不仅可推动宁夏资源开发企业优化组合、产品升级换代,而且对临近陕西、甘肃的产业结构调整、扩大企业规模也具有积极意义,可达到双赢效果。

10.4.3　发展循环经济、低碳经济,解决环境污染问题

循环经济、低碳经济,旨在科学、辩证地处理好经济发展与环境保护、资源短缺之间的关系,实现人与自然的和谐发展。它体现了一种新的经济发展理念,是一种新的经济发展模式,对于宁夏制造业服务化转向具有重要的现实意义。

积极推动宁夏制造业服务化企业发展循环经济、低碳经济,切实制定和实施宁夏制造业服务化的产业转向政策,加快制定体现循环经济、低碳经济理念的宁夏特色制造业服务化转向的产业规划,除加强交通、电力、给排水等基础设施建设,对制造业服务化企业可能产生的废弃物,要加强环保基础设施的规划和整合,对其加以集中处理或回收利用。根据宁夏资源条件、区域和行业特点,合理调整区域的产业结构和布局,使资源实现梯次流动,通过利用循环经济理念指导宁夏区域发展、产业转型和技术改造,严格限制高耗能、高耗水、高污染的新上项目,加快淘汰落后技术、工艺和设备,鼓励发展资源消耗低、附加值高的第三产业和高技术产业,加快利用高新技术和先进适用技术改造传统产业,不断增强宁夏高效利用资源和保护环境的能力。

对于宁夏的能源化工、农副产品、新材料等产业运用循环经济、低碳经济的理念,通过构建和完善产业链实施资源和废弃物的减量化等措施,向生态工业园转型。围绕宁夏煤炭、煤化工、煤层气、马铃薯、枸杞、葡萄等产业副产品和废弃物,通过产业间、企业间的系统耦合,建立工业系统中“生产者—消费者—分解者”的循环途径,减少对环境的污染,实现环境、经

济和社会效益的增长。

10.4.4 提高创新能力

宁夏的区域创新能力弱是由多方面的因素造成的,需要制定适宜的计划加以提高。自治区政府要积极倡导并有效推进企业信息化进程。要加强统筹规划,实施宏观调控,加快基础建设,改善网络环境,建立健全企业信息化推广和服务体系,培育一批有水平、有信誉、有知名度的市场化的信息技术咨询服务机构,指导、帮助企业信息化工作,架起政府与企业间的桥梁。加快信息化建设,提高信息化成效,突出制造业服务化的企业信息化的主体地位。要立足于管理创新,企业信息化绝不是传统管理加计算机,而是改造传统产业的一场变革,是企业管理思想、管理理念、管理方式的全面创新。必须坚持以人为本,立足于调动人的积极性。企业要有一支高水平、高素质的队伍,成为企业信息化的骨干。对那些能够有利于社会环境,或对全社会范围内的经济效益产生重大影响,但由于企业成本及外部性因素等,企业往往拒绝采用的技术创新,政府应肩负起技术创新扩散的重任,利用计划强制手段推动该项技术创新扩散,从而从整体上促进技术创新。加强企业之间的竞争与合作。竞争是市场机制的必然产物,竞争可以促使企业改良技术和管理,降低成本,提高质量,推动创新。而合作可以促进企业间信息的交流,避免重复研发,促进隐性知识的传播,使企业随时了解技术和生产的前沿。因此,从长远来看,竞争可以促使宁夏企业改良现状,保持技术与经营管理的先进性。宁夏企业之间应该建立信任关系和长期稳定的联系,在竞争中进取,在合作中谋求创新和发展。具体来讲,宁夏企业可以考虑设立专门的交流部门,努力扩展本企业与地区其他企业的联系,积极参与各种行业协会,要改变故步自封、固守家底的行为,促进技术和信息的流动。

改造传统生产方式,用高新技术改造传统制造产业集群粗放的生产方式,提高生产效率,降低生产成本,从根本上转变经济增长方式,有效解决宁夏制造业服务化转向面临的资源与环境约束。如推动大学、科研院所和企业间信息的交流及沟通,建立产、学、研三方面的密切合作关系,为企业的技术研发改造提供咨询服务,解决企业在创新中的难题。发挥商会、学会、行业协会等民间团体为宁夏企业和政府双向服务以及信息沟通的桥梁作用,推动企业联合和公平竞争,帮助企业提升和改造现有加工技术和设备,攻克关键技术,掌握独有技术和申报专利技术,提高产品的市场竞争力。

建设产学研相结合的技术创新体系。相对于其他地区而言,宁夏的智力资源还比较薄弱,要促进制造业服务化转向升级,一要加大教育投资力度,不断地培养有创新精神的知识技术人才;二是注重人才的引进。要认清制约制造业服务化转向发展的重大技术瓶颈,加大投入。组织整合各方资源,实现重点突破,攻克一批对制造业服务化转向有重要影响的战略性、关键性核心技术。加速新技术向污染大、能耗高、产品质量低的传统产业的辐射、改造和渗透。积极发展形成一批产业集中度高、技术创新能力强、经济规模大、能参与国际竞争的大型高新技术制造业服务化的龙头企业。催生、孵化和培育一批有潜在效益的中小型高新技术制造业服务化的企业。加强培养宁夏创新人才和创新企业家队伍。高素质和高技能人才的缺乏,一直制约着宁夏制造业服务化的创新能力的提升。宁夏的高校和科研机构较少,技术基础很薄弱,要拓宽培养思路,加大培养投入,培养青年一代的制造业服务化的企业意识和知识。同时,促进宁夏与发达地区企业界人士相互交流、学习和协作,形成对宁夏的智力辐射。搭建宁夏战略性科技条件技术平台。按照项目、基地、人才统筹安排的原则,以资源整合为主线,以建立共享机制为核心,遵循市场经济规律,采取灵活多样的整合方式和共享模式,搭建适应宁夏自主创新和经济社会发展需要,布局合理、特色突出,具有公益性、基础性、战略性的科技条件技术平台。通过该平台有效改善科技创新环境,增强持续发展动力,为科技长远发展与重点突破提供强有力的支撑。紧紧抓住培养、吸引、用好人才三个环节,不断创新科技人才工作体制机制,大力培养各类人才,加快人才结构调整,优化人才资源配置,促进人才合理分布。与"人才高地""人才工程"等形成联动,提升宁夏制造业服务化的核心竞争力,为推动科技进步和经济社会发展提供人才保证和智力支持。充分发挥国有财政资金的引导作用。通过制定相应的激励政策和考核办法,推动企业不断加大科技投入。要大力扶持民营制造业服务化的科技企业,特别是科技型特色制造业服务化的发展,通过基金支持、创业投资等方式支持宁夏特色制造业服务化的产业开展技术创新活动。通过建立机制、创新环境、激发活力、优化资源配置,推动学科间的交叉、渗透与融合,培育新的学科增长点。在学科建设中要结合宁夏实际、突出地方特色,以"发挥优势、突出特色、保证重点"为指导,严格遵循科学规律。

坚持人才尤其是高层次人才多方引进与培养。随着我国市场经济体制的不断完善,劳动力跨区域流动的壁垒逐步降低,作为全国最小省份,宁夏要坚持人才的多方引进与培养,吸引国内优秀人才,通过全职、柔性等各种方式,引进人才尤其是高层次的人才,吸引更多的技术劳动力,满足制造业服务化企业对劳动力数量和质量的要求,培育和形成本地劳动力市场。参与创办和发展宁夏特色优势制造产业。

10.4.5　注重跨区域合作开发,以谋求区域共赢互利发展

宁夏资源综合优势比较明显,发展潜力很大,与各省、区、市经济发展有很强的互补性,合作前景广阔。宁夏应在遵循市场经济规律的基础上,与陕西、甘肃按照"优势互补、共赢互利、联动发展、共同繁荣"的原则,以企业为主体,推动双方合作向高层次、宽领域、全方位的方向迈进,使双方实现共同繁荣和发展。以共赢互利、联动发展为基础,进一步开创合作新局面。改革开放以来,宁夏与其他各省、区、市进行了广泛的交流、合作。随着市场经济的发展,合作将进一步深化。今后要进一步积极探索新形势下合作的新办法和新途径,形成政府推动、企业合作、社会支持的合作新机制。

10.4.6　以第三产业为突破口,完善服务体系、提升服务业的带动作用

宁夏产业调整的战略重点的突破口是第三产业,宁夏第三产业与总产值关联度高,对总产值的增长速度影响大,根据国内外经验,第三产业有潜力大、附加值高的优点。宁夏与陕西、甘肃相比第三产业占 GDP 比重较大,大力发展第三产业可以使得宁夏产业结构与陕西、

甘肃有所区别,从而形成优势。第三产业相对于第二产业污染小、能耗低,可以更好地促使宁夏制造业服务化转向的可持续发展。宁夏应优先发展市场前景广阔、产业关联度高、就业带动能力强的现代服务业。现代服务业主要指依托于信息技术和现代管理理念发展起来的产业,如医疗卫生产业、生物技术产业、教育培训、会展产业、计算机和软件服务、移动通信服务、信息咨询服务、现代物流业等。

制造业服务化转向要想健康发展,离不开良好的市场秩序。可通过完善市场服务体系来提高制造业服务化企业的运行效率。宁夏制造业服务化能否成功转向,与其所在环境能否提供完善的、专业化的和多样化的市场服务体系密切相关。政府的作用在于其积极的引导和有效的扶持。具体来说,一是通过规划、协调、提供优惠信贷和税收政策等措施,促进服务体系的形成;二是通过建立健全信用担保制度、拓宽融资渠道、建立激励和约束机制等,解决特色产业融资难的问题;三是通过培育专业市场、生产资料交易租赁市场等,促进中间品市场体系的建立与完善;四是通过加大投入、改善基础设施、加强信息化建设等,构建现代物流服务体系;五是通过提供社会保障服务、教育培训服务、信息咨询服务等,完善政府公共服务体系,营造有利于制造业服务化转向升级的软环境。

10.4.7 发展第二产业附加值高的产业

宁夏第二产业的发展水平还处于初级阶段,生产的大部分产品都属于低附加值产品。一方面,宁夏的第二产业大部分属于传统产业,生产方式较为低级。另一方面,宁夏属于资源优势地区,矿产资源丰富,以能源化工为主的企业大部分生产初级产品。所以,宁夏应该在今后的制造业服务化转向发展过程中,向高附加值、高技术、高集约的方向发展。

宁夏第二产业主要以建筑、能源、化工等行业为主。制造业比较落后,应该重点把宁夏的装备制造业向高端装备制造业发展,把纺织业向现代纺织业转变。发展高端装备制造业要符合世界整体的工业发展趋势,要立足顶端,着手实际。当前全球正在经历第三次工业革命,数字化制造、新软件、新工艺、机器人和网络服务正在逐步普及,大量个人化生产、分散式就近生产成为重要特征,大规模流水线的生产方式正在走向末路。在战略上应优先布局,如3D打印、人工智能、机器人、新能源、智能电网、工业互联网、集成电路、新材料。从宁夏装备制造业的角度出发,充分利用宁夏装备制造业现有的基础,加大技术研发,争取进入到以上产业的制造链当中。

延长产业链,通过宁夏与陕西、甘肃、全国的产业结构对比,发现宁夏产业结构有一定的化势,如三次产业分布合理、人均GDP高等;但与发达省份以及全国相比,宁夏的产业结构依然处于劣势地位。宁夏大部分制造业以提供中间产品或服务为主。第二产业中的制造业,如石油和天然气开采,电力、热力的生产和供应,燃气生产和供应等行业的中间需求很高,而这些制造业是宁夏的主要产业,贡献了宁夏的大部分产值。但是,由于其占的产值过高,只能说明宁夏整个产业把自身的中间产品和服务转化成最终产品的能力不强,没有好好地利用宁夏的能源化工优势,所以使得宁夏在能源化工上的优势没有与宁夏整个产业相辅相成并起到带动作用。宁夏在引导制造业服务化转向时,应注意制造业服务化产业的配套和延伸，要注意宁夏自身制造业服务化产业的培养和现有制造业服务化产业的转向，要充分引进与宁夏优势相结合的制造业服务化产业，如化工深加工产业，科技型耗能产业（大型数据库、服务器中心等）等。更加充分地利用能源，使得宁夏能源利用精细化，这样才能使得宁夏的能源制造业服务化转向具有可持续性。

10.5 促进陕甘宁地区制造业服务化转向的对策

制造业是支撑陕甘宁地区经济快速发展的重要力量，但目前陕甘宁地区制造业面临转向升级的困境。《中国制造 2025》提出，要加快制造业服务化转型，振兴产业规划。中国制造业已经进入制造业服务化时代，而陕甘宁地区制造业服务化起步晚、水平低。本书正是基于上述背景，研究陕甘宁地区制造业服务化的动因和对经济效益的影响，以期能启发陕甘宁地区制造业更好地推进服务化进程，提升经济效益，从而在转向升级的浪潮中快速发展。结合陕甘宁地区的实际情况，从政府与市场两个方面出发整合各种策略，加大陕甘宁地区制造业服务化投入，建立主导产业，实现从产品型制造企业到服务型制造企业的转变，提升产业链、价值链等服务环节的增值能力，实现陕甘宁地区制造业服务化的质的飞跃。推进制造业服务化是一个长期、复杂、系统的工程，可以从以下方面加快陕甘宁地区制造业服务化：以加快高层次制造业服务化转型为主题，以制造业与生产性服务业互动融合发展为主线，以政府、企业、社会团体、科研院所四方实现“点、线、面”相结合的工作体系为保障，通过发展电子商务、提升现代服务业、推进信息化应用、增强科技创新能力、发展高新技术产业五个路径，最终全面提升制造业服务化的国际竞争力。

制造业服务化的目的：实现高层次制造业服务化转向。陕甘宁地区虽然部分企业实现了向服务业的延伸，但更多的是基于企业资本的延伸，所提供的更多的是面向特定区域的商业性服务和面向最终大众用户的销售性服务。而跨国制造企业服务化转型的核心能力体现在向更广的产业范围与区域范围提供高端的生产性服务。因此，建议陕甘宁地区在制造企业基于资本资产实现服务化的基础上，应增强基于知识资产实现服务化的能力，增强制造业面向产业链、价值链等生产环节的服务能力，实现制造业向提供生产性服务业的高层次制造业服务化转型。

制造业服务化的主线：制造业与生产性服务业互动融合发展。发达国家的制造业服务化是在制造业高度发达的基础上自觉自发实现的，总体而言是制造业的服务化转型催生了生产性服务业的繁荣发展，走的是制造业带动服务业的发展之路。陕甘宁地区制造业服务化的产业链、价值链总体处于较低层次，陕甘宁地区制造业服务化转向，不能完全按照产业自发的演进路径推进，而要实现跨越式发展。因此，陕甘宁地区制造业服务化应以推动制造业与生产性服务业互动融合发展为主线，一方面提升制造业层次，加大制造业对生产性服务的需求，以制造业带动服务业；另一方面加快发展生产性服务业，通过生产性服务业引导制造业转型升级。即陕甘宁地区的制造业服务化不仅仅表现为制造企业自身开展服务化业务，也更表现为制造业与服务业在更高层次上融合发展，相互带动。

制造业服务化的保障:政府、企业、社会团体、科研院所四方实现“点、线、面”相结合的工作体系。从发达国家推进制造业服务化的经验来看,推进制造业服务化需要多主体共同努力,各司其职。政府重在规划引导、政策支持;企业重在实施主体、战略转型;社会团体重在行业研究、平台推广;科研院所重在基础研究、辅助决策。从工作侧重点来看,企业主要负责点的突破,在宏观环境、行业发展、政策支持的基础上,每个企业作为个体实现自我变革、自我尝试、自我提升;社会团体,主要是科协、行业学会和协会主要负责线,总结特定行业服务化的经验,并将之提炼为模式予以推广;政府主要负责面,通过规划制定、政策支持、区域内产业链集聚等全面推动制造业服务化。

制造业服务化的路径:发展电子商务、提升现代服务业、推进信息化应用、增强科技创新能力、发展高新技术产业。制造业服务化不是一蹴而就的,它是制造业转向升级的重要方向,推进制造业服务化的路径也是推动制造业转向升级的重要路径。

针对陕甘宁地区推进制造业服务化转向的现状,在上述思路基础上提出如下举措建议:

10.5.1 树立制造业服务化的产业发展观

在信息技术的推动下,制造业与服务业之间的传统界限正在快速消失,产业融合已成为大趋势。我们应该改变将制造业与服务业分割看待、分开指导的模式,树立制造业与服务业融合的产业发展观。增强制造业服务意识,提高制造业服务质量。制造企业要认识到从单纯的制造业向制造业服务化发展的重要性,从而增强服务意识,提高服务质量。在生产经营过程中,制造企业应不断强调顾客意识,必须以顾客为中心,根据顾客的需要研发设计和不断完善产品,将服务深入到制造业发展中,而不是仅仅停留在产品的生产和销售阶段。制造业服务化不仅要求制造企业真正增强全心全意为用户服务的意识,还要求企业具有保证达到服务质量的能力,不断提高服务的质量。

制造业和服务业深度融合是实现制造业转向升级的主要途径,是当前政府工作的总抓手,而制造业服务化是制造业转向升级的主要方向。因此,推进制造业信息化,推进制造业和服务业深度融合的过程也是推动制造业服务化的过程,要准确把握这一总的趋势,强化制造业服务化在推进两化深度融合中的重要地位。目前,关于推动制造业和服务业深度融合的体系从国家到陕甘宁三省区及各市还需要完善,包括整体规划、行业规划、工作组织体系、推进步骤、各类专项行动、资金安排以及政策支持等,建议在具体推进中,时刻把握制造业服务化的目标任务,在重点任务安排、资金配置、制造业和服务业深度融合管理标准制定、制造业和服务业深度融合考核体系设计等方面对制造业服务化内容予以侧重。

首先,加强对制造业服务化的理论和政策研究。在基础科学研究领域,把握全球服务科学刚刚兴起的机遇,把服务科学作为重要的研究领域,加快建立服务科学理论体系,深入系统地研究制造业服务化的内涵、特征、意义、模式,从理论上进行深刻的解释分析,并提出相应的宏观政策建议。引导鼓励政府、高校、研究机构加强对制造业服务化的理论与政策研究,探讨制造业服务化的共性问题以及不同产业的特性问题。为此,建议省自然科学基金项目、省社会科学基金项目、省软科学、省科协软科学、省社科联等各类资助项目将制造业服务化列为申报项目指南，在有条件的情况下，可以设置制造业服务化专项，引导进行系统研究。在系统研究的基础上，制定制造业服务化转向的发展战略规划，指导陕甘宁地区制造业服务化转向的发展。政府在制定制造业服务化产业发展规划时，应将制造业服务化思想充分融入，将制造业服务化作为产业发展规划的指引。在规划中要充分考虑发展先进制造业服务化所需的各类要素的产业集中与园区集中，加强制造业服务化产业发展规划，引导制造业服务化产业集聚，着眼于形成有效的协作配套体系，拉长产业链和产品链，不断提高制造业服务化产业集群的集聚度，形成集聚效应，实现配套的生产性服务业全面发展，为制造企业的服务化转向提供市场基础。

其次，组织实施制造业服务化科技专项。在制造业服务化转向过程中面临一系列的重大科技问题，这些问题既涉及制造业本身的产品与技术创新，也涉及交付、运营、维护过程中面临的重大科技问题，具有多学科交叉、多技术集成、多因素响应等特点。因此，陕甘宁地区在进行科技领域重大任务安排时，应把制造业服务化面临的重大科技和产业化问题作为支持的重点领域。在中国已经实施“制造业信息化”工程的基础上，可实施“制造业服务化”工程，围绕制造业服务化转向中的在线维护、电子商务、物流配送、系统集成等领域，支持相关企业开展重大技术研究、商业模式创新、标准规范试点、行业区域示范，探索重点制造业的服务化转向模式。加强制造业服务化创新载体建设，在陕甘宁地区已有自主创新能力建设体系的基础上，结合制造业服务化转向升级的要求，增加制造业服务化转向相关创新载体建设。可以围绕制造业服务化转向的重大和关键技术瓶颈，以企业为重点，建设一批制造业服务化转向的创新基地，建立商业模式创新与服务创新工程实验室；围绕制造业城市向服务业城市转型，建设一批国际制造业服务化示范区和示范城市。

再次，企业应增强服务化意识，提升企业服务化水平。将产业价值链中心由生产制造环节向研发、销售服务端转移。一方面，创新是制造企业增强竞争力的中坚力量，企业应根据自身需求，加大研发力度，并加强与高校科研机构的合作，在引进高端技术人才的同时，建立人才培养计划，不断提升企业创新能力；另一方面，营销端是与消费者联系最紧密的一环，也是企业扩大市场的关键所在，企业要利用“大数据”优势，对顾客信息进行全面分析，并鼓励顾客参与企业的生产过程，更加充分地了解顾客需求，通过产品定制、提供高端化整体方案等满足顾客个性化、多样化的需要，以差异化的产品和服务提高顾客满意度和忠诚度。陕甘宁地区制造企业服务化受到来自组织内外各种因素的影响，所以企业在服务化转向时要综合考虑其所处的内外部具体情况。一方面，企业要密切关注市场环境，尽管服务化可以增强企业市场竞争优势，但也存在潜在风险，企业要根据自身发展情况并针对市场需求进行服务化转型；另一方面，服务化对企业现有能力与资源提出新的挑战，这就要求企业提高资源整合能力，加强与上下游的广泛合作，保持与原材料供应商、重点客户、金融机构等的紧密关系，确保企业实施服务化战略具备充足的资源与资金，同时制造企业要充分利用专用性资产，借助原有的生产能力和平台，将服务业务与制造体系有机整合，提升服务化水平。

最后，在信息技术飞速发展的浪潮中，企业要抓住“互联网 +”“大数据”“人工智能”等新一代信息技术带来的机遇，将信息网络技术渗透到研发、制造、销售、物流等各个环节，如借助互联网开展质量诊断、故障预警、远程维护、远程过程优化等在线增值服务，拓展产品价值空间，逐步实现从制造向“制造＋服务”的转向升级。

10.5.2 推动制造业和生产性服务业深度融合，提升制造业服务化水平

生产性服务业的发展应作为制造业服务化的核心内容，其发展规模与发展质量是制造业服务化的集中体现。为此，应将生产性服务业作为一个产业分类进行单独的统计分析，列入各地经济运行情况统计目录下，并将生产性服务业的指标作为地方政府经济考核指标的主要内容；要通过制定规划，安排专项资金，设立典型企业与示范区等方法大力发展生产性服务业。

生产性服务业是从制造业企业内部生产和服务部门中分离出来的新型服务业，生产性服务业具有高技术含量、高附加值、高人力资本和高增长的特点。但从总体来看，陕甘宁地区生产性服务业发展仍滞后于当期经济社会发展的要求。因此，应不断推动制造企业外包生产性服务，促进制造业与服务业的融合、互动，并以发展生产性服务业为突破口，不断推进制造业服务化的发展。

随着现代高新技术产业的快速发展以及知识信息化程度的加深，制造业和服务业的界线开始模糊，消费者的偏好已经不止停留在产品需求阶段，而是更偏向于服务和产品相结合的深层次消费。因此，推动制造业和服务业尤其是生产性服务业的融合发展，使得技术和知识密集型服务要素有效地融入制造业的生产链内是制造业服务化的发展方向，亦为改善中国制造业产品生产结构的必然选择。

制造业服务化是指将越来越多的生产性服务要素引入到制造产品的生产环节中。生产性服务业的市场化水平越高，技术、人才、资本、渠道、品牌等多种要素的整合越有效，制造业引入生产性服务要素的成本就越低，制造产品的价值增值也就更加容易，从而更容易实现制造业出口产品结构的优化。当前，陕甘宁地区生产性服务业发展相对滞后，不仅在国民经济中占比不足，而且发展质量也不高，这也是导致资源、技术等无法更有效地融入制造产品生产的重要原因。因此，在当前经济转型的背景下，应大力发展生产性服务业，提升中间投入服务要素的知识技术密集度，为制造业服务化的发展提供有力支撑，进一步促进陕甘宁地区制造业服务化产品结构的转向升级。

通过研究发现，交通运输仓储和邮政服务化、信息传输软件和信息技术服务化、金融服务化、租赁和商务服务化这类服务化对制造业服务化产品的结构促进作用最为明显，因此应将这四类生产性服务业尤其是其中的高技术产业作为重点发展对象。其中，前三类生产性服务业中普遍存在行业垄断、地方性保护等问题，市场的决定性作用难以实现全方面的发挥，因此有必要消除壁垒，鼓励和引导各类同行企业进入市场共同营造公平竞争的市场环境，进一步深化市场配置要素资源，引导生产性服务业自由化和高质量发展，从而有助于加快制造业的服务化进程，增加制造产品的知识技术密集度，使出口结构得以改善。例如信息传输、软件和信息技术服务业，一方面可以全面发挥中国现有的信息资源优势，形成制造业各个部门之间的网络连接和互联互通，从而实现生产流程的自由流动和有效进行；另一方面

加快陕甘宁地区软件产业基地建设，通过政府制定相关政策等方式引导信息软件产业园区的形成，有助于实现该园区甚至整个行业内的资源共享，进一步减少中间投入服务要素引入到制造产品中所需的成本。此外，租赁和商务服务化对改善陕甘宁地区制造业服务化的产品结构也有着较为明显的促进作用，通过加大租赁和商务服务业的发展力度，可以对产品结构起到有效的优化作用。首先，通过政府的科学引导形成商务服务产业集群，促进商务服务业在区域和空间上的集聚，利用规模经济效应来降低总成本，提升利润空间；其次，通过将租赁和商务服务业同该行业的终端零售业务有力结合，致力于对品牌影响力的建设和市场控制能力的增强，进而挖掘该行业的获利潜力。例如根据租赁和商务服务业中的调研咨询服务可以清楚地掌握消费者偏好、价格、市场、渠道等与所经营行业相关的信息，进而找到具体可行的最佳营销计划。或者通过租赁和商务服务业的市场管理服务对生产经营者的交易行为及时进行监督，有助于维持良好的市场经济秩序，提高交易效率。

以企业带动产业，积极鼓励制造企业增加服务投入和服务产出，促进和推动制造业服务化的发展。充分发挥服务型制造企业和行业龙头企业对传统制造企业的外部效应和溢出效应。鼓励企业高效合理地配置内部资源，将非核心业务外部化。规模企业应发挥资源优势，增加服务密度，增强多领域、多行业的企业联系，完成生产上下游环节的顺利对接，深化生产链上的分工与合作；同时，提高服务产品的开发能力，塑造品牌形象，以差异化策略增加竞争实力。促进企业的服务转型，以提供专业化服务环节的方式进入生产链。

支持分销、物流、信息通信、金融支持和专业咨询等生产性服务业的发展，促进服务要素从低端到高端的转化，为制造企业主动剥离服务环节提供充分的可能性。在零售分销服务领域，鼓励零售业态和营业模式的创新，促进零售分销企业加强供应链管理，提高效率。鼓励企业丰富市场营销类型和形式，以提高消费者对产品的认知度，向高端零售服务方向以及个性化服务方向发展和转型。分销服务商应自主加强市场调查研究，更加充分地挖掘有关市场和消费者需求的信息，做出准确的市场预测，为制造企业及时调整生产安排和实现产品的本土化提供充分的信息和技术支持。物流和仓储服务商应加强全球物流网络建设，在注重硬件投资的基础上，利用现代技术加强与各地合作伙伴的沟通协作和信息交换，实现资源的共享和合理配置，增强运输和仓储的智能化管理能力。在与服务需求方的对接中，使用便捷的服务平台系统，对寄送、运输、配送、支付和保险等环节进行标准化、专业化管理，建立统一的数据处理系统。现代信息和通信服务是制造企业完成生产安排、加强行政和生产环节管理的必备要素。推动信息服务业的市场化改革，增强领域创新的动力和活力。同时，鼓励信息服务企业加强国际合作，积极开拓境外市场。加强金融服务对制造业的支持，需要优化融资信贷市场，鼓励金融产品创新，为制造企业的省外合作和生产管理提供优质且多样化的金融保障和服务。鼓励投资机构更多地关注服务型制造企业，拓宽企业的融资渠道，降低信贷成本。增加技术支持和专业咨询服务的国内供给，减少出口依赖，需要打破国外市场的技术封锁，实现技术突破。研发机构和其他专业技术支持的提供者应充分寻求合作机会，增强研发资源的交流和共享，充分实现知识和技术的外溢效应，而对于现有成果应有完善的知识产权保护制度和体系以鼓励自主创新。法律、会计和管理咨询服务的提供者需要对服务对象和市场进行细化及分类以促进服务向专业化和个性化的方向发展。

以下为三方面的具体建议。首先,强化制造企业和生产性服务企业之间的有效配合。生产性服务部门通过承接制造企业原先的内部服务业务而获取经济效益,同时也增加了对制造业的有效供给,制造企业则通过有意识地将非核心业务外包给生产性服务部门,从而可以致力于具有较高价值增值空间的生产,例如核心技术的研发与设计、品牌推广与市场营销等。其次,从地方政府角度,以产业集群促融合发展。陕甘宁地区处于工业化中期阶段,各城市间的产业发展极其不平衡,因此应该因地制宜、因城施政,对不同城市规模的生产性服务业和制造业实行不同的发展策略。规模较大的城市对于服务的消费需求较多,其服务业发展程度通常处于较高水平,应优先考虑生产性服务业产业的集群化发展;而中小型城市承接了大量从大城市转移过来的制造企业,适合重点培育和发展制造业的产业集群。最后,搭建制造业和生产性服务业的交流平台,定期对制造业和服务业两领域内的信息和政策进行实时更新。交流互动平台的建立有助于消除信息不对称问题,实现产业间的信息资源共享,促使生产性服务业和制造业的有效整合和良性互动,继而提升制造业的服务化水平,优化产品生产结构。

10.5.3 培养和引进制造业服务化人才,培养企业自主创新能力

陕甘宁地区在研发技术方面人才较为稀缺,缺乏一定的技术支撑。随着以大数据、物联网、虚拟现实、云计算、人工智能为代表的新一代信息技术的快速发展,制造业服务化对人才、技术的要求也相应地不断提高。因此,为促进制造业服务化的进一步发展,陕甘宁地区应该不断完善信息基础设施建设,坚持培养一批复合型跨学科的人才以及创意型人才,引进科学研究和技术服务等方面的人才,从而提供有力的人才和技术支持。

劳动者素质的高低在很大程度上决定了制造业服务化水平,同时也影响了高技术含量、高附加值制造产品的生产和销售。因此,为了优化制造业生产结构,引导更多高附加值制造产品的生产,亟须培养制造业服务化方面的专业型人才。具体而言,可以从以下三个方面开展工作。在学校层面,加强高校、制造企业和科研院所之间的交流合作,以高校为主导负责传授丰富的理论知识并输出高素质专业人才,制造企业为高校、科研机构提供研究和人才开发的利用资源,科研机构借助社会企业的良好平台及资源进行技术开发以推动企业甚至行业的整体发展,三者联合培养出更多制造业服务化方面的创新型、专业型、高素质人才。在企业层面,制造企业可以根据自身发展和市场需要制定出相应的人才培养方案和严格的奖惩管理制度,定期组织对生产技术型职员的技能培训,对于主动创新、努力要求进步的公司潜力职员予以深造和嘉奖,对于消极怠工的职员采取一定的惩罚措施激发其工作积极性,从而加强公司所有职员的竞争意识,激励其终身学习。在政府层面,设立完善职业教育和高等教育相结合的技能培训体系,特别是针对众多基层劳动力的组织教育及培训,为制造业生产链输入大量具备充足经验和熟练技术的工人,从而促使高附加值服务要素逐渐被引入到制造产品的生产之中。

科学研究和技术服务化在一定程度上会抑制制造业产品结构的优化进程。提高科研创

新能力可以加快制造业服务化进程，但与发达国家相比，陕甘宁地区的创新能力比较低，缺乏核心技术，所以在全国和世界生产体系中的竞争力处于较低水平，严重阻碍了陕甘宁地区的制造产品的转向升级。为了促进制造产品的转向升级，尤其是提升中高技术制造产品的竞争力，摆脱对外国核心技术的依赖，有必要实施自主创新战略，提高制造业创新服务水平。因此，可以采取下面三种方式。首先，从根源上加强对科研创新的投资力度。科学研究和自主创新是制造企业生存发展的关键因素，资金投入量欠缺将不可避免地阻碍制造业的服务化进度。近年来，陕甘宁地区对于技术创新方面的重视程度越来越高，每年的投入额持续增长，但是在世界上依旧处于较低水平，与国内其他地区和日美等发达国家之间更是差之甚远。所以，有必要构建和完善科研创新投资体系，一方面鼓励资本流向创新型产品和服务之中，另一方面则借助金融贷款的支持作用，加强政企合作，吸引外商直接投资，扩充融资方式，进而利用创新资金强有力的支持功能为制造产品生产引入更多的知识密集型服务要素。其次，从企业自身提高自主创新能力。制造业服务化实质上是作用于制造企业的一种改革，要实现制造业创新服务水平的提升，必须从企业本身出发，通过技术扩散、国际示范效应等途径来吸收借鉴国外厂商的先进技术和经验，加强科研投入的顶层设计，并在此基础上走创新发展道路。最后，发挥政府的宏观协调作用，为制造企业创造良好的外部创新环境。加强对企业主要领导和地方政府领导的培训，举办制造业服务化高层次专题培训班，不断加深认识，转变观念；各地方政府可结合自身制造业服务化以及现代服务业的特征，分析其人才需求特点，与高校、科研院所联合进行服务业知识的系统培训，提升企业服务业务骨干的素质；加快服务业高层次人才引进与选拔，改变目前高层次人才引进、选拔项目（如“双创”“333工程”等），偏向制造业的现状，修订高层次人才引进、选拔项目的评选标准，增加服务业人才的内容，增加服务业高层次人才比重；制定相关激励制度，鼓励制造企业参与科技创新活动，调动企业和员工的创新积极性，同时完善陕甘宁地区的知识产权保护体系，为制造企业的技术开发和自主创新提供有效保障。

提升制造业高层次服务化水平的关键点在于提高知识、技术要素在产业要素构成中的比例。一方面，要鼓励和支持企业的研发创新活动。首先，制定企业技术认定的相关政策，完善获取高新技术企业等资质企业的税收优惠政策，简化资质的申请手续和流程，丰富企业资质认证的类别，形成多层次、多样化的技术认定和创新奖励体系。其次，对于企业创新的认定应突破单一的技术专利认证的形式，对于企业在商业运营模式和企业管理等其他领域的创新也应给予充分的肯定和认可，以鼓励企业丰富要素投入的多样化。同时，第三产业的创新同样不能忽视，应推动各部门、各行业对服务创新的认知和肯定，注重培育新兴服务业态。另外，应在全社会推动建立创新平台，形成多领域交互的系统的研发网络，加强产业间联系的对接。在支持企业的自主研发创新活动的同时，鼓励企业以更加高效地方式将实验室成果市场化，充分发挥知识技术的溢出效应。另一方面，人才是知识技术要素的主要载体。发挥人力资本优势需要深化高等教育和职业教育的体制改革，需要提高劳动力的整体素质，同时注重对专业化人才进行培养。通过建立高技能人才培育的基地和平台，为企业输送高质量的熟练劳动力。完善复合型人才、研发创新人才的引进制度和体系，同时重点关注对实现关键性重大技术突破的领域，形成有针对性的教育科研网络和人才培育体系。

10.5.4 完善相关政策体系，创造良好的外部条件

为推动制造业服务化的进一步发展，陕甘宁地区政府相关部门应逐步建立并完善相应的政策体系，为其创造良好的外部条件。首先，政府应将制造业服务化作为一个重点发展的产业领域，设立制造业服务化专项资金，支持制造企业服务和服务模式的创新；给予制造业服务化程度较高和范围较广的企业以适当税收优惠；积极发挥财税调节作用，刺激省内制造业服务化规模的快速发展；引导金融机构为制造业服务化发展提供金融产品和服务。其次，大力推进《关于进一步促进服务型制造发展的指导意见》，明确陕甘宁地区制造业服务化发展的路线图，建立一体化的产业政策体系，不断完成市场体系和行业监管体系，消除服务业和制造业之间的政策隔阂。最后，为了进一步满足制造企业的需求，政府应该为发展制造业服务化提供有力的支撑平台，制定一些相互融合的支持政策，推动陕甘宁地区制造业服务化的转向升级。

由于生产性服务业滞后是陕甘宁地区制造业转向升级缓慢、服务化水平低的突出短板，所以政府要鼓励引导生产性服务业的发展，制定土地、基础设施、税收等方面的优惠政策，着力发展一批具有良好基础和一定规模的服务质量高的生产性服务企业，以起到辐射带动作用。同时，政府应重点建设具有示范效应的生产性服务业聚集区，实现规模效应。其次，创新能力是提高制造业服务化水平的关键力量，而陕甘宁地区自主创新能力不足，人才流失严重。政府应充分利用陕甘宁地区高等院校和科研院所众多的优势，构建“产、学、研”协同创新发展体系，改善机构管理体制，加强平台载体的建设，提高科研成果的转化率，同时政府应制定人才引进政策，吸引优秀专业人才，弥补人才缺口。除此之外，面对竞争激烈的市场环境，政府要转变政府职能，规范市场机制体制，为制造业服务化的推进提供一个良好的外部环境，还要切实加强产业政策、金融服务等方面的支持。最后，在信息技术高速发展的浪潮中，政府要促进工业化与信息化、制造业与服务化的深度融合发展，利用以“大智云移物”为代表的信息技术带动制造业的服务化转型，发展高端制造业，建立夯实“平台”“数据中心”“基地”等两业融合的载体，让更多的企业共享融合资源。

10.5.5 促进制造业服务化的商业模式创新

积极开展制造业服务化行业模式研究，跟踪研究与经验交流，充分发挥科协、行业学会、行业协会的作用，将制造业服务化作为一项重要的工作内容。一方面，跟踪研究所在行业服务化方面的典型案例与示范企业，总结其制造业服务化的经验模式，加大行业内的宣传与推广力度，带动全行业、全社会深入开展；另一方面，依托这些社会团体的中介作用，积极搭建行业内企业以及不同行业之间制造业服务化交流平台，开展制造业服务化示范企业的主题论坛、沙龙活动，形成企业间相互学习、相互借鉴、相互提高的氛围。

首先，选择有潜力的行业和企业重点突破。从陕甘宁地区制造业服务化发展的实际情况来看，电子信息制造业、家电以及装备制造等行业的客户对商品购买后的服务需求较大，

可将其作为重点行业。其次,采取服务型制造模式。以挖掘客户需求为突破口,在具有潜力的行业实施发展制造业服务化行动计划,创造专业化、个性化的服务型制造模式。最后,增强制造业整体创新能力。制造业服务化本身就是技术创新、管理创新、商业模式创新的产物,反过来,制造业服务化又有助于全面增强制造业创新能力。例如移动互联网、人工智能、物联网、大数据、云计算等新一代信息技术逐渐成熟,不仅可以推动陕甘宁地区制造业技术创新,提升企业产品质量,也可以通过改变和优化服务流程,消除企业之间的信息隔阂,实现企业之间和企业内部信息的共享,推动管理和技术的创新,不断促进知识共享和转移,在全社会产生显著的知识溢出和技术扩散效应,增强陕甘宁地区制造业的整体创新能力。

经验和实证研究表明,政府垄断或者政府基于优惠待遇行业大多都不利于产业效率提升,尤其是在传统和已经相对成熟的行业。而对于新兴行业(科技主导型),政府的优惠待遇也许是一剂良药。不同行业有不同的特点,政府积极合理、合适引导陕甘宁地区制造业服务化发展,发展产业效率高的制造业服务化的行业。

企业应注重通过融合产品与服务来实现服务化模式的创新,企业具备的条件不同,可供选择的服务化运作模式也不尽相同,应综合考虑企业具备的条件来选择适合自己的服务化运作模式。例如企业具备数据资源、优势产品和顾客基础设施,但在外部互补资源、组织变革方面面临风险,就适合选择较为温和的产品服务化模式;而企业如果组织变革能力强、外部资源丰富,又具有较好的顾客基础设施,则适合实施较为激进的主导产品服务化、业务单元服务化等模式。